CSCP 자격인증
준비를 위한 필독서

# 공급사슬설계 전문가
## Supply Chain Designer

심창섭 지음

## 저자 서문

기업을 둘러싸고 있는 경영환경은 변화무쌍하며 그 속도 또한 매우 빠른 시대를 살고 있다. 그만큼 지속 가능한 기업 경영이 어려운 환경이다. 그러나 기업의 흥망성쇠를 분석해 보면 오히려 이러한 변화가 기업에 새로운 기회를 제공하였음도 명확히 알 수 있다. 무엇이 경영환경의 변화를 일으키는가? 여러 가지 원인들이 있지만, 저자가 꼽는 대표적인 두 가지 요인은 기술(technology)의 발달과 시시각각으로 변하는 고객의 요구(needs)라고 말할 수 있다.

현재의 공급사슬관리(SCM, supply chain management)는 기업 경영환경 변화의 거대한 물결이 되었으며 이 물결을 제대로 활용한 기업이 선두로 나서게 되고 이에 올바르게 적응하지 못한 기업들은 뒤로 밀리게 되는 기회와 위협의 양날의 칼 면모를 여실히 보여주고 있다. 공급사슬관리의 등장으로 기업의 경쟁 패턴이 개별 기업 대 기업의 경쟁에서 공급사슬 대 공급사슬의 경쟁으로 이미 변화되었다.

사실, 우리가 공급사슬(supply chain)이라고 부르는 행위 그 자체는 원시 사냥꾼이 동물 가죽을 의류로 교환한 것과 같이 원시시대에도 유사한 거래가 있었다. 마르코 폴로(Marco Polo)가 동방에서 원자재를 가져다가 유럽에 판매하기 위한 목적으로 무역 루트를 찾고자 동쪽으로 왔던 것도 어찌 보면 공급사슬 행위이다. 그러나 당시에는 그 규모도 크지 않았고 복잡성도 훨씬 덜했다. 무엇보다 '공급사슬(supply chain)'이라는 용어를 사용하지 않았다.

공급사슬관리(SCM)는 20세기 후반 들어 정보기술의 발달, 특히 인터넷의 등장으로 전자적 의사소통이 혁명적인 속도로 발달하고 동시에 기업 환경 역시, 거래가 한 국가 틀을 넘어 글로벌화 된 지구촌 시대가 도래함에 따라 태동하게 되었다. 이 같은 글로벌 현상을 작가인 토머스 프리드먼(Thomasom Friedman)은 그의 저서에서 '평평한 지구'(flatting of the globe)라는 표현으로 '세상이 평평하다'(the world is flat)라고 표현하고 있다.

공급사슬관리는 다른 학문이나 과학 기법들과는 달리 간단하지 않으며 최근에 등장한 젊은 학문이다. 아울러 공급사슬관리의 이론적 측면과 실무적 측면 모두에 지속적인 관심을 요구한다. 공급사슬관리는 다음과 같은 핵심 사상을 전제로 이루어지고 있다.

첫째, 공급사슬관리는 상호 간의 연결된 사슬(chain)이 끊어지지 않고, 강건한 채 물 흐르듯이 진행되도록 공동의 책임을 지는 "배려의 프로세스"이다. 배려의 사전적 의미는 남을 도와주려고 애쓰는 마음이다. 공급사슬관리는 방관이 아니라 적극적인 도움이며, 월권이 아니라 업무 공백을 백업(back up)을 해주는 프로세스이다.

둘째, 공급사슬관리는 "주인의식(stewardship)"을 가진 프로세스라고 말할 수 있다. 조직 구성원 각각이 고객에 대해 자기 부서가 아니라 "회사를 대표한다"는 마음가짐을 갖는 것이다. 고객이 주문한 올바른 제품을, 올바른 시점에, 올바른 장소에서, 올바른 상태로 받지 못하면 그 고객은 해당 기업에 대한 불만족을 표시하지, 기업의 특정 부서를 탓하지 않기 때문이다.

셋째, 기업의 가치사슬 활동의 각 부분 최적화의 합이 결코 전체 최적화를 달성할 수 없다. 전체 공급사슬 활동에서 어느 특정 부서 성과나 특정 개별 기업의 성과가 뛰어나다고 해서 그 공급사슬 전체가 탁월해지지는 않는다. 공급사슬에서는 최고로 "빠른 주자(runner)가 필요한 것이 아니고 함께 빨리 달릴 수 있는 주자"가 필요하다.

넷째, 정보(information)가 재고(inventory)를 대신한다. 정보는 가시성이다. 가시성이 충분히 확보되어야 신속하고 올바른 의사결정을 내릴 수 있다. 공급사슬관리 출현으로 변화된 경영환경에서는 "빠른 것이 큰 것을 잡아먹는 시대"가 되었다. 계획과 실행 모두에서 민첩성이 요구된다. 따라서 탁월한 공급사슬을 운영하기 위해서는 가시성에 절대적으로 기여하는 정보기술(information technology)에 투자를 아끼지 말아야 한다.

공급사슬관리를 기업에 잘 정착 시키기 위해서 어떻게 접근하는 것이 좋을까? 공급사슬 전문가(CSCP, certified supply chain professional) 교육과정에 의하면 이에 대한 답으로 크게 3가지 주기 단계로 구분하여 살펴볼 수 있다.

첫째, 애초에 공급사슬 설계(Supply Chain Designer)를 올바르게 수립하는 것이다.

둘째, 잘 설계된 공급사슬을 효율적으로 활용하는 공급사슬 계획과 실행(supply chain planning execution) 프로세스 확립이다.

셋째, 설계된 공급사슬을 이용하여 운영 활동을 해 나가면서 지속적으로 공급사슬을 측정하여 개선(supply chain improvement and best practices)해 나가는 것이다.

본 교재는 위 3가지 주기 중에서 첫째 부분인 공급사슬 설계에 초점이 맞춰져 있다. 올바른 공급사슬 설계를 위해 먼저 올바른 공급사슬 전략을 수립 후 접근하는 방법을 제시하고 있다.

제1부는 1장에서 4장에 걸쳐 공급사슬 전략에 관한 내용을 다룬다.

제2부는 5장에서 12장에 걸쳐 수립된 공급사슬 전략을 기반으로 올바른 공급사슬 설계 접근 방법을 탐구한다.

공급사슬 설계 전략적 수준의 의사결정으로써 그의 탁월성 여부는 공급사슬관리의 어떤 수준의 이니셔티브 보다 더 큰 투자수익율(ROI, return of investment)을 제공한다. 국내외를 막론하고 또한 전 업종을 막론하고 거의 모든 조직이 공급사슬을 가지고 있으며 이를 활용하여 매일 매일의 사업을 영위하고 있다. 그럼에도 불구하고 자신의 공급사슬이 올바르게 설계되었는지에 대한 큰 시야를 가진 전문가는 그리 많지 않다.

본 교재가 공급사슬관리에 대한 전략적 시각을 가진 전문가 양성에 작은 보탬이 되기를 바란다.

2020. 8.

심 창 섭

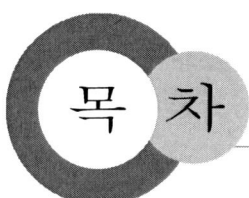

공급사슬설계 전문가

# 제1부 공급사슬 전략을 개발

## 제1장 공급사슬 소개(Introduction to Supply Chains) | 15
  1.1 공급사슬 모델(Supply Chain Models) ·································································· 16
  1.2 공급사슬 성숙도(Supply Chain Maturity) ························································· 29

## 제2장 공급사슬 전략에 대한 입력 요소(Inputs to Supply Chain Strategy) | 39
  2.1 내부 입력 요소(Internal Inputs) ············································································ 40
  2.2 외부 입력 요소(External Inputs) ············································································ 64

## 제3장 공급사슬관리 전략(Supply Chain Management Strategy) | 69
  3.1 공급사슬관리 전략 목표(Objectives) ································································· 70
  3.2 공급사슬관리 창출 가치(Value) ·········································································· 76
  3.3 최적화(Optimization) ································································································ 99

## 제4장 도구와 기법( Tools and Techniques) | 109
  4.1 거시적 및 미시적 고려사항(Macro and Microeconomic Considerations) ·············· 110
  4.2 회계와 재무보고 정보(Accounting and Financial Reporting Information) ·············· 121
  4.3 전략적 분석 도구(Strategic Analysis Tools) ······················································ 136

# 제2부 공급사슬 설계

## 제5장 사업 고려사항(Business Considerations) | 149
  5.1 시장조사(Market Research) ················································································· 150
  5.2 재무적 모델링(Financial Modeling) ····································································· 163

## 제6장 공급사슬을 설계(Design the Supply Chain) | 167
  6.1 공급사슬 설계와 구성(Supply Chain Designer and Configuration) ······················ 168
  6.2 시장 요구사항 고려 주문충족전략(Fulfillment Strategies Considering Market Rqmts) 179
  6.3 공급사슬망 최적화(Supply Chain Network Optimization) ························ 184

## 제7장 신제품 및 요구사항을 위한 제품설계(Product Design for New Products/Rqmts) | 193

- 7.1 부서벽을 가진 전통적설계 대 협업적설계(Over-the-Wall vs Collaborative Design) ········ 194
- 7.2 광범위한 설계 방법들(Broad-based Design Methods) ············································ 200
- 7.3 표준화(Standardization) ····································································································· 203
- 7.4 단순화(Simplification) ········································································································ 208
- 7.5 품질(Quality) ······················································································································· 213
- 7.6 고객맞춤(Customization) ···································································································· 215
- 7.7 지속가능성(Sustainability) ·································································································· 221
- 7.8 제품 수명주기 단계(Product Life-Cycle Stages) ························································· 226

## 제8장 기술 설계(Technology Design) | 229

- 8.1 공급사슬관리에서 정보기술의 역할(Role of IT in Supply Chain Management) ········ 230
- 8.2 정보시스템 아키텍춰(Information System Architecture) ············································· 232
- 8.3 신기술의 수익-비용 타당성(Benefit-cost Rationale for New Technologies) ·········· 241
- 8.4 구현 고려사항(Implementation Considerations) ·························································· 245

## 제9장 핵심 기술 응용프로그램(Key technology applications) | 249

- 9.1 전사적자원관리 시스템(ERP Systems) ············································································ 250
- 9.2 고급계획 및 일정수립 시스템(Advanced Planning and Scheduling Systems) ········ 257
- 9.3 공급사슬 이벤트관리(Supply Chain Event Management) ··········································· 261
- 9.4 창고관리시스템(Warehouse Management Systems) ··················································· 265
- 9.5 운송관리시스템(Transportation Management Systems) ············································· 268

## 제10장 데이터 획득과 관리(Data acquisition and management) | 275

- 10.1 데이터 획득과 보관(Data Capture and Storage) ······················································· 278
- 10.2 인터페이스 장치-미들웨어(Interface Devices—Middleware) ····································· 296
- 10.3 데이터 의사소통 방법(Data Communications Methods) ········································· 299
- 10.4 데이터 정확성과 분석(Data Accuracy and Analysis) ················································· 305

## 제11장 전자 비지니스(Electronic Business) | 313

- 11.1 전자-비지니스 고려사항(e-Business Considerations) ··············································· 317
- 11.2 B2B와 B2C ······················································································································· 323

## 제12장 구현 도구, 의사소통 및 프로젝트(Implementation tools, Communications & Projects) | 329

- 12.1 의사소통(Communications) ···························································································· 330
- 12.2 프로젝트 관리(Project Management) ············································································· 340

▶ 참고문헌 | 365
▶ 색인 | 369

# 1부

## 공급사슬 전략을 개발
### Develop the Supply Chain Strategy

제1부에서는 공급사슬전략(supply chain strategy) 수립에 관해 탐구한다. 공급사슬을 올바르게 설계하기 위해 먼저 고려할 사항이 조직의 공급사슬의 방향성을 제시하는 전략 수립이 선행되어야 한다. 공급사슬 전략에 따라 공급사슬 설계가 크게 좌우되기 때문이다.

우리는 일상생활에서 너무나도 흔히 '전략(strategy)' 혹은 '전략적(strategic)'이란 단어를 사용하곤 한다. 그리고 이런 단어를 어떤 프로세스나 이름 앞에 사용하면 평범한 프로세스나 내용들이 고상하게 보여지는 착각을 한다. 그러나 전략이란 단어의 어원인 장수술(strategia)은 싸워서 이긴다는 의미를 담고 있다. 전략이란 단어는 경쟁자를 무찌르고 이긴다는 의미가 항상 포함되어 있다. 따라서 엄밀히 말하면 모방은 전략이라고 할 수 없고 전략적 목표란 평범한 목표 달성 방법으로는 달성될 수 없는, 즉 경쟁에서 승리하기 위한 특별한 관심과 숙고가 필요한 목표이다.

> **전략적 계획(Strategic plan)**
> 조직의 사명(mission), 목적(goals)과 목표(objectives)를 지원하기 위해 취해야 할 조치들을 어떻게 결정하고 이를 위한 자원의 공급을 어떻게 할지에 대한 계획이다. 일반적으로 조직의 목적과 목표를 달성하기 위한 명시적인 사명, 목표, 그리고 구체적인 조치들을 의미한다.

모든 자원과 역량을 조직하고 제공하는 것이 필요하다는 점에서 경쟁전략은 군사 전략과 유사하다. 또한 기업의 공급사슬이 가장 중요한 전략적 자원임이 명백하다. 올바른 공급사슬을 설계하고 구축하는 것은 기업 전략을 구체화하고, 완만한 변화이든 급격한 변화이든 둘 다에서 좀 더 신속하고 유연하게, 좀 더 가치 있게 대응하는 가장 강력한 경쟁 우위를 가지게 한다.

공급사슬 전략(supply chain strategy)은 조직의 사업 목표와 경쟁전략을 달성하기 위하여 처한 환경에서 기업의 공급사슬을 어떻게 운영해야 하는지를 다루는 전략이다. 올바른 공급사슬 전략을 수립하기 위해서는 먼저 공급사슬의 상위 개념의 전략인 기업의 경쟁전략(business strategy)과 조직전략(organization strategy)을 면밀히 검토하여 이와 일관성을 가지도록 정렬이 되어야 한다. 만일 이 세 가지 전략이 서로 어긋난다면 전략의 올바른 효과를 누릴 수 없다. 공급사슬이 기업 내부에 국한돼 있는 것이 아닌 외부까지도, 즉 공급업체, 자사, 고객 등 공급사슬 파트너 서로 간에 여러 가지의 협력 시스템이 구축되어야 하므로 기업 내 전략의 정렬(alignment of strategies) 뿐만 아니라 외부 공급사슬 파트너들과의 전략을 정렬시키는 것이 중요한 과제이다.

제1장에서 공급사슬(supply chain)과 공급사슬관리(supply chain management)가 무엇인지 그 개념에 대한 정의와 올바른 이해를 하고 제2장에서는 공급사슬 전략 개발을 위해 필요한 입력 요소들을 살펴보기로 한다. 제3장에서는 공급사슬관리의 목표와 창출 가치 그리고 공급사슬 최적화

에 대해 살펴본다. 제4장에서는 공급사슬관리 전략 수립에 필요한 분석 및 도움이 되는 도구들을 살펴보고자 한다.

도표 1에서는 조직의 경쟁전략 방향이 어떻게 제시되는지 확인할 수 있다. 물론 많은 조직에서는 사명(mission)과 비전 선언문(vision statements)을 사용하여 조직의 목적을 명확하게 한다.

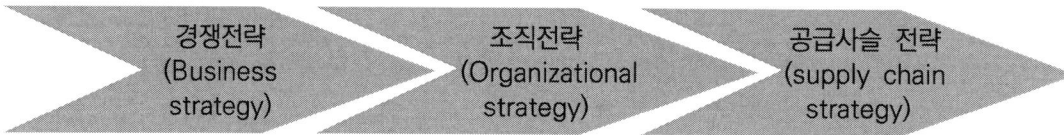

도표 1 전략의 정렬(Alignment of Strategies)

이러한 전략이 일치하지 않으면 방향과 적합성이 엇박자를 내게 된다. 세 가지 전략은 모두 연결되어 있고 상호 의존적이다.

경쟁전략과 조직전략의 차이는 다음과 같다.

경쟁전략은 동일한 속성을 가진 사업부 내에서 경쟁 방법을 선택하기 위한 계획을 말하며 세 가지 일반적인 경쟁전략은 첫째 저비용, 둘째 차별화, 셋째 틈새시장 집중화 방법이다.

> **경쟁전략(Business strategy)**
>
> 어떻게 경쟁할 것인가, 무엇으로 승부를 할지 정하는 계획. 일반적으로 저비용(least cost), 차별화(differentiation), 집중화(focus) 3가지 요소의 조합에 따른 5가지 구체적인 경쟁전략이 있다.

조직전략은 기업의 경우 그 기업이 주어진 환경에서 어떻게 작동하는지를 식별한다. 고객 만족 방법, 비지니스 성장 방법, 환경에서 경쟁하는 방법, 조직 관리 및 비지니스 기능 개발 방법 및 재무 목표 달성 방법을 지정한다. 여러 이질적인 사업부가 존재하는 경우 모든 사업부를 아우르는 전략이다.

> **조직전략(Organizational strategy)**
>
> 어떻게 기업이 당면한 환경에서 생존을 하고 더 나아가 성장을 해 나갈 것인가에 대한 전략으로서 특정 기업이 가진 구체적인 전략이며 어떻게 고객만족을 달성하고, 어떻게 사업의 성장을 꾀하고, 어떻게 경쟁하고, 어떻게 조직을 관리하고, 어떻게 기업 내 역량을 개발하고, 어떻게 재무적 목표를 달성할 것인지를 결정하는 전략

공급사슬 전략(supply chain strategy)은 공급사슬을 어떻게 활용해서 전략적으로 가져갈 것인

가를 탐구하며 중요한 것은 공급사슬이 조직전략 및 경쟁전략과 정렬이 되어야 한다는 점이다. 우리 조직의 테두리를 벗어난, 즉 우리와 공급업체, 우리와 고객 등과 같은 공급사슬 파트너들과 함께 연계하여 프로세스가 실행된다.

기업이 경쟁전략을 결정하고 조직전략(organizational strategy)이 수립되면 이를 바탕으로 공급사슬 전략(supply chain strategy)이 수립되어야 한다. 즉 이 세 가지 전략은 상호 의존적이므로 서로 간에 충돌 없이 일관성 있게 잘 정렬이 되어야 한다.

### 🔗 공급사슬 전략을 개발하는 프로세스

공급사슬 전략을 개발하는 프로세스 중 첫 번째 사항은 먼저 공급사슬 전략을 경쟁전략(business strategy)과 정렬시키는 프로세스이다. 경쟁전략과 정렬되는 프로세스에는 조직의 경영계획, 재무제표, 그리고 경쟁전략에 관련된 기타 정보와 분석을 포함한다. 이는 조직의 비전, 핵심 사업 정책, 비용과 매출 목표 등을 포함한 조직의 전반적인 전략적 목표를 이해하는 것이다. 고객의 요구사항, 경쟁자의 경쟁전략과 공급사슬전략, 경쟁자 공급사슬 성숙도, 시장 크기와 시장점유율, 전 세계적/권역/해당지역 그리고 산업 시장 조건들, 글로벌 위험과 사회 등에 관련된 외부 환경에 대한 정보 수집이 필요하다. 공급사슬의 현 상태를 이해하기 위해 현재의 공급사슬 능력과 복원력, 지속가능성, 적응성 등을 검토한다. 경쟁전략과 현재의 환경에 대한 실제 정렬 사항을 분석하는 것도 필요하다.

### 🔗 경쟁전략(business strategy)과 정렬

경쟁전략에 정렬된 프로세스에는 다음 단계가 포함된다.

- 조직의 경영계획(business plan), 재무제표(financial statements) 및 기타 정보를 검토하고 경쟁전략(business strategy)과 관련된 분석

  - 비전, 주요 비지니스 정책, 원가 및 수익 목표를 포함한 조직의 전체 전략 목표

  - 핵심 역량을 포함하여 고객이나 이해관계자를 위한 가치제안(value proposition)

  - 변화와 불확실성에 직면하여 경쟁하고 성장하기 위해 시장에서 어떻게 차별화할 것인가?

- 외부 환경(external environment)에 대한 다음과 같은 정보 수집

  - 고객 요구사항

  - 경쟁사 비지니스 및 공급사슬 전략

  - 경쟁사 공급사슬 성숙도

  - 시장 규모 및 시장점유율

  - 전체(overall), 지역(regional), 현지(local) 및 산업 시장 상태

  - 글로벌 위험 및 기회

- 공급사슬의 현재 상태를 이해하기 위해 현재 공급사슬 능력, 탄력성, 지속가능성 및 적응성 검토(실제 전략)

- 경쟁전략 및 현재 환경에 대한 실제 조정 분석

## 🔗 공급사슬 전략(supply chain strategy) 수립

공급사슬 전략을 개발하는 프로세스 중 두 번째 단계는 공급사슬 전략 생성이다. 비지니스 모델과 현재 환경을 보완하여 공급사슬 전략을 수립하는 과정에는 다음 단계가 포함된다.

- B2B(business-to-business) 또는 B2C(business-to-consumer) 고객을 위한 고객 서비스 목표 정의

- 각 고객 세분화에 대한 직/간접 그리고 판매 채널을 포함한 수익 모델 선택 공급사슬 목표를 비지니스 목표에 매핑

- 공급사슬 운영모델에 있어 자체 운영(in-house)으로 할 것인지 아니면 외부 계약(contract)으로 할 것인지를 결정하고 조직의 핵심 역량과 전략에 대해 운영모델과 비용구조를 정렬시킨다.

  - 재고생산(make-to-stock) 혹은 주문생산(make-to-order)과 같은 운영 모델(operating model)과 정렬

  - 원가구조(cost structure) 또는 지역별 계획, 조달, 생산 및 물류를 위한 자산, 공장, 장비

및 인력 등과 같은 자산 발자국(asset footprint) 조정
- 아래 내용을 포함한 전략의 문서화
  - 공급사슬 가치제안(value proposition)의 명확화
  - 네트워크 모델(network model) 생성
- 경영진 또는 공급사슬 파트너 지원 및 승인을 얻기 위한 전략 제시 및 마케팅
- 피드백 수락 및 합의된 변경
- 전략을 승인
- 공급사슬 전략을 실제 공급사슬 능력, 복원력, 지속가능성 및 적응성과 비교
- 원하는 공급사슬 전략과 실제 공급사슬 전략 간의 불일치 또는 격차를 해결하기 위한 실행 계획 작성

# 1장 공급사슬 소개
## Introduction to Supply Chains

1.1 공급사슬 모델(Supply Chain Models)
   1.1.1 공급사슬 정의(Definition of supply chain)
   1.1.2 기본적인 공급사슬(Basic supply chain)
   1.1.3 수직통합 대 수평통합(Vertical vs. lateral integration)
   1.1.4 공급사슬 예들(Supply Chain Examples)
   1.1.5 공급사슬 복잡성(Supply chain complexity)

1.2 공급사슬 성숙도(Supply Chain Maturity)
   1.2.1 공급사슬관리 진화 단계(Stages of supply chain management evolution)

### 핵심주제와 학습목표

- 공급사슬(supply chains) 및 공급사슬관리(supply chain management)의 기본 개념 설명
- 주체(entities), 구조(structures) 및 흐름(flows) 측면에서 공급사슬을 정의하고 설명
- 수직(vertical 및 수평(horizontal) 통합의 차이점
- 공급사슬관리 성숙도(supply chain management maturity) 설명

## 1.1 공급사슬 모델(Supply Chain Models)

### 1.1.1 공급사슬 정의(Definition of supply chain)

> **공급사슬(Supply chain)**
> 기술적인 정보의 흐름, 제품의 흐름, 현금흐름을 가진 원자재부터 최종 소비자로의 제품 및 서비스의 글로벌 네트워크

이 관점에서, 공급사슬은 공급사슬을 수행하는 주체와 업무 프로세스(엔지니어링 된 흐름)의 네트워크로 구성된다. 월마트, 보잉 또는 삼성전자, LG전자 등과 같은 회사를 통해 운영되는 이 과정은 대규모 사슬로서 물리적 범위가 전 세계적이다.

> **공급사슬관리(Supply chain management)**
> 순 가치와 경쟁력 있는 인프라구조, 범세계적인 효율적인 물류, 수요와 공급의 동기화, 그리고 글로벌하게 성과를 평가하는 목적을 달성하기 위해 공급사슬 활동을 설계(design), 계획(plan), 실행(execution), 관찰(monitoring) 및 통제(control)하는 것

위 정의에 따르면 공급사슬관리는 다음과 같은 특징을 갖는다.

- 공급사슬관리는 순 가치(net value) 창출에 대한 것이다.

- 공급사슬의 관리는 가격 절감에 초점을 두고 있기 때문에 공급사슬 관리를 통해 가치를 창출할 수 있다.

- 공급사슬 안 주체의 활동을 초월한 가치를 창출한다.

- 채널마스터(channel master)나 중심기업(nucleus firm) 같은 강력한 힘을 가진 주체에 의해 부가가치가 증가(통상적으로 제조업체나 혹은 힘을 가진 소매업체가 주도)한다.

- 공급사슬 안의 주체들과 이익 관계에서 균형 있는 활동 및 관리를 요구한다.

- 세계화로 인한 이해 충돌 관리와 문화적 차이를 수용해야 한다.

## 1.1.2 기본적인 공급사슬(Basic supply chain)

제품을 위한 기본 공급사슬은 3주체(entities) 및 4흐름(flows)으로 정의할 수 있다. 3주체란 공급자, 생산자(중심기업, nucleus firm), 고객이며 4흐름은 다음과 같다.

- 정보(information) 흐름: 양방향
- 본원적 제품과 용역(product & service) 흐름: 상류(upstream)에서 하류(downstream)
- 본원적 현금(cash) 흐름: 하류(downstream)에서 상류(upstream)
- 제품 역 흐름(reverse product): 하류(downstream)에서 상류(upstream)

도표 2는 공급업체, 고객, 생산자가 각각 하나인 3주체로 이루어진 매우 기본적인 공급사슬을 보여준다.

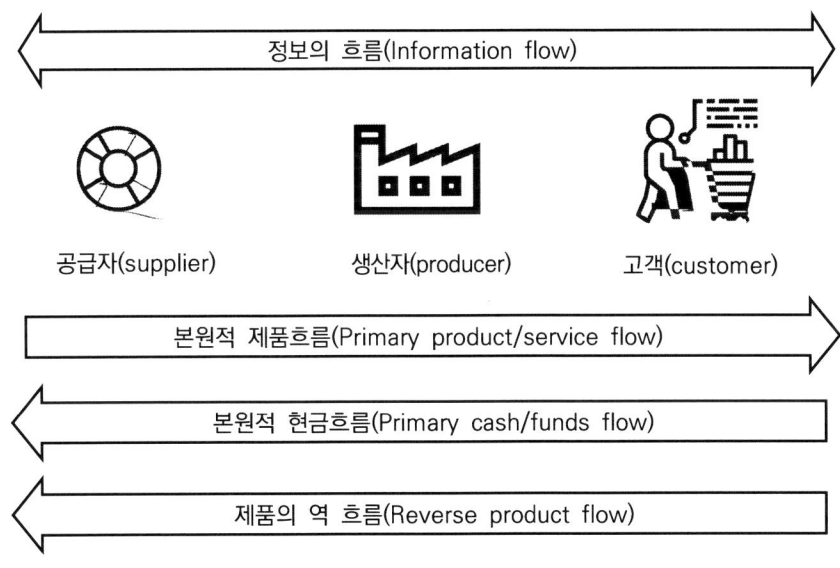

도표 2 제품을 위한 기본적인 공급사슬(Basic Supply Chain for a Product)

### 🔗 3주체와 4흐름(Three entities and four flows)

프로세스를 수행하는 이러한 "주체(entities)"는 기업 또는 정부 조직 또는 개인일 수 있다. 또한 더 큰 조직 내의 부서나 기능 영역 또는 개인일 수도 있다. 내부 및 외부 공급사슬이 있다. 대부분의 경우 이 모델은 기업에 적용된다.

공급사슬에 대한 대부분의 운영에는 중간에 제조 회사가 있고(서비스 회사에도 공급사슬이 있지만) 상류(upstream) 쪽에 원재료 또는 구성품 공급업체가 있고 하류(downstream) 쪽에 고객이 있다. 기술적으로 공급사슬에는 이 세 가지 주체만 있으면 된다. 글로벌 공급사슬에는 더 복잡성을 가진다.

도표 2의 단순화된 공급사슬은 다음과 같은 조직으로 구성될 수 있다.

- 공급자(supplier): 제품이나 서비스를 제공, 판매하는 주체. (seller도 포함. 즉 사업을 하고 있는 구매자에게 제품을 공급할 경우를 말하며 고객 또는 시장에 물건을 파는 vendor와는 다름). 원재료(raw materials), 에너지(energy), 서비스(service), 구성품(component)을 공급한다. 여기에는 사탕수수, 과일, 지붕 못, 직물, 컴퓨터 칩, 항공기 터빈, 전력 또는 운송 서비스와 같은 다양한 품목이 포함될 수 있다.

- 생산자(producer): 위의 공급자가 생산한 일련의 재화를 이용해 완제품(finished goods), 가공된 서비스를 생산한다. 제품, 전력, 전문 서비스, 정부 서비스, 교육 서비스 등. 드레스 셔츠, 포장된 저녁 식사, 비행기, 법률 고문 또는 가이드 투어와 같은 완제품 제작에 사용할 서비스, 재료, 소모품, 에너지 및 구성품을 받는 제조자이다.

- 고객(customer): 일련의 과정을 거쳐 완제품을 제공받는 입장. 소매점(retailer), 도매점(wholesaler), 유통점(distributor), 최종 소비자(end user). 예컨대 셔츠를 입거나 포장된 저녁 식사를 하거나 비행기를 타거나 조명을 켜는 고객에게 제공하기 위해 완제품 납품을 받는 고객을 말한다.

각 단계를 거칠 때마다 부가가치가 증대하며 각 주체들의 이동 간에는 물류(logistic)의 역할이 발생한다. 이러한 공급사슬의 효율성에 따라 수익성에 지대한 영향을 미친다. 4가지 기본 흐름이 공급사슬 주체들을 서로 연결한다. 3주체들을 서로 연결시키는 4가지 흐름은 구체적인 내용은 다음과 같다.

- 정보의 흐름

정보는 모든 방향(양방향)으로 흐른다. 내부 공급사슬뿐만 아니라, 외부(정부, 시장, 경쟁자)로도 흐른다. 송장, 판매지시서, 제품 사양, 인수증, 발주서, 청사진, 규정/규제 등.

- 본원적 제품의 흐름

공급자로부터의 물리적 재료와 서비스를 포함하며 이것 들로부터 소비자들이 소비할 수 있는 재화로 탄생시키는 일련의 흐름이며 재료, 구성품, 공급, 서비스, 에너지, 완제품 등의 흐름이다.

- 본원적 현금의 흐름

고객으로부터(downstream) 원자재 공급자(upstream)로까지 발생하는 현금 흐름이며 판매된 제품에 대한 가격 지불과 납품된 원재료 공급에 대한 지불 등이다.

- 제품의 역 흐름

수리, 재활용, 혹은 폐기 다루며 이것들을 역 물류 사슬(reverse supply chain)이라 하며 역 물류에 의해 다루어진다. 기존의 공급사슬과는 다른 별도의 공급사슬을 필요로 한다. 수리를 위한 반환, 대체, 재활용, 폐기 등이며 자세한 내용은 뒷부분에서 다뤄진다.

아주 간단한 공급사슬의 예로 브랜드 제과점 공급사슬을 열거해보면 공급자의 공급자(양계장 주인) ->공급자(달걀판매상) ->생산자(빵 제조공장) ->소매점(슈퍼마켓) ->고객으로 표시할 수 있다.


## 🔗 가치와 균형((Value and balance)

공급사슬의 3주체와 4가지 흐름에 더불어 공급사슬관리에서 고려해야 할 요소가 가치(value)와 균형(balance)이 있다. 다음은 공급사슬 관리의 다루는 가치와 균형의 주요 내용이다.

첫째, 공급사슬 관리는 순 가치를 창출해야 한다. 둘째, 공급사슬 내 특정 기업의 활동을 초월하는 가치 창출 활동이 있어야 한다. 셋째, 공급사슬 관리는 이해 상충의 균형을 맞추도록 관리해야 한다.

공급사슬 관리는 순 가치 창출에 관한 것이다. 공급사슬 관리를 위한 초기의 노력은 비용 절감에만 중점을 두어 사슬을 더 얇게 만든다. 불행하게도, 이러한 노력은 때때로 비용을 절감하는 것보다 더 큰 가치를 창출하는 능력을 감소시켜 전체적인 측면에서 부정적인 영향을 미쳤다. 즉 제로섬(zero sum) 이하가 되는 것이다. 앞으로 살펴보겠지만 단순히 공급사슬에서 비용을 압박하는 것보다 가치를 창출하는 것이 더 좋은 방법이다.

공급사슬에는 사슬에 있는 특정 주체의 활동을 넘어서는 가치 창출 활동이 있어야 한다. 공급사슬은 일반적으로 하나의 강력한 회사, 즉 제조업체나 디자이너 및 특허 소유자 또는 강력한 소매업체와 같은 채널 마스터(channel master) 또는 중심기업(nucleus firm)에 의해 구성되어 중요한 가치 창출 활동을 관리한다. 그럼에도 불구하고, 사슬은 소비자 또는 투자자를 위한 가치 창출 외에 각 이해관계자에게 가치를 창출해야 한다.

> **이해 관계당사자(stakeholders)**
> 관리자, 직원, 주주, 고객, 공급업체 및 기타를 포함하여 회사에 관심이 있는 사람

둘째로 여러 이해관계 당사자들이 연결된 공급사슬 관리에는 이해관계 충돌에 대한 균형이 필요하다. 그룹 역학의 복잡한 특성을 고려할 때, 이는 특히 글로벌 공급사슬에서 어려운 과제가 될 수 있다. 미국 50개 주, 유럽 연합 28개국, 세계 종교의 다양한 종파, 전 세계의 다양한 문화 사이에서 일어나는 경쟁과 이해의 충돌을 상상해 보라.

## 다양한 변형들(Many variations)

지금까지 제시된 기본 공급사슬 모델에는 많은 변형이 있다. 다음은 명심해야 할 몇 가지 기본 사항이다.

- 공급사슬은 재료를 추출하여 제품으로 변환하고 제품을 사용자에게 판매하는 데 필요한 많은 것들과 많은 사람이 직접 또는 간접적으로 포함된다.

- 공급사슬에는 원재료 취급자, 서비스 및 부품 공급업체, 완제품 제조업체 또는 서비스 생산자, 유통업체 및 최종 고객과 같은 다양한 주체들이 포함된다.

- 공급사슬 구조는 수요 기록, 비지니스 초점 및 연결성, 기술 및 장비 요구에 따라 다르다.

- 공급사슬은 마케팅 자료수집 및 처리, 송장 배포 및 지불, 자재 처리 및 배송, 일정 예약, 주문 이행 등과 같은 프로세스 측면에서 볼 수 있다. 이러한 기능은 각 주체를 가로질러 단절시킨다.

- 공급사슬에는 다양한 흐름과 다양한 주체가 포함된다. 자재 및 서비스는 공급업체에서 고객에

게 제공된다. 고객으로부터 공급업체로의 대금 지불 흐름이 발생하고 정보는 양방향으로 흐른다. 공급사슬은 또한 교체 또는 수리를 위한 구성품, 재생산을 위한 제품, 재활용 또는 폐기를 위해 더 이상 사용되지 않는 제품과 같은 품목을 반송하는 고객을 시작으로 역순으로 진행되기도 한다. 순방향 사슬과 마찬가지로 역방향 사슬은 정보 흐름과 현금 또는 신용으로 구성된다.

- 공급사슬 전문 지식은 오늘날 비지니스 세계에서 매우 중요하므로 조사기관인 가트너(Gartner)는 연례 설문 조사를 수행하여 공급사슬 상위 25개의 리더를 선정 발표한다.

### 1.1.3 수직통합 대 수평통합(Vertical vs. lateral integration)

회사는 일반적으로 수직통합과 수평통합이라는 두 가지 공급사슬 관리 유형 중 하나를 추구한다.

#### 🔗 수직통합(Vertical integration)

수직 통합 또는 수직 공급사슬 관리는 하나의 조직 내에 공급사슬을 유지하는 관행을 말한다. 예를 들어 토지와 나무를 소유하고 미래의 수확을 위해 재배하고 사용하는 관련 장비를 소유하고 모든 제품 처리, 파레타이징 및 배송을 관리하는 제지 회사가 있다(회사는 외부에서 화학 물질만 구매한다). 수직적 통합은 많은 공급사슬 활동을 사내로 가져와서 동일 기업 관리하에 두어 공급사슬 활동을 설계, 계획, 실행, 관찰 및 통제 문제를 해결한다. 수직 통합 기업은 확장을 수용하기 위해 부서와 관리 계층을 추가하여 기업가적 기반에서 성장하거나 더 많은 공급사슬 기능을 확보하기 위해 인수 합병을 통해 구축될 수 있다. 자급자족한 기업을 만들기 위해 헨리 포드(Henry Ford)는 철광석 광산, 제철소나 여러 대의 선박뿐만 아니라 그의 이름을 가진 자동차를 건설하고 유통하는 제조 공장과 전시 공간까지 자체 소유했다.

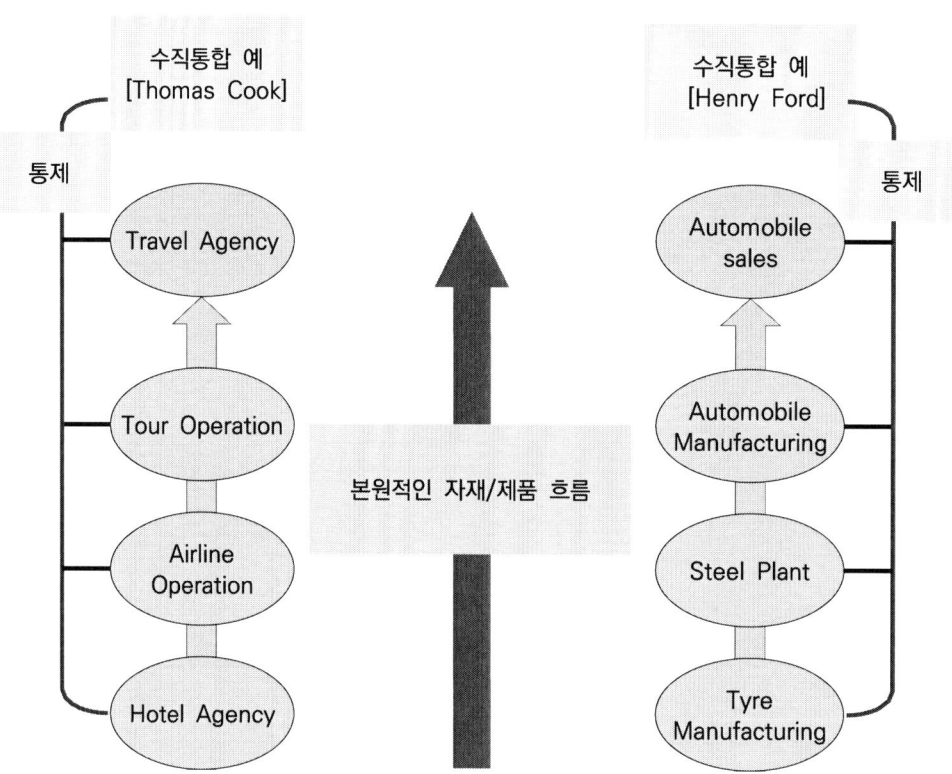

도표 3 수직통합(vertical integration)/공급사슬관리 예

　수직통합의 핵심 이점은 통제(control)이다. 시장에 독립적으로 존재하는 것이 아닌 부서 또는 전액 출자 자회사는 경쟁업체와 거래하여 구성품이나 서비스를 더 높은 가격에 판매할 수 없다. 모회사(적어도 이론적으로는)에게 모든 운영 활동이 완벽하게 보고되며 맨 위의 지시에 의해 다른 회사 부서들과 동기화될 수 있다. 일정, 인력 정책, 위치, 생산량 등 비지니스의 모든 측면이 전체 관리에 의해 통제된다. 일부 회사에서 수직 구조가 유지되더라도 완전히 통합되는 것은 매우 어려운 일이다.

### 수평통합(Lateral/horizontal integration)

　한 회사가 공급사슬의 모든 요소에서 뛰어나기 위해 필요한 모든 전문 지식을 확보하기가 어렵고 위험이 증가하기 때문에 전 세계의 조직은 대안으로 가장 덜 효과적이라고 판단되는 비지니스의 측면을 아웃소싱하는 전략을 구사하고 있다. 이러한 수평통합에서 조직은 핵심 역량에 중점을 두고 나머지 공급사슬에 대해서는 다른 외부 전문가에게 의존한다. 기업 입장에서 보면 아웃소싱 활동에 대한 통제력을 상실하고 공급업체 또는 고객으로서 별도의 공급사슬 구성원 대하게 된다. 각각은 원재료 공급 또는 생산과 같은 핵심 역량에 중점을 두고 개별 거래 또는 장기 계약을 통해 서로 비지니스를 수행한다. 예를 들어 전구 제조업체인 필립스(Philips)는 일부 공급사슬 활동에 타사 공급자를 사용한다. 크라이슬러사(Crysler Corporation)가 모터 부품(Mopar) 사업을 중단하고 제너럴 모터스(General Motors)가 델파이 회사로 부품 공급업체를 매각함에 따라 포드도 많은 부품 생산을 매각했다. 그런 다음 동일한 조직이 역량에 투자하거나 직접 경쟁업체를 합병하는 방법 등 수평으로 확장할 수 있다.

수평통합은 공급사슬에서 무수한 활동을 관리하는 데 선호되는 접근 방식으로 수직 통합을 대체했다. 이 수평 접근 방식이 이제 전 세계적으로 대세를 이루는 방식이므로 공급사슬 이론 및 응용의 주요 초점이 된다.

일부 일본 회사는 "게이레츠(keiretsu)"라는 중간 형태의 통합을 선호한다.

> **게이레츠(Keiretsu)**
> 금융 지원과 같은 다양한 방식으로 긴밀히 협력하더라도 회사가 법적으로 경제적으로 독립적인 일본 기업들 간의 협력 관계 형태

계열사와 유사한 표현인 게이레츠의 구성원은 일반적으로 다른 회원사에서 제한된 수량의 주식을 소유한다. 게이레츠는 일반적으로 은행과 무역 회사를 중심으로 형성되지만 "유통(distribution)" (공급사슬) 케이레츠 제휴는 원자재 공급업체에서 소매업체에 이르는 다양한 회사로 구성되어 있다.

수평 공급사슬에 의존하는 이유는 다음과 같다.

- 규모와 범위의 경제에 따른 이점 달성이 가능하다. 어떤 회사이건 그 단일 회사의 규모가 아무리 크다 해도 자체 공급사슬 기능은 동일한 제품이나 서비스를 제공하는 독립적인 공급업체의 잠재적 능력과 비교할 때 규모의 경제가 부족하다. 또한 전문 조직은 내부 성장을 통해 시장점유율을 높이거나 직접 경쟁사 또는 보완적인 핵심 역량을 보유한 다른 조직과의 수평통합을 통해 성장할 수 있다.

- 비지니스 초점 및 전문성을 향상시킨다. 전 세계적으로 경쟁이 치열한 시장에서 수직 통합은 국제 경계, 시간대 및 해양에 분산된 이종 비지니스를 관리하는 복잡성을 배가시킨다. 특정 비지니스에만 전적으로 집중하는 독립적인 회사는 사내 한 부서로써 운영되는 것보다 더 많은 전문 지식을 개발하여 더 매력적인 가격, 더 높은 품질 또는 둘 다로 이끌 수 있다.

- 의사소통 및 생산 역량을 활용한다. 오늘날에는 멀리 떨어진 비지니스를 수행하는 데 있어 기존에 비해 많은 장애물이 줄어들거나 최소화되었다. 거의 즉각적인 의사소통은 화상 회의나 내부 조직 웹 보드 또는 대화방에서 동시에 정보를 공유할 수 있음을 의미한다. 현지 시장을 알고 있는 이미 설립된 회사를 사용하면 이점이 있다. 예를 들어 유럽의 많은 의류 회사는 네덜란드의 물류 센터를 통해 네덜란드의 중심 위치를 활용하고 있으며, 많은 전문 회사가 의류의 유통 및 반품을 처리하는 데 잘 개발된 능력을 갖추고 있다.

그러나 수평 공급사슬의 이점에도 불구하고 독립적인 회사 네트워크의 활동을 동기화하는 것은 매우 어려울 수 있다. 각 회사가 규모, 범위 및 초점에서 얻는 것보다 더 큰 공급사슬 프로세스를 보고 이해하는 능력이 떨어질 수도 있다.

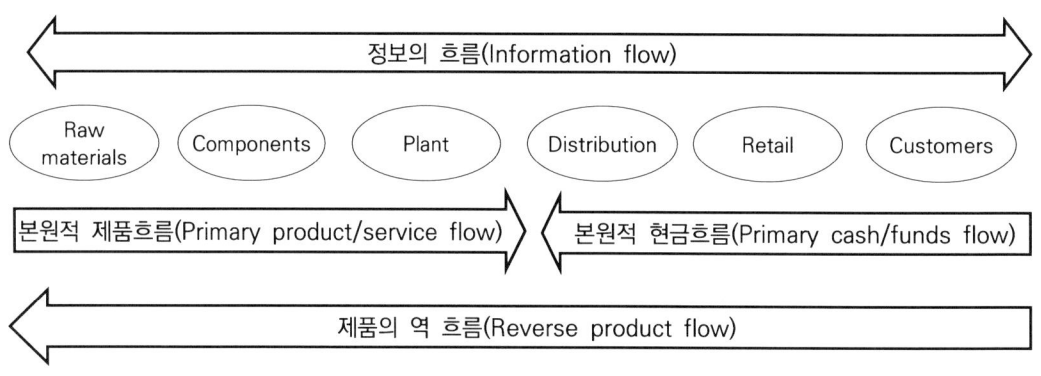

도표 4 수평 공급사슬(lateral supply chain)

### 1.1.4 공급사슬 예들(Supply Chain Examples)

가벼운 간식용 김밥을 파는 작은 상점을 공급사슬 모델로 생각해 보자. 파리의 신선한 바게트 빵이든, 홍콩의 밤거리에서 구워 파는 닭꼬치이든, 한국의 순대 포장마차이든, 세계 곳곳의 거리에서 볼 수 있는 낯익은 광경이다. 길거리의 식품 판매업자는 여러 가지 면에서 전 세계에 존재하는 소규모 가족 사업체와 유사하다.

　　공급업체는 기본 식품 재료를 여러 식품 가판대에 판매하는 소규모 도매 식품 유통업체일 것이다. 작업자는 원재료를 김밥으로, 볶은 너트 믹스 또는 다양한 먹기 쉬운 타파스로 바꾸는 "생산자"이다. 한두 명의 소유자가 운영하는 가판대는 완성된 요리를 고객에게 판매하는 소매업체이다. 이 가장 단순한 공급사슬에서도 기본 모델은 확장이 필요하다. 예를 들어, 공급업체는 하나가 아니라 매우 많다. 쌀과 채소는 같은 공급업체로부터 조달할 수 있지만 스테인리스 스틸 식품 용기를 데우기 위한 물은 주방 수도에서 나온다. 이 물 공급업체는 기업체가 아닌 정부 기관이다. 이 간이 "제조센터"를 밝히기 위해 전기가 공급된다. 근처에는 부패하기 쉬운 물건과 선반 및 서랍을 보관할 수 있는 냉장 시설이 갖추어진 음식 준비 구역이 있다. 또한 가판대를 제작하기 위한 목재와 화이트보드와 그날의 행사를 광고하기 위한 표지판을 만들기 위한 마커가 있다. 공급사슬 어딘가에서 우리 모델에서는 보이지 않지만, 원재료, 구성품 또는 서비스를 식품 도매업체와 전력, 가스, 물 공급과 같은 공공조직의 회사에 제공하는 공급업체의 공급업체가 있다.

## 🔗 제조업 공급사슬 모델(Manufacturing supply chain model)

　　제조업의 경우, 2차 자재 공급자를 포함하면 앞서 본 기본적인 공급사슬 모형보다 복잡성이 훨씬 커진다. 협력회사 단계(Tier)라는 개념은 편대(Echelon)와 동일 개념이다. 경쟁자가 존재하며, 고객의 취향/요구사항의 수시 변화, 제조환경(make to stock or make to order) 유형, 고용계약 등등 기업 단계의 공급사슬은 수많은 도전과 기회가 동시에 존재한다. 공급사슬은 무한 순환으로 끝이 없다. 즉, 단계와 유통점이 더 많을 수 있으며 다른 공급사슬이 연계되어 있을 수 있다. 도표 5에서 생산자의 경우 만들고 판매를 하는 경우를 뜻하고 유통점의 경우 고객에게 판매와 소매점에 재판매를 하는 것을 뜻한다.

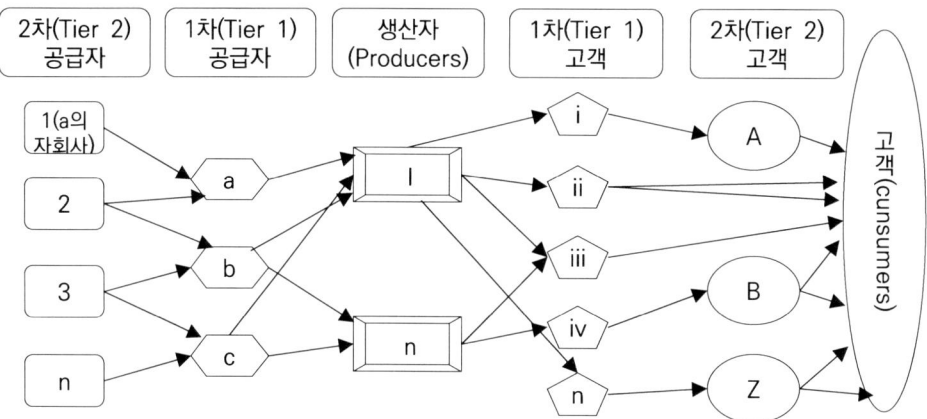

도표 5 제조업 공급사슬 모델(Manufacturing supply chain model)

공급사슬에 대한 논의는 일반적으로 제조업을 중심에 두고 부품 공급업체를 가장 왼쪽에 둔다. 요즘 중심기업(nucleus firm)은 실제로 모든 제조를 아웃소싱하는 제품설계자 및 의사결정자일 수 있다. 제조된 제품의 공급사슬을 설계하고 관리할 때 구성품 공급업체가 가장 중요한 고려사항일 수 있지만, 유틸리티 및 기타 서비스는 운영 비용에 중요한 기여를 한다.

도표 5는 1차(tier 1) 공급업체가 2차(tier 2)에 자회사 형태의 공급업체를 가지고 있음을 보여준다. 메뉴 항목의 일일 재료와 원료를 공급하는 도매 식품 유통업체에는 자재 및 서비스 공급업체가 있으며 공급업체도 있다. 예를 들어 김밥용 쌀은 최초의 원료가 아니라 농부의 논에서 시작하여 공장에서 가공되어 도매업자에게 배송되어 도심의 상점에 유통되는 자체 공급사슬이 있는 제품이다. 얼마나 멀리 왼쪽으로 진행하든 새로운 공급업체 계층이 끝이 없이 거의 무한 순환한다.

탄광과 같은 광산 원료 추출기조차도 자체 추출 기계 및 서비스 공급업체가 있다.

### 🔗 서비스 산업의 공급사슬(Service Industry supply chains)

#### ☀️ 서비스 산업(Service Industry)
좁은 의미로는 무형의 재화(의학, 법률 조언)등을 제공하는 조직이고 넓은 의미로는 농사와 채굴, 생산을 제외한 도소매 활동, 교환, 운송, 재무, 부동산, 건설, 사회서비스 등 모든 조직에서 기대되는 활동을 포함한다.

예를 들어 전력회사에서는 연료, 전기에너지, 프로그래밍 등 전력을 만드는데 필요한 것들이며 이것을 이용하여 전력을 생성하고 생성된 에너지를 가정용, 상업용으로 분배되는데 이것도 마찬가지로 공급사슬이 존재한다.

식품 공급업체의 경우 서비스에는 유틸리티, 운송, 창고, 목공 및 청소가 포함된다. 모든 제조업체의 공급업체인 유틸리티는 플랜트 및 창고를 찾을 때 고려해야 할 중요한 사항이다. 제안된 장소에서 물과 전기(또는 천연가스 또는 둘 다)를 사용할 수 없으면 쉽게 사용할 수 없다.

서비스 지향 공급사슬에는 정교한 관리가 필요하다. 도표 6은 전기 유틸리티의 공급사슬을 간단한 형태로 보여준다. 자체 제품, 서비스 및 공급품을 받고 서비스를 가정 고객, 상업 고객 및 기타 유틸리티의 세 가지 유통 채널로 분배한다.

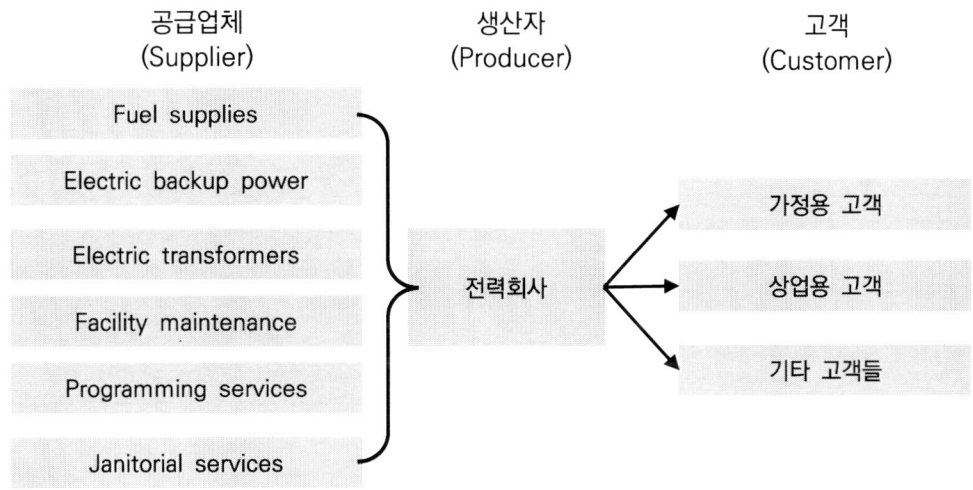

도표 6 전력산업 공급사슬(Electric Utility Supply Chain)

## 🔗 특화된 공급사슬(Specialized supply chains)

특화된 공급사슬은 크게 인도주의 및 재난구호, 병원과 같은 서비스 산업, 소매점 등을 말하며, 최근에는 기업 소모성 자재인 MRO(Maintenance, repair, and operating supplies)가 대세를 이루고 있다.

- 인도주의(humanitarian) 및 재난구호(disaster relief)

재난구호단체는 불확실성을 갖는 환경에서 운영되기에 공급사슬의 대응성을 최대화시켜야 한다. 그와 함께 민첩성도 필요하다. 이를 유지할 수 있는 대표적인 방법으로는 공동체에 속한 전문가들과의 지속적인 유대 관계를 갖는 것이 있다. 재난구호 발생 시 지역 전문가를 통해 신속하게 구호민에게 식료품을 공급한다.

- 병원 공급사슬(hospital supply chains)

2008년 경기침체 이후 가격을 낮추고, 품질과 가시성 증가에 초점을 두고 있다. 병원에서는 공급사슬 비용은 중요한 비용이다. 이를 관리하기 위해 병원은 의료품 구매 주문의 자동화와 실제 가격과 계약 가격의 일치하는지 검증하였다. 최신 데이터의 사용과 기존 데이터들의 정리, UDI(unique device identifiers)를 이용한 추적과 청구의 정확성이 향상되었다. 품질 측면에서 병원에서의 대기 시간을 줄여 최적의 결과를 산출하게 되었고 결과적으로는 총비용이 감소하게 되었다.

- 소매업자(retailers)

현재의 소매업자들은 아마존과 같은 세계적 공급사슬을 기반으로 한 온라인 소매업자들로 인해 공급사슬의 재설계라는 압박을 받고 있다. 기존 소매업자들은 다양한 경로로 복수 영역(multi-zone)에서 비효율적 피킹이 이루어져 높은 가격대를 형성하였다. 대표적인 온라인 소매업자인 아마존의 경우 하나의 출하 구역 안에서 자체적인 수송 네트워크를 통해 대부분의 주문이 이루어지므로 경쟁에 우위를 지니게 되었다. 재고적 관점으로는 기존 소매업자들은 온라인 주문 이행보다는 유통의 효율에 초점을 두어 cross-docking을 실시하였으나, 아마존은 모든 유통점에 가장 잘 팔리는 물품을 수요에 따른 비율로 쌓아 두어 총재고 유지 기간을 줄이고, 이를 통합적으로 관리하여 재고 유지 비용을 줄이게 되었다.

공급사슬의 추세에 따라 소매업자들은 기존의 공급사슬을 유지하며 신제품은 온라인에서 판매하거나, 유통점에 판매점을 두고 그에 따른 재고는 온라인 주문을 실시해야 한다. 즉, 온라인으로만 전향할 것이 아니라 시장변화에도 대응할 수 있는 멀티채널(multichannel)을 유지하는 공급사슬을 재설계해야 한다.

## 1.1.5 공급사슬 복잡성(Supply chain complexity)

이 주제의 앞부분에 있는 도표 4와 도표 5는 모두 다 계층적인 공급사슬의 복잡성을 암시한다.

앞서의 노점상 사례의 흐름조차도 예상만큼 간단하지 않다. 공급사슬을 통해 이동하는 "제품"에는 재료, 공급품 및 메뉴 항목 생산에 사용되는 구성품이 포함될 수 있다. 정보의 흐름은 상당히 단순하다.

현금은 제조업체에서 제품 및 서비스 공급업체로, 물론 대출 기관이나 투자자에게 부채 또는 배당금 지급을 위해 여러 가지 별도의 흐름으로 이동한다. 물류 관련 문제도 있다. 즉, 한 기업에서 다른 기업으로의 운송(아마도 한 두 대의 개인 차량을 이용한) 및 창고에 대한 의사결정도 있다. 그리고 마지막으로, 역 공급사슬은 거절된 메뉴 품목을 반납하고, 식물성 폐기물을 퇴비로 재활용하며, 살균 세척 후 도구나 다른 공급품을 재사용하고, 재활용하기 위해 존재한다.

## 1.2 공급사슬 성숙도(Supply Chain Maturity)

### 1.2.1 공급사슬관리 진화 단계(Stages of supply chain management evolution)

SCM의 진화 단계는 3단계 혹은 4단계 혹은 5단계 구분이 있으나 단계가 아닌 진화되고 있다는 사실이 주목해야 한다. 여기서는 4단계로 구분 설명한다.

- 1 단계: 다기능 장애-오합지졸(multiple dysfunction)
- 2 단계: 부서별 사일로 기업(semi-functional enterprise)
- 3 단계: 내부 통합된 기업(integrated enterprise)
- 4 단계: 외부로 확장된 기업(extended enterprise)

지난 수십 년 동안 공급망 관리의 발전은 일반적으로 각 공급사슬의 개발 단계를 반영한다. 이 분야의 전문가들은 이 개발 과정에서 일반적으로 4단계에서 5단계 사이에 있다는 데 동의한다. 여기서는 위에 명기한 대로 공급망 관리 진화의 4단계 모델을 사용한다.

공급사슬의 진화 초기에, 많은 조직들은 예측 가능한 공급과 수요를 가진 안정적인 사슬에서 운영되었다. 안정적인 공급사슬에서는 예측 가능한 수요와 최소한의 변경 요구로 인해 비용이 그리 많이 발생하지 않는다. 생산 기간이 길어질 수 있으며 라인 변경은 거의 필요하지 않다. 이것은 많은 산업, 특히 지역적이며 지역 경쟁사만 있는 산업에서 실제로 사용된 모델이지만, 세계화와 기술이 세계를 연결함에 따라 이러한 수준의 안정성을 갖는 산업이 점점 줄어들었다. 대부분의 산업은 더 이상 예측 가능하지 않기 때문에 대부분의 미성숙 공급사슬은 아래 설명된 대로 1단계에서 시작한다.

공급사슬 소유권 전략이 수직통합, 수평통합 또는 혼합(예: keiretsu) 등 어떤 유형에 의존하는지와 관계없이 공급사슬이 관리되는 상대적인 정교성은 몇 단계로 구분되어 발전한다.

## 🔗 1단계: 다기능 장애를 가진 오합지졸(multiple dysfunction)

1단계의 특징은 내부적 활동이 계획보다는 충동적으로 이루어진다는 것이다. 경영층은 단지 일반적인 미션만 부여한다. 보장되지 않은 예측으로 인해 추측이 되어버린다. 제품이 다른 부서와의 연계 없이 설계된다. 재고의 수량이 잘 맞지 않는다. 기본적인 MRP와 BOM이 사용된다.

수평 공급사슬에서 중심기업(nucleus firm)이 내부 및 외부 사슬 모두에 대한 훈련된 관리 역량이 부족할 수 있다. 명확한 내부 정의와 목표가 없고 거래 이외의 외부 링크가 없을 수 있다. 도표 7은 조율된 정보 흐름의 부족 또는 잠재적 파트너 간의 고정된 관계를 보여준다.

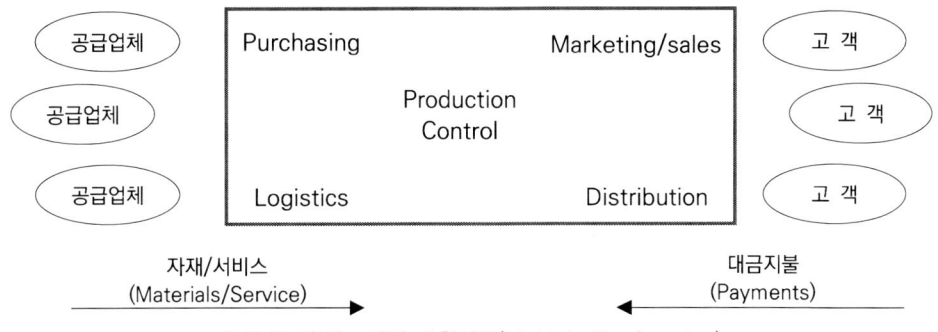

도표 7 다기능 장애-오합지졸(Multiple Dysfunction)

이 경우에는 단순 사후 반응적인(reactive) 공급사슬이다.

- 수요를 충족시키지만, 비용에 대해서는 큰 관심이 없다.
- 비용 센터로 인식된다.
- 수요에 대응하기 위해서는 최소한의 경쟁력 또는 연결 기술과 자본 자산이 필요하다.

오합지졸 조직에서는 다음과 같은 일이 발생한다.

- 내부 활동들이 계획보다는 충동적으로 수행되는 경향이 있다.
- 예측은 대부분 추측하기 쉬운 경향이 있으며, 종종 부당한 마케팅 낙관론에 의해 부풀려진다.
- 제품은 제조 또는 마케팅과 같은 지침을 제공할 수 있는 다른 영역의 조언 없이 설계되었다.
- 창고는 각 시장 근처에 위치하며, 대량 판매를 예상하고 재고가 풍부하고, 훈련을 거의 받지 않은 육체노동자들로 구성되어 있다.
- 트럭이나 기차는 주문이 들어올 때 적재 및 하역될 때 어느 쪽이든 사전 경고 없이 하역된다.
- 자재 흐름뿐만 아니라 지불 흐름(수취가 제대로 수행되지 않을 수 있음)이 있을 수 있지만 정보 교환은 주로 내부 주문, 입찰 수락 및 송장 발송과 관련이 있다.
- 자재 소요량 계획(MRP)은 자재명세서, 기준생산일정 및 현재 주문/주문 데이터와 관련된 기본

수준에서 수행된다.

## 🔗 2단계: 부서별 사일로 기업(semifunctional enterprise)

도표 8은 부서별 사일로 기업의 예를 제공한다. 정보 흐름이 개선되고 기능 영역이 정의되었으나 가장 효과적인 가치 창출 방법에 대해 협력하지 않고 기능을 차례로 수행하는 경향이 있다. 이 단계에서는 고객 및 공급업체와 파트너쉽이 없다.

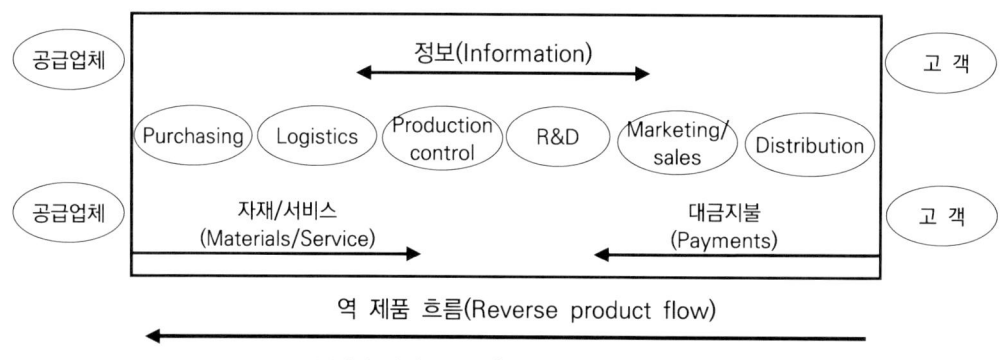

도표 8 부서별 사일로 기업(semifunctional enterprise)

이는 반응적인 효율적(reactive efficient) 공급사슬이다:

- 효율적이고 저렴하며 통합된 장치로 제공되어 경쟁력 있는 포지셔닝을 지원한다.

- 완제품의 총 배송 비용에 대한 효율성 및 비용 관리에 중점을 둔다.

- 인건비를 줄이고 능력과 처리량을 향상시키는 기능을 자동화하는 연결 기술과 새로운 장비가 더 중요하다.

- 공급사슬 발전의 두 번째 단계에서 개별 회사는 특정 기능 영역에서 효율성 및 품질을 개선하기 위한 이니셔티브를 수행한다. 여기 몇 가지 예가 있다.

- 기본 자재 취급 장비를 추가함으로써 창고에서 대단위 수동 작업을 수행할 수 있다.

- 재고 관리는 회사 자체 시설 내에서 재고 수준을 줄이는 방법을 찾을 수 있다.

- 조달은 새로운 구매 전략을 활용하여 가능한 최저 가격으로 공급 물품 및 서비스를 얻을 수 있

다.

- 운송부서는 운송 업체와 노선을 전략적으로 선택하여 운송 비용을 줄일 수 있다.
- 일부 부서는 더 효과적인 어려운 기술 훈련을 실시하고 직업을 보다 도전적으로 만들기 위한 전략을 채택할 수 있다.
- 마케팅은 더 신뢰할 수 있는 연구 및 예측 기술을 개발할 수 있다.
- 제조자원계획(MRP II) 소프트웨어가 설치되어 있을 수 있으며 회사는 계획 프로세스를 교차 기능으로 통합할 수 있다.

일부 또는 모든 기능은 부서 내에서 효율성을 높이기 위해 고안된 이니셔티브에 관여하지만 한 부서에서 다른 부서로의 의사결정에는 거의 겹치지 않는다. 중심기업(nucleus firm)이 별도의 부서 내에서 개선에만 집중할 때 의사소통이 부족하여 노력이 낭비될 수 있다. 예를 들어, 시장조사 담당자와 잘 훈련된 영업 담당자는 이 정보를 제품설계자와 구조적으로 협업을 하지 않은 상태에서도 어느 정도 현재 및 잠재 고객에게서 시장 기회를 발견할 수 있다. 그리고 이러한 협업 부족은 부서 간에 반복적으로 발생할 수 있다. 이 단계에서는 일부 기능이 자동화될 수 있다. 예를 들어 MRP 소프트웨어는 자재명세서(BOM)를 컴퓨터에 넣어 워크플로를 간소화할 수 있다. 그러나 한 부서의 새로운 소프트웨어는 다른 영역의 현재 소프트웨어와 호환되지 않을 수 있다.

## 🔗 3단계: 내부 통합된 기업(integrated enterprise)

공급사슬 진화의 세 번째 단계에서 개별 회사는 개별 구획화된 부서보다는 전사적 비지니스 프로세스에 초점을 맞추기 시작한다.

역사적으로 이러한 공급사슬 전략의 변화는 1980년대 후반과 1990년대 초와 관련되어 있으며 이 시기에는 개인용 컴퓨터가 더욱 강력하고 안정적이며 저렴해졌다.

제조 및 전사적 소프트웨어 도입, 교차 기능 의사소통 및 교육 강화, 중앙에 위치하여 쉽게 접근할 수 있는 데이터베이스 및 파일, 모든 관련 부서의 담당자가 참석하는 정기적인 판매운영계획(S&OP, sales and operations planning) 등이 3단계의 특징이다.

이것은 사전 예방적인 효율적인(proactive efficient) 공급사슬이다.

- 복잡성과 비용을 줄이기 위해 새로운 원자재 또는 제품설계를 권장한다.

- 효율성을 높이기 위해 제품설계를 변경한다.

- 기능 간 정보 공유를 용이하게 하기 위해 통합 정보 시스템에 투자한다.

도표 9는 전사적자원관리(ERP) 소프트웨어를 통해 기능과 정보 공유 간의 협업을 통해 연결된 내부 공급사슬을 시각적으로 보여준다. ERP는 이후 장에서 설명한다.

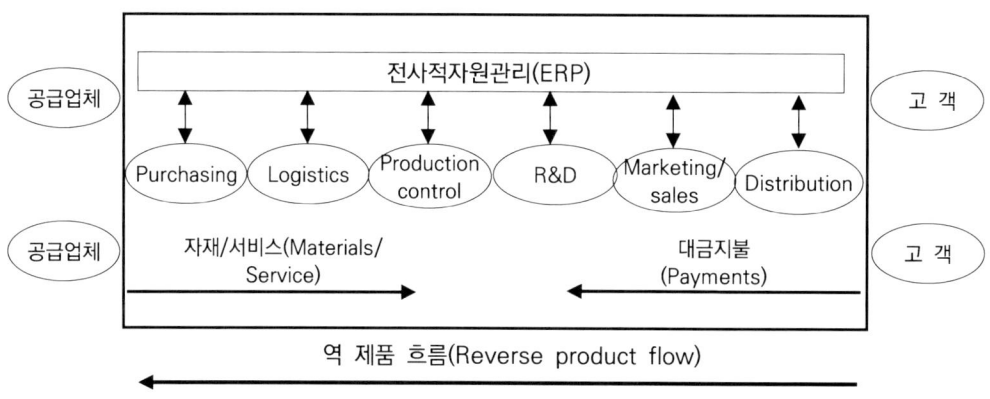

도표 9 통합된 기업(Integrated Enterprise)

이 단계는 다음과 같은 이유로 이전 단계와 크게 다르다.

- 이메일, 파일 전송, 강력한 데이터베이스 및 전사적 소프트웨어 응용프로그램의 가용성이 향상되어 비지니스 프로세스에 중점을 둔다. 기능 부서 간 협력이 훨씬 빠르고 쉬워지고 기능, 시간대 및 국가 간 경계를 넘어 거의 즉시 이루어진다.

- 다양한 이니셔티브는 공급업체로부터 주문을 받고, 제품을 만들고, MRP II 및 ERP를 포함하여 고객에게 납품하는 데 걸리는 시간을 줄인다.

- MRP가 MRP II로 갱신되었다. 제조와 재무 부서 간 의사소통이 가능해졌다.

- ERP는 가장 진보된 버전이 회사 전체와 연결될 때까지 각 기능 영역에 대한 모듈을 추가하여 해당 프로세스를 확장한다. 공급사슬 파트너를 함께 연결하기 위해 회사 경계를 통과해 더욱 발전했다.

- 일부 회사의 제품설계는 이제 마케팅 및 구매와 같은 생산 엔지니어 및 기타 이해관계자가 설계 엔지니어와 협력하여 "마케팅을 위한 설계(design for marketing)", "물류를 위한 설계(design for logistics)" 또는 "환경을 위한 설계(design for the environment)"를 수행하는 팀의 노력이다. 이러한 접근 방식은 고객의 요구에 맞춰 제품, 프로세스, 장비 또는 인력을 고가로 수정하지 않고 제조할 수 있는 제품을 만든다.
- 시장 세분화 및 각 세분화에 적합한 보다 효율적인 보충 정책으로 인해 고객 서비스가 개선된다.
- 재고를 보다 전략적으로 JIT 절차에 따라, 보다 정확한 수요 계획 및 개선된 물류 작업으로 처리하여, 보다 효율적이고 안정적인 이행을 실현한다.

창고(warehousing) 및 운송(transportation) 결정은 비용 효율성과 고객 서비스의 최적 균형을 달성하기 위해 수행된다.

창고관리에서는 고급 장비 및 자동화의 이점을 활용한다. 이 시점에서 중심기업(nucleus firm)은 UPS(United Parcel Service)와 같은 물류 공급업체와 계약을 맺어 공급사슬의 외부 구성원과 통합하기 위한 단계를 밟아 물류 결정에 대한 최적화를 돕는 전문 지식을 사용하여 "내부조달(insource)" 한다.

## 🔗 4단계: 외부로 확장된 기업(extended enterprise)

이 단계의 특징은 개별 회사의 경계를 넘어서 적어도 하나의 회사 이상으로 업무 프로세스를 확장하기로 한 결정이다. 중심기업이 공급업체 또는 고객 중 하나와 계획, 설계, 보충, 물류 또는 다른 비지니스 프로세스에 대해 협력하기로 결정하면 공급사슬의 끝에서 끝까지 확장된 기업을 개발하는 데 있어 장애물이 극복된다. 이 회사는 내부 네트워크를 선택된 공급사슬 파트너의 내부 네트워크와 통합하여 효율성, 제품/서비스 품질 또는 둘 다를 향상시킨다. 시작 지점은 일반적으로 완전히 네트워크화된 엔터프라이즈를 향한 길을 가리키는 하나의 내부 및 외부 파트너쉽이다.

이것은 아래와 같은 특징을 가진 전략적 드라이버 공급사슬이다.

- 수요 생성 및 이행이 완전히 통합되었다.
- 공급사슬이 전반적인 조직전략 개발에 기여한다.

- 예측, 계획 및 보충이 완전히 통합되고 가시적이다.
- 기술 개선, 지식 및 실시간 정보는 사슬 파트너와 공유된다.

이 단계에서 독특한 점은 다음과 같다.

- 공급사슬에서 채널 마스터와 하나 또는 여러 파트너 간에 초기 탐색 협력이 이루어지며, 종종 제조업체와 구성품 공급업체 또는 소매업체와 완제품 공급업체가 있다. 하나의 구성품 또는 제품만 관련될 수 있다. 프록터 앤 갬블(Procter & Gamble)과 월마트(Walmart)의 유명한 협력은 아기용 기저귀로 시작되었다. 이 첫 번째 협업이 성공하면 처음 두 파트너 간에 더 완전한 네트워크 관계가 생길 수 있다. 더 많은 제품이 포함될 수 있으며, 통합 전자 네트워크를 통해 정보를 더 완벽하게 공유하고 회사 경계를 넘어 공식적인 팀을 구축하고 계획할 수 있다. 또한 이러한 관계는 다른 파트너십의 모델이 될 수 있으며, 결국 소매업체에서 제조업체를 통해 하나 이상의 공급업체 계층으로 확장되는 복수의 회사 협업의 모델이 될 수 있다.

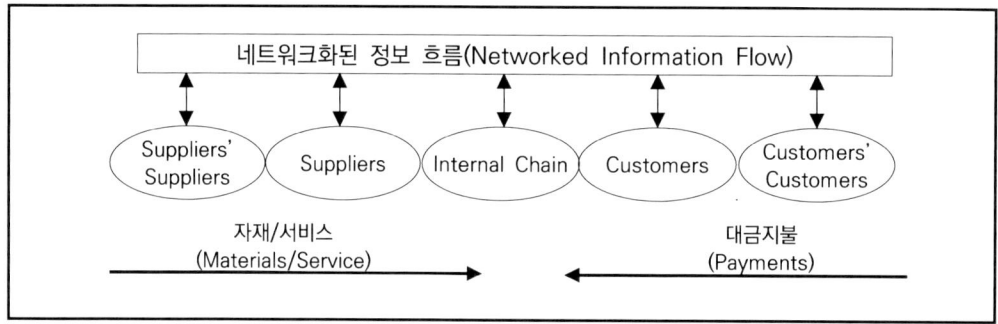

도표 10 외부로 확장된 기업(Extended Enterprise)

- 기술을 통해 확장된 기업은 더 멀리 도달하고, 새로운 파트너를 추가하고, 시장 변화에 신속하게 대응하고, 3단계보다 넓은 범위에서 운영할 수 있다. MRP II는 다른 기능적 응용프로그램과 통합되고 전사적 계획인 ERP로 전환되며 소프트웨어가 전체 내부 공급사슬을 하나의 플랫폼에서 함께 연결할 수 있다.
- 네트워크로 연결된 엔터프라이즈는 인트라넷(intranets), 엑스트라넷(extranets), 피어 투 피어(peer-to-peer) 네트워크, 인터넷 또는 이러한 플랫폼의 조합을 기반으로 한다. 파트너는 회사 경계를 넘어 ERP 시스템을 동기화하기 시작하여 효율적인 협업에 필요한 데이터를 공유할

수 있다. 예를 들어 소매업체는 고객이 품목을 구매할 때마다 판매 시점 (POS, point-of-sale)에서 공급업체로 정보를 보내 교체품 생산을 시작할 수 있다. 예를 들어, Dell 컴퓨터는 고객의 사양이 부품 공급업체를 통해 즉시 전송되어 컴퓨터를 주문할 수 있기 때문에 자체 재고를 유지하지 않고도 인터넷에서 주문을 충족할 수 있다.

- 협업적 계획, 예측 및 보충(CPFR, collaborative planning, forecasting, and replenishment)과 같은 특정 프로세스를 통해 교차 기능 접근 방식이 구현된다. 판매, 마케팅 및 생산에 의한 전통적인 "사일로" 생산 계획 대신, 4단계 회사는 판매 및 마케팅, 생산(또는 운영) 및 기타 기능의 대표자가 수요 계획을 조정하기 위해 만나는 주기적인 판매 및 운영 계획(S&OP, sales and operations planning) 및 생산 일정 회의를 개최한다.

- 4단계에서는 고객이 제품과 서비스를 주문하고 배송을 추적하며 도착하자마자 고객 서비스와 통신할 수 있는 사이트와 같은 전자 상거래의 발전이 있다. 이러한 B2C 전자 상거래의 배경 뒤에는 유무선 네트워크에서 B2B 전자 상거래가 증가가 있다. 전 세계적으로 경쟁은 더 이상 개별 회사들 사이에서만 일어나지 않는다. 전체 공급사슬은 이제 전 세계적으로 경쟁하고 있다. 기업 간의 협력은 공급사슬 간의 경쟁에 필수적이다.

공급사슬 전략의 목표는 조직의 공급사슬이 4단계에 있는지 확인하고, 이러한 수준의 연결성과 가시성을 완전히 실현하지 못하게 하는 격차가 있는지 평가하는 것이다. 정렬이 되지 않거나 격차를 해결하는 것에 대해서는 다음에서 설명한다.

# 2장 공급사슬 전략에 대한 입력 요소
## Inputs to Supply Chain Strategy

2.1 내부 입력 요소(Internal Inputs)
    2.1.1 경쟁전략(Business strategy)
    2.1.2 조직전략(Organizational strategy)
    2.1.3 경영계획(Business plan)
    2.1.4 가치제안(Value proposition)
    2.1.5 핵심역량(Core capabilities)
    2.1.6 원가구조(Cost structure)
    2.1.7 수익모델(Revenue model)

2.2 외부 입력 요소(External Inputs)
    2.2.1 경쟁(Competition)
    2.2.2 시장 조건(Market conditions)
    2.2.3 글로벌 관점(Global perspectives)

## 핵심주제와 학습목표

- 경쟁전략(business strategy), 조직전략(organizational strategy) 및 공급사슬 전략(supply chain strategy) 간의 관계 설명
- 4가지 유형의 조직전략(organizational strategies)과 사용 방법을 정의
- 고객(customers) 및 시장(markets), 기술(technology), 주요 프로세스(key processes) 및 조달(sourcing)과 관련하여 전략적 결정을 내리는 방법을 설명
- 원가구조(cost structure) 및 수익모델(revenue model) 측면에서 공급사슬 차별화
- 경쟁자 역량(competitor capabilities), 시장 상황(market conditions) 및 세계적 관점에서 외부 환경(external environment)을 탐색하는 것이 중요하다는 점을 논의

이번 장에서는 공급사슬전략을 수립하는 데 필요로 하는 기업의 내부 현황과 기업 경영에 영향을 미치는 외부 환경 등과 같은 정보와 지식에 관련된 입력 요소들을 파악해 보기로 한다.

## 2.1 내부 입력 요소(Internal Inputs)

먼저 조직의 내부 환경이라 할 수 있는 기업의 사업모델(business model)을 살펴보자. 사업 모델이란 조직이 자신의 운영에 기반하여 매출과 수익을 창출해 내기 위한 조직의 계획이다. 바꿔 말하면 경영계획(business plan)이란 형태로 공식화되어 표현된 조직의 사업(business)과 경쟁전략(business strategy)이다. 이는 조직이 어떻게 다른 경쟁자와 차별화해야 하고 이를 위해서는 조직의 각 부문이 어떻게 기능을 해야 하는지를 보여준다. 사업모델은 조직의 운영 방식이라고도 할 수 있으며 통상적으로 다음과 요소들로 구성된다.

- 경쟁전략(business strategy)
- 조직전략(organization strategy)
- 경영계획(business plan)
- 가치제안(value proposition)
- 핵심능력의 집합(set of core capabilities)
- 비용구조(cost structure)
- 수익모델(revenue model)

이러한 각 요소에 대해서 좀더 상세히 살펴보도록 하자.

## 2.1.1 경쟁전략(Business strategy)

앞서 잠깐 살펴본 바와 같이 경쟁전략(business strategy)은 조직이 경쟁자를 물리치고 승리로 이끌기 위해서 어떤 방식으로 경쟁을 할 것인지에 대해 전체적인 윤곽을 잡는 것이다. 저비용(low cost), 차별화(differentiation), 그리고 집중화(focus) 3가지 핵심 요소가 있으며 이 3가지 요소들의 결합에 따라 5가지의 구체적인 경쟁전략이 있다.

- 저비용(low cost): 다른 동종의 제품이나 서비스보다 더 낮은 가격과 연관되어 있다. 즉 낮은 가격으로 경쟁 무기를 삼겠다는 의미다.

- 차별화(differentiation): 다른 경쟁 모델이나 서비스보다 더 많은 기능이나 특징, 더 나은 품질이나 서비스, 더 넓은 선택사양 등과 연관되어 있다. 이는 가격 이외의 어떠한 특성으로 경쟁하여 경쟁자를 따돌리고 주문을 수주하겠다는 의미다.

- 집중화(focus): 목표로 삼는 시장이나 제품이 다수를 대상으로 하는지 아니면 적절하게 세분화된 틈새시장을 목표로 하는지와 같은 것에 연관되어 있다. 즉 전체 시장을 대상으로 하는지 아니면 선택된 틈새시장을 겨냥하는지를 말할 때 특정 목표 틈새시장을 겨냥하는 전략이다.

### 🔗 저비용 우위 전략(Low-cost advantage strategies)

경쟁에 대한 저비용 경쟁 접근법과 일치하는 전략에는 자원 추출, 운송, 창고 보관, 소매 시설의 위치 및 설계를 포함하여 공급사슬의 모든 영역에서 비용을 줄이는 다양한 방법들이 포함된다. 저가 전략과 큰 시장점유율을 가진 강력한 중심회사(nucleus company)는 공급업체에 큰 영향력을 행사할 수 있다. 이러한 회사는 공급업체에게 시설 비용 절감, 인력 재배치, 낭비 감소 및 원가절감에 중점을 둔 접근 방식인 린(lean) 제조 채택 등을 요구할 수 있다.

저비용 전략은 공급사슬 전략에서 높은 운영 효율성, 표준화된 제품 및 엄격한 공급업체 재고 관리로 이루어진다. 공급업체 품질 또한 높아야 한다. 그렇지 않으면 재작업 및 반품 등으로 인해 이익 마진이 아주 낮아지고 이익이 크게 줄어든다. 공급사슬 측정지표는 자산 활용도, 재고 회전율, 다양한 직접, 간접 및 총비용 측정을 포함한 여러 관점에서 효율성을 측정해야 한다.

저비용 전략을 목표원가 계산(target costing)과 혼동해서는 안 된다.

### 🎯 목표원가 계산(Target costing)
특정 비용 목표를 달성하도록 제품을 설계하는 프로세스. 목표 원가 계산에는 계획된 판매 가격을 설정하고 원하는 수익과 마케팅 및 유통 비용을 차감하여 필요한 제조 또는 목표 원가를 남기는 과정이 포함된다.

많은 지역에서 이 전략을 이용한 수많은 "1달러 매장"이 운영되고 있다. 대부분의 제품은 1달러에 불과하며 선택 범위는 엄청나게 다양하다.

다국적 기업을 위한 저비용 전략에 대한 변형 중 하나가 글로벌 전략이다.

### 🎯 글로벌 전략(Global strategy)
국가별로 제품 변형을 최소화하면서 공통 상품 및 서비스의 판매 및 마케팅을 통해 전 세계 성과 향상에 중점을 둔 전략.

자국 국경을 넘어 다른 국가에서 운영하기에 가장 적합한 위치를 선택하면 경쟁 우위가 커진다.

운영을 위한 저비용 국가를 선택하는 것 외에도 이 전략은 모든 시장에서 변동이 거의 없는 제품을 판매함으로써 규모의 경제를 활용할 수 있다. 품목 자체는 값이 싸거나 비싸거나 다양한 혼합 제품일 수 있지만 경쟁 우위로 인해 경쟁업체가 제공할 수 있는 것보다 비용이 저렴할 수 있다.

최저 가격으로 제품이나 서비스를 제공하는 것은 일반적으로 차별화 또는 집중화(틈새 마케팅) 전략과 양립하지 않는다. 이 접근 방식으로 제공되는 낮은 이윤은 대량 마케팅과 더 관련성이 있다. 그러나 저렴한 제품이라도 경쟁력을 유지하려면 품질 표준을 충족해야 한다. 또한 가격 경쟁은 틈새시장이나 차별화된 시장 내에 존재할 수 있다.

대표적인 사례: 월마트, 영국의 저가 항공사인 Ryan air

## 🔗 제품-서비스 차별화 우위 전략(Product-Service differentiation advantage strategies)

제품 또는 서비스를 차별화하는 방법을 결정하는 것은 시장의 다른 회사에 대한 경쟁 분석을 통해 세공 대상을 획인하는 것부터 시작한다.

### 💡 경쟁 분석(Competitive analysis)
전략, 기능, 가격 및 비용을 포함하는 경쟁업체 분석

회사가 경쟁업체의 제품을 분석한 후에는 여러 가지 방법으로 제품과 서비스를 차별화할 수 있다. 이것을 제품 차별화라고 한다.

### 💡 제품 차별화(product differentiation)
가용성, 내구성, 품질 또는 신뢰성과 같은 비가격을 기준으로 경쟁 제품과 차별화하는 전략

다음은 몇 가지 유형의 차별화이다.

- 고품질 - 내구성, 외관, 성능, 재료 유형 등. 품질은 주문 자격요건(order qualifier)으로 간주되며 고객이 특정 제품의 구매를 고려하는 데 필요한 요소이다.

- 제품 라인의 다양성으로 고객에게 다양한 선택사항 제공. 이 방법과 반대되는 것은 더 높은 신뢰성이다. 일종의 품질의 유형으로 간주할 수 있다.

- 경쟁사의 제품 또는 서비스에서 제공되지 않는 특수 기능

차별화 전략의 예로 품질을 고려하는 것은 제품 개발과 조달, 생산 (특히 품질 보증) 및 반품 프로세스에 대한 견고한 투자를 통해 신뢰성과 일관성의 명성을 얻는 것이다. 품질은 부패하기 쉬운 제품이나 파손되기 쉬운 제품에 대한 차별화 요소가 될 수 있다. 이 경우 운송 및 보관은 공급사슬 전략에서 중점을 두어야 할 핵심 영역이다. 예를 들어, 트로피카나(Tropicana)는 최첨단 냉장 트럭에 투자했을 뿐만 아니라 오렌지가 최고 숙성 상태에서 수확되도록 시스템을 개발했다.

제품 차별화에 적합한 공급사슬 전략은 다음과 같다.

지연과 결합한 모듈식 설계. 지연 기능을 이용한 모듈식 설계는 특정 소비자 요구를 충족시키기 위해 버틸 수 있을 때까지 버티다가 최후적으로 사용자의 요구에 맞춤식으로 차별화를 시킨다.

### 💡 지연(Postponement)
최종 차별화를 의도적으로 지연시키는 제품설계 또는 공급사슬 전략 ... 프로세스에서 가능한 최신 시간까지

진부화의 위험을 줄이기 위한 다양한 선택사항이 있는 기본 모델과 동시에 실제 재고가 적은 대규모 활성재고(다양한 다수의 구성)를 제공한다.

혁신적인 설계, 다양한 고객 취향에 맞는 다양한 옵션, 예술적 감각을 가진 설계 등을 개발하기 위해 공급업체와 협력한다.

위조 품목 또는 하위 구성품의 위험을 줄이기 위한 글로벌 추적 기술, 제품이나 서비스를 차별화하는 또 다른 방법은 우수한 고객 경험을 제공하는 것이다. 고객 경험이 조직의 주요 경쟁 기반인 경우, 조직은 고객 선호도에 대한 철저한 이해를 통해 고객이 필요로 하는 장소와 시기에 적합한 제품과 서비스를 제공한다. 이것은 항상 열려 있는 편의점처럼 간단할 수도 있다. 맞춤형 서비스가 제공될 때 조직의 공급사슬은 이러한 서비스 제공 비용을 측정하여 수익성을 유지하도록 정교해야 한다. 재고 및 물류 관점에서 차별화를 위해서는 신속하게 생산 또는 배송할 필요 없이 선호도에 따라 상품 및 서비스를 고객에게 제공해야 한다.

예를 들어 Zappos.com은 고객 서비스를 다른 모든 우선순위보다 우선시하는 신발, 보석 및 의류 웹사이트이다. Zappos의 고객 서비스 전문가들은 고객과의 통화 시간(비용을 상징함)을 최소화한다는 표준 콜센터 철학이 아니라, 찾기 어려운 신발 한 켤레를 추적한 후 다시 전화하는 등 진심으로 각 고객들을 돕는데 필요한 만큼의 시간을 갖도록 교육을 받는다. 회사의 상황상 콜센터 직원들에게 평균 이상의 금전적 급여를 제공하지 않기 때문에, 조직은 조직이 원하는 높은 수준의 고객 맞춤형 서비스를 제공하고자 하는 직원들만 고용, 유지하기 위해 특별한 프로그램을 운영한다. 즉, 신입 사원들에게 첫 주 근무한 후에 본인의 의사에 따라서 회사를 그만둘 수 있는 기회와 추가적 일회성 현금 보상을 제공한다. 이것은 낮은 급여로 인해 덜 헌신적인 직원들을 선별함에 있어 그들 스스로에게 선택하도록 하는 동기를 부여한다.

B2B(Business-to-Business) 분야에서 고객 경험은 고객의 운영을 중단없이 유지하는 것을 의미할 수 있다. 예를 들어, 샌드빅 광산(Sandvick Mining)은 광산 작업을 위한 암반 시추 장비나 부품을 제공한다. 이 산업에서는 장비를 가지고 모든 교대 근무를 매일 매일 계속 유지하는 것이 장비 및 예비 부품 가격보다 더 중요하다. 이 신뢰할 수 있는 고객 경험을 제공하는 것은 조직이 차별화하는 것이다.

### 🔗 집중화 우위 전략(Focus advantage strategies)

집중화 우위를 창출하는 방법들은 다음과 같다.

- 틈새 마케팅(niche marketing)
- 대응성(responsiveness)
- 혁신(innovation)

## 🔗 집중화: 틈새 마케팅 대 대량 마케팅(Focus: Niche marketing & Mass marketing)

조직은 대량 시장 또는 더 큰 시장을 겨냥한 제품과 서비스를 개발하도록 선택할 수도 있으며 혹은 대형 시장의 일부에 집중하는 틈새시장을 겨냥할 수도 있다.

> 💡 **대량 마케팅(Mass marketing)**
> 모든 잠재 고객에게 동일한 메시지를 보내는 전략

대량 마케팅의 장점은 단순한 메시지를 작성하고 대중 매체를 사용하여 메시지가 소비자의 의식에 들어올 때까지 여러 번 반복하는 기능이다. 대량 마케팅은 모든 시장 부문에서 폭넓은 호소력을 가진 제품 및 서비스에 적합하다. 모든 사람이 필요로 하는 편의품이거나, 마케팅을 사용하여 일반적인 요구나 욕구를 분명하게 만들 수 있기 때문이다. 용기에 담긴 생수가 좋은 예이다. 대량 마케팅은 표준화된 제품만을 위한 것이 아니다. 예를 들어, 고객이 토핑을 지정할 수 있는 샌드위치 식당과 같은 맞춤형 제품을 판매하는 데 사용할 수 있다. 대량 마케팅의 요점은 고객이 단일 제품이나 서비스로 제한될 필요는 없으며 광범위하게 전파할 수 있는 단일 메시지를 갖는 것이다.

틈새 마케팅은 하나 이상의 시장 부문에 특히 호소력 있는 메시지를 설계하는 데 사용된다. 또한 틈새 마케팅은 대상 세분화(채널이라고도 함)가 사용할 가능성이 있는 매체를 통해 메시지를 전달할 수 있기 때문에 비용이 적게 드는 전달 채널을 사용할 수 있다. 인터넷 광고는 해당 사용자의 인터넷 사용 기록 또는 구매 내역에 따라 마케팅 메시지를 한 사람의 세분화에만 맞출 수도 있다.

틈새시장 접근의 몇 가지 예는 다음과 같다.

틈새 마케팅은 제품 및 서비스 차별화와 일부 특징을 공유한다. 두 경우 모두 고객에게 제공되는 제품 또는 서비스에는 특별한 기능이 있다. 예를 들어, 품질에 따른 차별화는 고품질에 대해 비싼 값을 지불할 의사가 있는 고객에게 서비스를 제공한다. 낮은 순 가치 고객 또는 가격에 따라 움직이는 고객도 틈새시장이 될 수 있다. 일부 공급사슬 전략은 두 가지 접근 방식에 모두 적용된다. 특정한 설계를 달성하기 위한 협업이 한 예이다. 조달 담당자는 틈새시장에 따라 저비용 노동이나 재료보다 특별한 전문 지식이나 고품질 재료를 찾는데 더 중점을 둘 수 있다.

- 고급 자동차나 요트, 대형 주택과 같은 제품 또는 부동산 계획, 개인 훈련 또는 비싼 크루즈와 같은 전문 서비스를 통해 고가 가치 고객에게 서비스 제공
- 광범위한 인구를 대상으로 하지 않고 어린이나 노인 등 필요한 특별한 연령대를 위해 설계
- 전국 또는 전 세계 고객을 위한 포장 및 배송이 아닌 인근 시장을 위한 채소 재배와 같은 특정 지역 거주자를 위한 제품 또는 서비스 제공.

틈새 마케팅의 글로벌한 변형이 다국적 전략이다.

> **다국적 전략(Multicountry strategy)**
> 각 국가 시장이 독립적인 전략

고객은 현지 생산 기능으로 해결되는 고유한 제품 기대치를 가지고 있다.

## 집중화: 대응성(Focus: responsiveness)

대응성의 가장 분명한 예는 20세기 후반에 맥도날드가 이끄는 패스트 푸드 산업일 것이다. 고급 식당에서 식사하는 사람은 특별하게 요리한 스테이크를 30분 동안 행복하게 기다릴 수 있지만, 점심 식사 시간이 짧은 직원은 샌드위치를 준비할 때 단 몇 분만 기다릴 수 있다. 매우 차별화된 자동차인 토요타 프리우스 자동차의 초기에는 구매자들이 새로운 차량을 몇 달 동안 기다리는 것으로 알려졌다. 요즘의 의류 제조업체는 최신 계절성 제품 설계를 빠르게 출시할 수 있는 능력이 회사를 번영시키거나 파산시킬 수도 있다. 날 음식과 같은 부패하기 쉬운 제품은 보존된 음식과 달리 빠르게 배달해야 한다. 서비스는 전화 대기, 긴 줄 대기 또는 서류 처리에 걸리는 시간을 줄임으로써 속도를 기준으로 경쟁할 수도 있다.

대응성을 위해 설계된 공급사슬은 가동 중단을 피하기 위해 실질적인 안전 재고 공급에 의존할 수 있다. (과잉 생산된 계절 품목은 일반적으로 계절 말에 판매된다) 공급사슬에는 제품을 사용자에

게 더 가까이 배치하기 위해 여러 창고를 유지할 수도 있다. 대응성을 개발하는 또 다른 방법은 공급사슬 민첩성에 투자하는 것이다. 이는 효율적인 공급원과 민첩성이 과도한 비용이나 어려움 없이 생산량을 빠르게 늘리거나 줄일 수 있는 능력을 말한다. 민첩한 공급사슬을 구축하는 것은 초기 비용이 클 수 있지만, 시간이 지남에 따라 큰 안전 재고에 의존하는 것보다 더 비용 효과적일 수 있다.

## 🔗 집중화: 혁신(Focus: innovation)

혁신에 중점을 둔다는 것은 조직의 제품과 서비스가 최첨단을 유지하여 대상 시장에서의 필수 아이템이 되도록 하는 것이다. 애플이 이 경쟁 모델의 확실한 예이다. 혁신에 성공하려면 조직은 연구개발에 많은 투자를 할 뿐만 아니라 기능 및 스타일과 관련된 변화하는 고객 요구를 충족해야 한다.

공급사슬은 시장 출시 시간과 생산 시간에 중점을 두어 혁신 전략을 가능하게 한다. 시장 출시 시간은 조직과 경쟁업체를 차별화한다. 시장에 빨리 출시되는 제품은 경쟁사가 혁신을 모방하기 전에 좀 더 오랫동안 시장점유율을 확보하는 이점을 누린다. 출시 초기에 수요가 정점에 도달한 다음 상대적으로 빠르게 감소하기 때문에 양산 시간이 중요하다. 초기의 수요를 충족시키지 못하면 이익에 심각한 영향을 미친다. 제품설계와 완전히 통합된 공급사슬은 설계자에게 빠르고 효율적으로 조달 및 생산할 수 있는 원재료 및 하위 구성품을 제공한다. 이를 위해서는 정보 흐름, 프로세스 및 물리적 공장, 자산의 긴밀한 통합이 필요하다.

또한 조직은 모든 공급업체에 대해 정의된 품질 수준을 설정해야 올바른 부품이 지연 없이 제시간에 도착할 수 있다. 설계 및 혁신을 너무 강조하다 보면 품질 문제의 위험이 높아지므로 공급업체에 품질 부담이 더 커져서 부족한 경우 지연될 수 있다. 예를 들어, 2015년 4월 최초 출시 직전에 애플 워치(Apple Watch)는 하위 구성품에 결함이 있는 공급사슬로 인해 문제가 발생하였다. 손목에서 가볍게 두드리는 느낌을 감지하는 부분에 결함이 있는 것으로 밝혀졌다. 시계가 고객에게 배송되기 전에 품질 관리에서 이 문제가 발견되었으므로 리콜이 필요하지 않았으나 재작업이 필요하였고 이 하위 구성품의 두 공급업체 중 하나를 포기해야 했다. 나머지 공급업체는 증가한 수요에 부응하기 위해 추가 시간이 필요했다. 이는 혁신 기술의 중요한 시기에 수량에 대한 병목 현상을 일으켰다.

## 🔗 경쟁전략 선택(Choosing a business strategy)

조직은 주로 하나의 경쟁전략에 집중할 수 있지만 어떤 조직은 혼합 전략을 추구할 수 있다. 그러나 한 전략을 우선순위로 지정하면 다른 전략을 달성하기가 어려울 수 있다. 예를 들어, 최저 가격으로 고품질을 제공하는 것은 참 어려운 일이다. 그러나 모든 전략이 상호 배타적이지는 않다. 위에서 언급했듯이 제품 차별화와 틈새 마케팅은 서로 잘 어울린다. 대응성 또는 저렴한 비용은 조직을 시장 경쟁업체와 차별화하는 주요 경쟁 요소일 수 있다.

그러나 모든 것을 추구하는 것은 조직이 전문화로부터 얻는 경쟁 우위를 희석시킬 수 있다. 혁신에 초점을 둔 회사는 비용 경쟁력을 유지해야 하고 비용 전략 회사는 여전히 품질에 주의를 기울여야 하지만 이러한 추가 고려사항은 전략적 결정을 내리는 요소가 아니다. 예를 들어, 스피릿 항공사(Spirit Airlines)는 항공사의 "1달러 매장(dollar store)"으로 결정했다. 항공사이기 때문에 안전한 비행기가 필요하지만, 경제적인 예산 여행 모델을 기반으로 전략적 결정을 했다. 고객 편의에 영향을 주더라도 비행기당 좌석 수를 극대화해야 하므로 승객은 좌석에 기대지를 못한다. 또한 물과 다른 모든 품목에 대한 비용을 청구하고 비행기 전체에 광고를 게재한다. 이 항공사에 대한 고객 불만은 높지만, 비행 가격이 많은 실제 구매 결정의 원동력이 되기 때문에 많은 단골고객(심지어 불만이 있는 고객까지도)이 많다.

조직이 경쟁전략을 결정하면 이러한 선택을 사용하여 조직전략과 공급사슬 전략을 추진한다.

## 2.1.2 조직전략(Organizational strategy)

위에서 언급한 정의에서 "기업의 전략은 조직이 환경에서 어떻게 기능할 것인지를 말한다." 조직의 전략을 수립할 때 어디에서 시작하는가? 시작하기 가장 좋은 곳은 미래의 모습을 상상하거나 최종 상태를 생각하는 것이다. 최종 결과는 조직전략의 목표이다.

### 🔗 조직전략의 목표(Goals of organizational strategy)

공급사슬은 고객 만족, 성장, 경쟁, 조직 및 수익 창출을 위해 어떤 전략을 채택하든 그 목표를 달성하는 방식으로 운영되어야 한다. 산난한 예를 들자면, 고객이 안정적인 수요를 가진 내구성이 높고 대량의 제품에 대해 가격을 획기적으로 할인하고 싶다면 투자 수익률(ROI)이 정당화된 저비용 조달 또는 자본 지출에 중점을 둔 공급사슬 전략 목표 달성을 목표로 삼게 된다. 장비 투자의 경우, ROI는 인건비 절감, 처리량 증가 또는 규모의 경제 증가의 형태로 이루어져야 한다.

수평 공급사슬에는 각각 고유한 목표, 프로세스, 운영, 기술 및 전략을 갖춘 여러 독립 조직이 포함된다. 따라서 공급사슬 전략을 조직전략과 연계할 필요성을 언급할 때 채널 마스터(channel master) 또는 중심기업(nucleus firm)의 전략을 언급한다. 전통적으로, 이들은 제품을 생산하는 제조 회사로서 한쪽에는 공급업체가 있고 다른 쪽에 고객이 있는 둘 사이의 중심에 위치한 회사이다.

그러나 공급사슬에 지배적인 전략을 가진 지배적인 회사(예: 다른 회사에 요구사항을 지시하는 회사)가 있는 경우 공급업체나 제조업체 전략 및 목표는 해당 소매업체의 조직 및 공급사슬 전략과 일치해야 한다. 공급업체의 공급업체도 전략을 조정해야 한다. 마지막으로, 전략은 일단 조정되면 최종 고객의 요구에 부응하고 공급사슬 전체 및 각 회사의 수익성 둘 다를 달성해야 한다.

다음으로 고객 중심 및 정렬, 예측 중심기업, 수요 중심기업, 그리고 제품 유형 중심 공급사슬의 네 가지 유형의 조직전략을 자세히 살펴본다.

## 🔗 전략: 고객 중심과 정렬(Strategy: customer focus and alignment)

고객 중심과 정렬을 전략으로 가진 조직은 중심기업이 속한 공급사슬 자체에 유익한 것보다 최종 고객에게 유익한 것을 우선순위로 둔다. 따라서 공급사슬 전략은 최종 고객에게 적시에 적절한 가격에 적합한 제품을 제공하는 데 중점을 둔다. 반드시 최첨단 제품이나 서비스에 관한 것이 아니며 최저 가격, 가장 빠른 시간 또는 가장 편리한 장소에 관한 것만도 아니다. 고객에게 적합한 품질, 가격 및 가용성(시점 및 장소)의 균형에 관한 것이다. 이러한 각 요인의 올바른 양은 어떻게 결정되는가? 이 결정을 내리는 데 도움이 되는 간단한 공식은 없다. 그러나 공급사슬 관리자가 이 전략을 가능하게 하는 적절한 균형을 결정하는 데 도움이 되는 아래와 같은 몇 가지 기본 전제가 있다.

- 최종 사용자(end user) 고객에게 서비스를 제공하는 것이 공급사슬 결정의 주요 원동력이다.
- 공급사슬의 조직은 고객에게 서비스를 제공하기 위해 수익을 창출하고 비지니스를 유지해야만 한다.

조직의 기능 부서팀은 고객의 요구를 충족시키기 위해 공급사슬에 대한 최적의 균형에 대한 입력 및 연구를 제공한다. 설계 기술자 또는 더 나은 네트워크의 설계팀은 최종 고객에게 적합하고 수익성이 높은 제품을 설계한다. 물류 전략은 고객에 따라 원재료, 구성품, 서비스 또는 완제품의 가용성에 대해 고객 요구에 대한 데이터를 통해 허용 가능한 위험 내에서 제품을 비용 효율적인 방식으로 이동할 수 있는 방법을 찾는다.

결정은 단지 제품 기능이나 가격 또는 빠른 배송에 관한 것이 아니다. 올바른 일정에 따라 적절한 가격으로 적절한 기능에 관해 설명한다. 1981년에 마이크로소프트사에서 개발한 DOS(disk operating system)는 사실 대단히 훌륭한 운영체계는 아니었다. 단지 당시 상황과 시장의 요구에 적합한 운영체계였을 뿐이다.

"고객(customer)"이라는 용어는 공급사슬과 관련하여 복잡한 개념일 수 있다. 프로세스에 다른 지분을 가진 여러 고객이 있을 수 있기 때문이다. 고객 중심에 관해 이야기할 때 최종 사용자, 제품 소비자를 의미한다. 그러나 일반적으로 소매점에서만 실제로 최종 사용자를 보고 해당 개인이나 주체와 직접적인 관계가 있다. 공급사슬의 다른 모든 구성원은 이 최종 고객에게 도달하기 직전에 더 즉각적인 고객을 확보하게 된다. 공급망이 최종 고객에 대해 초점이 완전히 맞춰진다면, 이론적으로는, 고객을 조직의 하류(down stream) 쪽에만 서비스하는 것은 자연스럽게 최종 사용자에게 서비스를 제공할 것이고, 또한 공급자의 최선의 이익과 투자자들의 이익에도 부합할 것이다.

각 공급사슬 파트너에는 기업 및 공급사슬 전략과 연계되어야 하는 내부 고객이 있다. 각 관리자는 공급사슬의 수익성을 높이는 데 있어 자신의 역할을 이해하고 직원들도 공급사슬의 최종 고객의 요구에 따라 보상, 동기 부여 및 교육을 받아야 한다.

지속 가능한 공급사슬 관리를 고려해야 한다. 기본적으로 공급사슬은 수익성을 유지하면서 궁극적으로 사회적, 환경적 영향을 극대화하는 데 사용된다. 지속가능성을 성공적으로 관리하기 위해서는 수많은 인력과 재무 자원과 공급사슬의 첫 번째 계층(tier)부터 낮은 계층까지의 공급업체와 소비자가 공급사슬을 확장하는 전략이 필요하다. 부서는 조직의 다른 부서(예: 구매 및 환경 또는 설계 부서) 및 협력업체의 부서와 협력해야 한다. 공급사슬 파트너 간의 이러한 유형의 협업은 문화적 장벽을 허물고 신뢰의 문화를 구축하여 개별 공급사슬 프로세스만이 아니라 엔드-투-엔드(end-to-end) 공급사슬 활동에 중점을 두어야 한다.

지속 가능한 공급사슬을 만들고 관리하려면 조직에 정보를 제공하고, 리더십을 발휘하고, 모든 공급사슬 파트너와 협력하여 세 가지 의견에 대한 긍정적인 결과를 달성해야 한다.

## 전략: 예측 주도 기업(Strategy: forecast-driven enterprise)

두 번째 조직전략은 예측 중심기업이다. 간단히 말해서, 이 전략은 일반적으로 제조업체인 중심기업이 조직전략의 기초로서 예측, 미래 수요 추정치를 활용하는 전략이다.

공급사슬이 예측에 대응하여 작동할 때 이를 "밀기(push)" 사슬 또는 밀기 시스템이라고 한다.

> 🔖 **밀기 시스템(Push system)**
> 1) 생산에서 예정된 일정에 따라 필요한 시간에 품목을 생산한다. 2) 자재 관리에서 주어진 일정에 따라 자재를 발행하거나 시작 시 작업 오더에 자재를 발행한다. 3) 유통에서, 보충 의사결정이 중앙 집중화된 현장 창고 재고 보충 시스템은 일반적으로 제조 현장 또는 중앙 공급 시설에서 이루어진다.

밀기 시스템의 모든 것은 예측과 일정에 따라 한 지점에서 다음 지점으로 하류(downstream)로 밀게 된다. 공급업체는 일정에 따라 결정된 수량의 구성품을 재고로 제공하여 제조에 사용하기를 기다린다. 공장은 이 원자재와 구성품을 완제품으로 바꾸고 제품을 유통센터나 소매점으로 보내서 하류의 고객 주문을 처리한다.

복잡한 요소는 다음과 같다. 고객 요구사항이 매일, 매월, 분기별로 바뀌므로 정확히 알아내기가 어렵다. 만약 제조업체가 수요일 오후마다 고객에게 1,000개의 SKU(재고 보관단위)가 필요할 것이라고 확정적으로 보장된 경우, 적시에 적절한 장소에 제품을 제공하는 것은 단순히 생산 및 배송 리드타임을 기반으로 하는 간단한 계산 문제이다. 결과적으로 제조업체는 자재명세서(BOM)를 보고 청구서에 나열된 각 품목의 리드타임을 결정하고 공급업체에 납품 일정을 알려준다.

불행히도, 기저귀와 같은 가장 안정적인 제품에 대한 수요조차도 예측하기가 어렵다. 기저귀에 대한 수요는 계절적 스타일 변화나 급속한 최정점, 혹은 최저점의 영향을 받지 않지만, 기저귀에 대한 수요도 다소 변동적으로 된다. 이것이 프록터 앤드 갬블(Procter & Gamble)이 월마트(Walmart)와 협력해 기저귀 수요와 보충을 계획하는 이유다.

이 소매 예에서 공급사슬을 통한 예측은 다음과 같이 작동한다.

- 소매업체는 기저귀를 구입하는 부모들의 수요를 예측한다.
- 도매업체는 모든 소매업체의 수요를 예측한다.
- 제조업체는 도매 유통업체의 수요를 예측한다.
- 구성품 공급업체는 제조업체의 수요를 예측한다.

- 원자재 공급업체는 구성품 제조업체의 수요를 예측한다.

이 전략은 얼마나 효과적일까? 모든 예측의 정확성에 큰 도박을 해서는 안 된다. 다음은 일반적으로 예측 주도 기업 환경에서 발생하는 상황들이다.

- 아무도 완전히 이해하지 못하는 요인 때문에 기저귀를 사는 부모들의 구매 패턴이 아주 작은 단위로 바뀐다. 변화를 위해 기저귀를 다른 매장에 가서 살 수도 있고, 수요일이 아닌 화요일에 쇼핑을 할 수도 있으며, 할인 판매로 인해 2~3주 치를 한꺼번에 살 수도 있다. 그래서 실제 수요는 결코 예측을 맞추지 못한다.

- 소매업체는 이미 창고에 약간의 추가 안전 재고를 둘 수 있을 정도로 주문했다. 또는 소매업체가 유통업체와 의사소통하지 않는 판매촉진을 실행하여 이전에 예측한 것보다 더 많은 주문이 필요할 수 있다. 이러한 변동은 유통업자 예측에 영향을 준다.

- 도매 유통업체는 소매업체의 과거 주문을 기반으로 수요를 예측했다. 그러나 이제 이러한 수요 패턴은 소매점이 보유한 안전 재고로 인해 소매점의 계산대에서 요구되는 패턴보다 변동성이 더 크다. 때로는 수요가 예측보다 적기 때문에 안전 재고가 더 쌓이게 되며, 이는 소매업체의 다음 주문이 예측보다 적거나, 아마도 일반적인 시간에 주문할 필요가 없다는 것을 의미한다. 이 모든 결론은 최종 사용자 수요의 작은 변동이 유통업체에서 증폭된다는 것이다.

공급사슬 상류(upstream)에서, 기저귀 제조사가 유통업체의 수요 패턴을 보고 자체 예측한 결과 변동성이 훨씬 더 큰 것으로 나타났다.

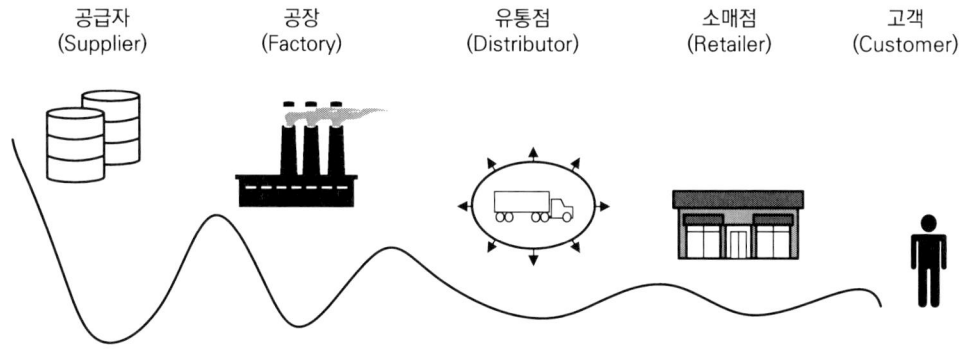

도표 11 채찍효과(Bullwhip Effect)

채찍효과라고 하는 이 변동성 패턴은 도표 11에 나와 있다. 원재료에서 완제품으로 이동할 때 제품을 취급하는 각 독립된 부서나 회사의 순차적인 예측에 기초한 모든 형태의 공급망에 영향을 미친다.

## 🔗 전략: 수요 주도 기업(Strategy: demand-driven enterprise)

채찍효과는 수요 예측에 의해 발생한다. 해결책은 예측을 실제 수요 정보로 바꾸는 것이다. 이는 결코 단순한 문제가 아니지만, 공급사슬 전문가는 예측이 아닌 실제 주문이 생산 및 유통을 주도할 수 있도록 하는 기술을 발전시켰다.

> ### 💡 끌기 시스템(Pull system)
> 1) 생산에서, 사용을 위해 요구되거나 사용하도록 대체된 품목만을 생산하는 품목. 2) 자재 관리에서 사용 작업에서 요구한 대로 재고를 불출한다. 사용자로부터 신호가 올 때까지 발행되지 않는다. 3) 유통 시, 중앙 창고 또는 공장이 아닌 현장 창고 자체에서 보충 결정이 이루어지는 현장 창고 재고 보충 시스템.

수요 중심 공급사슬에서 공급 관리는 고객 수요에 중점을 둔다. 수요 중심 공급 모델은 공장 생산능력 및 자산 활용을 기반으로 운영을 계획하는 제조업체 대신, 고객 중심 접근 방식을 사용하여 수요가 공급사슬 계획 및 실행을 주도할 수 있도록 한다. 최소한 공장단계에서 공급을 지원한다. 생산 프로세스는 예측을 생성하고 완제품을 재고로 보내는 대신 판매 정보를 기반으로 한다. 다시 말해, 엄격하게 보면 수요 중심 공급사슬에는 고정된 생산 일정이 없다. 제품은 실제 주문, 즉 "주문형(on demand)"에 대한 대응으로만 나타난다. 이는 소매업체로부터 들어오는 주문을 더 잘 활용할 수 있는 능력으로 인해 리드타임 감소를 의미한다. (그러나 공장의 공급업체 측에서는 예측에 따라 여전히 원자재 납품이 결정된다. 예측 기반 기술은 수요 중심 공급사슬에서도 여전히 중요하다.)

예측 중심(밀기) 시스템에서 수요 중심(끌기) 시스템으로 변경하는 데에 있어서 핵심은 고객 만족도를 훼손하지 않으면서 재고를 줄이는 데 있다. 수요 중심 시스템을 올바르게 설정하고 관리하면 실제로 고객 서비스를 향상시키면서 비용을 절감할 수 있다. 그러나 재고 부족으로 인한 결품 위험이 존재할 수 있다.

공급사슬에서 늘 그러하듯이 수요-끌기 프로세스로 전환하기로 한 결정은 한 가지 유형의 위험을 다른 유형과 교환한다.

예측 중심(밀기) 프로세스에서 위험은 공급사슬 전체에서 재고가 축적되는 현상이다. 재고가 소매 창고, 도매 창고, 유통센터 또는 공장 창고에 머무는 동안 비용이 들 뿐만 아니라 여러 가지 이유로 재고 자체가 불용 재고가 될 위험이 있다. 급속한 혁신의 세계에서 재고 진부화(inventory obsolescence)는 매우 심각한 위협이다. 예를 들어, 몇 년 동안 성공적이고 혁신적인 공급사슬 관리의 모범생이었던 시스코 시스템즈(Cisco Systems)는 닷컴 거품이 이 밀레니엄 초기에 터졌을 때 미화 22억 5천만 달러의 불용 재고를 폐기 처분해야만 했다. 의류나 백화점에서 볼 수 있는 모든 시즌 마감 판매는 과잉 재고를 제거하는 방법이다. 서점의 할인가 판매대는 예측 실패로 인한 재고 과잉의 징후이다. 잡지 유통업체는 소매점에서 매월 반품되는 대량의 잡지를 파기한다. (잡지는 소매가격에 비교해 볼 때 생산해서 파기하는 것이 더 싸기 때문에, 유통업자들은 한 번의 판매 기회를 놓치기보다는 열 권을 파기하는 편이 낫다고 판단한다) 누구도 예상치 못한 높은 수요를 확실히 충족시키기 위해 고의로 재고 과잉을 예측한 결과다.

반면에 수요-끌기 형태인 주문생산(make-to-order) 모델에서는 주문이 생산 능력 이상으로 들어오기 시작할 것이고, 공급망 전체에 걸쳐 공장에서의 초과근무를 하거나, 점점 더 빠른 운송 수단을 이용하거나, 고객이 주문을 기다리거나, 다른 제품을 대체하도록 하는 등의 값비싼 활동이 발생할 것이다. (예측 주도의 공급망에서는 재고 부족도 위험이다. 어느 방향이든 예측이 틀릴 수 있다. 이것이 주문이 들어오는 지점마다 안전재고를 두는 이유이다) 불확실한 수요에 대비하는 기법으로는 키팅(kitting)이 있는데, 이 기법은 미리 부품을 준비(제조/구매)하여 '꾸러미(kit)'로 묶어서 주문이 접수되면 조립 또는 제품 완료가 가능하도록 하는 것이다.

가트너의 연간 공급사슬 보고서인 "AMR 공급사슬 Top 25"는 수요 중심 공급사슬 상위 25개를 선정하여 이 전략의 중요성을 강조한다. 실제로 이 목록에 올라있는 회사는 수요, 공급 및 제품 관리를 조정하여 시장 수요에 더 잘 대응할 수 있도록 요구 중심 원칙을 모두 적용했다.

실제로 대부분의 조직은 밀기-끌기 전략을 추구하며 밀기가 끌기로 이동하는 지점이 핵심 전략 결정이다. 일단 결정이 내려지면 수요 중심기업을 구축하려면 모든 공급사슬 프로세스에서 중대한 변화가 필요할 수 있다.

다음은 몇 가지 주요 단계이다.

최종 고객의 가시성을 높이기 위해 공급사슬에 따라 실제 수요 데이터에 접근하는 것이 필요하다. 첫 번째 요구사항은 예측을 실제 데이터로 바꾸는 것이다. 이러한 데이터에 직접 접근할 수 있는 유일한 공급사슬 파트너는 소매업체이며 과거 소매업체는 비지니스 데이터를 기꺼이 공유하지 않았다. 이로 인해 다른 파트너에게는 "가시성"이 부족해졌고, 최종 고객에게 무슨 일이 일어나고 있는지 알 수 없었다. 가시성은 끌기 시스템을 구축하는 데 필수적이며 월마트와 같은 선구자들은 가시성을 높게 하는 방식으로 주도하고 있다. 판매시점(POS, Point-of-Sale) 스캔 또는 RFID(Radio Frequency Identification)를 통해 소매업체는 공급업체에게 고객 활동을 즉시 알릴 수 있다. 월간 예측을 생산하는 대신 일선 현장으로부터 이러한 종류의 즉각적인 신호를 받는 제조업체는 전날 마감 시점에 1일 생산을 계획할 수 있다. 그들은 판매 품목을 대체하기에 충분한 양을 생산한다.

공급사슬 파트너 간의 신뢰 구축 및 협업 촉진 정보 공유에 있어서 협업이 필요하다. 그러나 단순히 판매 정보를 공유하는 것보다 더 큰 문제가 있다. 파트너는 실시간 데이터를 사용하기 위해 새로운 기술에 투자하고 새로운 시스템을 개발해야 할 수도 있다. 일정 없이 주문을 처리하면 모든 프로세스를 변경해야 한다. 즉, 창고(저장소가 더 이상 필요하지 않음), 포장, 운송 및 계획이 새 시스템에서 다르게 처리된다. 공급업체와 유통업체는 재고를 줄일 수 있는 실시간 데이터를 받는 대신 고객 서비스를 방해하지 않으면서 새로운 시스템 기능을 수행하는 데 필요한 방식으로 프로세스를 변경하는 데 동의해야 한다.

거래 파트너의 민첩성을 향상 시켜야 한다. 수요 중심 공급사슬에는 재고 버퍼가 존재하지 않거나 크게 줄어들기 때문에 거래 파트너는 민첩성을 가져야 한다. 즉 판매 기반 주문 흐름의 변동성에 대응할 수 있는 능력이다. 예를 들어, 공장은 새로운 환경에서 여러 종류의 제품을 생산해야 하는 경우 상당한 변화를 겪어야 할 수도 있다. 예측 주도 공장은 더 많은 양의 제품을 생산하여 재고로 쌓아 둘 수 있다. 그러나 주문 주도 공장은 하루에 몇 가지 다른 유형의 제품을 생산해야 할 수도 있다. 다른 제품 실행 사이에 긴 전환 시간을 위한 공간이 없다. 따라서 장비, 프로세스, 작업장 배치, 직원 배치 등이 새로운 시스템을 처리하는 데 필요한 능력을 만들기 위해 변경되어야 할 수도 있다.

## 🔗 전략: 제품 유형 주도(Strategy: product-type-driven)

마지막으로 다루는 전략은 공급사슬을 통과하는 제품 유형 및 기타 변수에 따라 공급사슬이 둘 이상인 회사를 기반으로 한다. 복잡한 자재명세서(BOM)를 가진 제품(많은 구성품을 결합하여 최종 제품을 만들기 위해)을 제조하는 경우 제조업체는 많은 공급업체로부터 재료를 가져올 수 있다. 그리고 이러한 재료는 저렴한 상품부터 특수 운송 및 취급이 필요한 깨지기 쉬운 또는 정교한 재료에 이르기까지 다양하다. 공급업체는 소규모 전문 조직에서 제조업체보다 큰 원자재에 이르기까지 다양하다. 일부는 핵심 고객이고, 일부는 가끔 구매하는 고객일 수 있다. 완제품은 전자 상거래, 인쇄 카탈로그, 유통점, 소매 등 여러 채널을 통해 판매될 수 있다. 이러한 변수는 서로 다른 방식으로 결합할 수 있으며, 각각 고유한 유형의 공급사슬 전략을 제안한다.

"*당신의 제품에 적합한 공급사슬은 무엇인가(What Is the Right Supply Chain for Your Product)?*"에서 피셔(Marshall L. Fisher)는 서로 다른 공급사슬 전략이 필요한 기능성(functional) 제품과 혁신적(innovative) 제품의 두 가지 유형의 제품을 구별했다.

### 기능성 제품(Functional products)
수익 마진이 낮고 수요가 예측 가능한 경향이 있는 성숙한 제품

기능성 제품은 해마다 거의 변하지 않으며 수명이 길고(2년 이상) 상대적으로 공헌 이익이 낮으며 다양성도 적다. 이들에 대한 수요는 안정적이기 때문에 오차 한계가 약 10% 정도이고, 재고 부족이 거의 없고 시즌 종료가 없어 예측이 매우 쉽다. 이러한 제품에 적합한 공급사슬은 다음과 같은 성과 지표를 통해 예측 가능성과 저렴한 비용을 강조해야 한다.

- 제조에서 높은 평균 가동률
- 재고 회전율이 높은 최소 재고
- 짧은 리드타임(저비용과 일치)
- 비용과 품질을 고려한 공급업체
- 최대 성능과 최소 비용을 추구하는 제품설계

그러나 맞춤형 장비의 교체 부품과 같은 주문생산(make-to-order) 기능 제품은 일반적으로 리드타임이 길다(6개월에서 1년).

혁신적인 제품은 예측할 수 없는 수요, 상대적으로 짧은 수명주기(계절성 의류의 경우 3개월 수명주기)를 가지고 이익 기여도가 20~60%이다. 각 카테고리에 수백만 개의 변형이 있을 수 있으며 평균 결품율(stock out)은 10~40%, 시즌 종료 시점에 정규가격의 10~25% 범위의 가격 인하가 이루어진다. 혁신적인 제품에 대한 예측에 대한 오차는 40~100%로 높지만, 주문에 소요되는 리드타임은 하루 정도로 짧을 수 있으며 일반적으로 2주를 넘지 않는다.

혁신적인 제품의 공급사슬은 다음과 같은 성과 지표를 통해 물리적 효율성보다는 시장 대응성을

강조해야 한다.

- 초과 버퍼 생산능력 및 부품 또는 완제품의 상당한 안전 재고

- 리드타임의 적극적인 감소

- 민첩성을 위해 선택된 공급업체: 속도, 수량 및 생산 가동 유연성 및 품질(비용이 아닌)

- 가능한 한 차별화를 지연시키는 모듈러 설계

높은 마진과 예측할 수 없는 수요를 가진 혁신적인 제품은 재고유지 비용에 대한 추가 비용을 정당화한다. 그러나 피셔는 혁신적인 제품 제조업체가 예측할 수 없는 수요 문제에 대한 리드타임을 적극적으로 줄이고 재고가 아닌 주문생산 제품과 같은 다른 해결책을 찾을 수 있다고 제안한다.

여기서 어려움이 발생한다. 우리 제품이 과연 어느 범주에 속할 때 어떻게 될까? 피셔는 일부 제품은 혁신적이거나 기능적일 수 있다고 말한다. 기본 사양인 포드 피에스타(Ford Fiesta) 또는 현대 엑센트(Accent)와 같은 저가형 자동차는 스펙트럼의 기능적인 부분의 끝점에 위치하고 포르쉐와 고급 사양의 자동차는 반대 방향의 끝점에 있다고 설명한다. 마찬가지로, 커피는 기능적일 수 있다. 사무실에서 일하는 사람이라면 누구나 크림과 설탕을 옵션으로 사용하여 저렴한 가격으로 빠르게 사용할 수 있어야 한다. 반면에 고급 커피숍에서는 고객들이 더 긴 리드타임을 견뎌내고 커피를 위해 더 많은 돈을 지불할 의향이 있지만 이에 대한 다양한 대가를 원한다.

동일한 유형의 제품이 기능적이거나 혁신적인 제품이라는 아이디어는 한 회사에 둘 이상의 공급사슬(또는 채널)이 있을 수 있음을 의미한다. 이것이 바로 MIT 교수 조나단 번스(Jonathan Byrnes)의 주장이다. 번스는 하버드 비지니스 스쿨의 *"Working Knowledge"*를 바탕으로, 하나의 공급사슬로는 충분하지 않다고 주장한다. 2개, 3개 이상이 바람직하다고 주장한다. 그는 과거에는 "한 가지 크기에 모두 맞는" 공급사슬로 충분했을 것이라고 생각했지만, 경쟁이 치열한 시기의 정보기술의 발전으로 인해 서로 다른 제품 및 정보 흐름을 수용할 수 있는 여러 개의 동적 공급사슬을 가질 수 있게 되었다고 하였다.

번스는 제품을 스테이플(staples), 계절성 제품(seasonal products) 및 유행성 제품(fashion products)의 세 가지 범주로 분류하였다.

- 피셔의 기능성 제품과 매우 유사한 스테이플(staples)은 연중 내내 꾸준한 수요와 낮은 마진을 가지고 있다. 흰색 속옷이 좋은 예이다. 번스는 스테이플 제품은 소매점에서만 소량으로 재고를 유지하고 트럭으로 운송할 것을 권장한다. 전체 트럭 적재량은 부분적으로 적재된 차량보다

화주에게 더 비용 효율적이다.

- 계절성 제품에는 야외 파티오(patio) 가구, 휴일 장식 등이 포함될 수 있으며, 휴일 또는 계절과 관련되어 있기 때문에 수요를 더 잘 예측할 수 있다.

- 유행성 제품은 예측할 수 없는 수요를 가진 피셔가 정의한 혁신적인 품목과 같다. 스페인 의류 브랜드인 자라(Zara)에는 스테이플과 유행성 의류를 위한 두 개의 공급사슬을 운영하고 있다. 가장 빠른 고객 대응 시간을 달성하기 위해 자라는 유행성 제품에는 서유럽에 위치한 공급업체를 사용한다. 그러나 보다 예측 가능한 수요 품목의 경우에는 대응 시간이 좋지 않아도 비용이 저렴한 동유럽 공급업체를 사용한다.

피셔는 제품 유형별로 공급사슬을 변경하는 것 외에도 계절성과 제품주기에 따른 저장 유형 및 시점과 같은 몇 가지 다른 변수도 고려해야 한다고 주장한다. 많은 제품의 경우, 제품 수명주기에 따라 수요가 크게 다르다. 같은 품목이라도 처음에는 수요가 드물고, 성숙기 단계에서 더 안정적인 수요가 있으며, 수명주기가 끝날 때 수요가 감소할 수 있다. 1개 이상의 공급사슬을 가진 중심기업(nucleus firm)은 공급사슬을 면밀히 관찰하여 채널 유형 또는 수명주기 단계와 같은 시장환경의 변화에 대응하여 어떤 제품을 한 공급사슬전략에서 다른 공급사슬전략으로 변경할 수 있다.


## 2.1.3 경영계획(Business plan)

경영계획은 장기 전략과 매출 등에 대해서 기술하며 예산, 예상 재무상태표, 현금흐름표가 관련되어 있다. 이 계획을 지원하기 위해 다른 부서의 기능들이 관여한다. 비지니스 및 조직전략은 조직의 경영계획 내에서 공식화되고 명확하게 지정된다. 경영계획은 회사의 전반적인 방향과 향후의 목표를 설명하는 서면 문서이다.

> **경영계획(Business plan)**
> 일반적으로 예산, 예상 재무상태표 및 현금 흐름(자금 소스 및 응용프로그램) 명세서와 함께 장기 전략 및 수익, 비용 및 이익 목표에 관한 서술

경영계획은 일반적으로 금액으로 표시되며 제품 군별로 그룹화된다. 경영계획은 생산 계획 프로세스(또는 영업 및 운영 계획 프로세스)를 통해 동기화된 전술 기능 계획으로 변환된다. 상이한 단

위(금액 대 수량)로 표현되지만 이러한 전술 계획은 서로 그리고 경영계획에 일치해야 한다.

경영계획은 기업이 장기 목표를 달성하기 위해 계획하는 방법에 대한 일반적인 방향을 제공한다. 재무, 기술, 마케팅 및 생산운영과 같은 주요 기능 부문이 일반적으로 경영계획에 입력사항이 된다. 도표 12에 나와 있는 것처럼, 전체 경영계획은 동일한 기능 부문으로 단계적으로 이어진다.

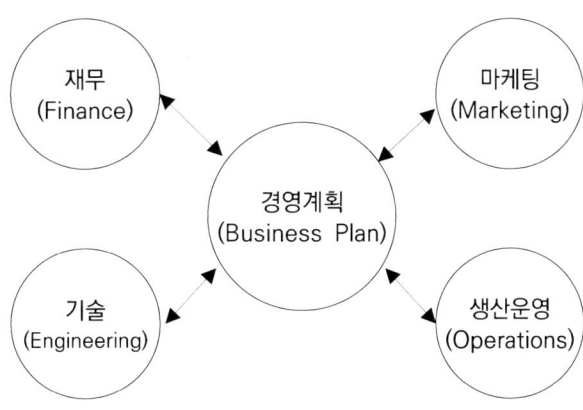

도표 12 경영계획에 영향(Impact of the Business Plan)

재무 기능은 자금 출처, 사용 가능한 금액, 현금 흐름, 예산, 이익 및 투자 수익을 관리하고 추적한다. 기술 부문은 연구 개발과 가장 경제적으로 만들 수 있는 제품의 설계 및 재설계를 담당한다. 마케팅의 초점은 시장 분석과 조직의 시장 위치 및 제품 위치에 있다. 다음 장에서 마케팅의 역할에 대해 자세히 알아본다. 운영 기능의 목표는 조직의 제품을 통해 시장의 요구를 충족시키는 것이다. 운영은 또한 제조 시설, 기계, 장비, 노동 및 자재를 가능한 효율적으로 관리한다. 이러한 기능적 역할은 공급사슬의 성공을 총괄적으로 지원한다.

경영계획은 철저하게 경쟁전략 및 시장 요구사항을 기반으로 하며 이를 바탕으로 조정된다. 이는 전략적 목표와 관련된 조직의 성과 목표에 대한 프레임워크를 제공한다. 일반적인 환경에서는 경영계획의 수립과 변경은 최고 경영진의 경쟁전략과 조직전략 수정에서 비롯된다. 그러나 실제로는 항상 그런 것은 아니다.

포터(Michael Porter)는 "*경쟁우위(Competitive Advantage)*'에 대한 영향력 있는 연구에서 특정 경쟁전략에 대한 조직의 "적합성(fitness)"은 모든 비지니스의 5가지 기본 요소와 관련된 선택에 의존한다고 주장했다. (이것은 포터의 유명한 "5가지 힘(five forces)"이 아니라 주어진 전략을 지원하기 위해 조정되어야 하는 영역이다.)

- 고객 서비스(customer service). 대응 및 납품의 정확성, 유연성 및 속도.

- 영업 채널(sales channels). 상품 또는 서비스 주문이 허용되는 방법.

- 가치 체계(value system). 조직과 공급사슬 파트너가 제공할 부가가치 활동. 이를 위해서는 조직이 추구할 핵심 기능과 다른 공급사슬 파트너가 가치를 높이기 위해 추구할 기능을 지정해야 한다.

- 운영 모델(operating model). 적절한 수준의 고객 서비스에서 운영 자본 및 비용 목표를 충족하도록 계획, 제조, 조달, 제공 및 반품 운영 방식이 조정된다. 재고생산(MTS), 주문생산(MTO) 및 주문설계(ETO)는 운영모델 유형이다.

- 자산 발자국(asset footprint). 소유 시설 및 임대 재산 그리고 공장이나 장비의 범위 및 위치 정보 시스템 및 인프라, 인적 자원의 비용, 유통 및 기술 수준, 자본에 대한 접근.

여기에서 요점은 어떻게 각 요소에 적절한 강조를 두는 것이냐 하는 것이다. 하위 부분 최적화 및 충돌 목표로 이어질 수 있는 각 요소에 관한 결정을 분리하는 대신, 이러한 모든 비지니스 요소에 대한 계획을 통합하여 응집력 있는 전략을 개발해야 한다. 경영계획에는 가치제안, 핵심 역량에 대한 논의, 비용구조 및 수익 모델의 형태로 이러한 요소에 대한 정보가 포함되어야 한다.

### 2.1.4 가치제안(Value proposition)

조직의 가치제안은 조직이 전략을 실현하고 조직의 고객들에게 가치 있는 것으로 간주하기 위해 사용할 활동 세트이다. 가치제안은 공급사슬 파트너가 제공한 가치를 명시적으로 논의할 수도 있다.

> 가치(Value)
> 제품, 상품 또는 서비스에 대해 지불할 용의가 있는 값

위 정의처럼 가치를 광범위하게 정의한다. 여기서의 가치는 상품과 서비스 모두를 포함한다. 공급사슬 관리에 근본적으로 중요한 관련 개념은 부가가치다. 재화나 용역에 가치를 더하는 것은 공급사슬에서 각 기업과 프로세스의 책임이다.

> **부가가치(Value added)**
> 부품으로서의 고객 관점에서 실용성의 실제 증가는 원자재에서 완성된 재고로 변환된다. 고객에게 보여지는 바와 같이, 운영 또는 공장이 제품의 최종 유용성과 가치에 기여하는 것.

재화나 용역을 생산하고 제공할 때 부가가치가 없는 모든 활동을 제거하는 것이 부가가치의 목표이다.

가치제안은 조직이 포터의 5가지 기본 요소를 강조하여 고객 서비스, 품질, 가격에 대한 유틸리티 증가 등의 측면에서 고객이 정의한 부가가치를 제공하는 계획을 보여준다. 가치제안은 부가가치에 대한 상대적인 평가이다. 운영 또는 프로세스가 사용 가능한 대안보다 더 우수하고 빠르며 저렴할 경우 부가가치를 창출한다. 따라서 경쟁업체 및 타사 서비스 제공업체와 비교하여 벤치마킹 된다. 이 분석은 핵심 역량 세트와 다른 사람들이 더 잘 제공하는 제품 또는 서비스 세트를 초래한다.

## 2.1.5 핵심역량(Core capabilities)

필요한 기능과 활동을 다음과 같은 범주로 분류하면 조직의 핵심 역량을 가장 잘 분석할 수 있다.

조직은 의사결정 활동은 자체적으로 유지하고 실행 활동의 일부 또는 모든 것들을 저임금 근로자 또는 기타 경쟁 우위로 작업을 수행할 수 있는 조직에 아웃소싱 할 수 있다. 그러나 많은 조직은 품질 목표를 달성하기 위해 실행 활동의 특정 부분은 자체 유지한다. 예를 들어, 조직은 자체 구매를 수행하고 품질 수준을 통제하면서 대량 할인을 받을 수 있지만, 제품의 최종 조립을 최종 품질과 리드타임을 담당하는 타사에게 아웃소싱하여 제조 비용을 낮출 수 있다.

핵심 기능은 일반적으로 아래와 같이 경쟁 우위의 4가지 영역 중 하나 이상에 속한다.

- 규모의 경제 이점을 통해 단위당 비용이 낮으면서도 자산을 효과적으로 사용할 수 있다. 여기에는 대량 구매, 대량 생산, 대량 배송 또는 대규모 고객 기반이 포함될 수 있다.
- 지리적 전문 지식 또는 생산능력 이점은 지역 네트워킹, 언어 및 문화 전문 지식 혹은 지역적인 규모의 경제 등이 있다.
- 기술 이점에는 개발 또는 라이센스 비용이 많이 드는 독점 기술이 포함된다.
- 자원의 장점에는 개발에 시간과 노력이 필요한 자재, 자금, 현재 사용 가능한 전문 지식 등이 포함된다.

## 2.1.6 원가구조(Cost structure)

고객 서비스의 수준이 높아질수록, 영업 사원의 임금, 웹사이트 개발과 유지, 내부의 프로세스와 서비스가 기업의 직접비와 간접비로 부과된다. 비용구조는 자산의 범위와 생산 운영모델에 영향을 받게 된다. 비용구조에 영향을 주는 생산 운영모델은 다음과 같다.

- 재고생산(make-to-stock)
  - 낮은 생산비와 높은 재고비
  - 표준화된 대량 제품생산에 적합한 모델.
- 주문조립(assembly-to-order)
  - 재고생산과 비슷하지만, 최종 고객 주문이 오로지 주문을 받은 뒤에 이루어진다는 점이 다름
  - 적절한 생산비와 낮은 재고비
  - 컴퓨터와 같이 선택사항이 많은 수요가 높은 제품에 적합한 모델.
- 주문생산(make-to-order)

- 높은 생산비와 낮은 재고비
  - 산발적 수요 패턴이나 넓은 범위의 사양과 선택사항을 지닌 제품에 적합한 모델
- 주문 구성조립(configure-to-order)
  - 주문에 맞추어 사양을 조정하여 대량생산이 가능
  - 주문생산을 연장한 개념으로 리드타임이 짧음
  - 적절한 생산비와 재고비로 고객이 기다릴 수 있는 시간보다 조립 시간이 더 길 경우에 사용
- 주문설계(engineer-to-order)
  - 건설업과 같이 생산비나 재고비의 지불이 협상된 뒤 주문이 확정되면 설계부터 시작

자산 배치 범위는 조직 비용의 주요 원천이다. 이러한 비용을 구성할 수 있는 방법에는 세 가지 모델이 있다.

- 글로벌 자산 범위(global asset footprint): 제품과 서비스의 모든 생산이 전 세계적으로 분포되어 있어 경제 규모는 증가하고, 단위당 생산비용은 감소한다. 특성화된 전문 지식 품목과 자본 집약적인 품목에 적합하다. 사업 중단의 위험을 방지하기 위한 비용이 포함된다.
- 지역적 자산 범위(regional asset footprint): 생산과 판매가 지역에 국한되어 있다. 이 비용 모델은 수송 비용과 시간이 결정에 상당한 부분을 차지할 때 사용된다. 또한 제품은 지역적 요구사항을 충족시켜 줄 수 있도록 생산된다. 제품의 지역 교환(cross-swapping)을 위해 다른 유형의 제품들이 다른 지역에서 생산되어질 수 있다.
- 특정 나라별 자산 범위(country-specific asset footprint): 생산과 판매가 특정 국가에 국한된다. 이 모델은 요구된 수송 비용이나 시간이 제품의 무게 대비 판매 가격이 현저하게 높을 때 사용된다. 또한, 국가의 지역 외 구매 규정에 대한 세금이나 관세를 피하기 위해 사용되기도 한다.

### 2.1.7 수익모델(Revenue model)

무엇을 자체 소유하고 무엇을 외부 조달할 것인지(what to own, what to source)에 관한 결정을 내리는 것은 기업의 비용구조에 커다란 영향을 미친다. 이와 관련하여 일부 지역은 사업을 유치하기 위해 감세 조치를 취하기도 하지만 다른 지역은 세금을 인상하기도 한다.

비용보다 매출을 더 많이 발생시켜 이익을 창출하고자 하는 기업의 계획을 수익모델이라 한다. 수익모델은 기업이 제품이나 서비스를 판매하는 직접적, 간접적인 경로를 고려한다. 여기서 경로는 소매상인이나 유통업자들과 같은 중개인들을 통하거나 웹 페이지 또는 영업 사원들에 의한 판매를 뜻한다. 각각의 판매 경로는 공급사슬 파트너의 이윤을 통해 판매 경로를 유지 및 구성하기 위한 비용에 따라 서로 다른 이윤 폭을 갖게 된다. 고객 세분화와 고객 수익성은 고객을 유지 및 촉진하는 경로를 결정함에 있어 중요하다. 수익모델과 관련된 또 다른 결정은 셀프서비스나 소매 상점의 웹 사이트와 같이 고객들 간에 직접적인 경쟁이 가능한 경로를 제공해 줄 수 있는가, 수요가 공급을 초과할 때 제품이나 서비스를 제공할 수 있는가를 의미한다.

## 2.2 외부 입력 요소(External Inputs)

전략에 영향을 미치는 외부영향들은 통제할 수 없고, 오직 이해해야 한다. 기업의 전략적인 계획은 경기 불황을 극복하고, 경쟁자들보다 더 낮은 가격에 우수한 제품을 제공하거나 새로운 우선순위나 규제를 통한 새로운 행정을 운영할 수 있도록 한다. 그러므로 공급사슬 전략은 주변 환경을 탐색함으로써 완성해야 한다. 이렇게 발달된 공급사슬 전략은 주변 상황의 수요에 반응하여 빠르게 새로운 전략을 적용할 수 있는 유연성을 지니게 된다.

> **거시 환경(Macro environment)**
> 마케팅으로 통제할 수 없는 기술적, 경제적, 자연적, 규제적 힘을 포함한 기업 외부 환경

## 2.2.1 경쟁(Competition)

기업은 어떤 가격에서 어떤 경쟁품들이 시장에 제공되는지를 확인해야 한다. 또한, 경쟁하려는 각 지역의 시장점유율과 현재 고객들의 요구사항들이 충족되고 있는지를 확인해야 한다.

예로 중국 가전제품 회사인 하이얼(Haier) 회사는 아프리카의 대부분 나라가 원활한 전력공급을 하지 못해 장기간 낮은 온도를 유지해야 하는 냉장고의 수요를 충족시키지 못하고 있었다는 것을 발견했다. 그들은 전력 없이 100시간 동안 냉동식품을 유지할 수 있는 냉장고를 개발하였고, 이는 나이지리아에서 높은 시장점유율을 차지할 수 있도록 도와주었다.

한편, 이미 높은 시장점유율의 경쟁기업들이 존재하는 시장에 진출하기 위해서는 충분히 고려된 전략이 필요하다. 하이얼은 미국에서 미니 냉장고를 판매하기 위해 월마트, 베스트바이, 홈디포 등과 같은 대형 소매 유통업체와 계약을 협상하였지만, 좋지 않은 전략으로 여전히 실패하고 있다.

경쟁전략 중 한 가지 좋은 방법은 벤치마킹을 사용하는 것이다. SWOT(strengths, weaknesses, opportunities, threats) 분석 또한 성숙한 공급사슬에서의 현재 기업 상태를 평가하기 위해 사용된다. 이 전략 분석 방법은 뒤에서 좀 더 자세히 다루기로 한다. 다른 환경의 탐색은 경쟁기업의 공급사슬이 자회사의 공급사슬과 어떤 관련이 있는지를 알아보는 것을 말한다. 공급사슬 진화의 단계는 다음 장에서 다룬다.

## 2.2.2 시장 조건(Market conditions)

세계적, 지역적 산업 경제와 최근 사건들의 영향, 기업의 현재 시장점유율 등을 시장 상황이라고 말한다. 주로, 경쟁기업이 지배하고 있는 시장에 잠입하거나 경기 상태로 인한 잠재적 고객들이 부정적인 소비 활동을 보일 때와 같이 도전적인 상황에서 고려된다. 이러한 상황에서의 기업의 경쟁 전략은 그들의 제공품들이 어떻게 경쟁 우위를 차지하고 있는지를 보여주어야 한다.

경제백서, 조사, 제 3자의 보고서나 정부로부터 얻은 시장 상황의 정보는 시장의 선행지표로 예측의 기초가 되거나, 시장의 지행 지표로 동향을 파악할 수 있다.

기업은 경기 불황이나 같은 지역 내의 경쟁기업과 경쟁할 때 위와 같은 시장 상황들을 충분한 시장점유율을 잡을 수 있는 기회로 볼 수 있어야 한다. 이렇게 함으로써, 기업은 고객들에게 경쟁업체보다 더 낮은 가격에 제품을 제공하여 고객의 요구사항을 충족시켜야 한다. 또 다른 전략은 취약하거나 가치가 낮게 평가된 기업을 인수합병하는 것으로, 이는 새로운 글로벌 시장으로 진출할 수 있도록 해준다.

### 2.2.3 글로벌 관점(Global perspectives)

높은 수준의 글로벌한 결합 관계는 공급사슬 관리에 영향을 끼치며 전략적 역할의 진화를 유발하고 있다. 관리자들은 공급사슬에서 하나의 기업에 조치를 취하면 네트워크상의 나머지 부분들에도 영향을 끼친다는 것을 알게 되었다. 과거에 많은 기업들은 전략적 초점을 내부의 품질을 향상시키고, 비용을 줄이는 데에 맞추었지만 새로운 초점은 파트너 기업 간의 상류(upstream)와 하류(downstream)의 협력을 요구하는 종합적 공급사슬 솔루션을 구축하는 것이다.

- 글로벌 확장(global expansion): 대외 구매와 제조의 세계화는 공급사슬을 이전보다 더 길고 복잡하게 만들어 기존보다 더 정형화된 조직화와 협력을 필요로 하게 되었다. 게다가 자신만의 전자상거래 사이트를 구축한 기업은 세계적으로 더 부각될 수 있다.
- 프로젝트의 복잡성과 범위 증대(increased project complexity and scope): 거대한 팀들이 서로 멀리 떨어진 지역에서 운영하는 것처럼, 프로젝트의 크기와 복잡성이 증가하고 있다. 또한 정보는 이전보다 더 중요해지고 증가하였으며, 이를 관리하기가 더 어려워졌다.
- 시장 변동성 증대(greater market volatility): 수요는 변동성이 더 강해지고, 고객과 경쟁기업들이 이용 가능한 정보의 영향력이 커지고 속도가 증가하여 예측하기 어려워졌다.

이러한 새로운 세계적 영향력은 대부분의 국가에 공급사슬의 기술적 솔루션을 구축함으로써 충족되어진다. 가상으로 모든 공급사슬에 영향을 주는 힘들은 다음과 같다.

성공적인 세계적 기업 전략은 복잡한 공급사슬의 지역 채널에 관리자, 전문가, 영업사원 등을 배치 후 SCOR® 모델을 통한 각 지역의 유연성, 속도, 예측 가능성의 표준화를 측정하여 각 지역의 차이를 조율하여 이해하는 것이다. 공급사슬에서 하나의 중요한 연결고리가 끊어지면 전체 공급사슬에 영향을 끼치기 때문에 이를 방지하기 위해 유연성은 반드시 필요하다.

이와 관련된 예로 2011년 3월 일본 대지진으로 전 세계는 일본인들의 생존 여부에만 집중하였다. 하지만 시간이 지나면서 노동력의 결핍으로 인한 원가 상승과 항공과 선박의 운항 중단으로 인해 제조업체들이 손해를 입기 시작하면서 결국 세계의 소비 전력, 기계 도구, 자동차 공급에 장기간 악영향을 미치게 되었다. 이처럼 계획이나 인위적, 자연적과는 상관없이 중요한 위기나 재앙들은 우리에게 모두 영향을 미치게 된다. 우리의 목표는 이러한 개념들을 통해 미리 준비하고 행동을 취하며 세계적인 공급사슬 관리를 이루는 것이다.

# 3장 공급사슬관리 전략
## Supply Chain Management Strategy

3.1 공급사슬관리 전략 목표(SCM Strategy Objectives)
   3.1.1 시장에 대한 지식 향상(Improving market knowledge)
   3.1.2 3가지 V 구현(Implementing the three Vs)
   3.1.3 운영의 부드러운 연결(Streamlining operations)
   3.1.4 위험관리 향상(Improving management of risk)
   3.1.5 지속가능성 증대(Increasing sustainability)

3.2 공급사슬관리 가치(Value)
   3.2.1 조직전략과 공급사슬 전략을 정렬시킴(Alignment of organization and supply chain strategies)
   3.2.2 가치제안(Value proposition)
   3.2.3 공급사슬 역량(Supply chain capabilities)
   3.2.4 원가구조(Cost structure)

3.3 최적화(Optimization)
   3.3.1 잘못 정렬 혹은 격차 발생 이유(Reasons misalignments or gaps occur)
   3.3.2 잘못 정렬 혹은 차이를 인식(Recognizing misalignments or gaps)
   3.3.3 잘못 정렬 혹은 차이를 해결(Resolving misalignments or gaps)

### 핵심주제와 학습목표

- 공급사슬 전략의 주요 목표(key objectives)와 요소(elements)를 설명
- 공급사슬 관리가 모든 이해관계자(stakeholders)에게 가치를 창출하는 구체적인 방법을 식별
- 조직이 전략에 잘못 정렬(misalignments) 또는 차이(gaps)를 유발할 수 있는 요인을 식별
- 잘못 정렬(misalignments) 또는 차이(gaps)가 존재하는 경우를 인식하는 방법
- 잘못 정렬 또는 차이를 해결하는 방법에 대한 탐구

## 3.1 공급사슬관리 전략 목표(SCM Strategy Objectives)

조직은 항상 계획, 구매, 제조, 제품 납품 및 지불과 같은 고유한 기능을 관리하는 데 관여했지만, 공급사슬 관리를 통해서 비로소 개별 비지니스 기능 통제에서 비지니스 프로세스 강조로 발전했다. 복잡한 정보 흐름에 의해 함께 연결된 관계 네트워크의 사슬에서 하나의 활동이나 링크만을 관리하는 것이 간단할 수 있지만, 공급사슬 관리의 이점을 달성하려면 연결된 프로세스를 통달하기 위한 전략적 계획이 필요하다.

공급사슬 관리 관행, 그리고 시스템 및 기술에 대한 건전한 전략을 계획하고 구현하는 목표는 다음과 같다.

- 시장에 대한 지식 향상(improving market knowledge)
- 3가지 V 구현 – 제품 및 서비스, 자금 및 정보 흐름의 속도 증가(increased velocity), 가시성 향상(increased visibility), 변동성 감소(reduced variability)
- 운영의 부드러운 연결(streamlining operations)
- 위험관리 개선(improving management of risk)
- 지속가능성 증대(increasing sustainability)

### 3.1.1 시장에 대한 지식 향상(Improving market knowledge)

공급사슬 관리 전략이 확립되면 공급사슬의 파트너는 시장과 특히 고객에 대한 지식을 공유하기 시작한다. 조직이 고객사 정보를 공유하기 전에 신뢰를 구축하는 데 시간이 걸릴 수 있다.

시장 정보는 외부에서 구입할 수 있지만, 파트너로부터 수집하는 것이 가장 유리하고 저렴하다. 거래 기록, 고객 설문 조사 결과, 영업 및 서비스 담당자 지식, 소매점, 인터넷 사이트 또는 가판대와 같은 배포 지점의 정보를 포함하여 공급사슬 파트너 간에 공유할 수 있는 귀중한 고객 정보가 들어 있는 수많은 출처와 문서가 있다.

이러한 종류의 시장 정보가 공급사슬 파트너로부터 제공되지 않는 경우 다른 선택사항은 설문 조사 회사 및 데이터베이스 마케팅 회사에서 데이터를 구매하는 것이다. 서비스 또는 재무 부서는 고객 풀(customer pool)에 대한 광범위한 정보를 제공할 수 있다. 위에 나열된 다른 데이터 소스와 달리 이러한 데이터가 반드시 비지니스 고객의 그림을 그리는 것은 아니다. 구매한 데이터는 기존 고객과의 관계를 관리하는 것보다 새로운 고객을 확보하는 데 더 유용할 수 있다.

### 3.1.2 3가지 V 구현(Implementing the three Vs)

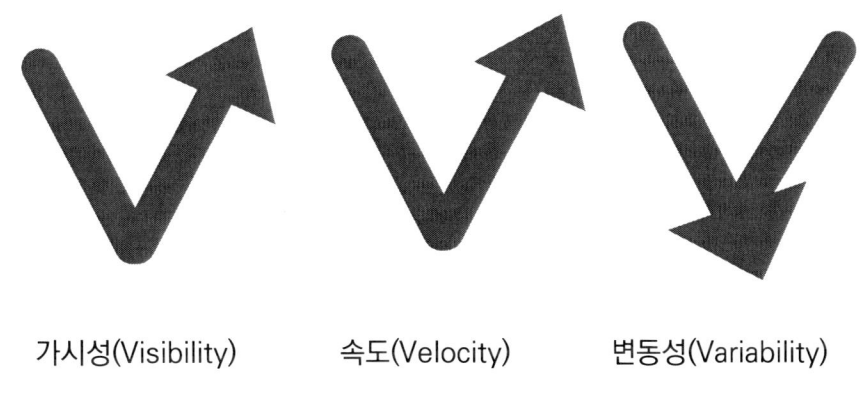

가시성(Visibility)    속도(Velocity)    변동성(Variability)

도표 13 3가지 Vs(The Three Vs)

공급사슬 관리의 3가지 Vs라고도 하며, 가시성, 속도 및 변동성은 성공적인 공급사슬 전략의 핵심 요소이다. 경쟁 우위와 관계없이 공급사슬 관리의 목표는 가시성 및 속도를 높이면서 변동성을 줄이는 것으로 도표 13에서 볼 수 있다. 공급사슬 관리의 미래는 그 목표를 지속적으로 추구하는 데 있다.

🔗 **가시성 증대(Increased visibility)**

### 🔍 가시성(Visibility)

시설 어디서든지 또는 공급사슬 정보가 어디에 위치하고 있든 시설 또는 공급사슬 전체에서 중요한 정보를 볼 수 있는 능력

가시성이 좋을수록 활동의 결과와 프로세스의 변동을 확실하게 인지할 수 있다. 실시간 정보를 통해 재고 통제가 가능하고 가시성이 증가할수록 공급사슬이 고도화된다.

공급사슬을 따라 가시성을 높이는 것은 공급사슬 파트너들과 최종 고객에게도 이익이 된다. 더 나은 가시성을 통해 공급사슬 관리자 또는 직원은 공급사슬에서 발생하는 활동의 결과를 볼 수 있다. 또한 기술 프로세스를 통한 사소한 점진적인 변화를 인식한다. 예를 들어 판매시점(POS, Point-of-Sale) 데이터는 창고, 제조공장과 공급업체 시설의 컴퓨터에 "표시(visible)"될 수 있다. 판매에 대한 데이터는 모든 장소에서 적절한 조치를 즉시 자동으로 촉발시킬 수 있다. 배송은 창고에서 재고를 보충하고, 다른 생산 단위를 생산하며, 공급업체는 제조업체에 부품을 출시하기 위해 출하 일정을 정한다. 공급사슬 파트너는 정보기술을 통해 이러한 모든 작업을 자동으로 즉각적으로 수행함으로써 비용과 시간을 절약할 수 있다. 가시성(visibility)이 향상되면 비지니스의 속도(velocity)가 빨라진다.

### 🔗 속도 증대(Increased velocity)

속도 증가가 최대로 되면 주주에 대한 자산 회전율이 높고 고객에 대한 주문에서 납품까지(order-to-delivery) 대응이 빠르기 때문에 더 바람직하다.

### 🔍 속도(Velocity)

공급사슬 커뮤니티 내에서 전체적으로 모든 거래의 상대적인 속도를 나타내는 데 사용되는 용어.

효과적인 공급사슬 관리는 다음 네 가지 흐름의 속도에 긍정적인 영향을 미친다.

- 보다 빠른 운송 방식에 의존한다. (빠른 운송 비용으로 인한 운송 비용 증가를 상쇄한 순이익이 있는 경우)

- JIT(Just-In-Time) 배송 및 린(lean) 제조를 사용하여 재고가 이동하지 않는 시간(유휴, 대기

열, 대기 시간 등)을 줄임으로써 재고에 걸리는 시간이 짧아지면 손상 또는 부패 발생 가능성이 줄어든다. 속도가 증가하면 재고와 관련된 창고 비용이 줄어든다.

- 가치를 추가하지 않는 활동을 제거하여 공급사슬 활동을 수행하는 데 필요한 시간을 줄인다.
- 재고 속도뿐만 아니라 수요와 현금의 흐름을 가속화한다. 고객으로부터 신속하게 대금을 지불받을수록 비지니스에 돈을 투입하거나 의사결정 시간이 더 빨라진다. 경쟁전략이 대응성을 중시할 때 수요 변화에 대한 정보가 더욱 중요하다.

## 변동성 줄이기(Reduced variability)

변동성(variability)은 모든 비지니스 활동의 결과가 평균 완료 시간이나, 평균 결함 수, 평균 일일 판매량 또는 평균 생산 수율과 같은 평균값의 위와 혹은 아래로 변동하는 자연스러운 경향이다.

공급사슬 관리는 가능한 한 공급과 수요의 변동성을 줄이기 위해 노력한다. 변동성에 대한 전통적인 대비책은 안전 재고(safety stock)이다. 공급사슬을 따라 가시성이 향상되어 속도가 더 빨라지면 공급사슬 관리자는 공급 급증과 수요를 맞추는 데 필요한 안전 재고량을 줄일 수 있어야 한다. 구매 속도 향상에 대한 "새로운 소식(news)"이 공급사슬을 더 빠르게 가속화함에 따라 유통 및 생산은 수요를 충족시키기 위해 더 빨리 시작할 수 있다.

수요 변동에는 많은 원인이 있지만, 최소화할 수 있는 주요 원인은 앞에서 설명한 불확실성 효과이다. 채찍효과(bullwhip effect)는 공급사슬의 하류(downstream)에서의 발생하는 작은 수요 변화가 공급사슬 상류(upstream) 공급자에게는 급격한 변화로 나타난다는 것이다. 재고가 공급망을 따라 제품을 이동시키는 고유의 운송 지연과 함께 공급망 상류로 주문을 전달하는 연쇄적 특성 때문에 백오더(backorder)라는 결품 상황에서 초과 재고로 빠르게 급변될 수 있다.

공급사슬 관리 관행을 통해 공급 변동성을 보다 효과적으로 관리할 수 있다. 공급 변동성은 일반적으로 원재료 추출 현장에서 소량으로 시작하여 공급사슬 소매점에서 최대량으로 정점을 이루면서 공급사슬 아래로 파도 물결이 증대된다. 예를 들어, 농산물과 같은 원자재 공급의 변동성은 공급망 아래쪽의 구매자들로부터 그 원자재에 대한 구매 주문을 훨씬 더 크게 변동시킬 수 있다. 한 기간 동안 공급이 부족하면 다음 기간에는 초과 구매가 발생하여 창고에 안전재고 형태로 초과 재고가 쌓인다. 공급에 의존하는 구매자들은 그들이 이용할 수 있는 재료, 부품, 제품의 변동성을 반영하기 위해 구매 주문을 늘리거나 줄이는 반면, 공급사슬의 각 지점에서 변동성은 증가한다. 누적된 초과

분은 결국 구매 부족을 유발하여 재고가 쌓일 수 있다.

### 🔗 추가적인 Vs

공급사슬 관리자는 의견 개진(vocalization), 다양성(variety) 및 볼륨(volume)을 포함한 다른 V에 주의해야 한다.

의견 개진(vocalization)이란 현재 주문이 신뢰할 수 있는 패턴을 형성한다고 가정하기보다는 공급사슬 파트너들 간에 원활한 의사소통이 필요하다는 것을 의미한다.

다양성(variety)은 고객 요구의 변화에 맞게 변경해야 하는 포트폴리오에서 제품과 서비스의 혼합을 의미한다.

볼륨(volume)은 주어진 시간에 생산되는 제품의 양이다. 공급사슬은 대량 주문형 제품 및 서비스에 대한 수요 변화를 충족시키기 위해 볼륨을 확장 및 축소할 수 있을 정도로 유연해야 한다.

## 3.1.3 운영의 부드러운 연결(Streamlining operations)

공급사슬 관리의 이점을 얻기 위해서는 프로세스가 부드럽게 연결되는 숙련 기술이 필요하다. 공급사슬이 발전함에 따라 주요 운영(operation) 프로세스와 흐름을 간소화하는 능력도 향상된다. 공급사슬 관리를 통해 조직의 숙련도는 프로세스 관련 운영의 문제를 줄이면서 조직의 일상적인 기능이 더욱 원활해진다.

- 공급사슬의 각 파트너 및 단계 식별

- 공급사슬에서 병목 현상 또는 문제 영역 식별

- 불필요한 단계 또는 고객이나 파트너에게 가치를 추가하지 않는 단계를 식별 및 제거 또는 단순화

- 더 큰 프로세스 내에서 각 하위 단계 또는 작업을 담당하는 사람과 공급사슬의 성능 및 결과에 미치는 영향 파악

- 상호 의존적인 프로세스를 식별하고 변경 사항이 다른 프로세스에 어떤 영향을 미치는지 파악

능률화된 운영의 이점은 전사적으로 그리고 여러 부서에 걸쳐 나타난다. 결과적으로, 증가된 속도는 공급사슬에서 현금, 정보 및 물리적 재료 및 서비스의 흐름을 향상시킨다.

### 3.1.4 위험관리 향상(Improving management of risk)

공급사슬에서의 투자를 포함하여 모든 투자에는 위험이 수반된다. 위험은 일반적으로 위험과 그 위험의 원천, 손실, 불행 또는 부상을 초래할 수 있는 가능성으로 정의된다. 공급사슬 관리를 통해 조직은 위험관리 전략을 개발하고 위험을 회피, 수용, 이전 또는 완화함으로써, 취약성을 해결할 수 있는 방법을 미리 계획한다. 위험을 사전에 관리하면 경쟁 우위를 확보할 수 있다.

사전 예방적인 위험 계획은 다음과 같은 여러 가지 방법으로 조직에 혜택을 준다.

- 급변하는 상황에도 불구하고 공급사슬을 유연하게 유지하여 비상계획 비용을 잠재적인 경제, 시설, 자원 및 재고 손실과 균형을 맞춘다.

- 협력하면서 책임감 있게 제 역할을 할 준비가 되어 있는 공급망 파트너들 사이에 위험이 공유된다. 예를 들어, 허리케인 카트리나가 뉴올리언스와 미국 걸프 해안을 따라 다른 지역을 범람하기 전에 월마트는 트럭을 준비시켜놓고 보급품이 있는 까다로운 지역으로 들어갈 준비를 하였다. 강력한 공급사슬은 좋은 사업 그 이상이다. 또 다른 장점은 좋은 시민의식(good citizenship)이다.

위험 계획 수립은 입증된 위험 데이터에 기초하여 숙고된 전략으로 거의 모든 상황을 처리할 수 있는 가치 있고 실행 가능한 정보와 확신을 직원과 공급망 파트너에게 제공한다.

위험 전략과 계획을 수립하여, 공급망들은 일반적으로 네트워크를 통해 물질, 정보, 지불을 유지하고 위험 사건이 발생하더라도 적시에 좋은 상태로 모든 곳에 도착할 수 있는 기회를 개선한다.

공급사슬 위험관리(risk management)는 이 교재 뒷부분에서 자세히 설명한다.

### 3.1.5 지속가능성 증대(Increasing sustainability)

"지속가능성(sustainability)"과 "환경(green)"은 전통적인 수익의 강조를 넘어서는 기업의 의무에 대한 논의에서 동의어로 사용된다. 두 용어 모두 자연 자원에 의해 부과된 한도 내에서 경제 활동이 필요하다는 것을 의미한다.

예를 들어, 화석 연료에서 도출된 에너지에 의존하는 사업(소비자)은 그러한 에너지 자원의 가용성 이상으로 지속될 수 없다. 공급사슬관리에는 산림 관리의 일환으로 묘목을 심는 것과 같이 자원을 교체하는 등 지속 가능한 노력과 풍력 및 태양 에너지를 이용하는 제조 공정에 대한 사용 및 의존이 증가한다.

지속 가능한 공급사슬 관리에 대해서는 이후 장에서 자세히 설명한다.

## 3.2 공급사슬관리 가치(SCM Value)

공급사슬은 조직의 전략과 확장된 공급사슬의 전략과 일치하면서 경쟁력 있는 가격으로 고객에게 언제 어디서나 상품과 서비스를 제공한다는 목표를 가지고 있다. 공급사슬에서 이 전략을 성공적으로 수행할 수 없으면 이제는 사업을 영위하지 못할 수 있다.

공급사슬이 조직의 더 큰 맥락에서 수행하는 역할에 있어서 공급사슬 관리의 기본 기능적인 전략은 경영계획과 관련이 있어야 한다. 공급사슬의 목표는 전 세계적으로 경쟁력을 갖는 것이다. 시간, 거리 및 협업은 현대 공급사슬의 기본 요소로, 글로벌 시장의 경쟁 변화에 대한 사슬의 능력에 영향을 미친다. 시간, 거리 및 협업 관계는 전 세계 모든 공급사슬의 구조를 통해 이 세 가지 사항이 서로 밀접하게 작용해야 한다.

## 3.2.1 조직전략과 공급사슬 전략을 정렬시킴(Alignment of organization and supply chain strategies)

기업이 내부적으로 여러 기능 조직에 걸쳐 공급사슬을 구축하든 또는 외부 거래 파트너들과의 공급사슬을 구축하든, 우선 공급사슬 전략과 조직전략이 정렬되어야 성공할 수 있다.

조직전략과 공급사슬 전략을 정렬시킬 때는 순서도 측면에서 프로세스를 생각하는 것이 유용하다. 도표 14는 조직 및 공급사슬 전략을 조정하는 전략적 의사결정 프로세스를 그래픽으로 보여준다.

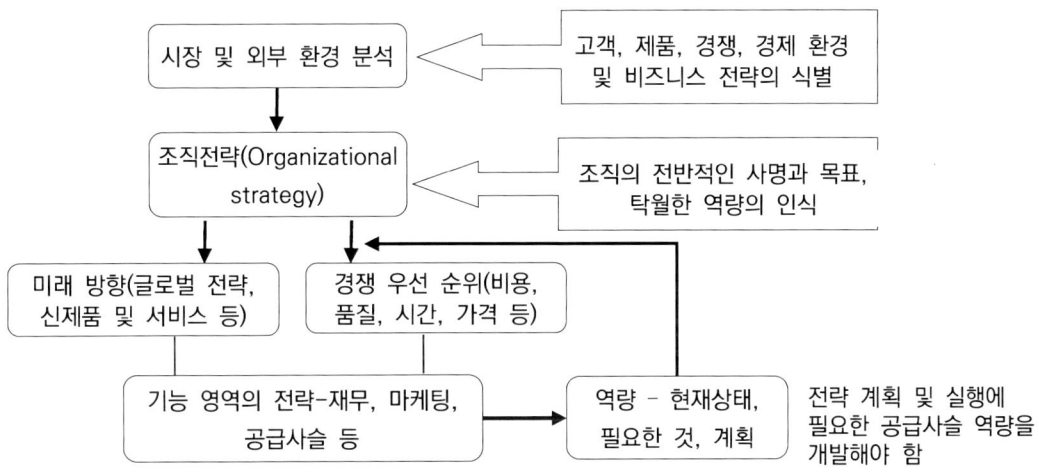

도표 14 조직전략과 공급사슬전략의 정렬(Aligning Organizational and Supply Chain Strategies)

조직의 경영진은 먼저 고객, 제품, 경쟁 및 사회 경제적 환경을 파악한 다음 해당 요소를 지원하는 사명과 전반적인 목표를 결정해야 한다. 조직은 차별화된 역량을 파악하고 활용할 수 있어야 하며 전문 기술이 부족한 영역에 주목해야 한다. 이러한 부족한 역량은 나중에 필요 시 아웃소싱 할 수 있기 때문이다.

이러한 결정이 조직의 시장 및 외부 환경 분석 및 조직전략에 반영된다.

또한 미래의 방향과 경쟁 우선순위를 결정하여 재무, 마케팅 및 공급사슬과 같은 다양한 기능 영역의 적절한 전략을 결정하는 데 도움이 된다.

이러한 전략은 현재, 가까운 미래 및 장기의 공급사슬 역량을 주도한다.

이러한 공급사슬 역량은 지속적인 순환을 하며 조직이 역동적인 조직전략을 지원하기 위해 경쟁력 있는 비용, 품질, 시간 및 가격의 우선순위를 지속적으로 조정하는 방법을 결정할 수 있도록 도와준다.

일단 공급사슬 전략이 수립되고 조직전략과 적절하게 정렬되었다는 확인이 이루어지면, 조직은 융통성을 갖고 새로운 방향으로 나아가야 할 필요가 있을 것으로 보인다.

공급사슬 전략에는 아래와 같은 조직의 비지니스 모델과 동일한 요소가 필요하다.

- 가치제안(value proposition)
- 핵심역량(core capabilities)
- 원가구조(cost structure)
- 수익모델(revenue model)

## 3.2.2 가치제안(Value proposition)

조직의 전반적인 가치제안과 마찬가지로 공급사슬 전략은 조직의 가치 창출 방법을 보여주어야 한다. 공급사슬 관리는 다른 유형의 비지니스 관리와 마찬가지로 재무적 이점을 통해 가치를 창출하고 고객, 이해관계자 및 지역 사회의 윤리를 유지함으로써 고객과 다른 이해관계자들에게 가치를 제공하는 것을 목표로 한다.

목표는 제조 지향적 공급사슬뿐만 아니라 서비스 지향적 가치 사슬의 각 단계에서 가치를 추가하는 것이다. 가격, 가용성 및 매력도 고려해야 할 가치이다.

### 🔗 가치 사슬과 매핑(Value chain and mapping)

### 🐾 가치 사슬(Value Chain)
조직이 고객에게 판매하는 상품 또는 서비스에 가치를 부가하고 지불을 받는 회사 내 기능

가치 사슬은 고객의 요구 결정에서부터 제품/서비스 개발, 생산/운영 및 유통에 이르기까지 제품/서비스 수명주기 전체에 걸쳐 다양한 공급사슬 활동을 통합한다. 가치 사슬의 의도는 최종 사용자에게 도달하기 전에 개발 및 유통 단계를 거치면서 제품 또는 서비스의 가치를 높이는 것이다.

모든 가치사슬 활동이 기술적으로 공급사슬의 일부인 것은 아니며, 그 활동에 종사하는 사람들은 공급사슬을 지원하는 그들의 역할을 이해하지 못할 수도 있다. 이러한 활동에는 엔지니어링, 마케팅, 재무, 회계, 정보기술, 인적 자원 및 법률팀 등이 포함될 수 있다. 공급사슬 외부에 위치한 관리자는 공급사슬 관리의 요구사항을 이해하지 못하고, 가치사슬과 공급사슬을 구별하지 못하며, 결과적으로 그들의 영역에서 요구되는 공급사슬 관리 지원을 제공하지 못하는 경우가 많다.

가치사슬과 밀접하게 관련된 두 가지 용어가 가치 흐름과 가치 흐름도이다.

### 🐾 가치흐름(Value stream)
상품 또는 서비스를 시장에 창출, 생산 및 제공하는 프로세스

재화의 가치 흐름에는 원자재 공급업체, 재화의 제조 및 조립, 유통 네트워크가 포함된다. 서비스의 가치 흐름은 공급업체, 지원 인력 및 기술, 서비스 "생산자" 및 유통 채널로 구성된다. 가치 흐름은 단일 비지니스 또는 여러 비지니스 네트워크에 의해 통제될 수 있다.

가치 흐름에는 제품 또는 서비스를 최초 개념(concept) 단계에서 최종 사용자에게 제공하는 데 필요한 모든 기본 조치가 포함된다. 시점(timing)도 포함된다. 가치 흐름 매핑은 프로세스 개선에 도움이 되며, 뒤 장에서 자세히 설명한다.

### 🐾 가치흐름도(Value stream mapping)
모든 공정 단계의 부가가치 및 부가가치 시간뿐만 아니라 공급업체에서 고객으로의 자재 흐름을 시각적으로 이해하는 린 생산 도구

가치흐름도는 낭비(waste) 감소, 흐름 시간 감소 및 공정 흐름을 보다 효율적이고 효과적으로 만

드는 데 사용된다.

도표 15는 일반적인 업무 프로세스 흐름도의 예를 보여주고 도표 16은 린(lean)에서 낭비 제거 도구로 사용하는 가치흐름도(생산 프로세스 예)를 적용하여 활용하는 방법을 보여준다.

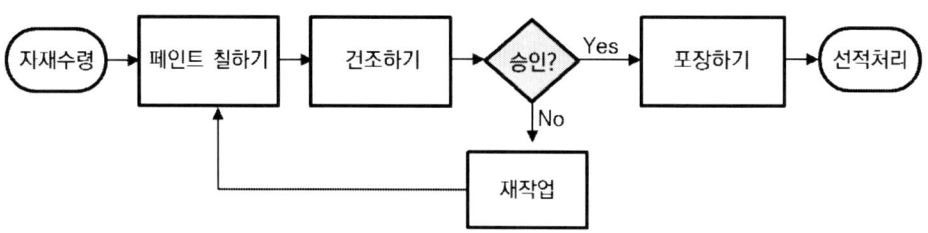

도표 15 프로세스 흐름도 예(Process Flowchart Example)

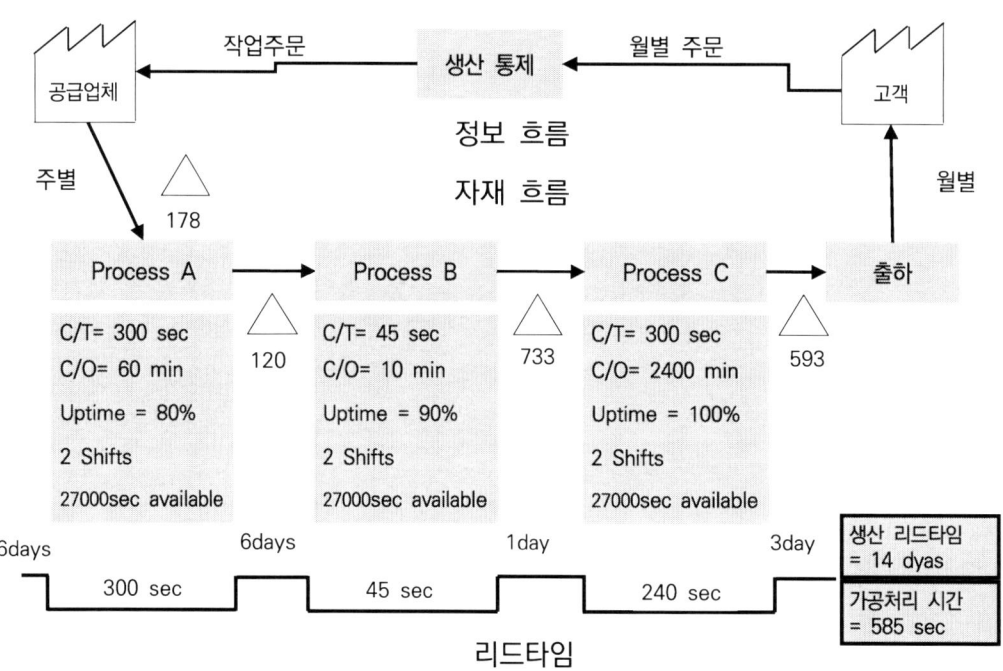

도표 16 가치 흐름도 예(Value Stream Mapping Example)

## 🔗 재무적 이점(Financial benefits)

고객이 원하는 가치를 추가하면 판매가 증가하여 수익성이 향상될 수 있다. 조직이 유지되고 성장하려면 조직에 긍정적인(+) 현금 흐름이 있어야 한다. 이익은 매출에서 특정 비용을 공제한 후 남은 현금이다.

존 엘킹턴이 1994년에 만든 또 다른 관련 용어인 3대 경영의 축(TBL, triple bottom line)은 기업의 성공은 상대적 수익성의 전통적인 경영의 축뿐만 아니라 경제적, 사회적, 환경적 등 3차원으로 측정해야 한다는 개념을 말한다.

## 🔗 이해관계 당사자와 가치(Stakeholders and value)

새로운 공급사슬 활동을 계획하거나 지속적인 관행을 관찰할 때 모든 이해관계자 그룹을 식별하고 활동들이 각 그룹에 미칠 영향을 결정하는 것이 중요하다.

어떤 사업 활동의 주요 이해관계자는 사업 그 자체다. 사업은 다른 이해관계자 집단을 위해 존재하고 가치를 창출하기 위해 수익성이 있어야 한다. 그러나 공급망은 하나의 사업체만이 아니라 많은 사업체에 영향을 미칠 수 있다. 그리고 각 사업체는 특정한 활동의 잠재적 가치에 대한 자신만의 관점을 가질 것이다. 간단한 예로, 공급자는 하류(downstream) 공급사슬 파트너가 구매한 상품의 가격을 인상하여 이익을 증대하기로 결정할 수 있다. 그러나 그러한 파트너와 최종 고객에게 미치는 부정적인 영향은 현명하지 못한 가격 인상을 초래할 수 있다.

고객은 또한 공급사슬의 아주 중요한 이해관계자이다. 공급사슬을 통해 제공되는 상품이나 서비스의 궁극적인 소비자(consumer)뿐만 아니라 공급사슬에는 많은 고객이 있다. 각 사업은 고객을 위한 가치는 물론 자체 이익을 창출해야 한다. 또한, 각 파트너 활동의 최종 결과는 전체 공급사슬의 가치를 최적화해야 한다.

공급사슬의 거래 파트너 및 최종 고객 외에도 외부의 이해관계자가 있다. 여기에는 투자자, 대출기관, 지역 사회나 정부가 포함된다.

투자자와 대출자에게 공급사슬 가치는 자본 성장, 배당 소득 또는 이자 지급 및 최종 투자 자본 수익으로 정의될 수 있다. 투자자들은 비슷한 위험에 대한 시장 투자로 얻을 수 있는 것보다 수익이 더 클 것으로 기대한다. 사업적인 의사결정을 내릴 때 이러한 외부 파트너가 정의한 가치를 고려해야 한다.

지역 공동체와 지방 정부는 공급사슬 운영이 지역사회 구성원과 환경에 영향을 미치기 때문에 관련성을 가진다. 소매점, 창고 또는 기타 공급사슬 시설의 위치는 그것이 건설되고 유지되는 지역 사회에 영향을 줄 것이다. 지역 사회와 정치 지도자는 이 영향이 긍정적인 가치(예: 일자리 창출) 또는 손상(예: 오염 또는 소음)으로 판단할 수 있다. 공급사슬 수익성에 대한 전반적인 영향뿐만 아니라 이러한 반응도 고려해야 한다.

이해관계자는 일반적으로 공급사슬이 어떤 가치를 창출해야 하는지에 대해 다른 견해를 가지고 있으며 한 이해관계자 그룹에게 유리한 공급사슬 활동은 다른 이해관계자에게 해가 될 수 있다. 따라서 공급사슬을 성공적으로 관리하려면 이해관계자의 가치 조정이 필요하다. 참여가 지속성을 유지하려면 모든 사람이 만족해야 한다. 고객은 계속 구매해야 하고, 투자자는 계속 투자해야 하며, 근로자는 계속해서 최선을 다해야 하며, 지역 사회는 각 공급사슬 파트너가 사회적 및 환경적 가치에 미치는 영향 등에 만족해야 한다.

도표 17에는 일반적인 공급사슬 이해관계자와 공급사슬 관리에서 실현할 수 있는 다양한 가치가 나와 있다.

| 공급사슬 이해관계자<br>(Supply Chain Stakeholders) | 이해관계자 가치(Stakeholder Values) |
|---|---|
| 공급사슬에 위치한 기업<br>(Company in SC) | 이윤, 시장 점유율, 수익, 비용, 이미지 및 평판 |
| 최종 고객<br>(End customers) | 저렴하고, 안전하며, 매력적이고, 유용한 제품, 저렴하고, 시기 적절하고, 안전하고, 쉽고, 쾌적한 서비스, 지속 가능한 제조 관행 |
| 투자자(Investors) | 투자수익률(자본증가, 배당소득), 포괄적이고 이해하기 쉬운 커뮤니케이션 |
| 임대인(Lenders) | 금리, 장기안정, 원금 보장 |
| 지역공동체/환경<br>(Communities/environment) | 조세 기반 강화, 지속 가능한 제조 관행, 환경 영향(안전, 미학, 편의, 천연자원), 매력적인 일자리의 성장 |
| 정부(Governments) | 공동체 구성원 및 환경에 대한 합법성, 규제, 전반적인 영향 |
| 종업원(Employees) | 고용 보장, 임금 및 혜택, 기회, 양호한 근로 조건, 지속 가능하고 안전한 제조 프로세스 |

도표 17 공급사슬 이해당사자 가치(Supply Chain Stakeholder Values)

## 🔗 가치의 유형(Types of value)

공급사슬은 영리 기업이든 혹은 비영리 단체, 자선 단체, 정부 기관 혹은 군대 내에서의 활동이든 여부에 관계없이 재무적, 고객 및 사회적 세 가지 유형의 가치를 창출해야 한다.

## 🔗 재무적 가치(Financial value)

재무적 가치를 높이는 한 가지 방법은 비용을 줄이는 것이다. 공급사슬 내에서 비용을 줄일 수 있는 기회를 찾을 때 다음 사항을 고려해야 한다.

- 당기 순이익을 얻기 위한 비용 절감이 되어야 한다(Cut costs to yield net gains at the bottom line). 비용 절감을 추구할 때 한 가지 위험은 사업의 한 영역에서 비용을 줄이면 다른 곳에서 더 큰 비용이 지출되거나 전체적으로 순손실을 초래할 가능성이 있다는 것이다. 공급사슬 진화의 초기 단계에서 이런 종류의 자멸적인 교환거래(tradeoff)는 너무 자주 발생한다. 예를 들어, 창고 관리자는 운송 변경 사항의 고려 필요성에 대해 운송 관리자에게 문의하지 않고 하나 이상의 창고 기능을 제거하여 창고 비용을 절약을 시도할 수 있다.

보다 발전된 공급사슬 관리 기능으로 필요한 주문형(on demand) 및 운송 비용 데이터를 포함하여 관련 데이터를 분석하여 정교한 재고 최적화 소프트웨어를 사용하여 적절한 크기, 위치 및 창고 수를 도출하고 전체 프로세스를 타사 관리에 적용한다. 공급사슬 전체에 걸쳐 동일한 고려사항이 적용된다.

> **재고 최적화 소프트웨어(Inventory optimization software)**
> 공급사슬의 여러 에셀론(echelons)에 걸쳐 고객 서비스 및 투자 수익률과 관련된 최적의 재고 전략과 정책을 찾을 수 있는 능력을 갖춘 컴퓨터 응용프로그램

시스템의 어느 시점에서든 변경이 이루어지면 다른 곳에서 또 다른 변경이 발생한다. 그러므로 변경은 전체적으로 보아야 한다. 공급사슬 관리에는 내부 변경을 위한 부서 간 팀워크와 측면 사슬을 위한 그룹 간 팀워크가 필요하다. 안내 지침 원칙은 항상 고객이 공급사슬을 끝낼 때 가치를 창출해야 한다. 좀더 민첩하고 날렵한 린(lean) 공급사슬으로 더 큰 이익을 얻으면서 동일한 고객 만족을 제공할 수 있다면, 그 비용 절감이 정당화된다.

- 돈을 벌기 위해 돈을 투자한다(It takes money to make money). 공급사슬 성과의 많은 부분의 개선을 위해서는 더 많은 매출, 이익 또는 두 가지 모두를 실현하기 위해 또는 단순히 글로벌 환경에서 경쟁력을 유지하기 위해 선제적인 투자가 필요하다. 항상 그렇듯이 최종 결과는 순 이익이어야 한다. 공급사슬의 개선으로 인하여 투자 비용보다 더 많은 수익을 얻는다면 정당화된다. 경쟁력 있는 공급사슬을 구축하고 유지하려면 창고, 하드웨어 및 소프트웨어 갱신, 팀워크를 높이는 교육 관리자 및 기타 투자를 개선하기 위해 자동화된 기계를 구입해야 할 수 있다. 다시 말하지만, 궁극적인 목표는 항상 사슬의 끝에서 고객의 가치를 창출하는 것이어야 하며, 다른 이해관계자의 요구를 충족시키기에 충분한 이익을 창출해야 한다.

투자된 돈과 자산의 사용에서 성공의 전형적인 측정은 투자수익율(ROI, Return on Investment)와 투자자산 수익율(ROA, Return On Asset)이다.

> **투자수익율(ROI, Return on Investment)**
> 지정된 기간 동안 반환된 수익을 계산하여 다양한 투자를 비교할 수 있는 수단을 제공하는 재무 성과의 상대적 척도

> **투자자산 수익율(ROA, Return On Asset)**
> 이전 12개월 동안의 순수익을 총자산으로 나눈 값

- 이익은 공평하게 분배되어야 한다(Gains should be equitably distributed). 공급사슬 효율성 또는 효과성 증대를 추구할 때 모든 이해 당사자의 요구와 함께 분배되지 않는 재무적 이익을 초래할 수 있으므로 주의하기 바란다. 아마도 이와 관련하여 가장 일반적인 실수는 모든 비용 절감을 공급사슬의 끝인 최종소비자로 보내는 것이다. 모든 효율성이 소매가격 인하로만 달성되면 해당 공급사슬 자체의 재무적 지속성이 결여될 것이다

고객 할인으로 판매량과 시장점유율이 즉각적으로 향상되지만 다른 이해관계자들도 보상을 받아야 한다. 투자자는 대출 및 지분에 대한 경쟁력 있는 수익을 요구한다. 공급사슬 인프라의 유지관리 및 업그레이드에는 지속적인 재투자가 필요하다. 직원은 급여로 보상을 받고 새로운 프로세스와 제품에 대해 교육을 받아야 하며 보다 근본적으로 자신의 기여를 인정받아야 한다. 연구 개발은 시장 요구를 찾고 이를 충족시키기 위한 제품과 서비스를 만드는 데 지원이 필요하다.

또한 수평 공급사슬(lateral supply chain)에서 가장 어려운 점은 재무적 이익을 생산적으로 공

유해야 한다는 것이다. 예를 들어, 강력한 중심기업(nucleus firm)은 공급업체의 비용으로 재고 배치(또는 다른 프로세스 변경) 변경의 이점을 누릴 수 있다. 이처럼 단순한 비용의 전가로 인해 양질의 공급업체를 몰아내면 자멸할 가능성이 있다. 공급사슬 기업 간의 팀워크는 모든 이해관계자가 공평하게 공유하는 순 재무 이익을 위해 고객에게 향상된 가치를 창출할 수 있다.

## 고객가치(Customer value)

치열한 경쟁적 경제에서 돈을 버는 것은 고객의 요구(customers' needs)에 부응하는 데 달려 있다. 따라서 시장 중심 공급사슬 관리의 궁극적인 목표는 항상 고객이 중요하게 생각하는 제품과 서비스를 제공하는 것이어야 한다.

공급되는 시장에 따라 공급사슬은 아래 가치 중 하나 이상을 최종 고객에게 제공하도록 관리될 수 있다.

- 제품 또는 서비스 품질(quality of product or service). 침대 매트리스와 같은 기본 상품 생산에서 스마트 폰 성능을 위한 5G 네트워크 서비스의 안정성에 이르기까지 모든 제품과 서비스에 품질이 적용된다. 올바른 설계, 올바른 생산 및 올바른 재료를 통해 적절한 수준의 품질을 달성하려면 공급사슬 전체의 의사결정을 조정해야 한다.

- 저렴성(affordability). 거의 모든 제품과 서비스는 시장이 호의적으로 반응할 적절한 가격 수준을 가지고 있다. 공급사슬은 적절한 가격으로 제품을 만드는 데 도움이 되는 프로세스, 인력 및 기술에 투자해야 한다. 회사의 마케팅 전략이 매일 최고의 저렴한 가격을 제공하는 것이라면, 저렴한 가격은 공급사슬에서 완전한 효율성을 요구한다. 이러한 유형의 목표를 수행하는 공급사슬 관리자는 협력적인 설계 프로세스를 개발하여 잘 정의된 공급사슬 프로세스 내에서 효율적이고 효과적으로 기능하는, 그리고 작업자가 쉽게 구할 수 있는 재료로 효율적으로 제조할 수 있는 양질의 제품에 대한 사양을 제시해야 한다.

- 가용성(availability). 일부 제품 또는 고객의 경우 가용성이 가장 중요하며 공급사슬은 제품과 서비스를 적시에 제공하도록 설계되어야 한다. 이는 재고의 배치뿐만 아니라 운송 방식의 선택(심야 배달, 냉장 컨테이너 등)에도 영향을 줄 수 있다.

- 서비스(service). 제품과 서비스를 구분하는 명확한 라인이 있다. 예를 들어, 고객에게 차량을 운송하는 과정은 관련 서비스(금융, 딜러 준비, 판매, 보증 계약, 대리점의 수리 및 교체 서비

스)와 관련이 있다. 효과적인 공급사슬 관리 프로세스는 서비스 문제가 제품설계 단계에 통합되도록 한다. 협업적 설계(collaborative design)에는 수리, 손쉬운 제품 제작을 위한 제조 및 공급으로부터의 입력이 포함된다. 동시에 팀은 효율적인 역 공급사슬을 구현하여 수리, 교체 또는 재활용을 위해 차량 또는 부품을 가져온다.

- 지속가능성(sustainability). 소비자와 고객은 환경 및 사회적 공급사슬 혁신의 원동력이다.

개인 소비자와 환경 단체에게 지속가능성은 일반적으로 그들에게 중요한 것과 지불하고자 하는 것의 문제이다. 조직의 환경 관행에 대한 소비자의 의견은 미디어, 지역 공동체 그룹, 환경 단체, 로비스트 및 기타 사회적 압력을 행사하는 사람들에 의해 형성될 수 있다. 예를 들어, 환경적으로 사회적으로 허용 가능한 높은 기준에 따라 제조되어 윤리적으로 공급된 제품이나 품목에 대해 소비자가 지불할 프리미엄 소비자 금액을 정확히 예측하는 것은 어렵다. 소비자는 지속가능성에 관한 규정 위반에 대해 다양한 방식(예: 보이콧 및 편지 작성 캠페인)으로 주의를 환기시킬 수 있다.

예를 들어 가용성이 고객에게 중요한 가치인 경우, 추가 자원을 물류에 투입하고 심야 배송 기능을 갖춘 항공 운송 회사에 아웃소싱 등을 고려해 볼 수 있다. 마찬가지로, 값이 비싼 부패하기 쉬운 수량은 고급 운송 업체의 특별한 취급이 필요하다. 반면에 고객이 즉각적인 가용성을 중요하게 생각하지 않고 제품이 요구하지 않는 경우 빠른 배송에 비용을 투입하는 것은 합리적인 공급사슬 결정이 아니다. 고객이 가치가 없는 품질이나 서비스에 대해 비용을 지불하게 하는 논리는 있을 수 없다.

현재 88개국에 위치한 자라(Zara)와 같은 국제 패션 의류 브랜드는 고객의 가치(창의성, 품질 설계 및 빠른 처리 시간)에 관심을 기울여 매 시즌마다 최신 트렌드를 포착하고 신속하게 전달함으로써 성공한다. 공급업체 및 유통에 대한 모든 결정은 이러한 목표를 달성해야 한다.

## 🔗 사회적 가치(Social value)

공급사슬은 또한 사회에 대한 기여도에 따라 판단된다. 일반적으로 이러한 기여는 세 가지 요소에서 비롯된다.

- 사회적으로 바람직하고 유용한 제품 또는 서비스 제공 공급사슬은 사회적 및 문화적 환경에 포함된 제품 및 서비스를 제공한다. 기업은 사회가 요구하는 것을 생산한다. 때로는 민간사업과

공공의 필요가 직접적으로 연결되어 있다. 예를 들어, 중공업 제조업체가 군대를 위한 자동차와 항공기를 생산할 때 정부에 직접 서비스를 제공한다. 정부에 판매되지 않은 차량은 차량 소유자와 승객에게 교통수단을 제공하여 사회적 목적을 수행한다. 아시아와 유럽에는 고속 대중교통이 중요하기 때문에 초고속 열차가 존재한다. 공급사슬은 재화와 서비스의 생산 외에도 사회적 목적을 지원하기 위해 창출하는 일자리의 수와 유형과 세금 창출로 사회에 영향을 미친다.

- 원자재 추출, 가공처리 및 건설 등으로 인한 부정적인 환경 부작용을 피하거나 줄인다. 지난 수십 년 동안 비지니스가 자연환경에 미치는 영향에 관한 관심이 높아지고 있다. 이는 원료 추출에서 제조 공정, 물류 및 유통에 이르는 모든 공급사슬 활동에 적용된다. 사회는 법과 규제 기관을 통해 기업이 지속 가능한 관행을 통해 건강한 환경에 기여할 것을 요구한다. 이러한 규정을 준수하는 것은 공급사슬 관리에서 점차 중요한 부분이 되었다. 이로 인해 고객이 반품한 제품과 수명주기가 끝난 제품을 처리하는 역 공급사슬이 대두되었다. 역 물류 및 역 공급사슬은 이후 장에서 다룬다.

- 공급사슬에 지속가능성을 통합한다. 환경에 대한 부정적인 영향을 줄이는 이러한 많은 발전은 지속 가능한 공급사슬 관리와 관련이 있다. 미래 지향적 환경 및 사회 정책과 공급사슬 관행이 없으면 투자 분석가들 사이에서 조직의 명성이 떨어질 수 있다. 지속 가능한 공급사슬 관리는 중요한 이해관계자 가치를 추가한다. 이후 장에서 지속가능성 및 공급사슬에 대해 자세히 알아보기로 한다.

### 3.2.3 공급사슬 역량(Supply chain capabilities)

가치제안과 마찬가지로 공급사슬 전략과 비지니스 모델 모두 조직의 핵심 역량을 고려해야 한다. 먼저 공급사슬에 필요한 일반 기능을 살펴보자.

#### 🔗 일반적인 역량(General capabilities)

공급사슬 전략은 다양한 기능을 어떻게 정리하고 우선순위를 정할 것인지를 명시해야 한다. 모든 공급사슬은 조직(organizations), 사람(people), 프로세스(processes) 및 정보(information)로 구성된다. 각 공급사슬의 기능은 아래 열거한 내용에 기반한다.

- 조직설계(organizational design)
- 프로세스(processes)
- 시스템 및 기술(systems and technology)
- 인적자원(human resources)
- 측정지표/측정 기법(metrics /measurement techniques)

재무 가치뿐만 아니라 고객을 위한 가치 창출이라는 목표를 달성하기 위해 모든 공급사슬의 성공을 위해서는 이러한 기능에 대한 신중하고 전략적인 계획이 필요하다.

## 조직설계(Organizational design)

### 조직 설계(Organizational design)
기업(예: 영리 및 비영리 회사)의 전략적 경영계획 및 목표를 지원하기 위한 조직 구조의 생성 미션 및 경쟁전략을 고려할 때 조직 구조 설계는 비지니스 운영 및 관리 활동이 수행될 프레임워크를 제공한다.

조직 설계에는 조직이 내부 및 외부 의사소통 방식, 권한 및 책임 사슬, 재무 관리, 작업 계층 구조 및 설명이 포함된다.

## 공급사슬 프로세스(Supply chain processes)

공급사슬 관리는 일련의 연결된 프로세스를 다룬다. 사슬에서 하나의 활동 또는 링크를 관리하는 것이 간단할 수 있지만, 효과적인 공급사슬 관리를 위해서는 이러한 연결된 프로세스를 숙달해야 한다.

## 🔗 시스템과 기술(Systems and technology)

다양한 공급사슬 활동을 자동화할 수 있는 정교한 소프트웨어를 구현하고 관리할 수 있어야 한다. 인트라넷, 엑스트라넷 및 모바일 지원 인터넷과 같은 통합 네트워크를 개발한 조직은 공급사슬 관리와 관련된 복잡하고 많은 거래를 처리할 수 있다. 일부 조직은 컴퓨터 네트워크를 사용하여 공급사슬 프로세스 내의 특정 활동을 지원하는 다양한 소프트웨어 응용프로그램을 함께 연결할 수 있다. 또한, 한 공장에서 전사적 통합, 회사 간 기능에 이르기까지 다양한 수준에서 작업을 관리할 수 있는 패키지를 사용할 수 있다.

많은 조직에서 전사적자원관리(ERP, Enterprise Resource Planning) 시스템을 사용하여 여러 비지니스 프로세스에 대한 거래처리 지원을 제공한다. ERP는 외부적으로 경쟁 우위를 얻기 위해 조직의 내부 지식을 계획 및 통제하는 데 사용되는 비지니스 프로세스를 구성, 정의 및 표준화하기 위한 프레임워크다. ERP 시스템은 전략과 운영 간의 중요한 연계를 가능하게 한다. 이들은 회사가 원하는 특정 기능을 지원하도록 설계될 수 있다. 그러나 ERP의 핵심은 회계 중심의 데이터베이스 시스템으로 조직의 다양한 부분과 확장된 기업 간의 정보 흐름을 조정할 수 있다는 것에 있다. 이 책의 뒷부분의 기술 설계에서 여기에 언급된 ERP 및 기타 기술에 대한 자세한 정보를 다룬다.

조직이 판매 자료를 수집하고 공급사슬을 따라 예측을 수정하고 작업을 수행하는 데 사용하기 위해 네트워크를 통한 즉시 전송 기능이 필요하다고 판단하면, 제품 및 무선 주파수 장치에 바코드를 사용하는 기술을 구입할 수 있다. 그런 다음 회사는 마케팅 분석을 위해 이러한 데이터를 데이터베이스에 제공하여 고객 행동에 대한 통찰력을 얻을 수 있다.

그러나 이처럼 많은 기술 발전이 혁신에 대한 도전 없이는 이루어지지 않는다. 프로그래밍 언어와 다른 소프트웨어 응용프로그램 및 네트워크 프로토콜의 비 호환성과 같은 이 진화에서 극복해야 할 기술적 장애물이 여전히 남아 있다. 사용 가능한 기술을 최대한 활용하지 못하게 하는 조직의 장벽도 있다. 꾸준한 가격 조정과 사용자 친화적인 전자 연결에도 불구하고 일부 부서 또는 사용자는 기술의 유용성 및 관련 비용에 의문을 가질 수 있다. 이 기술의 새로운 사용자는 관련된 훈련을 받아야 하며, 어떤 경우에는 회의론자에게 새로운 기술 수용을 위한 변화관리를 해야 한다.

가장 중요한 과제는 공급사슬을 따라 조직 간에, 그리고 조직 내 기능 부서나 팀 간에 신뢰가 부족한 것일 수 있다. 공급사슬 프로세스 통합은 데이터 공유를 의미하며 일반적으로 위험으로 간주되기도 한다. 그러나 공급사슬 파트너가 이러한 연결을 사용하여 공유된 정보를 처리할 수 없는 경우, 네트워크 연결은 별 의미가 없다. 따라서 변화관리는 기술 설계를 구현하는 데 중요하다. 변화관리에 대해서는 이후 장에서 설명한다.

### 🔗 인적 자원(Human resources)

조직은 기능을 생성하고 구성하는 방식과 부서 내 직원이 비지니스 운영 및 주요 프로세스를 관리하는 방식에 크게 영향을 받는다. 물론 "공급사슬 관리"라는 부서가 있는 조직은 드물다. 수직 통합 공급사슬과 달리 수평적으로 구성된 공급사슬은 일반적으로 통합된 소유권 또는 관리 구조를 갖지 않는다. 그러나 공급사슬 전략의 개발과 공급사슬 프로세스의 통제는 전적으로 올바른 인적 자원, 즉 기능적 사고보다는 공급사슬 사고를 교육받은 사람들을 확보하는 데 달려 있다.

공급사슬 파트너 조직은 고용 및 교육에 대한 전문 지식을 개발하고 공급사슬 프로세스를 설계 및 관찰하기 위해 숙련되고, 프로세스 지향적이며, 시장 지식이 풍부한, 공급사슬 전문가를 적절히 배치할 수 있는 능력이 있어야 한다. 공급사슬 관리는 여러 직무에 종사하는 직원들의 참여가 필요하지만, 공급사슬 팀에 전임(full time)이 아닌 시간제(part-time)로만 가용하는 경우도 있다.

생산, 물류, 조달 등 전통적인 기능의 전문가와 달리 조직은 한 기능 분야를 넘어 확장된 기능에 대한 심도 있는 전문 지식을 갖춘 공급사슬 직원이 필요하다. 이 직원들은 기업 전체에 대한 지식이 풍부해야 하며 공통의 목표를 추구하기 위해 조화롭게 일할 수 있는 기술과 태도로 다른 사람들에게 영감을 주는 기술에 대해 교육 훈련 되어야 한다. 공급사슬 팀원들은 조달에서 마케팅에 이르기까지 모든 기능을 대표할 수 있다. 때로는 공급사슬 관리자가 불신과 오해로 인해 팀원이 서로 협력하지 못하는 경우 중개자 역할을 수행해야 할 수도 있다.

다재 다능할뿐 만아니라 의사소통에 능통하고 전체적으로 큰 그림을 가진 공급사슬 관리자 외에도, 회사는 공급사슬 이니셔티브의 성공에 기여할 다른 특별한 기술을 가진 사람들도 필요하다. 예를 들어, 원가관리 전문성을 갖춘 팀원은 초기 계획 단계에서 도움이 된다. 비용을 낮게 유지해야 하는 압력이 너무 높아서 공급사슬 기술을 업그레이드하거나 물류 네트워크를 최적화하려는 이니셔티브를 능숙하게 관리하여 비용을 줄이면서 제품 가격 상승을 피해야 한다. 공급사슬 파트너의 데이터로 프로세스를 미리 모델링하면 실제 작업이 시작될 때 효율성을 높일 수 있다. 또한 공급사슬 관리 이니셔티브에는 비지니스 소프트웨어, 웹 개발 및 전자 네트워크에 관한 기술을 갖춘 기술 전문가의 도움이 필요하다.

공급사슬 관리에 필요한 인재 수준을 발굴하고 개발하는 것은 숙련되고 박식한 인력관리와 숙련된 인력을 의미한다. 특히 관료적 구조를 가진 복잡한 대형 조직에서는 인력 정책이 공급사슬 전략과 연계되기보다는 오히려 역효과를 낼 수 있다. 이는 공급사슬이 고위 임원의 후원을 받아야 된다는 근거를 잘 보여준다.

요컨대, 조직은 아래 내용을 수행할 수 있는 정규 또는 임시직 공급사슬 전문가와 직원이 필요하다.

- 공급사슬을 연계된 프로세스로 구성된 하나의 연속적인 개체로 인식한다.
- 팀 구성원 간 및 팀 간 관계를 관리하여 다양한 기질과 비전을 조정한다.
- 기업 사업 모델과 공급사슬과의 일치를 이해한다.
- 사슬의 전체 비용을 능숙하게 관리한다(순 가치 이해).

전체 공급사슬에 데이터에 대한 접근 권한을 제공하고 공급사슬 프로세스 흐름(가시성 및 속도)의 실시간 관리에 사용하기 위해 데이터를 정보로 변환할 수 있는 기술을 식별하고 구매 또는 개발해야 한다.

## 공급사슬 측정지표(Supply chain metrics)

마지막으로, 조직은 공급사슬 주요 지표를 측정할 수 있어야 하고 지표가 반드시 있어야 한다. 성과측정 시스템이라고도 하는 측정 항목은 운영, 품목, 상품, 서비스, 비지니스 등의 특정 기준에 대한 측정값을 수집 및 측정하기 위한 시스템이다.

"공급사슬의 성과는?"과 같은 질문이 있는 경우 또는 "우리의 공급사슬이 기업 목표를 돕거나 혹은 해치고 있는가?" 답을 위해서는 의미 있는 성과측정이 포함되어야 한다. 조직의 현재 성과를 평가하기 위한 몇 가지 명백한 조치가 있다.

- 과거 성과(past performance) - 얼마나 향상되었는지 보여주기 위해
- 미래에 원하는 성과(future desired performance) - 목표에서 얼마나 멀리 또는 멀리 떨어져 있는지 보여주기 위해
- 경쟁사의 성과(competitor's performance)
- 업계 평균 성과(industry average performance)

- 평가하는 것과 동일한 활동 또는 프로세스에 대해 모든 업계의 세계적 수준(world-class) 또는 동급 최강(best-in-class) 수준의 성과

숫자로 보여주는 것은 일반적으로 회의실과 투자 분석가 사무실에서 가장 설득력 있는 증거를 제공한다. 예를 들어, 현금 대 현금 주기를 논의할 때 "우리는 50일에서 20일로 줄였고 이는 업계 평균보다 좋다."라고 말할 수 있다.

조직은 점검표를 사용하여 성능을 측정할 수도 있다. 여기에는 특정 활동, 장비 유형, 기술 등이 포함될 수 있다. 한 예로 올리버 와이트(Oliver Wight) 공급사슬 우수성 점검표가 있다.

함께 논의한 다섯 가지 요소가 공급사슬 내 조직의 역량을 결정한다. 이상적인 세계에서 공급사슬의 각 조직은 다음을 갖는다.

- 프로세스 지향성을 갖춘 통합된 조직설계

- 주요 공급사슬 프로세스가 이미 확립되어 있고 경쟁력 있는 속도로 작동

- 모든 프로세스를 하나로 묶고 공급사슬이 동일한 동시에 사용 가능한 동일한 데이터에서 작동할 수 있도록 충분히 진보된 시스템이나 기술

- 프로세스 중심의 교육을 받은 숙련된 직원은 엔드-투-엔드 공급사슬을 단일 주체로 보고 그에 따라 관리할 수 있다.

- 관련 표준과 비교하여 성과를 평가하고 수정을 장려하기 위한 강점과 약점을 식별하기 위해 마련된 지표

이 정렬이 제대로 되어 있고 잘 작동하는 예를 살펴보자. 예를 들어, 한 주요 국제 석유 회사는 예측 중심에서 수요 중심으로 전환하기 위해 고급 정보기술을 도입했다. 주유소 및 대규모 산업 고객의 수요 데이터는 공급, 유통 네트워크 전체에서 마케팅, 물류, 계획 및 정제에 사용할 수 있게 되었다. 이러한 공유 수요 데이터는 현물 시장(spot-market) 구매에서 보충 실행 일정에 이르기까지 공급사슬에 따라 결정된 거의 모든 결정에 제공된다. 모든 공급사슬 프로세스가 동일한 데이터 기반에서 운영될 때 파트너는 마치 한 회사처럼 원활하게 작동했다. 이것이 "가상 네트워크(virtual network)"의 의미이지만, 사실 그 네트워크는 매우 현실적이다. 즉, 실제로 회사가 아니라 일련의 협력 주체인 가상화된 기업이다.

이러한 모든 공급사슬 역량은 서로 그리고 공급사슬 전략과 연계되어야 한다.

## 🔗 핵심역량(Core capabilities)

조직의 공급사슬 관리 기능은 특정 영역에서 탁월하다. 핵심 역량은 뛰어난 관리 기술이나 세련된 브랜드 이미지와 같은 무형의 항목일 수 있다. 핵심 역량을 결정하려면 아래 열거한 각 주요 항목에서 조직의 내부 역량이 어떻게 조직의 내부 기능과 경쟁을 차별화하는지 고려해야 한다.

- 시장 출시 시간(time to market) 단축과 같은 제품 가치 증대
- 새로운 시장 채널 제공과 같은 시장 접근 개선
- 수익 증대 및 비용 공유를 통한 재무 건전성 강화
- 고급 소프트웨어 및 시스템 사용에 대한 내부 전문 지식이 있는 경우 기술 강점 추가
- 시스템 비용과 주기 시간을 줄임으로써 운영 강화
- 새로운 산업과 기회에 대한 장벽을 극복하기 위한 전략적 성장 강화
- 경영진과 직원(내부 또는 다른 파트너) 간에 공유 학습 및 통찰력을 제공하는 조직 기술 향상

변화 이니셔티브의 초점이 될 수 있는 핵심 역량에 차이가 있을 수 있지만, 조직은 자신이 누구보다도 잘하는 것(또는 누구보다도 잘하고 싶어 하는 것)을 유지 및 개선하는 데 시간과 에너지, 돈을 계속 투자하고, 이러한 기능을 사내에 유지하여 자체적으로 수행하기를 원한다. 이와는 대조적으로 핵심 역량이 아닌 것들은 우리보다 다른 사람들이 더 잘, 더 빨리, 또는 더 효율적으로 할 수 있는 것이다. 일반적으로 이는 조직이 이러한 역량을 계속 수행하는 것보다 타사의 강점을 활용하는 것이 더 비용 효율적이라는 것을 의미한다.

조직은 정의된 목표와 목표를 달성하기 위해 핵심 역량을 활용한다. 다음 공급사슬 관리 목표는 경쟁전략을 구현하고 투자 위치를 결정할 때 고려해야 할 핵심 영역이다.

- 고객 서비스의 탁월성
- 시스템 전체 자원의 효과적이고 효율적인 사용

비 핵심 역량은 일반적으로 자신의 핵심 역량으로 이러한 목표를 달성하는 데 능숙한 조직과 계약을 맺으므로 위의 목표를 논의한 후 파트너의 강점을 효율적이고 효과적으로 활용하는 방법에 대해 논의할 것이다.

### 🔗 고객 서비스 탁월성(Excellence in customer service)

> **고객 서비스(Customer service)**
> 고객의 요구, 문의 및 요청을 처리할 수 있는 회사의 능력. 혹은 고객이 지정한 시점에 고객에게 제품을 전달할 수 있는 역량

공급사슬 관리의 일환으로 회사는 고객 서비스 전략을 개발하고 사용하여 경쟁업체보다 고객의 물류 요구사항을 충족시키는 데 필요한 모든 활동을 식별하고 우선순위를 정한다. 이 전략에는 기본 고객 서비스의 기본 속성인 가용성, 운영 성능 및 고객 만족도가 포함된다. 이러한 요소를 고려한 전략을 구현함으로써 회사는 약한 부문을 대상으로 하여 고객 서비스를 개선할 수 있다. 각 속성에 대해 자세히 살펴본다.

- 가용성(availability)은 고객이 원하는 장소와 시간에 제품을 보유하고 있어야 한다. 전통적으로 많은 조직에서는 고객 주문을 예상하고 수요 예측을 기반으로 제품을 구입했다. 그러나 공급사슬 관리를 사용하면 재고 및 시설에 대한 투자를 최소한으로 유지하면서 높은 수준의 가용성을 달성할 수 있다. 시간이 지남에 따라 상품이 품절될 가능성이 작고 완전한 주문을 더 많이 충족할 수 있다. (고객 주문에 여러 품목 중 하나의 품목만 빠진 경우 주문이 불완전한 것으로 간주한다) 이후 장에서는 재고 결품 빈도수(stockout frequency), 충족률(fill rate) 및 완전 주문 충족(orders shipped complete)과 같은 가용성과 관련된 세 가지 성능 측정 방법에 대해 자세히 설명한다.

- 운영 성과(operational performance)는 고객 주문을 전달하는 데 필요한 시간을 처리한다. 공급사슬 관리가 이루어지면 고객이 주문한 시점부터 제품이 인도되어 사용할 준비가 될 때까지의 경과 시간이 줄어든다. 잘 설계된 물류 시스템은 빠른 배송을 가능하게 하지만 더 높은 비용을 초래할 수도 있다. 이상적으로, 운영 성과는 또한 예상치 못한 또는 비정상적인 고객 요청을 수용할 수 있고, 서비스 고장이 있거나 오작동이 발생할 경우 비상계획이 수립되어 공급사슬이 유연하다는 것을 의미한다.

- 고객 만족(customer satisfaction)은 고객의 경험과 지식을 바탕으로 고객의 인식, 기대 및 의견을 고려한다. 공급사슬 관리를 통해 실제 공급사슬 데이터를 기반으로 고객의 기대에 대해 논의하고 설명한다. 따라서 완성된 제품과 주문이 고객에게 도달하면 품질, 가격 및 배송 측면에서 고객의 기대를 충족시킨다. 공급사슬 관리가 시간이 지남에 따라 지속적으로 개선되고 성

공적인 장기적인 관계를 구축하기 위해 노력함에 따라 고객 만족도 향상이 목표이다.

### 🔗 시스템 전체 자원의 효과적이고 효율적인 사용(Effective and efficient use of systemwide resources)

공급사슬이 자원을 효과적으로 사용하려면 조직이 사업 목표를 달성하는 데 도움이 되는 방식으로 공급사슬을 사용해야 한다. 자원은 직원, 원자재, 장비 등의 형태일 수 있다. 효과적이라는 것은 공급사슬이 적시에 적절한 제품과 적정량을 적절한 고객에게 제공한다는 것을 의미한다. 비용 절감 목표를 충족하면서도 고객의 요구와 원하는 것인 고객지향성에 중점을 둔다. 예를 들어, 한 자동차 헤드라이트 공급업체가 완성차 제조업체를 위해 납품을 계획하는데 정상적인 도로 운송 모드에서 예기치 못한 문제가 발생할 경우 헤드라이트를 항공으로 선적한다면, 고객에게 제시간에 주문을 납품할 수 있다. 항공 운송은 비용이 더 많이 들지만, 그것은 고객 요구를 충족시키는 회사의 효과성에 기여한다.

조직은 다양한 도구와 지표를 사용하여 조직의 실제 성과를 벤치마킹한다. 또한 성장 전략, 매출 증대, 고객 만족도 평가 또는 SCOR 프레임워크의 메트릭 향상과 비교하여 회사의 실제 성과를 비교하는 등의 효과를 측정한다. 공급사슬 관리를 통해 조직은 이러한 유형의 전략적 목표에 보다 효과적으로 도달할 수 있다.

효과성(effectiveness)과는 달리 효율성(efficiency)은 기존 표준에 비해 어떤 성과가 좋은지 측정한다.

효율성은 기업이 내부적으로 공급망 프로세스가 더 적은 시간과 더 적은 자원으로, 그리고 더 적은 비용으로 어떻게 수행될 수 있는지를 판단한다는 점에서 내부지향적이다.

### 💡 효율성(Efficiency)
표준 산출에 대한 실제 산출의 측정치(보통 백분율로 표시)

효율성은 공급사슬 환경에서 생산능력을 측정하는 수단 중 하나이다. 생산능력은 공급사슬 네트워크에서 모든 자원을 사용하여 달성할 수 있는 모든 것이다. 여기에는 작업장, 보관 장소, 사람이나 장비가 포함된다.

> 💡 **생산능력(Capacity)**
> 1) 시스템이 예상되는 기능을 수행할 수 있는 기능
> 2) 근로자, 기계, 작업장, 공장 또는 조직이 일정 기간 동안 생산량을 생산할 수 있는 능력

공급사슬 관리를 통해 공급사슬 내 모든 제조업체(또는 서비스 제공업체), 공급업체나 고객의 효율성을 높일 수 있다. 공급사슬이 고효율로 운영되는 것은 허용된 시간 내에 생산 계획에서 생산량을 생산하기 위해 자원을 잘 활용한다는 의미이다.

도표 18에 나와 있는 것처럼 공급사슬 관련 자원에 대한 효과성과 효율성 둘 다가 높아야 공급사슬관리 성공을 달성할 수 있다.

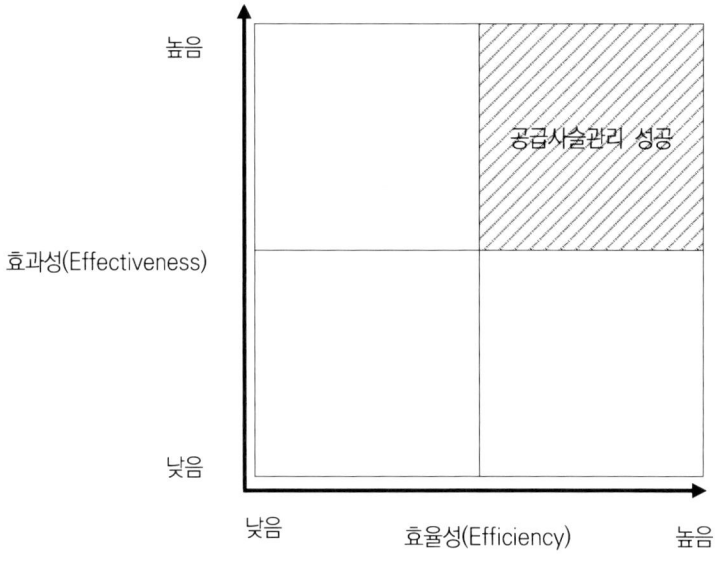

도표 18 효율성과 대응성의 균형(Balancing Effectiveness with Efficiency)

### 🔗 파트너의 강점을 효율적이고 효과적으로 활용(Efficiently and effectively leveraging partner strengths)

공급사슬 관리를 통해 조직은 파트너의 강점을 활용할 수 있다. 만약 조직이 적어도 세계의 특정

전문 분야나 지역에서 특정 핵심 역량에 있어서 다른 조직이 더 강하다는 것을 인식할 수 있다면, 그것은 이러한 경쟁 우위를 활용할 수 있는 기회가 될 것이다.

> **파트너십(partnership)**
> 1) 별도의 법인(즉, 법인화되지 않은 사업체)으로 조직되지 않고 두 사람 이상의 소유권을 수반하는 사업 소유 형태
> 2) 경쟁 우위 달성을 목표로 하는 신뢰, 위험 공유 및 보상에 기초한 관계

후자의 정의는 공급사슬에서의 파트너십을 의미한다. 달리 언급되지 않는 한, 이 책에서 "파트너(partner)" 및 "파트너십(partnership)"이라는 용어는 공식적인 비지니스 조합보다는 경쟁 우위를 달성하기 위한 공동 진행 중인 조직 관계를 설명하는 데 사용된다.

조직과 파트너가 개별적으로 할 수 있는 것보다 더 많은 것을 달성할 수 있다면 상호 강점을 효과적으로 활용할 수 있다. "올바른(right)" 파트너를 선택한다는 것은 회사 문화, 운영 스타일 및 비지니스 관행에 있어 연합의 이점이 부정적인 면을 능가할 만큼 충분하다는 것을 의미한다. 잘 선택된 파트너는 높은 수준의 상호 신뢰, 서로의 전문 지식과 기여에 대한 존중, 공통의 비전을 공유할 수 있다.

파트너의 강점을 활용하려면 조직에서 파트너의 핵심 강점 또는 역량을 식별해야 한다. 강력한 파트너를 통해 관계의 두 구성원은 자원을 모으고 함께 협력하여 판매, 생산성 및 경쟁력을 향상시키는 방법을 지속적으로 탐색할 수 있다.

공급사슬 관리 기술 및 관행은 회사가 아래와 같은 방법으로 적절한 파트너를 선택한다.

- 시기적절하고 정확한 정보 제공
- 채널 고객을 성공적으로 처리하도록 지원
- 혁신, 속도, 고품질, 저렴한 비용 등과 같은 장점을 활용하도록 지원한다.

### 3.2.4 원가구조(Cost structure)

우리는 공급사슬의 가치제안과 핵심 역량이 기업의 역량을 어떻게 반영해야 하는지 살펴보았다.

공급사슬의 비용구조는 조직의 비용구조를 지원해야 한다. 고객 서비스, 판매 채널, 가치 시스템, 운영모델 및 보유 자산에 대한 동일한 지출 균형이 비용구조를 형성한다. 즉, 자신이 직접 소유하거나 임대하는 것은 계약을 통한 방법과는 다른 비용구조를 가진다. 그러나 더 많은 파트너 및 서비스 제공업체와 공유함에 따라 두 방법 모두 총 수익의 감소를 포함하여 관련 비용이 발생한다.

예를 들어, 만약 조직이 경쟁전략으로 저비용 공급자 전략을 선택한다면, 공급사슬 전략은 그것의 비용구조로서 효율성을 지향하는 경향을 가질 것이다. 효율적인 공급사슬은 규모의 경제를 가질 것이고, 총비용이 가장 낮은 제 3자를 활용할 것이며, 고객 서비스와 고가의 판매 채널을 최소화할 것이다. 생산되는 제품들이 재고관리 운영모델을 필요로 한다면 재고 수준은 여전히 최소화를 지향할 것이다. 이 모델은 대응성의 수준이 일반적으로 비용과 긍정적(+)인 상관관계를 가지기 때문에 비상시 납품을 보장하는 것과 같은 높은 대응성을 강조할 수 없을 것이다. 공급사슬에서 대응성을 높이면 비용이 증가하기 때문이다.

반면, 조직이 경쟁의 기초로서 혁신 또는 고객 경험을 강조한다면, 공급사슬은 대응성에 투자함으로써 이러한 초점 또는 차별화 경쟁 기반을 추구할 것이므로 시장 상황, 기술의 변화에 신속하게 대응할 수 있다. 즉, 역량(예: 민첩성)과 새로운 경쟁업체 또는 새로 인수한 조직의 통합을 늘려야 한다. 이 경우 일부 중복성 및 확장 가능한 생산능력을 유지해야 할 수 있으므로 비용구조는 모든 영역에서 효율성을 극대화할 수는 없다.

그러나 어느 모델을 사용하든 전략적 목표에 따라 가능한 한 최소화할 수 있도록 비용을 추적하고 관리해야 한다. 산업의 유형에 따라 공급사슬 비용은 회사 수익의 50%에 이를 수 있다. 글로벌 컨설팅 회사인 에이티 커니(A. T. Kearney)의 조사에 따르면 공급사슬의 비효율성은 회사 운영 비용의 총 25%에 이를 수 있다. 예컨대, 회사가 3~4%와 같이 적은 이윤에 직면한 경우, 약간의 효율성 개선만으로도 수익성이 두 배가 될 수 있다. 적절한 비용 중심 또는 적어도 비용 인식 구조 및 전략을 구현하는 것이 중요하다.

지출 관리(spend management)는 종종 사업 기능, 부서 또는 확장 파트너에 걸쳐 내부 수요를 통합하거나 공급업체를 통합하여 구매 및 운송 수량 요금 할인을 위한 영역을 찾는 것을 다룬다. 재무 실적과 관련하여 지출관리는 재화와 용역을 구매하기 위해 자금의 유출을 관리하는 것을 포함한다. 지출관리는 지급 시점이 경영 실행에 대한 비용 지출에 필수적이기 때문에 미지급 계좌(accounts payable)와 긴밀하게 조정해야 할 수 있다.

공급사슬 관리가 고객 서비스나 수익을 줄이지 않고 재고로 지출되는 비용을 줄이거나 재고가 현금으로 전환되는 속도를 증가시킬 수 있다면 회사의 재무 성과에 확실히 기여할 수 있다. 돈을 절약하는 것이 항상 우선순위가 될 것이다. 매출 증가보다도 비용 절감이 이익 실현에 더 직접적으로 기여한다. 매출이 증가하면 모든 변동 비용도 증가하기 때문이다. 판매가 증가하면 자재 및 인건비(변동 비용)와 같은 일부 비용이 판매 증가와 함께 증가한다. 외상 매출채권 또한 증가하고, 조직은 일반적으로 초과 매출채권에 비해 자체 재고에 대한 통제력이 더 높다.

### 3.2.5 수익모델(Revenue model)

공급사슬의 수익 모델은 조직의 동등한 모델과 유사하다. 공급사슬 전략은 예를 들어 창고 또는 유통센터에 지역 판매 센터를 설립함으로써 고객 세분화 당 적절한 판매 채널을 구축할 수 있다. 공급사슬은 공급사슬로 정의된 판매 채널을 포함하지 않는 한 직접 수익을 창출하지 않는다. 과거에는 공급사슬이 비용 센터(cost center)로 인식되었다. 이러한 사고방식은 종종 가치를 떨어뜨리는 비용 절감 조치로 이어졌다. 그러나, 보다 현대적인 공급사슬 수익 모델은 공급사슬을 조직의 부가가치 창출 서비스로 간주한다. 공급사슬 관리자는 부가가치 기능으로 임원들과 함께 공급사슬 관리를 촉진함으로써 공급사슬 관리를 정당화하는 역할을 수행해야 한다.

## 3.3 최적화(Optimization)

### 3.3.1 잘못 정렬 혹은 격차 발생 이유(Reasons misalignments or gaps occur)

특정 공급사슬은 본질적으로 역동적이며, 특히 제품이나 서비스 제공에 대응성이 필요한 경우에 그러하다. 오늘날 효과적인 전략은 미래에 효과적이지 않을 수 있다. 이러한 이유로 SCOR 모델은 공급사슬 민첩성의 두 가지 구성 요소로서 공급사슬 유연성과 공급사슬 적응성을 측정한다. 조직이 공급사슬 전략을 변경해야 하는 몇 가지 중요한 요소는 아래와 같다.

- 시장 상황의 변화(change in market conditions)
- 사업 방향의 변화(change in business direction)
- 파괴적인 기술(disruptive technology)
- 예상되는 시장 변화(anticipated change in market)
- 사업 인수 또는 합병(business combination or merger)
- 제품 수명주기 변화(product life cycle changes)

각 요소의 예와 혁신의 역할을 살펴보자.

### 🔗 시장 상황이 변경(Change in market conditions)

시장 상황의 변화는 놀라운 속도로 진행될 수 있다. 그러나 장기간에 걸쳐 꾸준히 점진적으로 진화할 수도 있다. 핵심은 공급사슬이 이러한 변화를 조기에 발견하고 신속하게 적응하는 것이다.

## 시스코(Cisco) 사례

시장 상황 변화에 따른 신속한 대응에 실패한 전형적인 예는 닷컴 거품이 터졌을 때 Cisco Systems의 재난 경험이다. 몇 년 동안 시스코는 자동화된 워크 플로우와 회사와의 의사소통 네트워크를 통해 공급사슬 우수성의 모델이 되어 왔으며, 이를 고객과 공급업체 모두에게 연결시켰다. 그러나 2000년과 2001년에 시스코 주력 제품 중 하나인 라우터(routers) 수요가 급격히 줄어들면서 20억 달러가 넘는 불용 재고가 발생했다. 상호 밀접하게 연결된 네트워크 프로세스의 우수성에도 불구하고 시스코의 공급업체(대부분의 제조업 아웃소싱)는 수요가 사라지고 있다는 말을 듣지 못했다. 따라서 공급업체는 계속해서 제품을 생산하여 재고로 보냈다. 결국, 그들의 이해 관계가 시스코의 이해와 맞지 않아 비참한 결과를 초래했다.

## 네슬레(Nestlé) 사례

보다 최근의 사례에서 유니레버(Unilever)와 네슬레(Nestlé SA)를 포함한 중국의 오프라인 매장에서 상품을 판매하는 소매업체는 소매 수요가 빠르고 급격히 감소하여 큰 타격을 받았다. 소매 수요가 과대평가되면서 유니레버가 2014년 3/4분기 중국 판매에서 모두 20%의 하락을 기록했고, 2015년 6월 월스트리트 저널 기사에 따르면 네슬레는 팔 수 없는 인스턴트 커피를 불태웠다. 이 기사는 유니레버가 경기 둔화가 중요한 역할을 했다고 주장하지만, 이 추세는 소비자 온라인 쇼핑의 급격한 증가와 관련이 있다고 밝혔다.

스마트 폰이 급속히 보급되면서 중국의 온라인 쇼핑은 지난 4년간 매년 70%로 크게 증가하여 2015년에는 총 4억 6,700만 명의 온라인 쇼핑객이 인구의 3분의 1을 차지했다. 이 온라인 소비자 중 절반은 심지어 식료품을 온라인으로 구매한다. 중국은 2013년에 미국을 추월한 최대 전자 상거래 시장이다.

유니레버를 비롯한 기관들이 한동안 온라인에서 상품을 판매해 왔으며 이 지역의 지체들과 거리가 먼 가운데, 배달 패턴 등 사소한 것이 옮겨갈 때 공급망을 원활하게 유지하기가 얼마나 어려운지를 부각시키는 내용이다. 온라인 구매는 경쟁이 치열하기 때문에 전자상거래가 잘 발달되어 있다고 해도 모든 온라인 판매가 하나의 조직을 통해 이루어지는 것은 아니다. 네슬레의 중국 식음료 대표 라인홀드 자코비(Linhold Jacobi)가 "온라인에 접속하면 누구나 같은 화면 공간을 마주하게 된다"고 말하듯 대형 조직들이 유통업체와 우선적인 상품 전시 공간을 위한 협상할 수 있었던 것이다.

## 자라와 망고(Zara and Mango) 사례

유럽 의류 브랜드 자라와 망고는 아주 성공적인 사례이다. 유행에 민감한 의류 시장에서 변화는 놀라운 것이 아니라 당연한 것이다. 계절마다 선호도가 바뀌어 모든 공정, 설계 및 재료를 구식으로 만든다. 따라서 자라, 망고 및 기타 패션에 민감한 의류 회사 및 브랜드는 계절 설계 프로세스를 조기에 시작하는 방법을 찾았다. 거리의 유행에 주의를 기울임으로써 시즌에 대상 고객들에게 어필할 수 있는 재료를 주문하고 설계 시 제품을 개발할 수 있다. 그러나 실제 데이터가 올 때까지 최종 설계 결정과 제조 시작을 지연시킨다.

## 🔗 우리의 사업 방향이 변경(Change in business direction)

공급망 전략을 수정하는 또 다른 이유는 기업이 새로운 방식으로 시장에 출현할 때 발생한다. 이는 의사결정을 내리는 데 사용할 실제 과거 이력 데이터가 없고 수요를 예측이나 생산 일정을 설정하는 능력이 거의 없는 미지의 영역일 수 있다. 새로운 제품 라인은 공급망 즉, 새로운 원자재 공급업체, 새로운 제조 공정, 새로운 시장에 도달하기 위한 물류 변경 및 최종 고객에 도달하기 위한 새로운 전략의 완전한 재시작을 요구할 수 있다.

토요타 자동차(Toyota Motor Corporation)는 최초의 가솔린-전기 하이브리드 자동차인 프리우스(Prius)를 출시할 때 이러한 문제에 직면했다. 당시 시장에는 비슷한 차량이 없었기 때문에 총 판매량을 예측하거나 잠재적 시장을 분류하는 데 사용할 수요 기록이 없었다.

토요타는 미국의 물류 네트워크를 변경하여 새로운 모델을 제공할 위치와 구매자의 관심 분야에 대한 불확실성을 반영하여 예측 문제를 해결했다. 그들은 기존의 가족 중심 차량에 관심이 없었던 프리우스의 신기한 스타일링, 기술적 독창성 및 "환경(green) 중시" 특성에 새로운 시장 부문이 관심을 끌 것으로 의심했다. 과거의 성과에 따라 딜러에게 자동차를 할당하는 대신 인터넷에서 전달된 고객 주문에 따라 딜러에게 배송을 위해 생산 라인에서 중앙 유통센터로 프리우스를 보냈다. 중앙 보관 위치에 대형 자동차 재고 풀(pool)이 있으면 어느 지역에서나 예상치 못한 소비자 수요로 인한 재고 부족 위험이 줄어든다.

토요타는 또한 특정 기능에 대한 요청에 따라 유통센터에서 자동차를 맞춤화할 수 있었다. 이는 모듈식 설계로 가능한 지연 전략(postponement strategy)이다. 이 시스템은 더 비용이 많이 드는 비싼 시스템이었지만 제공에 필요한 유연성을 제공했다. 캘리포니아 북부에서 판매된 새 모델의 비율은 여기에 할당된 일반적인 비율을 훨씬 능가하는 반면, 남동부의 판매량은 다른 토요타 모델의 예상 패턴보다 훨씬 적었다. 중앙 집중식 물류 시스템이 없다면 프리우스는 캘리포니아 북부의 재고는 순식간에 사라지고 남동쪽의 많은 차고에는 팔리지 않는 차가 쌓여 있었을 것이다. 따라서 새로운 공급사슬 전략에 대한 투자는 미국 전역에서 특히 남동쪽에서 캘리포니아로 자동차를 재운송과 이에 따른 지연으로 인한 고객 손실 위험을 초래할 수 있는 비용과 비교할 때 순 가치를 창출했다.

## 🔗 파괴적 기술(Disruptive technology)

신기술은 짧은 시간에 사업의 게임 규칙을 바꿀 수 있으며, 우리 조직이 기술의 의미를 신속하게 인식하지 못하여 채택하지 못할 경우 신기술을 이용한 신규 경쟁자가 시장점유율을 빠르게 잠식한다. 예를 들어, 넷플릭스(Netflix)가 주요 사업모델이 영화의 온라인 형태의 제공이라고 발표했을 때 경쟁사인 블록버스터(Blockbuster)와 다른 많은 경쟁자들이 머리를 갸우뚱하였다. 왜냐하면 그 당시 보편적인 DVD 배송은 오프라인을 이용한 사업모델이었기 때문이다. 그러나 경쟁사들이 넷플릭스와 비슷한 모델을 채택하기에는 너무 늦었기 때문에 그들의 움직임은 예정된 운명이 되었다. 몇 년 후 블록버스터는 사업을 중단했다.

### 시장에서 변화가 예상됨(Anticipated change in market)

프리우스(Prius)의 사례와 자라와 망고의 전략의 정도를 볼 때, 공급사슬 전략은 문제점에 봉착하여 놀라기 전에 미리 시장 수요 변화를 예상하여 수정할 수 있다. 이것은 진보된 예측 형태로 여겨질 수 있으며, 예측은 항상 틀리기 때문에 매우 위험한 전략일 수 있다. 그러나 의류 디자인 운영은 패션 유행을 지속적으로 예상해야 하기 때문에 어느 정도 예측에 의존할 수밖에 없다. 만약 새로운 외향이 합성섬유(또는 그 반대)가 아닌 천연 원단에 의존한다면, 새로운 공급자가 필요할 것이고, 그들은 시즌이 시작되기 전에 계약을 해야 할 것이다. 자라와 망고는 실제 데이터가 예측을 대체하기 시작하는 마지막 순간에 공급 전략을 바꿀 수 있는 설계 프로세스를 만드는 데 전념하고 있기 때문에 효과적이다.

토요타의 성공은 시장에 대한 혁신적인 접근 방식 때문이었다. 환경에 대한 인식과 석유 가격 상승의 잠재적 영향으로 인한 새로운 수요 패턴을 예상하여 프리우스가 탄생했다. 혁신적인 제품에 해당된 프리우스 판매에 앞서 새로운 공급사슬 구축에 선제적으로 나섰기 때문에 이 회사는 추가적으로 성공을 거두었다.

비슷한 방식으로, 미래 에너지 회사 및 유틸리티는 실제 응용프로그램보다 훨씬 앞서서 새로운 공급사슬 인프라의 생성을 요구하는 대체 에너지 기술을 개발해왔다. 혁신은 공급사슬을 유연하게 유지하여 수요의 급격한 변화와 시장과 기술의 점진적 진화에 대응할 수 있도록 하는 데 중요한 역할을 한다. 혁신은 제품설계의 혁신뿐만 아니라 조직의 설계 및 공급사슬 프로세스에서도 전략적 유연성의 핵심이다.

때로는 가장 취약하게 만드는 것이 조직의 강점이다. 다른 공급사슬 파트너에 대한 신뢰는 그들의 전략의 변화에 선행하지 않을 때 문제를 일으킬 수 있다. 또한, 공급사슬 효율성은 재고자산이나 공정 시간을 Just-in-Time 납품 속도까지 단축시켰기 때문에 공급사슬이 유연성을 잃게 되면 심각한 부담이 될 수 있다. 이럴 경우, 빠르고 린(lean)한 공급사슬은 오히려 판매 시장 고갈로 망할 때까지 주어진 방향으로 계속 움직일 수 있다.

### 🔗 사업 통합 혹은 합병(Business combination or merger)

조직이 다른 조직을 인수하거나 다른 조직과 합병될 때, 공급사슬도 합병 및 재구성되어야 할 수 있다. 일부 중복성은 최소화되고, 어떤 중복성은 유연성을 개선하여 위험을 줄이기 위해 유지될 수 있다. 무엇이 통합될 수 있는지, 무엇이 분리되는 것이 최선인지, 무엇이 제거되어야 하는지를 알기 위해서는 각 기능에 대한 세심한 검토가 필요할 것이다. 또 다른 고려사항은 고객 경험과 인식이다. 일부 공급망 변경은 고객에게 어떠한 영향도 주지 않고 이루어질 수 있지만, 고객 제공 시간, 비용 또는 심지어 고객이 업무에 익숙한 사람에 영향을 미치는 변경은 변경하기 전에 특별한 고려가 필요하다.

### 🔗 제품 수명주기 변화(Product life cycle changes)

제품 수명주기는 뒷부분에서 다룰 것이지만, 본질적으로 제품이 출시될 때, 수요가 증가할 때, 수요가 성숙하거나 정체될 때, 제품 인기가 쇠퇴기에 접어들면서 새로운 제품이 이를 대체하는 단계 등에 따라 각기 상이한 공급사슬 전략이 필요하다.

## 3.3.2 잘못 정렬 혹은 차이를 인식(Recognizing misalignments or gaps)

귀사의 조직 문화는 실패에 대해 보상하는 편인가 아니면 처벌을 하는 편인가? 실패가 처벌되고 성공만이 칭찬 될 때, 모든 경영자들은 비평가들이 되는 것을 두려워할 것이다. 비평가들이 전략이 잘못 정렬되었거나 차이가 발생할 때 이를 지적하는 종류의 사람들이다. 결국에는 이러한 차이가 너무나 명백해져서 모든 사람들이 전략에서 차이가 존재한다는 것을 인식할 것이다. 그러나 그때쯤

이면 조직의 시장점유율과 기타 요인에 미치는 영향은 회복하기 어렵거나 불가능할 것이다. 조직은 모든 사람들이 주어진 전략이 실패할 수 있는 다섯 가지 이유를 제시하도록 요청받는 익명의 조사(anonymous surveys)나 브레인스토밍(brainstorming) 회의와 같은 도구를 사용하여 비평가들이 목소리를 낸 것에 대해 보상하는 문화가 정착되도록 해야 한다. 변화관리도 필요할 것으로 보이며 이는 이후 장에서 다루어진다.

제 3자 컨설턴트나 컨설팅 조직은 조직(organization)과 그 차이(gap)에 대한 객관적인 분석을 제공할 수 있는 좋은 위치에 있을 수 있다. 그러한 조직 또는 조직 스스로도 SWOT 분석과 같은 도구를 사용하여 조직의 차이를 발견할 수 있다. 이러한 도구는 나중에 논의된다. 물론 어려운 상황에서 어떤 행동을 취하기로 결정하는 것은 용기가 필요하지만, 이것은 임원급에서 시작되어야 할지도 모르는 변화이다.

### 3.3.3 잘못 정렬 혹은 차이를 해결(Resolving misalignments or gaps)

공급사슬이 시장변화에 선제적으로 대응할 수 있게 하려면 과거의 많은 규칙과는 다른 새로운 규칙을 따라야 한다. 공급사슬 운영이 주는 교훈 중 일부는 다음과 같다.

- 비용 효율성(cost efficiencies)과 속도(velocity) 향상을 추구하지만, 유연성(flexibility)을 배제하지는 않는다. 만차 트럭(full truckloads) 또는 만차 컨테이너(full containers)로만 운송하는 전략은 운송 비용을 절감할 수 있지만, 하류(downstream) 재고가 없는 시설로 이동해야 할 때 일부 물량이 부두에서 기다릴 수도 있다.

- 각 제품 라인(product line)에 적합한 복수의 공급사슬(multiple supply chains)을 개발한다. 만차 트럭 효과를 달성하기 위해 일부 회사는 제품을 혼합(mix)할 것이다. 이는 혼합된 일부 제품의 배송 속도를 높이는 좋은 전략이지만 다른 제품에는 비효율적일 수 있다. 고가의 경량 품목은 트럭, 기차 또는 컨테이너를 이용하지 않고 목적지로 바로 항공 운송될 수 있다. 공급업체를 맞춤식으로 활용하여 시장 출시 속도, 더 높은 가격을 부과할 수 있는 높은 품질 또는 빠른 변화 능력에 대해 각 제품 라인에 필요한 모든 것을 제공할 수 있다.

- 바로 다음번의 하류(downstream) 지점뿐만 아니라 공급사슬의 소비자 측에서 수요의 추세를 관찰해야 한다. 공급사슬의 끝까지 가시성(visibility)을 확보하면 시장의 변화에 신속하게 대

응할 수 있다.

- 인구 통계, 정치 변화, 규칙 및 규정의 패턴, 원자재 이용 등 글로벌 시장에서 더 큰 흐름을 관찰하기를 바란다. 익숙하지 않은 외국의 시장에 진입할 때 공급사슬 전략에 대한 조언을 얻기 위해 현지 지원을 받는 것이 좋다.
- 공급사슬 유연성(supply chain flexibility) 극대화를 위한 제품설계. 설계팀에 공급업체를 조기에 합류시켜 모듈식 설계 작성에 도움을 주면 더 적은 수의 구성품을 더 많은 제품에 대해 조립할 수 있다. 가능한 실제 주문에 가깝게 조립 시간을 정해야 한다.

### 복잡성 요구사항과 정렬(Aligning with complexity requirements)

잘못 정렬 또는 격차를 해결하는 또 다른 방법은 공급사슬의 복잡성을 평가하는 것이다. 공급사슬은 필요한 만큼만 복잡해야 한다. 복잡한 공급사슬은 구축, 관찰 및 통제에 더 많은 시간과 비용이 소요되며 수요 변화에 민첩하고 대응적으로 되기가 더 어렵다.

공급사슬의 복잡성에는 다양한 상품 또는 서비스에 대한 복수의 공급사슬 유지, 생산 또는 유통을 위한 광범위한 보유 자산 유지, 판매되는 다양한 제품, 제품에 필요한 구성의 양 및 단계, 고객이 사용할 수 있는 고객 맞춤식 선택사항의 수가 포함된다.

제품 및 서비스 제공을 제한하는 것은 보유 자산 발자국을 줄이거나 복수의 공급사슬의 수를 줄이게 되어 유연성과 고객 서비스 요소에 심각한 영향을 미치기 때문에 유연성을 유지하면서 복잡성을 최소화하는 것이 핵심 사항이다. 글로벌 컨설팅 업체인 PwC 내부 조직인 PMG(Performance Measurement Group)는 공급사슬 성과 전문가로 구성되어 공급사슬 성과를 평가하기 위해 전 세계 기업에 대한 자료를 수집하고 벤치마킹 분석을 수행한다. 연구 결과에 따르면 동급 최강(best-in-class)의 공급사슬을 가진 조직은 평균 동료 그룹과 비슷한 수의 고객, 생산 및 유통 자산이 있지만, 판매용 제품 품목(SKU)은 약 50%만큼 적었다. 실제로 수요가 높은 품목만 유지하면 판매되지 않은 품목의 재고 및 재고 부족의 위험이 줄어들기 때문에 유연성이 향상된다.

어떤 제품의 추가 옵션 사항이 실제로 판매를 증가시킬지 또는 재고를 증가시킬지에 관한 질문이다. 이러한 변경을 하기 전에 이 질문에 대한 답을 얻기 위해서는 측정을 개발해야 한다.

### 🔗 공급사슬 파트너들과 정렬(Aligning with supply chain partners)

공급사슬 파트너 간에 차이가 있거나 일치하지 않는 경우 종종 채널 마스터(channel master)가 누구이며 조직이 얼마나 많은 영향력을 가지고 있는지를 결정해야 한다. 만약 채널 마스터라면, 과거에 파트너들에게 영향력을 얼마나 민감하게 사용했는가? 그들이 존경받는 파트너로 취급되는가, 아니면 가격 할인 및 통제를 위해 불이익을 받았는가? 후자 그룹은 전략에 완전하게 동조하지 않고 저항할 수 있다.

어떤 경우, 비지배적 참여자가 일부 고객 및 공급업체에 더 많은 영향력을 가질 수 있다. 고객과 공급자를 세분화하는 열쇠는 당신이 구매자 또는 판매자 시장에 있는지 이해하는 것이다. 자동차 산업에서 그러하듯 한 고객을 위한 여러 공급업체가 있다면, 각 공급업체가 상대적으로 영향력을 덜 갖게 될 것이다. 공급업체가 거의 모방할 수 없는 핵심 부품을 만들면 혁신 기술에서도 흔히 그렇듯이 고객과의 영향력이 커질 것이다. 협업은 뒷부분에서 더 많이 논의된다.

# 4장 | 도구와 기법
## Tools and Techniques

4.1 거시적 및 미시적 고려사항
    4.1.1 거시경제학(Macroeconomics)
    4.1.2 미시경제학(Microeconomics)
    4.1.3 거시 및 미시경제학 정보 적용

4.2 회계와 재무보고 정보
    4.2.1 원가회계(Cost accounting)
    4.2.2 재무제표 분석(Financial statements)

4.3 전략적 분석 도구(Strategic Analysis Tools)
    4.3.1 SWOT 분석
    4.3.2 시장조사(Market Research)
    4.3.3 네트워크 모델링과 OR
    4.3.4 균형성과표(BSC, Balanced scorecard)

### 핵심주제와 학습목표

- 공급사슬 전략(supply chain strategy)을 개발할 때 거시(macro) 및 미시 경제학(microeconomic) 이론을 사용하고 분석하는 방법을 설명
- 핵심 재무 용어(financial terms) 정의
- 공급사슬 관리에 일반적으로 사용되는 주요 재무제표(financial statements) 설명
- 공급사슬 전략을 개발할 때 강점(strengths), 약점(weaknesses), 기회(opportunities) 및 위협(threats) 분석, 시장조사(market research), 네트워크 모델링(network modeling) 및 운영연구(operations research), 균형성과표(balanced scorecards) 활용 방법 탐구

## 4.1 거시적 및 미시적 고려사항(Macro- and Microeconomic Considerations)

거시적 및 미시적 경제 보고서 또는 내부 분석을 검토하면 공급사슬 관리자가 조직의 제품 및 서비스에 대한 전반적인 시장의 힘과 특정 수요 특성을 더 잘 이해하는 데 도움이 될 수 있다. 거시경제학은 경제 전체의 행동을 살펴보지만, 미시경제학은 가격과 자원 배분의 변화에 따른 주어진 개인과 기업의 행동을 연구한다.

### 4.1.1 거시경제학(Macroeconomics)

거시경제학은 다양한 시장 세력에 대응하여 전체 경제(공급 및 수요 총계)의 행동을 분석한다. 공급망 관리자는 국가 또는 권역별 또는 전세계의 경제 동향에 대한 정보를 사용하여 이것이 조직의 산업과 조직 및 공급망 전략에 미치는 영향을 추정한다.

도표 19는 전반적인 경제가 시간이 지남에 따라 국내총생산(GDP, gross domestic product) 측면에서 확장 기간과 경기 침체 기간 사이의 주기를 어떻게 통과하는지 보여준다. 각 진폭의 크기 및 지속 시간은 주기마다 크게 다를 수 있으며, 많은 주기에 걸친 경제의 전반적인 추세는 역사적으로 상향으로 경사진 형태를 보이지만 이러한 성장 추세가 반드시 보장되지는 않는다.

주기의 최고 정점(peak) 근처에서 실업률이 낮고 생산량이 최대 능력에 가깝거나 거의 다 차게 된다. 최저점(trough) 근처에서 고용과 생산량이 아주 낮다. 혁신은 경기 확장기를 촉발할 수 있고, 경제적 부족, 정치적 사건 또는 금융 불안은 경기 침체를 촉발할 수 있다.

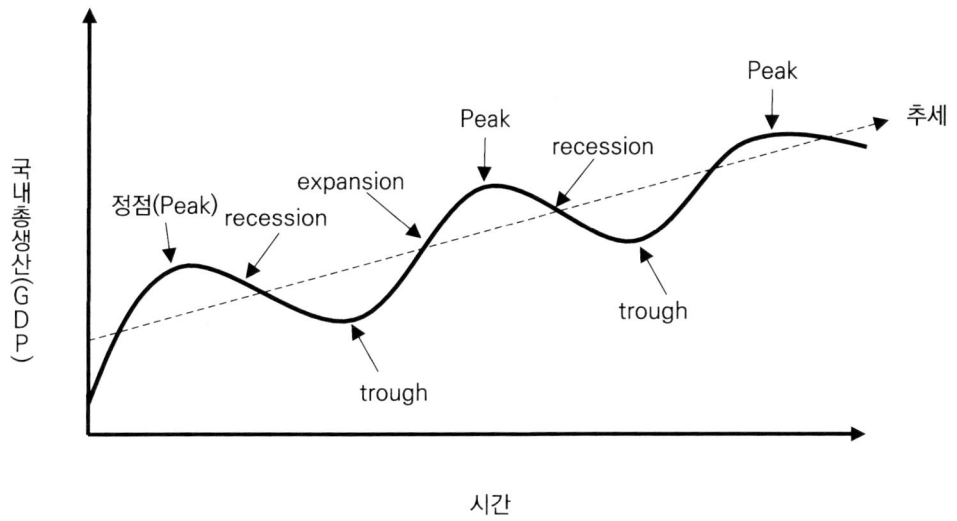

도표 19 경기주기와 장기추세(Economic Cycles and Long-Term Trend)

이러한 경기 변동은 수요와 공급에 큰 영향을 미치기 때문에 경제학자들은 원인을 파악하고 원인을 제거하거나 유지하는 방법과 공공 정책을 통해 안정성을 높이는 방법을 강구한다.

고전적인 경제 이론은 경제가 항상 경기 침체기에서 스스로를 교정한다는 자유방임주의(laissez-faire) 철학을 장려하는 것이 옳다고 주장했었다. 그러나 경제학자 존 메이너드 케인즈(John Maynard Keynes)는 대공황(Great Depression) 동안 지속된 주기적 실업률은 자유방임주의적 고전 경제 이론으로는 설명할 수 없다고 믿었다.

케인즈는 어떤 기간에 생산된 소득의 일부는 항상 저축될 것이라고 주장했다(고전 경제 이론에서는 모든 소득이 같은 기간에 소비되어 저축을 고려하지 않았다고 가정했다). 호황의 시기에 이 절약의 일부는 자본재 구매에 사용될 것이다. 그러나 미래 경제 상황이 어둡게 보였을 때 조직은 투자 지출을 포기하고 저축된 돈을 사용하지 않을 것이다. 실제로, 2008년 경기침체 기간 동안 기업들은 현금을 쌓아 두었고 자본 투자를 회피했다. 케인즈는 이것이 총지출을 불충분하게 함으로써 재고가 축적될 것이라고 이론화하였다. 그는 대공황 당시의 관측을 기반으로, 그의 모델에서는 가격이 고정되어 있다고 가정했다. 비록 이 시기에 많은 가격이 하락하지만, 이 케인즈의 모델은 여전히 유용하다. 왜냐하면 그의 이론에서, 팔리지 않은 상품에 대한 비판적 반응은 생산량 감소와 노동자의 일자리 감소이고, 이는 실제로 대공황과 2008년 경기 침체에서 관찰된 가장 크게 영향을 미친 효과였다. 노동자 해고는 경기 침체로 이어지면서 순환 실업이 광범위하게 발생할 것이다.

케인즈는 전임자들과는 달리 이런 상황이 스스로 바로잡히지 않을 것이며, 정부가 적극적으로 대응할 필요가 있다고 믿었는데, 이것이 2008년 경기침체기에 미국을 비롯한 다른 정부들이 다양한 형태의 부양책과 감세책 실시의 근거 배경이었다. 유럽 대부분에서 그랬던 것처럼 정부가 불황기에 긴축 정책으로 눈을 돌렸을 때, 이러한 행동들은 종종 고전적인 자유방임주의 경제이론에 기초하여 추진된다. 케인즈는 그와 달리 정부의 지출을 통해 불황에서 벗어나야 하며 긴축정책은 경기 침체를 연장시킬 뿐이라고 믿었다.

COVID-19 팬데믹으로 인해 전 세계적으로 극심한 경기 침체를 겪고 있는 요즈음 각국 정부들이 재정지출을 늘려서 경기를 떠받치고 있음을 잘 보고 있다.

오늘날의 경제학자들의 재정 정책은 각기 다르다. 세금과 이자율의 증가 없이 정부 지출이 증가하면 수요가 증가할 것이라고 믿는 사람들도 있다. 다른 경제학자들은 정부 지출 증가는 정부 차입 증가로 이어진다고 생각한다. 이 차입은 다른 차입자들을 "밀어내고(crowds out)" 수요를 감소시킨다는 이론이다.

이러한 이론에 대한 기본적인 이해와 현재의 정치 세력이 이들과 어떻게 조화를 이루는지에 따라 공급사슬 관리자는 현재 및 예측된 미래 경제 상황을 반영하기 위해 전략 계획을 수정할 수 있다.

## 🔗 실제 국내총생산과 가중평균 가격(Real GDP and weighted average price)

실제 국내총생산은 국가의 국가 경계와 같은 특정 경제 경계 내에서 생산된 모든 최종 재화와 서비스의 총 가치이다. 실제 국내 총생산은 같은 경제에서 판매되는 모든 제품과 서비스의 가중평균 가격에 관해 연구된다. 전체 가격이 상승하면 사람들은 더 적은 재화와 서비스를 소비할 수밖에 없다. 가격이 낮아지면 사람들은 더 많이 구매할 수 있다. 반대로, 이 효과에 반대로 작용하는 힘으로 전체 가격이 상승하면 공급업체는 더 많이 생산하기를 원한다. 가격이 낮아지면 공급업체의 생산에 대한 동기 유발이 감소하고 이에 따라 생산이 감소하고 실업 근로자가 발생한다. 이 두 가지 반대 세력은 장기적으로 균형점으로 균형을 잡는다.

경제 주기의 몇 가지 주요점에서 이러한 거시경제 힘의 영향을 살펴보겠다. 성장 기간이 끝나가는 지점에서 가중평균 가격은 사람들이 많은 재화나 서비스를 감당할 수 없는 수준까지 올라갔을 것이다. 공급은 이러한 추세에 뒤떨어지게 되고 높은 가격에 수반되는 높은 이윤을 얻기 위해 최대한 많이 생산할 것이다. 이러한 전환기 직전에 수요가 매우 높더라도, 노동력과 재료의 희소성과 사업비용 증가로 인한 수익 감소에 기초하여 경제가 생산할 수 있는 총액인 경제의 물리적 한계가 있기 때문에 공급이 무한히 늘지는 않을 것이라는 점에 유의한다. 높은 공급과 낮은 수요는 제품의 잉여 재고를 발생시켜 수익성을 더욱 떨어뜨릴 것이다. 공장 폐쇄 및 해고가 발생하여 경기 침체를 유발할 수 있다. 가중평균 가격은 내려가고 경제는 균형점을 향해 나아갈 것이지만 아마도 추는 이 지점을 넘어서 휘청거릴 것이다.

경기 침체의 끝에서 가중평균 가격은 낮아지고 수요는 높아질 것이다. 공급업체는 동기 부여가 적더라도 노동력이 풍부하고 저렴할 뿐만 아니라 생산 여부와 관계없이 비용이 많이 드는 장비 및 기타 간접비가 있기 때문에, 여전히 일정량의 상품을 생산하도록 동기 부여될 것이다. 따라서 공급이 증가하기 시작한다. 가중평균 가격이 상대적으로 낮게 유지되는 한 실질 국내 총생산이 높아지고 회복 기간이 시작된다. 이 기간 동안 총수요가 공급을 앞지르기 때문에 부족이 있을 수 있는데, 이는 가격을 높이고 경제를 균형점을 넘어서게 하는 경향을 보인다.

성장 단계의 동안, 실제 부가 늘어나게 되고 소비 지출이 많기 때문에 가격은 상대적으로 낮고 총 실제 국내 총생산은 높아질 것이다. 실제 국내 총생산은 또한 더 많은 돈이 순환함에 따라 금리가 하락하여 자본 지출이 증가하기 때문에 부분적으로 높아질 것이다. 경제가 번영하지만, 사람들이 감당할 수 있는 수준 이상으로 가격을 올리지 않으면서 균형점에 도달하게 된다. 균형점은 또한 탐구 대상이 되는 경제에 대한 완전한 고용점이 될 것이다. 완전 고용은 실업의 원천이 유일하게 마찰(frictional) 실업 또는 구조적(structural) 실업인 경우를 말한다. 마찰 실업이란 일자리를 찾는 새로운 대학생 졸업생, 혹은 이직을 통해 새로운 일자리를 찾는 등과 같은 정상적인 실업을 의미하며, 구조적 실업이란 가용 노동 구조(예: 숙련도가 더 이상 사용되지 않기 때문에 재교육이 필요한 근로자)의 구조 변화를 의미한다. 완전 고용 시 이 지역 경제의 잠재적 생산량을 장기 총 공급(aggregate supply)이라고도 한다.

## 🔗 거시경제 정보 해석(Interpreting macroeconomic information)

거시경제 정보는 한 산업 또는 한 회사의 제품에 직접 적용할 수 없다. 이는 전체 경제에서 모든 상품의 추세이다. 경제학자들은 이 정보와 기타 거시경제 정보를 어떻게 실제 사용에 적용할까?

시장 조정과 같은 거시경제 환경의 변화(예: 2008년 주택 거품이 터졌을 때 주택 가격의 조정)는 경제 모델을 사용하여 예측할 수 있는 효과가 있다. 인구 통계(예: 퇴직 연령의 성인 비율)와 같은 다른 요인도 예측 가능성에 영향을 미칠 수 있다. 일반적으로 가계의 부를 감소시키는 요소는 소비자의 지출을 줄이므로 수요를 줄인다. 세금 인상 또는 신용 가용성이 포함될 수 있다. 시장 이자율도 요인이다. 시장 이자율이 낮을 때, 기업은 자본을 투자해서 프로젝트를 시작하기 위해 차입할 동기가 생긴다. 그들은 금리가 높을 때는 이러한 투자를 회피한다.

마찬가지로 국가의 순 수출이 증가하면 총수요가 증가하고 그 반대도 마찬가지이다. 환율의 변화(평가 절하된 통화는 총수출과 수요를 증가시키는 반면, 평가 절상된 고가의 통화는 감소시킨다.) 또는 다른 국가의 국내총생산이 증가하고 지출이 더 많은 경우 수출 수준이 변경될 수 있다.

입력 요소들의 가격(예: 매출원가)이 증가하면 공급이 감소한다. 원자재가 부족해지면 공급은 줄어들지만 풍부한 재료는 공급을 증가시킨다. 마찬가지로 세금이나 규제 비용이 증가하면 공급이 줄어든다. (일부 규제 완화는 단기적으로 공급을 증가시킬 수 있지만, 사회 및 환경적 비용은 장기 비용을 증가시키고 공급을 감소시킬 수 있다고 주장한다.)

투입 요소 대비 생산성이 증가하면 모든 가격에서 실질 국내총생산 수준이 더 높아진다. (단기 총공급량을 나타내는 곡선에서 전체 곡선이 오른쪽으로 또는 더 높은 실제 실질 국내총생산 수준으로 이동한다.) 이는 새로운 기술이나 교육 수준이 높은 근로자 때문일 수 있다.

## 🔗 인플레이션과 디플레이션(Inflation and deflation)

인플레이션은 해당 지역의 일반 가격 수준이 지속적으로 상승하는 반면, 디플레이션은 가격이 지속적으로 하락하는 것이다. 인플레이션을 감지하는 한 가지 방법은 다양한 소비자 상품의 실제 가격을 견본 채취하는 소비자 물가 지수(CPI, consumer price index)를 사용하는 것이다. 인플레이션은 소비자들이 쓸 수 있는 돈은 풍부하지만, 공급이 부족할 때 발생한다. 채권자는 인플레이션에 의해 피해를 받고 채무자가 오히려 혜택을 받는다. 인플레이션은 또한, 고정 수입을 가진 소비자에게 피해를 준다.

정부 중앙은행의 주요 목적은 인플레이션을 통제하는 것이다. 디플레이션의 위험을 최소화하기 위해 작은 수준의 꾸준한 인플레이션이 바람직하지만 높은 인플레이션 또는 디플레이션은 방지해야 한다. 거시경제 관점에서 목표는 실질 국내총생산이 인플레이션 효과로 인한 것이 아닌 실질적인 성장을 원한다. 이는 단기 총 공급과 장기 총 공급이 모두 증가할 때 발생한다. 실질 국내총생산은 증가하는 동안 가격은 안정적으로 유지된다. 실질 국내총생산의 인플레이션 성장은 수요는 증가하지만, 공급은 빠르게 증가하지 않을 때 발생한다. 실질 국내총생산의 디플레이션 성장은 수요는 증가하지만, 공급이 수요보다 빠르게 증가할 때 발생한다.

## 🔗 경기침체(Recessions and depressions)

경기 침체는 2분기 연속 실질 국민총생산이 하락할 때이다. 이 기간 동안 장기 총 공급이 감소하거나 수축이 심하거나 연장되면 경기침체가 된다.

## 🔗 측정지표(Metrics)

공급사슬 관리자는 여러 국가 및 경제 지역의 거시경제 환경을 탐색해야 한다. 소비자 신뢰 지수(CCI, consumer confidence index)는 소비자 물가 지수에 대한 동향을 검토하는 것 외에도 경제에 대한 소비자의 의견과 구매 가능성에 대해 조사하기 때문에 미래 수요에 대한 주요 정보를 제공한다. 현대 경제학은 종종 비이성적인 인간 감정의 강한 영향을 설명하지만, 과거에는 순전히 합리적인 의사결정에 초점을 맞추었다. 또 다른 가치 지수는 생산자 가격 지수(PPI, producer price index)이다. 생산자 가격 지수는 국내 생산자가 상품과 서비스에 대해 받은 가격을 측정하여 경제에 대한 생산자의 의견을 표시하는 데 도움이 된다. 계약 조건 설정 방법을 결정할 때 생산자 가격 지수가 도움이 될 수도 있다. 이와 같은 지수들은 다른 국가에서는 다른 이름으로 알려져 있을 수 있으며, 일부 국가에서는 다른 국가보다 더 많은 과거 데이터를 비교할 수 있다. 수집 방법도 다를 수 있으므로 여타 국가의 측정값들이 다를 수 있지만 아마 대동소이할 것이다.

세계 각국의 정보의 근원은 공급사슬 관리자에게 매우 중요하다. 공급사슬 관리자는 여러 나라에서 사고, 파는 거래를 하기 때문이다. 예를 들어, 세계은행은 215개 세계 경제에 대한 "전 세계 거버넌스 지표(Worldwide Governance Indicators)"를 제공한다. 이 주요 성과 지표는 선거의 공정성, 법치, 부패 통제 및 기타 투명성 및 효과성 측정을 추적한다. 또한 국내총생산의 성장 추세를 추적한다.

세계은행과 국제 통화 기금(IMF) 및 세계 무역기구(WTO)와 같은 다른 출처는 국내총생산 외에 국가 총소득과 같은 경제 지표를 발표한다. 정부의 재정 잉여, 재정 적자나 부채 소비자 저축, 그리고 외국인 투자 등이다. 정부 기관은 특정 국가에 대한 측정지표를 게시한다. 민간 투자 연구 기관들도 경기 전망을 발표한다. 대기업에는 컨설턴트나 직원에 중에 사내 경제 전문가가 있을 수 있다.

위험관리 사업부가 검토 가능한 경제 보고서 및 분석 자료를 수집했을 수도 있다.

### 4.1.2 미시경제학(Microeconomics)

> 🔬 미시경제학(Microeconomics)
> 개별경제 결정권자 (개인이나 회사)의 행동 분석

미시경제학은 제품 가격 결정 구조, 고객이 가격 변동에 얼마나 민감한지(가격 변동이 수요에 미치는 영향), 비지니스 비용 추세 또는 특정 산업의 고용 수준과 같은 세부 사항에 중점을 둔다. 공급사슬 관리자는 미시 경제 이론 및 모델을 사용하여 언제 어디서 생산을 확대할 것인지, 어떤 제품 믹스를 어디에 둘지, 언제 가격을 올리거나 내릴 것인지 등을 결정할 수 있다.

#### 🔗 미시경제학 규모에서 수요와 공급(Supply and demand on a microeconomic scale)

수요의 법칙은 재화나 용역의 가격이 증가함에 따라 수요는 감소할 것이라고 명시하고 있다(모든 것이 균형을 이룬다). 수요와 공급 곡선을 표시할 때 가격이 상승함에 따라 수요는 감소한다. 이것을 수요의 탄력성이라고 한다. 수요의 탄력성은 희소성과 공개 시장에서의 가격 책정에 대한 경제적 가정에 의존한다. 희소성은 상품과 서비스의 가용성이 제한적이므로 기업과 소비자는 다른 사람보다 더 많이 원하는 상품과 서비스에 대해 선택을 할 필요가 있다. 가격 책정은 부족한 자원을 분배하기 위한 효율적인 메커니즘이다. 그것은 다른 사람들보다 더 많은 돈을 지불하기를 원하는 기업들에게 그 자원을 배분하거나 분배하는 시스템을 만든다. 이러한 선택은 기회비용을 발생시킨다. 기회비용은 선택된 재화나 용역을 우선순위로 만들기 위해 기업이 희생하는 다른 것들이다.

이것은 미시경제학의 단순화된 견해이다. 그러나 시장은 다양하며 원하는 희소 품목만큼이나 좋은 상품과 서비스가 있다. 이를 대체품이라고 한다. 대체 효과는 대체재의 가격이 서로 관련되어 있음을 나타낸다. 어떤 재화의 가격이 상승함에 따라 그 재화의 대체재 소비가 증가할 수 있다. 대체물이 존재할 때 가장 비용 효율적인 선택이 선택된다. 이를 염두에 두고 수요 법칙은 상대적으로 볼 수 있다. A 조직이 가격을 낮출지라도, 경쟁업체가 가격을 더 낮추면 소비자의 기대치가 바뀌고 A 조직의 가격이 상승한 것으로 인식된다.

수요의 법칙을 강화하는 추가적인 힘이 있다. 소득 효과는 저렴한 가격으로 인식하여 수요를 증가시킨다. 가격이 하락함에 따라 자금이 제한된 개인이나 조직은 더 많은 단위를 구입할 수 있다. 관련된 힘이 한계 효용이 감소시킨다. 즉, 소비자가 재화 또는 용역의 추가 단위를 구매할 때 구매한 각 추가 단위는 이전 단위보다 효용성이 떨어진다.

공급의 법칙은 재화나 용역의 가격이 상승함에 따라 공급도 증가할 것이라고 명시하고 있다. 더 많은 판매자가 이익을 내면서 판매할 수 있다.

가격이 높을수록 생산자에는 제품을 생산하고 판매하는데 더 많은 동기 부여가 되므로 더 많은 공급을 이용할 수 있다. 예를 들어, 미국 중부 지역의 석유 붐은 중서부 지역에서 수년간 폭발적인 성장을 일으켰다. 2015년 시장 유가가 급락했을 때 개발자들이 시추 권리를 가지고 있었음에도 불구하고 새로운 석유 개발 프로젝트의 수가 급감했다. 유가가 다시 상승하면 이 개발자들은 시추를 재개할 동기를 갖게 될 것이다.

공급과 관련된 두 가지 미시경제학 개념은 규모의 경제와 수익 감소이다. 규모의 경제는 생산이 증가함에 따라 모든 간접비와 같은 고정 비용이 더 많은 수의 단위로 분산되므로 산출 단위당 비용이 감소함을 의미한다. 그러나 일정 수준의 산출량에서도 조직은 수익이 감소하거나 규모의 비경제가 발생할 수 있다. 이는 새로운 비용이 발생하여 생산량이 증가할 때 발생하며, 이러한 새로운 비용으로 인해 추가 단위를 생산하는 것이 더 이상 가치가 없을 때까지 생산 단위당 비용이 감소하는 속도를 늦출 수 있다.

- 균형점(Equilibrium). 전체 규모의 수요와 공급이 균형을 이루는 것처럼 개별 가격도 마찬가지이다. 수요와 공급의 법칙에 따르면, 물품의 가격은 공급량과 수요량의 균형이 맞을 때까지 조정될 것이라고 명시하고 있다. 잉여(surplus)는 초과 재고를 판매하기 위해 가격 인하를 초래하는 반면, 상품의 부족(deficit)으로 인해 더 높은 가격을 요구하면 부족이 가격 상승을 초래할 것이다. 일부 상품은 다른 상품보다 균형이 빠르게 조정된다.

## 🔗 수요의 가격 탄력성(Price elasticity of demand)

가계의 부(wealth)가 증가함에 따라 일부 제품에 대한 수요가 크게 증가하고 다른 제품에 대한 수요는 줄어들 것이다. 수요의 가격 탄력성은 다양한 제품에 탄력성을 부여한다.

### 🏷️ 가격 탄력성(Price elasticity)
**제품 가격의 변화에 따른 구매자 수요의 변화 정도**

구매 수량 변화율을 가격 변화율로 나누어 계산한다. 수요가 가격 변화에 따라 변하면 가격은 탄력적인 것으로 간주된다. 가격이 변할 때 수요가 약간만 변하면 수요는 비탄력적이라고 한다. 예를 들어, 대부분의 의료 서비스에 대한 수요는 상대적으로 비탄력적이지만 자동차에 대한 수요는 일반적으로 탄력적이다.

스마트 폰과 같은 혁신적인 제품은 가격 변화에 따라 수요가 급격히 증가하거나 하락하기 때문에 탄력적이다. 달걀과 같은 주식은 가격 변화에 따라 수요가 크게 증가하거나 감소하지 않을 수 있기 때문에 비탄력적이다. 일반적으로는 다음과 같다.

- 저가 품목은 일반적으로 비탄력적이며 가격 변동의 영향이 적다.
- 필수품은 비탄력적이며 사치품은 탄력적이다.
- 일반적으로 수요는 단기적으로는 비 탄력적이고 장기적으로 탄력적이다.

공급사슬 관리자는 제품 및 서비스에 대한 가격 탄력성 계수를 조회하거나 계산할 수 있어야 한다. 가격 탄력성 계수를 계산하는 방법에는 여러 가지가 있지만 간단한 테스트는 총 수익 테스트이다. 가격을 낮추면 수요가 증가하고 더 낮은 가격으로 인한 매출 손실이 더 많은 판매 단위의 매출 증가로 초과하면 수요는 탄력적이다. 그러나 가격을 낮추고 더 낮은 가격으로 인한 수익 손실이 단위 판매 증가로 인한 수익보다 큰 경우 수요는 비탄력적이다. 1.0보다 큰 계수는 탄력적이다. 1.0 미만은 비탄력적이다. 이러한 계수는 특정 가격대에서 적용되는 경향이 있다. 그러나 더 높거나 더 낮은 가격으로, 재화나 용역은 비탄력적 상태에서 탄력적 상태로 또는 그 반대로 바뀔 수 있다.

예를 들어, 도표 20의 두 제품을 살펴보자.

| Procuct A | | | | | | |
|---|---|---|---|---|---|---|
| 가격/단위 | 마진/단위 | 수요량 | 가격 탄력성 계수 | 탄력적 여부? | 매출 | 마진 |
| $120 | $40 | 1,000 | n/a | n/a | $120,000 | $40,000 |
| $110 | $30 | 1,100 | -1.2 | 적음 | $121,000 | $33,000 |
| $100 | $20 | 1,300 | -2 | 적음 | $130,000 | $26,000 |
| $90 | $10 | 1,600 | -2.31 | 적음 | $144,000 | $16,000 |

| Procuct B | | | | | | |
|---|---|---|---|---|---|---|
| 가격/단위 | 마진/단위 | 수요량 | 가격 탄력성 계수 | 탄력적 여부? | 매출 | 마진 |
| $120 | $40 | 1,000 | n/a | n/a | $120,000 | $40,000 |
| $110 | $30 | 2,000 | -12 | 큼 | $220,000 | $60,000 |
| $100 | $20 | 4,000 | -11 | 큼 | $400,000 | $80,000 |
| $90 | $10 | 7,500 | -8.75 | 큼 | $675,000 | $75,000 |

도표 20 수요의 가격 탄력성 예(Price Elasticity of Demand Example)

두 제품 모두 단가와 단위당 마진에 대해 동일한 특성을 갖는다. 매출원가가 차감된다. 이는 가격이 내려갈수록 수익성도 떨어짐을 나타낸다. 그러나 상위 예는 아주 작게 탄력적이며(가격이 하락함에 따라 수요는 꾸준히 증가하고) 하단은 매우 탄력성이 있다 (가격이 하락함에 따라 수요는 급상승한다). 계산 시 계산에 이전 가격/단위 및 사전 수요량이 필요하므로 각 예의 첫 번째 행을 제외한 모든 계수에 대해 탄력성 계수가 계산된다. (행 5는 계산에 행 4와 5를 사용한다.)

상위 예에서, 단가 당 120달러는 가장 높은 총마진을 제공하므로 표시된 선택사항 중 최상의 선택이다. (매출을 기준으로 선택하면 오류가 발생한다) 그러나 아래 예에서 단위당 100달러의 가격이 가장 높은 총마진을 제공한다.

공급사슬 관리 관점에서 물류비용을 단위 계산 당 마진의 일부로 빼면(즉, 매출원가에 포함) 올바른 계산이다. 그러나 물류비용이 분석에서 생략되면 실제 최고 이익 가격 포인트는 상당히 다를 수 있다. 다른 가격과 수요의 경제적 균형을 분석할 때 영향을 미치는 모든 비용이 포함되어야 한다.

### 🔗 공급의 가격 탄력성(Price elasticity of supply)

공급의 가격 탄력성은 공급업체가 제품가격 변화에 얼마나 민감한지를 보여준다. 단기적으로는 공급업체가 더 낮은 가격에 제품을 계속 공급할 것이기 때문에 단기적으로는 비탄력적이지만 시간이 지나면 이들 제품에서 벗어나 수익률이 더 높은 제품을 생산하기 때문에 장기적으로는 공급이 탄력적이다.

### 🔗 한계분석(Marginal analysis)

또 다른 미시 경제 개념은 한계분석이다. 한계분석은 한계효용이 선택한 한계비용에만 중점을 둔다. 한계효용은 재화나 용역의 1단위를 추가 구매함으로써 얻는 추가적인 효용 또는 만족도이다. 한계비용은 주어진 결정을 내리기 위해 발생하는 추가 비용 또는 재화 또는 용역의 하나 이상의 제품을 생산하는 비용이다. 어떤 선택을 했는지에 관계없이 발생하는 비용은 무시된다. 한계분석의 규칙은 한계효용이 한계비용을 초과하면 현명한 경제 선택이라는 것이다.

예를 들어, 두 대도시 사이에서 한 화물의 화물을 운송하는 데 1,000달러가 소요되고 트럭이 10,000kg의 화물을 운송할 수 있는 경우 평균 비용은 1,000달러/10,000kg = 0.10달러/kg이다. 트럭에서 사용하지 않은 공간을 0.05달러/kg로 채우는 제안을 받아들여야 하나 아니면 거절해야 하나? 한계분석을 사용하면 한계비용과 이점만 고려한다. 한계비용은 증가된 중량과 차량의 사소한 추가 마모 및 소량의 추가 연료와 다른 하역 지점까지의 연료나 운전자 주행거리 및 다른 화물을 하역하는 데 소요되는 시간 등이다. 나머지 운전자 시간, 모든 보험 등은 이미 계획된 여행 비용에 포함되어 있으므로 무시된다. 여기에서 선택한 사항과 관계없이 발생하므로 이 결정의 목적상 비용이 가중된다. 이 새 화물의 한계비용이 0.02달러/kg인 경우, 추가된 0.03달러/kg은 한계 순이익이다. 제안을 수락하는 것은 합리적인 경제적 결정이다. 이러한 효용 개념은 시설이나 프로세스가 고객의 눈에 가치를 부가하는지와 같은 공급사슬 설계 결정을 추진할 수 있다.

## 4.1.3 거시 및 미시경제학 정보 적용(Applying macro- and microeconomic information)

공급사슬 관리자는 이 정보를 사용하여 환경의 파괴적인 힘이 조직의 특정 제품 및 서비스에 대한 수요 곡선에 어떤 영향을 미칠 수 있는지에 대한 의견을 형성할 수 있으며, 따라서 약점을 보완하고 강점을 활용하는 전략을 설정할 수 있다. 제품의 공급 또는 수요 곡선이 바뀌면 조직의 분석가는 제품의 새로운 평형점을 예측한 다음 시장 가격이 이 지점에 도달하면 이윤을 계산할 수 있다. 제품의 판매 가격을 알고 있으면 공급사슬 활동에 대한 비용 목표를 설정할 때 도움이 될 수 있다. 마지막으로, 한계분석을 사용하여 물류 또는 공급사슬의 다른 영역에 대한 합리적인 일일 결정을 내릴 수 있다.

## 4.2 회계와 재무 보고 정보(Accounting and Financial Reporting Information)

원가회계는 핵심 생산 원가를 다룬다. 재무제표 분석에는 이러한 비용과 다른 조직 비용이 포함된다. 조직의 회계 및 재무 보고 정보를 해석할 수 있으면 공급사슬 관리자가 조직의 재무 상태를 이해하는 데 도움이 된다.

### 4.2.1 원가회계(Cost accounting)

> 원가회계(Cost accounting)
> 사업 운영 원가 기록 및 보고와 관련된 회계 부서. 부서, 활동 및 제품별 비용 보고가 포함된다.

원가회계와 관련된 용어는 관리회계다. 원가회계는 조직의 외부 재무제표와 세무 당국에 보고될 비용을 계산하는 데 사용된다. 관리회계는 내부 관리 의사결정에 사용되며 외부 보고 또는 세금 회계 규칙을 따를 필요가 없다. 원가회계는 과거 또는 과거 전망(backward- or historical-looking)이지만 관리회계는 미래 지향적 예측(forward-looking)이다.

 조직에서 비용을 내부적으로 관리하는 방법에 대한 기본적인 이해는 공급사슬 관리자가 공급사슬에 대한 보완 비용구조를 결정하는 데 도움이 될 수 있다. 일반적인 원가회계 방법은 표준원가 계산이다.

## 표준원가(Standard costing)

### 표준원가(Standard costs)
직접 자재, 직접 노동 및 간접비를 포함한 운영, 프로세스 또는 제품의 목표 비용

### 표준원가 회계 시스템(Standard cost accounting system)
주문 또는 제품의 비용을 추정하기 위해 생산 전에 결정된 비용 단위를 사용하는 원가회계 시스템. 관리 통제 목적으로 표준을 실제 비용과 비교하고 차이를 계산한다.

표준은 조직이 기대하거나 원하는 활동 결과를 보여주기 위해 설정한 목표이다. 이들은 정기적으로 검토되고 필요에 따라 변경된다.

### 매출원가(COGS, cost of goods sold)
일정 기간 동안 판매된 제품과 관련된 직접 자재, 직접 노동 및 할당된 간접비의 양을 결정하는 데 유용한 회계 분류이다.

### 현재 가격(Current price)
표준원가와 달리 현재 지불되는 가격이다. (관련 용어는 시장 가격으로, 공개 시장의 품목에 대한 가격이다.)

### 사용 편차(Usage variance)
표준과 비교한 실제 재료 소비량의 편차

### 원가 차이(Cost variance)
원가회계에서 활동에 예산이 책정된 것과 실제 원가의 차이이다.

판매 원가의 각 요소에 대해 표준이 설정된다. 각 비용에는 표준으로 설정된 두 가지 구성 요소인 수량 및 단가가 있다.

| 원가 = | 수량 | x 요율 |
|---|---|---|
| 직접 자재비(Direct Material Cost) = | 구매된 수량(Quantity Purchased) | x 단가(Unit cost) |
| 사용된 직접자재(Direct Material Used) = | 사용된 수량(Quantity Used) | x 단가(Unit cost) |
| 직접 노무비(Direct Labor Cost) = | 표준시간(Standard Hours) | x 시간당 임율(Hourly Rate) |
| 간접비(Overhead Cost) = | 원가동인(Cost Driver) | x $\dfrac{\text{Total overhead}}{\text{Total Cost Driver}}$ |

수량(volume)은 자원의 구매 또는 사용 단위 수이며 임율(rate)은 해당 자원의 단위당 비용이다. 수량이 표준과 차이가 있는 경우는 사용량 차이이다. 단위당 비용에 차이가 있는 경우 단가 차이이다. 두 차이는 개별적으로 추적되며 그 합계는 총 차이와 같아야 한다. 차이는 양수 또는 음수일 수 있다. 음수 차이는 비용이 예상보다 클 때 발생한다. 양수 차이는 비용이 예상보다 적을 때 발생한다.

운영 자재의 수량은 구매 대상과 사용 대상 모두에 대한 표준을 가지고 있다. 이 수량은 운영 시 폐기 또는 구매 시 대량 할인 수량과 같은 요인으로 인해 다를 수 있기 때문이다.

간접비는 비용 동인(cost driver)을 기준으로 할당된다. 비용 동인은 단순히 생산된 단위와 관련된 오버헤드의 양을 근사화하는데 사용되는 작업의 측정 가능한 측면이다. 단가는 해당 기간 동안 해당 사이트의 모든 작업에 대한 예상 비용 동인을 해당 기간 동안의 총 예상 간접비로 나눈 값이다. 자주 사용되는 비용 동인은 직접적인 노동 시간이다. 예를 들어, 주어진 기간 동안:

- 30,000대를 만드는 작업에는 1,500시간의 직접 노동 시간이 필요하다고 예상된다.

- 공장의 모든 작업에는 15,000시간의 직접 노동 시간이 사용된다.

- 공장의 총간접비는 300,000달러이다.

- 간접비는 300,000달러/15,000시간 = 20달러/직접 노무시간

- 30,000단위 작업의 표준 간접비는 1,500시간 x 20 달러/시간 = 30,000달러(총간접비의 10분의 1)이다.

다음은 실제 결과에 대한 차이 계산을 보여준다.

- 30,000대 주문에 대한 실제 간접비: 1,300시간 x 시간당 21달러 (기말에만 결정된 요금) = 27,300달러

- 차이: 30,000달러 – 27,300달러 = 2,700달러. 총합이 양수 차이 발생(예상보다 적은 비용). 예상보다 낮은 노동 시간으로 인한 큰 양수 변동으로 인해 실제 간접비가 높을수록 음(-)의 차이 발생(예상보다 높은 비용)으로 구성된다.

직접 재료 및 직접 노동에 대한 표준 비용 및 차이는 실제 비용이 생산 중 또는 생산 전에 알려질 수 있다는 점을 제외하고 비슷하게 계산되고 설명된다.

표준원가 계산은 모든 원가가 확실하게 알려지기 전에 판매된 상품 원가를 추정하는 데 사용된다. 또한, 생산 중에 사용할 벤치마크 대상을 제공한다. 따라서 생산이 완료된 후 회계 처리만 하는 것이 아니라 생산 중 공정을 통제하는 방법이다. 차이가 발생할 때 감지되는 경우 프로세스 통제는 때때로 음(-)의 차이가 계속 확장되지 않도록 하거나 이후 작업에서 문제가 반복되는 것을 방지할 수 있다. 재무 결과에 영향을 미치는 기말에 깜짝 놀라는 것을 피하는 열쇠이기 때문에 관리 및 회계는 차이에 대한 높은 수준의 통제를 수행해야 한다.

그러나 표준 비용을 수정해야 하므로 차이가 발생할 수 있다. 재료, 인건비 및 간접비가 얼마나 빠르게 또는 얼마나 변동이 심한지에 따라 조직은 표준 비용을 매년, 분기 또는 심지어 매달 수정해야 할 수도 있다.

이 모듈에서 논의된 많은 개념은 표준원가 계산을 사용한다. 표준원가 계산을 사용하여 재고를 평가할 수 있다. (다른 방법도 존재하지만).

조직에서 표준원가 계산을 사용하는 경우 아래와 같은 공식을 사용하여 효율성을 계산할 수 있다.

$$효율(Efficiency) = \frac{작업의 표준 시간(Standard\,Hours\,of\,Work)}{실제로 작업한 시간(Hours\,Actually\,Worked)} \times 100\%$$

예를 들어, 100시간 동안만 작업하면서 110시간의 표준 작업 시간 동안의 작업량을 생산하였다면 그 작업장의 효율은 110%이다. 이 점에서 공급사슬 관리가 시작된다. 생산, 보관 최적화를 또는 운송 능력을 의미하든 공급사슬의 모든 주체가 시너지 효과를 얻게 되고 보다 효율적으로 운영되고 생산할 수 있도록 하는 데 사용된다.

공급사슬 관리의 효과와 효율성은 부분적으로 수익에 이바지함으로써 측정되며 재무제표 분석이 이 정보를 제공한다.

### 4.2.2 재무제표 분석(Analysis of financial statements)

재무제표는 관리자와 투자자가 조직 활동의 재무적 결과를 추적하는 데 도움이 된다.

공급사슬을 재무적 측면에서 논의할 때마다 조직의 각 부서마다 활동에 따라 고유한 우선순위가 있으며 이러한 우선순위는 서로 경쟁할 수 있다. 예를 들어, 마케팅의 주요 목표는 매출을 유지하고 늘리는 것이며 훌륭한 고객 서비스를 제공하여 이를 목표로 한다. 재무 기능은 매출 증대에도 관심이 있지만, 비용과 투자 비용을 낮추는 데 중점을 두고 있다. 생산은 달성할 수 있는 최저 운영 비용을 원한다. 이러한 상충되는 견해는 각 부서가 재무 문서 및 측정지표를 보는 방식에 영향을 줄 수 있다.

#### 🔗 회계표준(Accounting standards)

회계 기준은 재무제표 작성에 중요한 요소이다. 공급사슬 관리자는 이러한 표준의 세부적인 사항을 알 필요는 없지만 간략한 개요는 회계 표준이 충돌하는 여러 영역에서 비지니스를 수행하는 경우 여러 가지 보고 요구사항으로 인해 비용이 어떻게 증가하는지 이해하는 데 도움이 된다.

세계 대부분은 IASB(International Accounting Standards Board)에서 개발한 국제회계표준(IFRS, International Financial Reporting Standards)를 사용한다. 일부 국가에서는 이러한 표준의 사용을 요구하지 않고 미국을 포함한 일부 국가에서는 자국 국가별 표준을 사용한다.

### 국제회계표준(International Financial Reporting Standards)

> **국제회계표준(IFRS(International Financial Reporting Standards))**
> 국제 업무 전반에서 회사 계정을 이해하고 비교할 수 있도록 비지니스 업무에 사용되는 공통 글로벌 언어이다. 국제 주식 및 무역이 증가함에 따라 회계사들이 따라야 할 규칙은 회계 담당자가 내부 또는 외부 사용자에 따라 비교 가능하고 이해 가능하며 신뢰할 수 있으며 관련성 있는 계정 장부를 유지 관리하는 것이다.

2015년 시점 기준, 112개 국가가 국내외의 모든 책임 있는 조직에 IFRS를 완전히 채택했으며 다른 국가에서도 IFRS를 채택을 위해 진행 중이다. 일부 국가는 금융기관에 대해 IFRS를 요구하지만, 상장회사에는 요구하지 않으며, 어떤 국가는 요구하기보다는 허용한다.

IFRS는 원칙에 기반한 회계시스템으로, 단순한 회계와 공시 요구사항을 제시하고, 조직이 좀 더 상세한 규칙을 제시하기보다는 정해지는 원칙에 부응할 것으로 기대한다는 뜻이다. 원칙중심 회계에 찬성하는 주장은 규칙을 공포하면 허점과 예외, 해결방안을 찾을 수 있는 동기가 되지만 원칙은 이 동기를 제공하지 않는다는 것이다. 조직과 규제기관은 기업이 원칙의 "정신(spirit)" 내에서 운영되고 있는지 여부를 평가할 수 있다. 그러나 IFRS 하에서도 윤리규정을 위반이 발생하였다.

IFRS와 US GAAP 둘 다 모두 기업이 소유주, 파트너십 및 기업으로 조직할 수 있도록 하지만 무엇보다도 기업의 형태가 국가별 필수 회계 규칙의 차이뿐만 아니라 법률 및 세금 차이가 국가마다 다를 수 있는 경우에 가장 큰 장점을 가진다.

IFRS 재무제표에는 다음 내용을 포함한다. IFRS 재무제표는 미국 GAAP 재무제표와 매우 유사하기 때문에 괄호 안에 이름 차이를 명기했다.

- 기간 종료 시점의 재무상태표

- 해당 기간의 포괄 손익계산서
- 해당 기간 동안의 지분 변동 명세서(이 내용은 이 자료에 나와 있지 않은 미국 GAAP 이익 잉여금 명세서와 유사하다.) 이 표에는 구매, 보유 또는 매각된 주식을 포함한 자본의 변동을 분석한다.
- 해당 기간의 현금흐름표
- 중요한 회계 정책 등에 대한 주석 및 설명(미국 GAAP에는 이와 같은 주석도 필요하다).
- 회계 정책에 중대한 변화가 있을 경우 가능한 한 빨리 재무상태표를 수정해야 한다(미국 GAAP에는 동일한 개정 정책이 있다).

IFRS 표는 자산과 부채, 자본, 수입(미국 GAAP에서 매출이라고 함) 및 간단한 원칙 기반 정의를 사용한 비용에 대해 보고한다. 이와 대조적으로 미국 GAAP는 약간 더 복잡하고 합법적인 규칙 기반 정의를 사용한다. 주요 재무제표 구성 요소에 대한 IFRS 정의는 다음과 같다.

- 자산(assets). 과거 사건의 결과로 미래에 경제적 이익이 예상되는 기업에 의해 통제되는 자원.
- 부채(liabilities). 과거 사건으로부터 발생하는 기업의 현재의 의무. 그 해결은 경제적 이익을 구현하는 자원의 기업으로부터 유출을 초래할 것으로 예상된다.
- 자본(equity). 모든 부채를 차감한 후 기업의 자산에 대한 잔여 지분.
- 소득(income). 주주의 기여와 관련된 것 이외의 지분 증가를 초래하는 경제적 이익의 증가. 수입에는 수입(일반 활동으로 인한)과 이익이 모두 포함된다.
- 비용(cost). 경제적 이익의 감소로 자본의 감소(주주 분배와 관련된 것 제외). 비용에는 일반적인 활동의 결과가 아닌 손실이 포함된다.

## 국가별 적용 회계 규정(Country-specific accounting regulations)

미국을 포함한 여러 국가에서는 자국의 국가별 회계 규정을 사용한다.

미국에서 일반적으로 인정되는 회계 원칙(미국 GAAP)은 규칙 기반 회계를 사용한다. 즉, 회계 표준이 상세하고 구체적이다. 의도는 모든 세부 사항이 처리되도록 하는 것이다. 그러나 위에서 언급한 것처럼 이 시스템의 단점은 조직이 규칙 내에서 작동하면서 악용할 허점을 찾을 수 있다는 것이다. 이는 조직이 규칙보다 투명하지 않을 수 있음을 의미할 수 있다. IFRS 시스템과 마찬가지로, 규칙 기반 회계는 회계 스캔들에 상당한 비중을 두고 있다.

IFRS와 미국 GAAP의 광범위한 노력은 매우 유사하지만, 회계에서 허용되는 것과 허용되지 않는 것에 작은 차이가 있다. 예를 들어, 미국 GAAP에서는 재발이 예상되지 않는 공장에서의 재난이 특별 항목으로 분류될 수 있으며, 이는 이벤트의 손익이 정상적인 운영 수입 또는 비용의 일부로 분류되지 않음을 의미한다. IFRS 하에서 모든 수입과 지출은 보통의 것으로 간주한다. 특별한 항목은 없다. 중요한 비정상적인 사건의 영향은 주석(notes) 공개의 일부로 처리된다.

미국 GAAP 재무제표(주로 재무상태표, 손익계산서 및 현금흐름표)는 IFRS 재무제표와 매우 유사하다. 표는 다르지만, 보완적인 기능을 가지고 있다.

회계 표준이 상충되면 여러 가지 보고 요구사항으로 인해 비용이 증가할 수 있다. 그러나 이러한 비용은 감소하고 있다. IFRS를 사용하지 않거나 부분적으로만 채택한 대부분의 국가는 국제 표준과 표준의 수렴을 위해 노력하고 있다. 또한, 국제 표준을 국가별 표준(즉, 두 가지 표를 작성)과 조화시켜야 할 필요성이 줄어들고 있다. 예를 들어, 미국에서 더 이상 미국에서 주식을 거래하는 외국 회사가 미국 GAAP과의 회계를 조정하도록 요구하지 않는다

다음으로 각 미국 GAAP 재무제표를 자세히 살펴보고 핵심 용어를 정의하고 각 요소 간의 주요 관계에 대해 살펴보자.

## 재무상태표(Balance sheet)

> **재무상태표(Balance sheet)**
> 특정 시점에서 소유한 자원, 부채, 회사의 소유주를 나타내는 재무제표

재무상태표는 종종 재무 상태나 달력 연도의 마지막 날인 특정 시점의 재무 가치 또는 순 가치에 대한 정적인 견해이므로 회사 재무 상태의 "스냅 샷"이라고도 한다. 월 또는 분기와 같은 보고 기간이 끝날 때까지 균형을 이루어야 하는 두 가지 주요 영역, 즉 한쪽에는 자산과 다른 한쪽에는 부채와 소유주의 자본이 있다는 사실에서 이름을 얻는다.

재무상태표 회계 방정식은 다음과 같이 이 균형을 정의한다.

$$자산(Assets) = 부채(Liabilities) + 자본(Owners' Equity)$$

소유자의 자본은 단순히 자산과 부채의 차이이기 때문에 재무상태표 부분은 항상 균형을 이룬다. 조직은 소유자(예: 주주)의 투자와 다른 사람에게 빚진 금액(예: 은행 부채)을 사용하여 투자한 것보다 더 큰 수익을 창출할 것으로 예상되는 자산을 얻는다. 조직이 긍정적 또는 부정적인 수익을 창출하는 경우 소유자의 지분은 증가하거나 감소할 수 있다. 재무상태표는 매년 자산, 부채나 소유자 자본의 증가 또는 감소를 보여준다.

도표 21은 상장회사의 재무상태표 본보기를 보여준다.

재무상태표의 한 가지 목적은 해당 연도에 조직의 소유주 지분 증가 또는 감소 여부를 보여주는 것이다. 이것은 현재 연도의 금액을 전년도의 금액과 비교하여 수행된다. 도표 21에서 2020년 소유자 소유주 규모는 신규 소유자 투자가 아닌 재투자 된 수익에 근거하여 2019년부터 증가했다. (주식과 추가 납입 자본은 변하지 않았다.)

재무상태표에 제시된 재고 가치는 내부 통제 목적으로 공급사슬 관리자가 사용한 재고 가치와 일치하지 않을 수 있다. 회계 규칙을 통해 외부 재무 보고 목적으로 재고를 제시하는 방법에는 여러 가지가 있기 때문이다.

### 재고평가(Inventory valuation)

비용 또는 시장 가치에 따른 재고 가치. 재고 가치는 시간에 따라 변할 수 있기 때문에 재고의 연령 분포를 인식한다. 따라서 재고 원가는 일반적으로 FIFO, LIFO 또는 표준원가를 기준으로 계산하여 판매된 제품 원가를 설정한다.

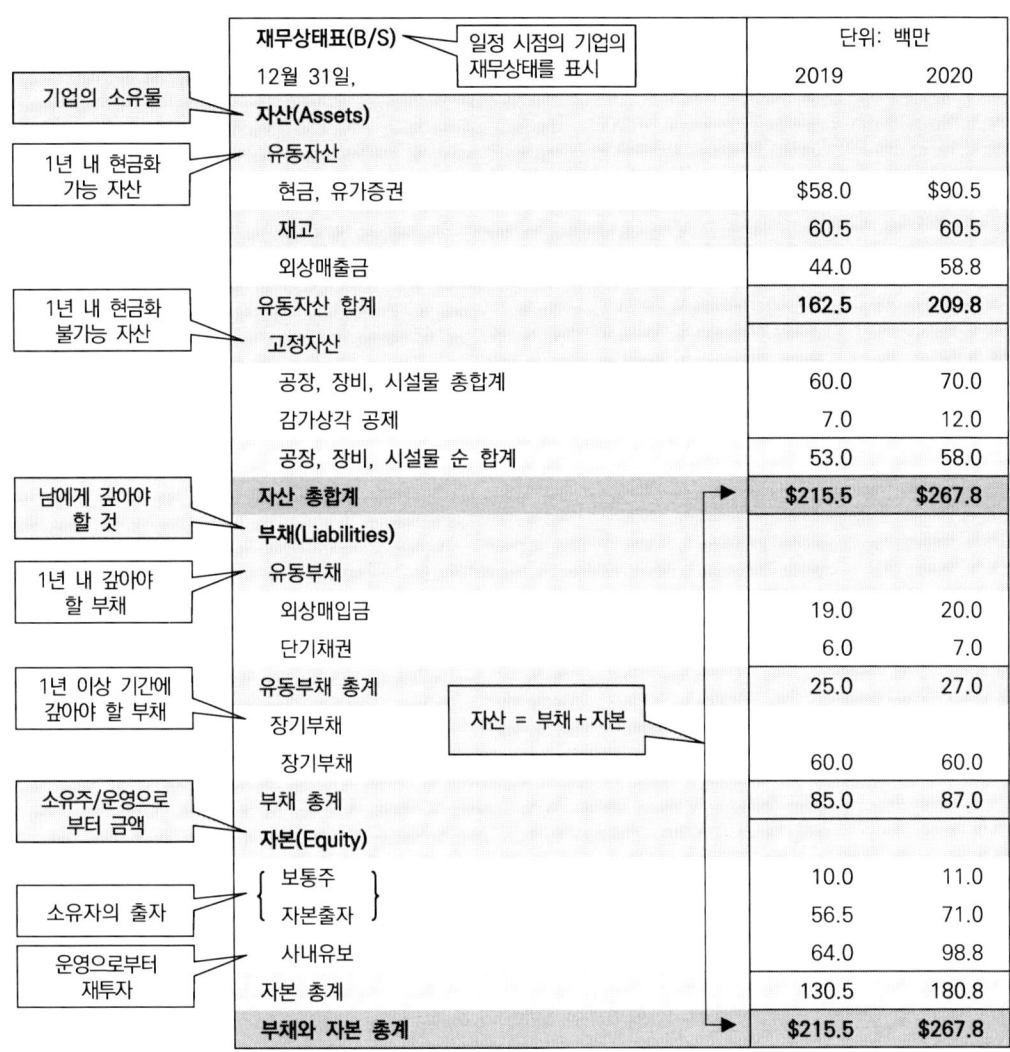

도표 21 재무상태표(Balance Sheet) 견본

FIFO는 선입 선출을 의미하며, LIFO는 후입 선출을 의미하며, 각각은 판매 시 가장 오래된 제품이 판매될 때 가장 먼저 판매되는 것으로 간주하는지 또는 최신 재고가 먼저 판매되는 것으로 간주하는지를 나타낸다. 재고 평가에 일반적으로 사용되는 방법은 모든 항목의 비용을 합산하고 평균을 구하는 평균 원가 계산이다.

재고 평가 방법을 선택하면 조직은 이해관계자가 다른 기간의 결과를 비교할 수 있도록 수년간 동일하게 유지해야 한다. 선택된 회계 방법은 실제 물리적인 재고 이동 정책과 관련이 없을 수 있다.

IFRS는 LIFO 사용을 금지한다.

재무상태표의 재고와 손익 계산서의 재산은 진부화에 의해 영향을 받을 수 있다.

> **진부화(Obsolescence)**
> 1) 기한이 지난 상태. 비 경쟁적 상태의 오래된 시설물을 대체하는 새로운 개발에 의해 야기된 가치의 손실. 감가상각의 요인.
> 2) 새롭고 보다 경제적인 방법, 프로세스 또는 기계의 개발로 인한 자산 가치의 감소.
> 3) 보다 경제적인 제품, 방법 또는 시설의 출현으로 인한 제품 또는 시설의 유용성 또는 가치 상실.

재고가 더 이상 사용되지 않는 경우 재고를 할인된 가격으로 판매하거나 재무제표에서 제거해야 한다. 공장이나 장비가 시간이 지남에 따라 폐기됨에 따라 아래에서 설명하는 것처럼 감가상각이 발생한다.

재무상태표는 공급사슬 활동의 성공을 측정하기 위해 부분적으로 사용되는 여러 재무 측정의 소스로 사용될 수도 있다. 예를 들어 재무상태표에는 채권 및 채무 계정이 나열된다.

> **외상매출금/미수금 계정(Accounts receivable)**
> 아직 지불받지 않은 고객에게 판매된 상품 또는 서비스의 가치. 일반적으로 불량 부채에 대한 수당이 포함된다.

> **미지급금(Accounts payable)**
> 아직 지불하지 않은 상품 및 서비스의 가치

이 두 재무상태표 금액은 현금-현금 주기 시간(cash-to-cash cycle time)을 계산하는 데 사용되며, 이는 공급사슬 관리에 조직의 운영 자본이 투자된 일(days) 수를 측정한다.

> **순 운전자본(Net working capital)**
> 기업의 유동자산에서 유동부채를 뺀 금액

운영 자본은 공급사슬에 중요하다. 왜냐하면, 조직이 정상적인 운영에 쉽게 투자할 수 있는 자금이기 때문이다.

## 포괄 손익계산서(Income statement)

> **포괄 손익 계산서(Income statement)**
> 지정된 기간 동안 비지니스의 순이익을 보여주는 재무제표

재무상태표와 달리, 포괄 손익계산서는 누적적이고 역동적이다. 즉, 이 계산서는 정적 스냅 샷이 아닌 1분기 또는 1년과 같은 일정 기간 동안의 동적인 비지니스 결과를 포함한다. 손익 계산서에는 회사가 일정 기간 동안 이익이 났는지 손해가 났는지를 관리자, 투자자나 채권자에게 보여준다.

포괄 손익계산서의 공식은 다음과 같다.

$$이익(Income) = 매출(Revenues) - 비용(Expenses)$$

포괄 손익계산서에 사용되는 아래와 같은 주요 용어들은 공급사슬의 효과성(effectiveness)과 효율(efficiency)에 영향을 받을 수 있다.

> **이익율(Profit margin)**
> 판매된 제품의 판매와 비용의 차이… 때때로 판매의 백분율로 표시된다.

> **총 [이익] 마진(Gross [profit] margin)**
> 총 수익과 판매된 제품 비용의 차이

### 💡 순이익(Net profit)
판매된 제품 비용뿐만 아니라 모든 비용을 수입에서 공제함으로써 계산된다.

도표 22는 포괄 손익계산서 견본을 보여준다.

| 포괄 손익계산서<br>회계연도 말 (일정기간 동안의 이익이나 손실) | 단위: 백만 | |
|---|---|---|
| | 2019 | 2020 |
| 매출액 | $276.9 | $302.6 |
|   직접 자재비(DM) | 37.6 | 38.3 |
|   직접 노무비(DL) | 99.7 | 101.5 |
|   공장 간접비 | 26.1 | 26.6 |
| 차감: 매출원가(COGS) | 163.4 | 166.4 |
| 총이익(GP) | 113.5 | 136.2 |
| 차감: 운영비용 | | |
|   판매비 | 24.9 | 30.3 |
|   일반관리비 | 22.2 | 27.2 |
|   임대료 | 8.3 | 12.1 |
| 차감: 총 운영비용 | 55.4 | 69.6 |
| 차감: 감가상각비 | 4.0 | 4.6 |
| 차감: 이자비용 | 3.9 | 3.9 |
| 세전 순이익 | 50.3 | 58.1 |
| 차감: 소득세 | 14.1 | 16.3 |
| 당기순이익 (바텀라인 bottom line) | $36.2 | $41.8 |
| 당기순이익율 | 13% | 14% |
| 주당 순이익 | $3.78 | $3.95 |

주석:
- 매출을 일으키는 제품/서비스에 들어간 비용
- 매출액-COGS = 총이익
- 사업을 영위하며 판매된 구체적 제품 단위에 대해 발생하는 일반비용
- 고정자산에 대한 상각
- 부채에 지급
- 이익에 대한 세금
- 총이익-운영비용 − 감가상각비 − 이자비용 − 소득세 = 당기순이익

도표 22 포괄 손익계산서 견본(Sample Income Statement)

공급사슬 관리자는 포괄 손익계산서를 사용하여 공급사슬 비용이 순이익에 미치는 영향을 확인할 수 있다. 예를 들어, 제조 조직의 경우, 명세서에 나열된 직접 자재 비용은 주로 원자재 비용으로 구성되므로 이러한 유형의 재고를 줄이면 전체 비용이 감소하고 직접 수익이 증가하며 재무상태표의 소유자 지분이 증가할 수 있다. 재고와 관련하여 재무제표의 사용에 대한 논의는 재고에 대한 뒷부분에서 계속된다.

판매 보너스 또는 일반관리 비용(판매된 특정 단위에 연결할 수 없는 모든 비용)과 같은 운영 비용은 발생 기간에 지출되어야 하므로 기간 비용(period costs)이라고 한다. 원가를 제품 비용이라고 한다. 제품 원가는 초기에 큰 비용이 발생할 수 있더라도 판매 단위로 계산된다.

포괄 손익계산서의 중요성에 대한 최종 개념은 일치한다. 매칭은 발생한 수익과 관련 수익 및 비용을 함께 보고하는 것을 말한다. 예를 들어, 판매를 위해 발생한 판매 비용은 판매 기간에 적용되어야 한다. 그렇지 않은 경우 회계사는 기간 차이를 설명하기 위해 발생(accruals)이라는 조정을 사용한다.

도표에서 맨 아래쪽에 있는 '바텀라인(bottom line)'이라는 문구를 주목한다. 손익계산서 하단에 당기손익이 표시되는 선을 말한다. 또한, 앞서 소개된 3대 경영의 축(TBL, triple bottom line)에서 경제적 관점은 이 재무적 바텀라인을 지칭하는 것이라는 점에 유의하기를 바란다.

## 현금흐름표(Statement of cash flows)

### 현금흐름표(Statement of cash flows)
현금 흐름 및 조직이나 프로젝트의 출입 시간(주어진 기간 동안)을 나타내는 재무제표

현금 흐름표는 회사의 현금 흐름의 출처와 이러한 현금 흐름의 사용 방법을 보여준다. 현금 흐름표에는 현금 흐름의 세 가지 부문인 운영(operating), 투자(investing) 및 재무(financing) 등에 따른 현금의 들어오고 나감이 있다.

현금 흐름표를 계산하는 가장 보편적인 방법을 간접 방법(indirect method)이라고 한다. 간접적인 방법으로, 영업활동 부문에는 손익계산서의 순이익(도표 23에서 세후 순이익이라 함)이 표시되고, 그 기간 동안 총순이익이 모든 사업 활동의 현금 영향으로 전환되는 데 필요한 조정이 다수 나타나게 된다.

### 현금 흐름(Cash flow)
제안된 프로젝트 [조직]에 들어오고 나가는 현금의 순 흐름. 그것은 모든 현금 수취, 지출 및 투자의 계산이다.

일부 조직은 현금 흐름이 순이익보다 재무 상태의 더 나은 장기 지표라고 생각한다.

현금 흐름표의 목적은 대출 기관, 투자자나 채권자에게 조직이 부채, 청구서 및 배당금을 소유자에게 지불하기에 충분한 현금이 있는지 여부를 보여주는 데 있다.

손익 계산서의 세후 순이익은 현금 흐름과 동일하지 않지만 현금 흐름표의 시작점이 된다. 이 명세서는 특정 계정에서 증가 또는 감소하여 이 금액을 조정하여 해당 기간 동안 현금 잔고가 증가했는지 감소했는지를 보여준다.

현금 흐름표를 읽고 이해하는 것이 중요하다.

- 현금 흐름을 계속 유지하려면 공급사슬 전문가는 회사의 재고 수준과 비용을 효율적으로 관리하면서 고객 만족도를 유지하고 향상시켜야 한다.
- 회사가 대출 기관, 투자자 및 정부(세금)에 대한 최소 의무를 이행하기에 충분한 현금을 창출하고 있는지 보여준다.
- 추가 현금 창출은 부채 상환, 추가 자산 구입 또는 신제품 투자에 사용될 수 있다.

이 정보는 조직의 현금 위치를 예측할 때 현금 예산과 함께 사용하는 재무 관리자에게 특히 유용한다.

도표 23은 간접적 방법을 사용한 현금 흐름의 견본 명세서를 보여준다. 현금 흐름표에 다시 추가된 감가상각액에 유의하기를 바란다. 감가상각은 시간이 지남에 따른 마모를 설명하기 위해 손익 계산서에서 자산, 공장 및 장비와 같은 고정자산의 가치를 미리 정해진 증분만큼씩 감소시키는 것이다. 이는 고정자산에 대한 투자를 상쇄할 수 있는 세금 혜택을 조직에 제공한다. 그러나 감가상각은 자산의 수명 기간 동안 자산을 사용하는 비용으로 손익 계산서에 계산되어 지출되지만, 이 비용은 현금 유출이 없는 비용이다. 감가상각은 손익 계산서의 순이익을 감소시키지만, 실제 현금 수준은 감소시키지 않기 때문에 실제 현금 흐름을 결정하기 위해 현금 흐름표에 감가상각에 해당하는 금액만큼 다시 추가된다. 이러한 이유로 감가상각을 현금 유출이 없는 비용이라고 말한다.

| 현금흐름표 | | 단위: 백만 |
|---|---|---|
| 년도 | 2019 | 2020 |
| **운영 활동** | | |
| 세후 순이익 | $36.2 | $41.8 |
| 현금지출 없는 감가상각 | 4.0 | 4.6 |
| 재고(증가)/감소 | (8.6) | 0.5 |
| 외상매출금(증가)/감소 | (4.1) | (4.1) |
| 외상매입금 증가/(감소) | 1.8 | 0.4 |
| **운영 활동으로 인한 현금흐름** | **29.3** | **43.2** |
| **투자 활동** | | |
| 자본지출 | (10.0) | (10.0) |
| 운영 활동과 투자 활동으로 인한 현금흐름 | 19.3 | 33.2 |
| **재무 활동** | | |
| 추가적인 자본 | 7.0 | 13.0 |
| 지급된 배당 차감 | (5.0) | (7.5) |
| 장기부채 증가/(감소) | – | – |
| 단기부채 증가/(감소) | (1.5) | 1.5 |
| 운영 활동, 투자 활동, 재무활동을 인한 현금 | 19.8 | 40.2 |
| 기초 현금잔액 | 36.5 | 56.3 |
| **기말 현금잔액** | **$56.3** | **$96.5** |

주석 (도표 좌측):
- 우량회사는 매년 영업 활동으로부터 양(+)의 현금 흐름이 있음
- 손익계산서에서 비용처리된 감가상각은 실제로는 현금지출이 없음 (Add back)
- 재고 증가나 외상매출금 증가는 현금 감소
- 외상매입금 증가는 현금 증가
- 사업 투자는 현금 감소
- 신규 부채 혹은 자본 증가
- 순이익 +/-
  변경(△) 운영
  +/-△ 투자
  +/-△ 재무
  + 기초 현금
  = 기말 현금

도표 33 현금흐름표 견본(Sample Statement of Cash Flows)

## 4.3 전략적 분석 도구(Strategic Analysis Tools)

전략적 분석에 사용할 수 있는 도구로는 SWOT 분석, 시장조사, 네트워크 모델링 및 운영연구 및 균형 성과표가 있다.

## 4.3.1 SWOT(Strengths, Weaknesses, Opportunities, and Threats) 분석

SWOT는 강점, 약점, 기회 및 위협을 나타낸다. 도표 24에서 볼 수 있듯이, SWOT 분석은 일반적으로 내부(internal) 대 외부(external) 초점과 긍정적(positive) 대 부정적(negative)의 점을 구분하는 사분면 형태이다.

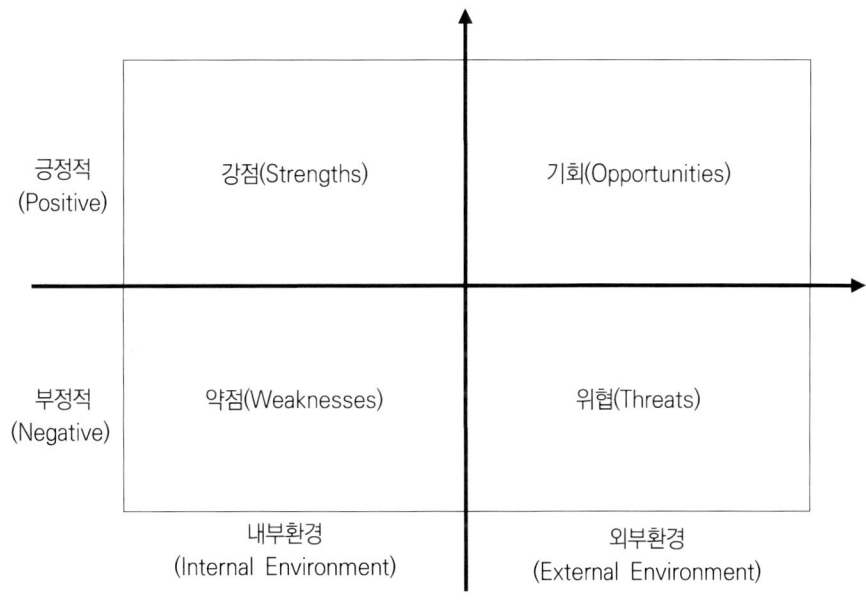

도표 24 SWOT 분석(SWOT Analysis)

이들 각각은 어떻게 결정될까?

- 내부 강점과 약점은 일반적으로 조직에 대해 수집된 포괄적인 데이터에서 파생된다. 여기에는 기능 부서별 기술 세트, 전문 개발 및 교육 활동, 시설, 회사의 평판 또는 지역 사회에서의 입지 등에 대한 정보가 포함될 수 있다.

- 외부 기회 및 위협은 시장 동향 및 위험 분석을 기반으로 한다. 외부 힘에 대한 데이터를 수집하려면 주변 환경 탐색이 필요할 수 있다. 여기에는 시장 세력에 대한 외부 자료수집 및 분석이 포함된다. 인구 통계학적 변화; 변화하는 고객 요구; 경쟁사 가격 및 제안; 현재와 떠오르는 신기술; 새로운 세금, 법률 및 규정; 사회적, 정치적, 경제적 조건 등

조직이 목표 달성을 향해 나아가도록 돕기 위해 기회를 활용할 수 있다. 그러나 이러한 기회가 무시되거나 부적절하게 수립될 경우 위협으로 변할 수 있다.(IBM처럼, 빌 게이츠가 "소프트웨어 비즈니스"에 있지 않았기 때문에 그의 디스크 운영 체제[DOS]를 판매할 수 있는 허가를 내주었던 것) 기타 기회는 경쟁업체의 활동이나 제품 또는 새로운 시장 또는 환경 검색 중에 보이는 다른 데이터에서 발생할 수 있다

위협은 적절하게 처리하지 않으면 회사에 부정적인 영향을 줄 수 있는 위험으로 정의된다. 외부 위험에는 2011년 일본 지진 및 쓰나미와 같은 생산성, 이익 또는 시장점유율을 감소시킬 수 있는 조직이 통제할 수 없는 예기치 않은 사건이 포함되어 전 세계 여러 다국적 기업의 손실을 초래했다. 물론 과도한 지리적 확장 또는 과도한 아웃소싱과 같은 회사의 행동으로 인해 발생하는 내부 위협이 있을 수 있다

이 귀중한 정보는 시장 계획이라는 서면 문서로 제공된다.

## 4.3.2 시장조사(Market research)

적절한 장소와 시간에 적절한 가격으로 적절한 제품을 제공한다는 궁극적인 목표를 달성할 수 있는 공급사슬을 설계하려면 시장을 이해하는 것이 중요하다.

전략적 경영계획은 재무, 엔지니어링, 마케팅 및 생산과 같은 몇 가지 중요한 기능 부문을 추진한다. 이러한 기능은 전반적인 경쟁전략을 수립하는 데도 도움이 된다. 여기서는 마케팅 기능과 그것이 시장에 대한 기본 정보를 제공하는 방법에 중점을 둘 것이다. 시장, 고객, 경쟁사 및 제품을 알면 장기 목표를 달성하기 위해 공급사슬을 설계하는 방법에 큰 영향을 줄 수 있다.

시장조사는 고객 설문 조사, 인터뷰, 포커스 그룹, 직접 우편(DM) 설문지, 방문자 피드백 기회를 제공하는 웹사이트 및 연구 회사가 판매 한 시장 보고서와 같은 다양한 정보 수집 도구를 통해 수

행할 수 있다. 물론 내부 마케팅 부서 직원도 잠재적 시장, 제품 등에 관한 연구를 수행할 수 있다. SWOT 분석은 일반적으로 이 목적으로 사용된다.

마케팅 기능은 전략적 경영계획을 기반으로 전략적 지향적 계획을 수립한다. 다시 한번, 이 계획은 정렬되어 일치해야 하며 계획 간에 일관성이 있어야 한다.

도표 25에서 볼 수 있듯이 마케팅 전략은 여러 가지 핵심 요소를 기반으로 한다.

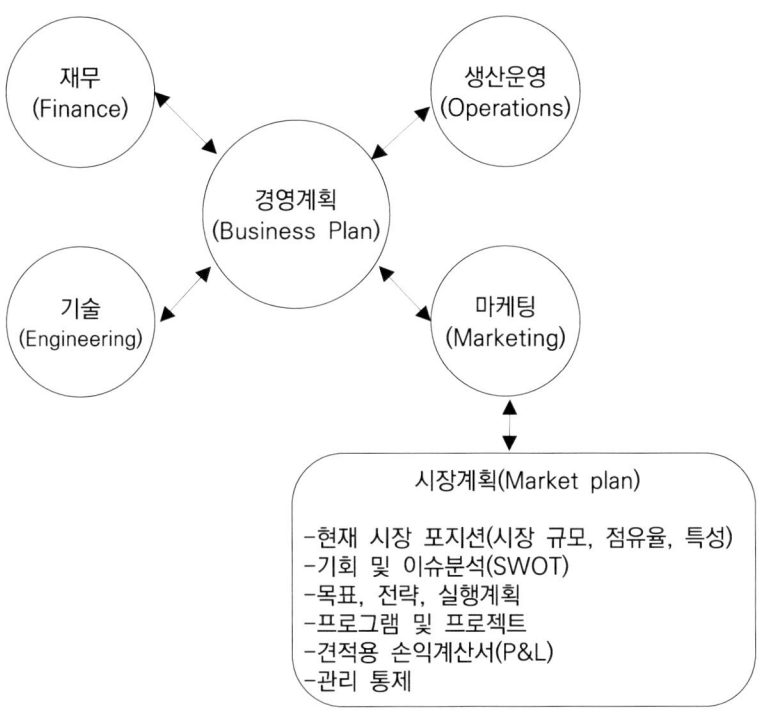

도표 25 마케팅 전략과 계획(Marketing Strategy and Plan)

## 🔗 연구조사(Research)

마케팅은 마케팅 조사를 통해 시장을 이해하기 위한 노력을 시작한다. 시장조사라고도 하며 공정한 대행사, 비지니스 회사, 시장조사 대리인 또는 내부 마케팅 직원이 수행할 수 있다.

> 💡 **마케팅 조사(Marketing research)**
> 상품 및 서비스 마케팅과 관련된 문제에 대한 데이터의 체계적인 수집, 기록 및 분석

마케팅 조사에는 여러 가지 유형이 있다.

- 시장 분석(market analysis): 시장의 규모, 위치, 성격 및 특성에 관한 연구(예: 제품 잠재력). 시장 세분화에 대한 자세한 내용은 이후 장에 포함되어 있다

- 판매 분석(sales analysis): 판매(또는 소비) 데이터와 시장점유율의 체계적인 연구 및 비교. 회사 또는 제품이 달성한 현재 시장 수요의 실제 부분.

- 소비자 조사(consumer research): 소비자 태도, 반응 및 선호도(동기 조사 포함)의 발견 및 분석.

## 시장 계획 구성요소(Market plan components)

### 시장계획(Market plan)
현재 시장 포지션, 기회 및 이슈 분석[SWOT 결과], 마케팅 목표 및 전략, 실행 계획, 프로그램, 프로젝트, 예산, 견적용(pro forma) 손익계산서 및 관리 통제.

현재 시장 위치 정보에는 수요 패턴, 제품 및 가격, 고객 만족도 및 파트너, 유통업체 및 소매업체와의 서비스 수준 계약에 대한 데이터 및 결과가 포함될 수 있다. 견적용(pro forma)은 계획 자료가 과거 정보가 아닌 예측된 정보를 기반으로 함을 의미한다.

공급사슬을 설계할 때는 시장계획을 신중하게 고려해야 한다. 예를 들어, 시장계획에서 유럽이 제품 X에 대한 주요 수요처가 될 것으로 보이면 비교적 높은 인건비에도 불구하고 중국 대신 네덜란드에서 해당 제품을 조립하는 것이 합리적일 수 있다. 유럽에서 제품을 조립하면 완제품 수입보다 수입 관세가 훨씬 낮아질 수 있다. 예를 들어, 테슬라(Tesla)는 네덜란드 틸뷔르흐(Tilburg)에서 배터리 구동 자동차를 조립한다. 부품의 운송량은 완제품의 운송량보다 훨씬 적을 수 있으므로 지연된(postponed) 조립은 운송 비용을 절감할 수 있다.

또한, 시장 요인은 시간이 지남에 따라 진화할 수 있으며, 그러한 경우 공급사슬과 조직의 설계를 수정해야 할 수도 있음을 명심해야 한다.

### 4.3.3 네트워크 모델링과 OR(Network modeling and operations research)

네트워크 모델링 및 운영연구(OR)는 공급사슬에 대한 가장 효율적이고 효과적이거나 최적의 전략 계획 및 네트워크 설계를 찾는 데 사용할 수 있는 도구이다. 실제로 네트워크 모델링을 네트워크 설계라고 한다. 우리는 이 논의를 전문 분석가가 공급사슬 관리자를 위한 공급사슬의 수학적 모델을 만드는 네트워크 설계의 하위 집합으로 제한할 것이다.

좋은 모델은 필요한 모든 복잡성에서 공급사슬을 대표해야 하지만, 필요 이상으로 복잡해서는 안 된다. 불필요하게 복잡하고 오류가 발생하기 쉬운 모델은 피하는 것이 좋다. 이는 공급사슬 자체가 아니라 공급사슬을 나타내므로 의사결정자가 신뢰할 수 있는 선택사항 중에서 선택하는 데 도움을 줄 수 있을 정도만큼만 복잡하면 된다.

수학적 모델에는 입력, 프로세스 및 출력 3단계로 이루어진다. 시설의 위치, 시설 수, 기능, 비용 및 관련 운송 비용 등을 고려하여 모델의 입력 매개 변수를 조정할 수 있다. 모델에는 입력을 출력으로 자동 변환하는 프로세스(수학적 관계 및 수식)가 있다. 결과는 총 네트워크 비용뿐만 아니라 모델 개발자가 포함하는 전략과 관련된 기타 주요 성능 지표를 나타낸다. 이러한 모델은 엑셀과 같은 스프레드시트에서 개발되지만 보다 정교한 모델링 도구도 있다. 이러한 모델을 개발, 확인 및 검증하려면 모델링 전문 지식이 필요하다. 모델 오류는 쉽게 발생할 수 있으며 잘못된 출력을 기반으로 잘못된 결정을 내릴 위험이 있다.

> **운영연구(OR, operations research)**
> 1) 문제 해결을 위한 정량적 기법의 개발 및 적용. 보다 구체적으로, 수학, 통계 및 컴퓨팅의 이론 및 방법론은 의사결정 문제의 식별, 공식화, 솔루션, 검증, 구현 및 통제에 적용 및 적용된다.
> 2) 공공 및 민간 조직의 경영진이 직면한 문제 해결에 대한 정량 분석의 개발 및 적용에 관한 학문 분야.

운영연구(OR)는 일반적으로 최소(예: 최소 비용 또는 위험) 또는 최대(예: 최대 이익, 수율 또는 성능)를 찾는 것과 관련이 있다. 해결해야 할 문제는 매우 복잡하기 때문에 컴퓨터 과학과 밀접한 관련이 있다.

네트워크 모델링으로 개발된 수학적 모델은 운영연구를 사용하여 최적의 네트워크 설계를 해결한다. 네트워크 모델링 및 운영연구는 국제 공급사슬에 고려해야 할 복잡성이 너무 많기 때문에 공급사슬 관리에 매우 적합하다. 이러한 과학을 활용함으로써 얻을 수 있는 이점은 의사결정자가 비싼 자본 투자와 관련하여 선택하는 것이 장기적으로 현명하다는 확신을 갖게 되는 것이다.

운영연구는 여러 도구를 사용하여 공급업체, 제조 및 조립 시설, 창고 및 유통센터 및 소매점의 최상의 수와 위치를 찾는다. 최상의 솔루션은 공급사슬 전략에 달려 있다. 일부 네트워크는 총 공급사슬 비용을 최소화하는 반면, 다른 네트워크는 네트워크를 통해 가장 유연하고 품질이 우수하거나 가장 빠른 제품 흐름 측면에서 최고의 가치를 제공한다. 현행 모범사례는 공급사슬이 환경의 빈번한 변화에 탄력적이고 조직 이익의 최대 잠재력을 제공할 수 있도록 유연성을 최대화하면서 비용을 최소화하는 솔루션을 찾는 것을 장려한다.

운영연구는 수학적 모델링, 통계 분석, 시뮬레이션 및 최적화, 경제적 방법, 대기열 이론, 전문가 시스템, 의사결정 분석 및 기타 도구에 의존한다. 이러한 도구를 설명하는 것은 이 교재의 범위를 벗어나지만, 일반적인 방법의 하나인 몬테카를로(Monte Carlo) 시뮬레이션을 간단히 살펴보자. 몬테카를로 시뮬레이션은 사용 가능한 범위 내에서 각 변수를 무작위로 추출하고 수천 개의 시뮬레이션을 실행한 다음 평균 및 최소 및 최대와 같은 다른 통계를 요약하는 통계를 생성한다. 이 경우 최적의 솔루션은 이러한 모델의 특이값 즉 탁월한 결과를 생성하는 시나리오에 있다.

### 4.3.4 균형성과표(BSC, Balanced scorecard)

측정 기준은 점수를 유지하는 방법을 제공하므로 누군가가 비지니스 관련 점수 카드를 만드는 것이 필요하다. 만약 당신의 목표가 정시 주문 충족 비율을 93%에서 98%로 향상시키는 것이라면, 당신은 그 자체의 규칙과 궁극적인 목표를 가지고 경쟁을 하는 것이다. 1992년 케플란(Robert S. Kaplan)과 노턴(David Norton)이 균형성과표(BSC, balanced scorecard)를 처음 소개했다. 처음에는 관리자에게 비지니스 성과에 대한 포괄적인 관점을 제공하도록 설계되었으며, 이후 공급사슬 성과의 설계 및 측정에 적용되었다.

균형 성과표와 이후 장에서 사용되는 방법에 대해 자세히 알아본다.

# 2부

## 공급사슬 설계
Design the Supply Chain

제2부에서는 시장조사, 재무 모델링 및 제품 수명주기 단계의 이해를 바탕으로 고객 및 비지니스 요구사항의 감각을 개발함으로써 공급사슬 설계를 탐구한다. 전략적 목표에 맞게 제품을 디자인하는 것이 이상적이므로 다양한 제품설계 초점 전략을 다룬다. 모든 좋은 공급사슬 설계는 공급사슬 정보기술과 적절한 데이터 획득 및 관리 방법을 사용하여 가치를 제공할 뿐만 아니라 공급사슬 파트너와의 협업도 할 필요가 있다. 또한, 여기서는 의사소통 및 프로젝트 관리의 기본 원리에 대한 입문 내용을 다루며, 공급사슬의 현재 상태(as-is)와 미래 상태(to-be) 사이의 격차를 해소하기 위해 개선이 필요한 사항들을 파악한다.

일단 공급사슬이 조직전략을 활성화하고 보완하기 위한 승인된 전략을 수립하였다면, 이제는 구체적인 내용을 파악해야 할 시점이다. 네트워크 설계는 공급사슬의 모든 세부 사항에 대해 시설의 위치와 개수뿐 아니라 제품을 어떻게 설계하여 조직전략을 쉽게 할 것인지, 정보 시스템이 네트워크를 어떻게 투명하게 만들 것인지를 지정하는 것이다.

## 🔗 공급사슬 설계 프로세스(Processes for designing the supply chain)

공급사슬 관리자가 공급사슬 설계와 관련하여 수행할 수 있어야 하는 핵심 프로세스는 다음과 같다.

- 고객 및 비지니스 요구사항 파악
- 현재 및 미래 상태 파악
- 현재 상태와 미래 상태 사이의 격차 분석 수행
- 격차를 해소하기 위한 실행 계획 수립

다음은 이러한 프로세스에 대한 일반적인 개요다. 이러한 프로세스를 계획하고 실행하는 데 필요한 정보는 이번 장에 제시되어 있다.

## 🔗 고객 및 비지니스 요구사항 파악(Identifying customer and business requirements)

고객 및 비지니스 요구사항을 식별하는 프로세스에는 다음 단계가 포함된다.

- 고객 및 비지니스 요구사항에 대한 조직 및 공급사슬 전략 연구
- 이해당사자가 요구하는 대응성 및 효율성의 수준 명확화
- 시장조사 수행
- 고객의 제품 또는 서비스 요구사항에 대한 정보 수집
- 제품의 수명주기 동안 고객 및 비지니스 요구사항이 어떻게 변화하는지 이해
- 고객 및 비지니스 요구사항을 파악하여 역물류 또는 전문 공급사슬 개발이 필요한 시기 파악
- 공급사슬 파트너와의 협업을 통해 비지니스 요구사항이 충족되어야 하는 시기 결정
- 내부 및 파트너 간 기술, 데이터 및 커뮤니케이션 채널에 대한 비지니스 요구사항 결정

## 🔗 현재 및 미래 상태 식별(Identifying the current and future states)

현재와 미래의 상태를 확인하는 과정에는 다음 단계가 포함된다.
- 현재까지의 여러 기간 동안의 과거 자료수집
    - 위치 및 운송 중 실제 재고 수준
    - 재고 주문 방법 및 통신
    - 실제 운송 시간 및 비용
    - 설비 원가
    - 효율성, 대응성 및 기타 측정지표와 주요 성과 지표
    - 기술 사용, 유용성 및 관리 비용
- 기존 제품의 제조 및 물류 프로세스 흐름 매핑
- 재고 동향 분석 및 발주 방법
- 수학적 모델, 프로세스 흐름도 및 기술 기법을 사용하여 공급망 모델링

- 고객 및 사업 요구사항과 공급망 전략을 수용하는 제품 또는 서비스 설계의 미래 상태 개발
- 네트워크 모델링 및 운영연구와 같은 공급망 네트워크 최적화 도구를 사용하여 대응성 및 효율성을 포함한 전략적 목표를 충족하는 공급사슬 설계
- 원하는 정보 흐름, 분석 지원 및 전자 비지니스(e-business)에 관한 기술 모델 개발
- 제품/서비스 및 공급사슬 설계를 이해관계자에게 전달하고 피드백을 수집
- 최종 설계 승인
- 최종 설계 문서화

## 🔗 현재 상태와 미래 상태 사이의 간격 분석 수행(Performing a gap analysis between the current and future states)

현재 상태와 미래 상태 사이의 간격 분석을 수행하는 프로세스에는 다음 단계가 포함된다.

- 필요한 변경 사항을 결정하기 위해 현재 상태를 미래 상태와 비교

  - 공급업체, 공급업체 계약 및 기대치

  - 협업 계약 및 프로세스

  - 시설(예: 설립, 폐쇄, 수정, 재배치)

  - 제품 또는 서비스 설계

  - 생산 공정 흐름 및 생산 라인

  - 지속적인 개선 및 기타 형태의 대응성을 포함하는 프로세스, 정책 및 절차

  - 운송 모드 또는 공급자

  - 재고 정책 및 주문 방법

  - 기술(추가 또는 폐기)

- 의사소통 정책 또는 절차

- 전략에 부합하는 유인책을 제공하기 위한 지표

- 변경 범위 및 관련 시간 및 비용 추정
- 타당성 조사 및 재무 분석을 수행하여 투자 수익률 결정
- 사업계획서 작성 및 경영진의 승인 얻기

## 🔗 격차를 해소하기 위한 실행 계획 수립(Developing an action plan to close gaps)

격차를 해소하기 위한 실행 계획을 개발하는 과정에는 다음 단계가 포함된다.

- 지속적인 운영 프로세스, 정책 및 절차에서 지속적인 개선 철학을 개발하는 방법 계획
- 변화에 대해 처음부터 장기적으로 의사소통하고 관리하는 방법 계획
- 프로젝트로서 구현될 모든 변경 사항에 대한 프로젝트 헌장(project charter) 개발
- 프로젝트 계획 및 자금 지출 권한을 포함한 각 프로젝트 헌장에 대한 승인 및 자금 지원
- 통합, 범위, 일정, 예산, 품질 및 인력, 커뮤니케이션, 위험, 조달 및 이해관계자 관리 방법을 정의하기 위한 각 프로젝트 계획
- 프로젝트별로 프로세스 그룹의 실행, 모니터링 및 제어, 종료 계획

실행 계획 구현에는 다음 단계가 포함된다는 점에 유의해야 한다.

- 의사소통 및 피드백 수신
- 프로젝트 관리를 통한 프로젝트 실행, 관찰 및 통제, 종료
- 변화관리를 사용하여 문화를 변화시키고 프로젝트 결과가 표준 운영 절차가 되도록 보장

변화관리는 실행 계획을 계획하고 실행하는 데 있어 중요한 부분이지만 지속적인 개선에 대한 후속 장에서 다루어진다.

# 5장 | 사업 고려사항
## Business Considerations

5.1 시장조사(Market Research)
    5.1.1 수요관리(Demand management)
    5.1.2 시장조사(Market research)의 목적
    5.1.3 수요창출(Demand generation)
    5.1.4 마케팅 4P와 수요 형성(shaping)

5.2 재무적 모델링(Financial Modeling)

### 핵심주제와 학습목표

- 공급사슬과 관련하여 시장을 이해하는 것의 중요성 설명
- 고객 중심 조직에서 시장조사, 수요 창출 및 마케팅 4P의 역할에 대해 논의
- 전략적 파트너 선정에 사용되는 요소 설명

이 장에서는 비지니스 고려사항에으로서 고객 및 비지니스 요구사항을 식별할 때 사용되는 몇 가지 도구를 다룬다.

앞 장의 끝부분에서는 전략분석의 도구로서 시장조사를 살펴보았다. 여기서는 공급망 설계와 제품설계 관점에서 주제를 다시 살펴본다. 재무 모델링에는 솔루션이 긍정적인 투자 수익을 낼 수 있는지 확인하는 것이 포함된다. 제품 연구 및 모델링은 공급망을 각 제품 수명주기의 다른 단계에 적응시키는 방법을 결정하는 것을 말한다.

# 5.1 시장조사(Market Research)

엔지니어가 제품을 설계할 때 기술적인 문제를 극복하는 것 외에 다른 것을 별로 염두에 둘 필요는 없다. 그들은 다른 사람들이 자신이 설계한 창조물의 아름다움과 유용성을 높이 평가할 것으로 생각한다. 그러나 반드시 그런 것은 아니다.

누군가는 제조업체와 제품을 구매하거나 구매하지 않을 권리를 가지고 있는 잠재 소비자 사이의 연락 사무소 역할을 담당하는 사람이 있어야 하며 마케팅이 주로 그 일을 담당한다. 마케팅은 고객에 관한 것이며, 새로운 제품의 개념 단계부터 제품 수명주기의 끝까지 수요를 찾고 예측하고 영향력을 발휘하고 지속하는 데 중요한 역할을 한다. 마케팅과 판매는 상이한 기능 조직이지만 상호 보완적인 목표를 가진다. 마케팅은 조직 내부 청중(제품 전문가, 설계자, 생산자 등)에 대한 외부 관점을 해석한다. 이는 시장이 무엇을 필요로 하는가?로 요약할 수 있다. 반면 판매는 외부 청중을 위한 내부 관점을 해석한다. 즉 왜 우리가 제공해야 하는 것이 그들에게 필요한가? 이다.

이전 장에서 언급했듯이 시장조사는 "상품 및 서비스 마케팅과 관련된 문제에 대한 데이터의 체계적인 수집, 기록 및 분석"이다. 마케팅은 조직 내 직원에 의해 또는 외부 회사와의 계약을 통해 이러한 작업을 수행할 수 있다. 시장조사는 제품이 단순한 스케치나 아이디어의 개념 단계에 불과할 때부터 시작될 수 있다. 그것은 또한 기존의 제품이나 서비스, 특히 그것의 판매 잠재력에 부응하지 못하는 것 같은 서비스에 대해서도 일어날 수 있다.

## 5.1.1 수요관리(Demand management)

수요관리는 사업 및 고객 요구사항과 관련이 있다. 수요관리의 한 가지 목적은 실제 고객 요구사항과 기대를 충족시키는 제품이나 서비스를 생산하도록 조직에 영향을 미치는 것이다. 수요관리는 이후 장에서 자세히 다룰 것이지만, 매우 간략하게는 수요계획(demand planning), 의사소통(communication), 영향(influencing), 관리 및 우선순위 지정(managing and prioritizing)을 포함한다. 마케팅 전문가는 조직이 고객 요구사항을 충족하는 제품 및 서비스를 생산하도록 영향을 미치는 경우 제품/서비스가 수요에 영향을 미치는 활동이 성공할 수 있는 특정 경쟁 특성을 가져야 한다. 마케팅 용어의 사전적인 의미를 살펴보면 제품 또는 서비스가 고객의 사업에 주문 자격요인 혹은 수주요인에 대한 경쟁 역량을 부여하는 것과 관련이 있다.

> 주문 자격요인(Order qualifiers)
> 회사가 시장에서 실행 가능한 경쟁자가 되기 위해 보여야 하는 경쟁 특성

> 수주요인(Order winners)
> 회사 고객이 경쟁업체보다 우리 회사의 상품과 서비스를 선택하게 하는 경쟁적 특성

> 주문 실패요인(Order losers)
> 성과 저하로 비지니스 손실이 발생할 수 있는 조직의 영역 또는 측면

마케팅이 조직에 수주요인이 될 수 있는 제품이나 서비스를 생산하는 데 성공적으로 영향을 미친다면 마케팅 전문가는 수요관리 전술을 사용하여 고객이 해당 제품이나 서비스를 구매하도록 할 수 있다.

수요관리의 또 다른 목적은 고객이 사업 요구사항, 조직전략 및 목표를 지원하는 방식으로(즉, 수익성 있는 방식으로) 조직의 제품 및 서비스를 구매하도록 유도하는 것이다. 마케팅 전문가는 수요관리 요소를 활용하여 이러한 목표를 달성한다.

### 5.1.2 시장조사의 목적(Purposes of market research)

시장조사의 목적에는 잠재 시장 찾기, 시장 분석 및 시장에 맞는 제품설계 개선이 포함된다.

- 잠재적 시장 찾기(finding potential markets). 제품에 대한 가장 기본적인 질문은 "누구를 대상으로 해야 하나?"이다. 그들을 위한 더 나은 제품의 중요한 요구사항이 있는가? 대부분 기업에서 회사의 사명(mission)과 현재 고객의 요구사항이 맞지 않고 있다는 첫 번째 단서를 제공할 수 있는 조직이 판매 팀이다. 시장조사는 그 시점부터 시작하여 필요성을 계량화할 수 있다. 이 과정은 엔지니어들 사이에서도 시작될 수 있다. 즉, 현재 제품을 보고 개선 방법을 보는 사람들이다. 그럴 경우 마케팅과 판매는 현재 고객에게 의견을 제시해 관심이 있는지를 확인할 수 있다. 그들은 또한 제안된 제품의 새로운 시장 잠재력을 확인하기 위한 광범위한 연구 캠페인을 시작할 수 있다.

- 시장 분석(analyzing markets). 제품설계가 진행됨에 따라 마케팅은 시장의 세분화로 나눌 수 있는 잠재적 시장에 대해 보다 자세한 질문을 할 수 있다. 기본 질문이 가장 좋은 질문이다. 누가? 어디? 언제? 왜? 무엇을? 얼마나? 이러한 질문에 대한 답변이 바로 시장 세분화를 구성한다.

- 고객이 누구이며 어디에 있는지를 알면 제품에 대한 소식을 고객에게 가장 잘 연락하는 방법을 찾아볼 수 있다. 대형 소매점이나 지역 노점 상가에서 쇼핑하는가? 카탈로그나 인터넷을 통해 구매하는가? 텔레마케팅이 가장 효과적인 방법인가?

- 마케팅 담당자는 전화 설문 조사, 온라인 설문지, 포커스 그룹, 과거 고객 불만 또는 피드백 분석 또는 이러한 접근 방식의 조합을 사용하여 잠재 고객이 제품에 관심을 갖는 이유와 방법을 찾을 수 있다. 담당자는 잠재 고객이 언제 구매를 시작할지 알고 싶어 한다. 새로운 제품에 대한 준비가 되었는가? 아니면 잠재 고객이 새로운 것에 익숙해질 때까지 시장 침투에 시간이 걸릴까? 제품의 수명이 긴가 아니면 짧은가? 얼마나 자주 교체해야 할까? 고객은 얼마나 빨리 업그레이드를 요구하나?

이후 장에서 설명하는 수요 예측은 마케팅 및 영업활동이다. 공급자관리재고(VMI, vendor-managed inventory) 및 협업 계획, 예측 및 보충(CPFR, collaborative planning, forecasting, and replenishment)과 같은 협업 배치에서 모든 사람이 동일한 예측 정보로부터 작업하도록 보장하기 위해 상호 기능 부서 간 및 각 회사 간의 팀들과 공유되어야 한다.

수요 예측과 관련하여 마케팅에는 낙관적인 편견이 있다는 것을 기억해야 한다. 이것은 최고 경영진 정책에 의해 확대될 수 있는 편견이다(경영진이 신중한 예측을 선호하는 경우는 드물다). 지나치게 낙관적인 예측을 기반으로 한 수요 계획은 문제를 일으킬 수 있다. 조직이 수요 계획을 충족시키려고 생산능력을 늘리게 되고, 불필요하게 큰 자본 비용 또는 과잉 재고로 인해 비용이 증가할 수 있다. 마케팅에 대한 낙관적 편견은 공급 영역이 수요 계획을 불신하고 다른 방향으로 편향될 수 있는 자체 계획을 세우도록 부추기게 된다. 부서를 넘어 팀과 공급사슬 협업은 이러한 문제를 극복할 수 있다.

- 제품설계 재정비(refining product design). 시장조사자가 시장 부문에 대해 더 많이 알게 되면 이러한 양질의 정보가 제품설계에 기여해야 한다. 고객 태도에 대한 시장조사는 다양한 시장 부문에 가장 매력적일 전략적 가격을 포함하여 제품의 특징을 식별하는 데 도움이 될 수 있다. 어떤 전망은 신제품이 특정한 특성을 포함해야 한다고 강하게 주장하는 반면, 어떤 전망은 정반대의 특징을 원하게 될 것이다. 이익 마진에 긍정적으로 기여하는 특징을 채택하고, 수익성이 없는 변형은 피해야 한다.

- 경우에 따라 시장 요구사항과의 차이에 맞게 제품의 기능을 다르게 할 수 있다. 예를 들어 컴퓨터를 다양한 구성품으로 조립하여 다양한 세분화 시장의 특수한 요구를 충족시킬 수 있다. 기본형은 제한된 예산이나 제한된 컴퓨팅 요구사항을 가진 고객에게 어필할 수 있다. 강력한 프로세서와 정교한 하위 시스템을 추가하면 "파워 사용자(power users)"에게 어필한다. 색상 및 모양 선택사항을 추가하면 스타일에 민감한 구매자를 위한 가치가 추가된다. 어떤 제품들은 다양한 변형이 많아 수익성이 높지 않을 것이며, 설계에 대한 마케팅 입력은 가장 수익성이 높은 부분을 식별하는 역할을 한다.

이 시점에서 개발 연구원들은 제품설계의 역 공급사슬 측면에도 기여할 수 있다. 최종 사용자를 만족시키고 충실한 고객으로 유지하려면 어떤 종류의 지원이 필요한가? 제품 설명서가 필요한가? 팜플렛에는 몇 개의 언어가 필요한가? 전화, 문자 또는 이메일 지원 선택사항이 필요한가? 반품 정책은 무엇인가? 사용 후 폐기가 쉽고 환경에 미치는 영향에 대한 잠재 고객의 태도는 무엇인가?

### 5.1.3 수요 창출(Demand generation)

수요창출은 수요관리의 영향을 미치는 수요 요소의 일부이다. 수요 창출에는 시장조사 중에 식별된 잠재 수요를 잠재 고객과의 다양한 형태의 의사소통을 사용하여 제품 또는 서비스에 대한 활성 수요로 변환하는 것이 포함된다.

대부분의 신제품은 실패할 확률이 높으므로 수요창출은 신제품 출시에 매우 중요하다. 시장은 그들이 이미 익숙한 상품에만 머물러 있거나 단지 신제품을 주목하지 않을 수도 있다. 유추할만한 과거 이력 데이터가 없는 상황에서 마케팅과 판매는 본능, 경험, 과거 제품과의 연결, 시장조사 등으로 운영되어야 한다. 이 연구에 많은 것이 달려 있다. 그리고 나머지는 마케팅 전문가들이 제품설계 단계와 제품 출시 도입기 과정에서 그 조사를 어떻게 하느냐에 달려 있다.

무엇보다도, 제품은 시장에서 원하는 것을 제공해야 한다.

시장 분석을 통해 시장의 요구사항을 충족시키는 올바른 신제품 개발은 마케팅으로 하여금 최소한으로 강력한 판매를 일으키는 캠페인을 개발할 수 있는 좋은 기회가 된다. 물론, 모든 판매는 생산 및 배송이 뒷받침되어야 한다. 따라서 공급사슬에 재고 결품이 발생해서는 안 되며 열성적인 구매자들을 외면해서도 안 된다.

신제품에 대한 캠페인을 개발하거나 기존 제품의 브랜드를 변경할 때 마케팅의 주요 책임은 고객 및 공급사슬 파트너들에 대한 교육이다.

- **고객 교육**(educating customers). 잠재 구매자는 당신의 제품이 출시되었다는 것을 알아야 한다. 마케팅은 구매자가 어디에 있는지, 어떻게 접촉해야 하는지 알아야 한다. 이는 제품의 고유한 이점을 강조하고 이를 시장조사 과정에서 드러난 고객의 요구에 연결하는 올바른 메시지를 만드는 것을 의미한다. 제품 및 브랜드의 인지도를 창출하는 것은 계획되고 예산이 책정된 활동에 비해 더 오랜 시간이 걸리고 더 큰 노력이 필요한 활동이다. 따라서 성공적인 제품 출시의 가능성을 높이기 위해서는 마케팅 진행에 대한 보다 긴 계획적 구간과 정기적인 피드백이 필요하다.

그 메시지는 또한 적절한 매체(media)를 통해 전달되어야 한다. 즉, 인쇄 광고(어느 정기 간행물인가), 텔레비전 또는 인터넷 광고(어느 프로그램과 시간 간격 또는 웹사이트인가? 어느 광고 대행사인가? 어떤 스타일의 프레젠테이션인가?), 이메일, 텔레마케팅, 직접 방문, 공개 세미나 등등을 고려해야 한다.

마지막으로, 마케팅은 구매자가 누구인지 알아야 한다. 그것이 그렇게 분명한 것은 아니다. 예를 들어, 새로 개발한 '전기 접속 배선함'을 규제자와 검사자뿐만 아니라 개발자, 일반 계약자, 목수나 전기공에게 판매하고 승인해야 한다. 이러한 접근을 시도하기 위해서는 아마도 개인적인 방문과 제품 시연이 필요할 것이다. 최종 사용자이자 최종적으로 그 상자에 실외등을 꽂을지 말지 여부를 결정하는 집주인은 사실상 마케팅 캠페인에서 그리 중요성을 갖지 못한다.

- 공급사슬 파트너 교육(educating supply chain partners). 제품 수용의 일부는 제품을 설계, 제작, 운송 및 판매해야 하는 사람들에게도 제품을 이해시키는 것이다. 엔지니어, 공급업체, 물류 관리자, 소매업체, 그리고, 앞의 '전기 접속 배선함' 예에 있는 목수들처럼 판매 관련 도중에 관련될 수 있는 사람과 함께 작업하면, 마케팅은 그것을 이해하는 사람들이 제품을 생산, 운송, 보관 및 판매하는 과정을 더욱 확실히 하게끔 한다. 이러한 훈련과 직무 보조는 여러 단계로 설계되고 전달되어야 할 수 있다.

## 5.1.4 마케팅 4P와 수요형성(The four Ps of marketing and demand shaping)

전통적인 마케팅 프로그램인 "4Ps"는 각각의 4가지 부분에 대한 수요를 알아내고 효과적인 달성을 위하여 아래와 같이 골고루 균형이 잡히도록 구성하는 것이다.

> **4P(The four Ps)**
> 사업 제공을 고객에게 전달하기 위한 마케팅 도구 세트. 네 가지 P는 제품(product), 가격(price), 장소(place) 및 판매촉진(promotion)을 말한다.

4가지 P는 수요형성(demand shaping)의 일부이다.

> **수요형성(Demand shaping)**
> 4개의 Ps 및 기타 시장 변수를 사용하여 제품 또는 서비스의 수요에 영향을 끼쳐서 수요가 가용 공급(available supply)과 더 잘 일치하도록 하는 방식

고객 중심 마케팅, 고객 세분화 및 고객관계관리(CRM, customer relationship management) 철학은 오늘날 시장의 변화에 대응하기 위해 이러한 기존 마케팅 구성 요소를 혁신했다. 전통적인

마케팅은 단일 고객을 대상으로 하는 단일 제품이었다. 하나의 가격, 하나의 유통 채널 및 하나의 마케팅 메시지였다. 그러나 고객 중심 마케팅에서 제품/서비스 패키지는 특정 틈새시장에 판매되거나 여러 시장 세분화 시장의 요구와 욕구에 부응하도록 사용자 맞춤될 수 있다.

고객 중심 전략(customer-focused strategy)에는 마케팅 프로그램의 모든 기존 구성 요소가 포함되거나 상황에 따라 하나 또는 두 개의 구성 요소에 중점을 둘 수 있다. 따라서 기존 마케팅 용어를 계속 사용하여 고객 중심 전략 프로그램의 구성 요소를 설명한다.

## 제품(Product)

조직의 목적을 위한 "제품(product)"에는 제품 및 서비스 또는 둘 다를 합한 패키지가 모두 포함된다. 전통적인 마케팅에서 제품이나 서비스는 많은 소비자 그룹에게 호소하도록 설계되었다. 제품은 본질적으로 정적인 것으로 특정 제품에 대해 모든 고객을 거의 같은 방식으로 인식했다. 소비자의 요구가 중요하지만, 이것이 시작점이 아니었다. 예를 들어, 대중의 특정 요구가 나오기도 전에 전기(electricity)가 대중에게 제공되어 이 기술이 판매되고 있었는데 이는 고객의 요구가 아니라 마케팅과 시간이 대중의 요구를 창출하였기 때문이다. 마찬가지로, 최초의 가정용 컴퓨터는 광범위한 소비자 요구가 있기 전에 출현하였다. 이는 10년 이상이 걸렸으며 인터넷의 성장이 요구를 창출했다.

고객 중심의 세계에서 제품/서비스 패키지의 출발점은 종종 고객의 요구이다. 식품은 종종 특정 그룹의 요구에 부응하기 위해 전문 회사가 설계한다. 예를 들어, 많이 가공된 닭고기 요리는 그 맛을 만들어내는 전통적인 요리 방법에 필요한 시간을 소비하고 싶지 않은 소비자에게 향상된 맛을 제공할 수 있다.

점점 더, 제품/서비스 패키지가 특정 세분화 고객에게 맞게 사용자 맞춤으로 될 수 있도록 설계되고 있다. 이를 통해 판매자(또는 공급사슬)가 제품에 원하는 가치와 경쟁력 있는 차별화를 추가하고 이상적으로 이익을 유지하거나 증가시킬 수 있다. 예를 들어, 동일한 신용카드가 낮은 수수료 선호, 항공 마일리지 선호, 항공 여행에서 보너스 보상 또는 공동 마케팅 파트너와 같이 특정 그룹에 가치를 제공하는 특징에 의해 구별되는 복수의 카드 프로그램, 즉, 복수의 제품이 될 수 있다. 즉, 복수의 제품/서비스가 되는 것이다.

부가가치 제품은 고객 중심 프로그램에 아래와 같은 다양한 영향을 미친다.

- 제품 자체는 고객의 기대에 부응하고 고객이 사용하는 데 어려움이 거의 없도록 설계되어야 한다. 이를 위해서는 광범위한 연구와 고객 참여가 필요하다.
- 고객의 기대와 비지니스 이익 이윤을 만족시키는 품질 수준을 충족하도록 제품을 제조하거나 창출해야 한다. 성과가 지속적이고 세밀하게 측정되어야 한다.
- 세분화된 대상의 고유한 요구사항을 해결하기 위해 판매촉진과 유통이 사용자 맞춤식으로 되어야 한다. 더 높은 성과를 위해 프로그램을 재구성할 수 있도록 프로그램의 성과를 추적 관리해야 한다.
- 효과를 얻기 위해 판매 방법을 사용자 맞춤식으로 하고 측정해야 할 수도 있다. 영업 사원은 제품의 마케팅 목표뿐만 아니라 의도된 대상 및 사용을 통해 제품을 담당하는 각 제품에 대해 잘 알고 있어야 한다. 이상적으로는 고객이 이전에 구매한 이력을 알고 있어야 한다.
- 고객 관리 담당자는 각 제품 변형, 사용 및 잠재적 문제에 대해 잘 알고 있어야 한다. 이상적으로는 개별 고객이 구매한 제품과 주문 상태를 잘 알고 있어야 한다.

## 가격(Price)

가격은 일반적으로 경쟁, 인식된 가치 및 브랜드 정체성에 기반한 전략적 결정이다. 일부 사업은 여전히 생산, 판매 및 간접비 등을 포함한 총비용을 수용할 수 있고 경쟁력 있는 가격 이윤을 추가하여 이익을 계산할 수 있지만, 많은 기업은 가격에 더 복잡한 접근 방식을 취한다. 시장에서 경쟁이 치열하고 제품이 일반 상품(commodity)이 된 경우 경쟁 상황에 따라 가격이 결정되지만, 더 차별화된 시장에서는 가격이 절대적이 아니고 더 주관적이 된다.

예를 들어, 제약 회사는 신약의 가격을 책정할 때 연구 개발, 마케팅 및 제조 비용뿐만 아니라 신약이 환자에게 주는 가치를 고려할 수도 있다. 잃어버린 건강을 회복시켜 주는 의약품의 비용이 얼마일까? 시장에 다른 제품이 없다면 고객이 얼마의 금액을 지불해야 할까?

고객 중심 비지니스 모델에서는 가격과 제품이 밀접하게 연결되어 있다. 가격은 특정 고객 세분화를 위한 제품을 차별화하는 또 다른 방법일 수 있다. 예를 들어, 신용카드 회사는 카드를 자주 사용하고 월 단위로 일정 잔액을 유지하는 고객에 대해 연간 요금을 면제할 수 있다. 컴퓨터 회사는 상이한 고객을 위한 상이한 제품/서비스 패키지를 만들 수 있다. 즉, 더 자주 구매하거나 더 비싼 시스템을 구매하는 고객은 고성능 기능으로 무료 갱신을 받거나 혹은 무료 재택 수리 서비스를 받을 수 있다.

분명히 전략적인 가격 책정은 신중하고 자주 분석되어야 가격 책정이 고객에게는 매력적이면서도 사업에는 여전히 이익이 되도록 보장할 수 있다. 고객 부문을 위한 특정 판매 데이터는 고객을 다른 가격 그룹으로 이동시키기 위한 메시지 전달을 자동화하는 데 도움을 줄 수 있기 때문에 매우 중요하다.

시장에 진입하기에는 가격이 너무 높은가? 급여와 상여금을 충당하고 여전히 이익을 얻기에는 어떤 가격이 너무 낮은가? 수요는 절대적인 것이 아니다. 많은 요인에 따라 증가하고 감소하며 가격은 종종 주요 변수이다. 가격이 하락함에 따라 수요는 증가할 수 있지만, 상관관계에도 한계가 있다. 일부 제품은 경쟁 제품보다 약간 더 비싼 가격에 더 잘 팔리는데, 이는 높은 가격에도 불구하고 그 이상의 호소력을 더하기 때문이다. 백열전구는 동일한 생산 라인에서 생산되고 동일한 이름을 사용하더라도 가격이 더 높고 브랜드 이름이 인정되어 더 나은 값으로 인식될 수 있다. 그러나 일부 제품이나 일부 시장의 경우 "매일 저렴한 가격(everyday low price)"이 고객을 끌어들이고 있다. 판매가를 설계, 제조, 물류비용과 동기화하는 것은 마케팅이 기능 및 기업 전반에서 효과적으로 협업할 수 있는 영역이다.

## 유통경로(Placement)

유통경로 배치 또는 유통은 마케팅 부서에 속하는 또 다른 작업이다. 수요 예측을 충족시키기에 충분한 양으로 대상 시장에 제품을 판매하기에 적절한 장소 또는 적절한 장소 조합이 어디에 있는가?

유통경로는 전통적으로 제품 판매 방식, 즉 제품이나 서비스가 고객에게 제공되는 방식을 말한다. 예를 들어, 회사는 창고 및 소매점을 통해, 고객을 직접 방문하는 판매원 또는 카탈로그를 통해 제품을 유통하기로 결정할 수 있다. 유통경로 배치는 일반적으로 단방향 의사소통 형식으로 간주하였다는 점에 주목할 필요가 있다. 제품은 판매점을 통해 배송되거나 판매원을 통해 판매되거나 고객 주문을 통해 판매된다.

가장 전통적인 위치(소매점 선반)에서 배치는 판매대 진열 설계를 포함할 수 있다. 이는 소매업체의 역량에 해당하는 것처럼 보이지만 공급자관리재고(VMI) 파트너 관계에서는 공급업체가 전시 진열을 설계 및 구성하고 보충을 관리할 수 있다.

고객 중심 모델에서는 유통경로를 접촉 채널 전략이라고 한다. 가장 비용 효율적이고 고객이 선호하는 채널을 사용하여 제품과 서비스를 유통하고, 둘째로 매우 효과적인 고객 관리 및 고객 조사 활동을 통해 평생 고객을 확보함으로써 수익성을 높이는 수단이 된다.

고객 중심의 유통경로는 고객 세분화에 의해 결정될 수 있다. 본질적으로 동일한 제품은 서로 다른 고객 그룹의 연락처, 선호 사항 등이 일치하기 때문에 선택한 다른 채널을 통해 유통될 수 있다. 항공권은 인터넷, 자동 키오스크, 발권 창구, 전화, 모바일 장치 앱 또는 중개인(대행사)을 통해 판매될 수 있다. 그러나 다른 배치 방법이 가격에 영향을 줄 수 있다. 높은 감성 고객을 위한 서비스 방법은 높은 가격을 요구할 수 있다.

개선된 운송이 유통경로 자체를 제품/서비스 패키지의 핵심 요소로 만들었다. 예를 들어, 고객의 특정 배송 요청(일반 속도, 빠른 속도, 심야 배송)에 따라 유통경로를 맞춤식으로 설정할 수 있다.

고객 중심의 유통경로는 기존의 유통경로보다 대화식 의사소통이 더 필요하다. 고객이 만족해야 하고 고객의 행동과 태도에 대한 정보가 사업에 중요하기 때문에 사업과 고객 간에 정보가 교환되어야 한다. 따라서 고객 중심 모델에서 유통경로는 고객이 제품 구매 후 지원에 대한 정보를 얻는 방법을 포함한다. 대화형 접촉 채널에는 콜 센터, 고객이 원하는 정보를 찾을 수 있는 온라인 보관처, 실시간 대화 또는 전자 메일 통신을 통합한 웹사이트 및 사용자를 위한 대화방이 포함된다.

단방향 채널이 고객 중심의 유통경로에도 사용될 수 있다. 여기에는 직접 마케팅(직접 메일, 팩스 또는 대량 메일 발송, 텔레마케팅) 및 미디어 기반 마케팅(텔레비전, 라디오, 신문, 정기 간행물, 무역 간행물, 배너 광고, 광고판 등)이 포함된다.

의사소통 과정 전체에서 정보는 지속적으로 수집된다. 이 정보는 향후 제품설계, 제작, 판촉 및 지원을 제안하는 것에 도움을 준다.

기술은 고객 관리를 크게 변화시켰다. 이제는 전자 상거래를 혼합하여 사용하지 않는 신제품 소개 캠페인을 상상하기가 어렵다. 심지어는 정보 제공 목적만으로도 웹사이트가 필요하다. 자체 사이트나 제 3자 사이트를 통해 많은 제품을 온라인으로 광고하고 판매할 수 있다. 고객은 소프트웨어 및 하드웨어 설명서 및 안내서를 내려받고, 자동화된 전문가 시스템에 대한 문제를 참조하고, 정보 데이터베이스를 참조하고, 기술 지원 또는 다른 고객과 문제나 질문에 대해 의견을 교환할 수 있다. 디지털 제품은 웹을 통해 광고, 주문 및 배송할 수 있는데, 소프트웨어 응용프로그램, 음악, 영화 및 기타 문서 자료들이 그 예이다.

채널 전략(channel strategy)은 고객과 비지니스 모두의 요구를 충족시키도록 지속적으로 평가되어야 한다.

고객의 관점에서 볼 때, 효과적인 채널은 다음과 같은 특징을 가진다.

- 접근성(accessible). 무료 전화를 지원하는가? 근무 시간이 다른 일정에 따라 하루 중 일과 시간 이외의 다른 시간에도 접근할 수 있는가? 웹사이트는 최신 상태로 유지되며 실시간 변경 사항을 반영하는가? 고객이 채팅이나 문자로 조직에 연락할 수 있는가?
- 신뢰성(reliable). 예상된 시간 내에 자료 또는 서비스를 예외 없이 사용할 수 있는가? 소셜 웹사이트는 항상 운영되는가?
- 완전성(complete). 고객이 최신의 정확하고 완전한 답변을 얻을 수 있는가?
- 안전하고 무오류(secure and error-free). 전자 상거래는 적절히 암호화되어 있는가? 주문이 정확하게 이루어지는가?
- 직접성(direct). 고객이 문제에 대한 소유권을 갖고 의사결정 권한을 가지며 문제를 해결할 수 있는 사람에게 연락할 수 있는가? 전화나 자동화를 통해 질문에 쉽게 대답할 수 있는가?
- 편리성(convenient). 실제로 문제를 해결하거나 질문에 답변할 수 있는 사람에게 연락하기 전에 고객이 몇 개의 전화 연결을 거쳐야 하는가? 웹사이트에서 얼마나 많은 탐색이 필요한가? 고객 전화에 응대하기까지 얼마나 걸리는가?
- 신속성(fast). 고객이 계정 및 문제 정보를 반복해야 하는가? 아니면 모든 고객 관리 담당자가 이 정보에 자동으로 접근할 수 있는가? 고객이 이메일 또는 전화 메시지에 대한 빠른 응답을 받을 수 있는가?
- 유연성(flexible). 컴퓨터가 있거나 혹은 없는 사람들이 비지니스에 쉽게 접근할 수 있는가? 비원어민을 위한 편의 기능이 있는가?

비지니스 관점에서 볼 때, 채널은 다음 사항들을 허용해야 한다.

- 통제 및 일관성(control and consistency). 채널이 의도한 가치, 아이디어 또는 콘텐츠를 홍

보하는가?? 모든 고객의 경험이 동일한가??

- 수익성(profitability). 채널은 가능한 한 자동화를 사용하는 등 고가의 인적 자원 사용을 최소화하는가?

## 판매촉진(Promotion)

4가지 P 중 마지막인 판매촉진(promotion)에는 소비자 조사 및 시장 분석과 같은 마케팅 활동이 포함된다. 고객 또는 청중의 세분화, 목표 세분화에 대한 전략 설정, 광고의 계획과 생성 및 배치, 그리고 브랜드 이미지 생성 등이다. 또한, 마케팅 및 판촉 활동의 시기를 결정 및 전달하고 그 영향에 대한 피드백을 수집한다.

기존의 모든 판촉 활동은 여전히 고객 중심 비지니스 모델에서 유효하다. 차이점은 가능한 홍보 메시지 또는 제안에 대한 효과 조사 방법, 세분화 및 사용자 정의 수준이다. 고객 관계 관리 기술을 통해 비지니스는 고객과의 모든 상호 작용에 대한 정보를 획득할 수 있다. 이를 통해 구매자의 동기와 행동을 연구하고 고객을 고유한 고객관계관리(CRM) 프로그램을 사용하여 그룹으로 분류할 수 있는 가장 좋은 기회를 얻을 수 있다. 인쇄 기술을 통해 광고 자료를 비용 효율적으로 사용자 맞춤식으로 할 수 있다. 웹뿐만 아니라 위성 라디오, 팟 캐스트 및 이메일을 포함한 통신 채널이 폭발적으로 증가함에 따라 기업은 특정 잠재 고객에게 분명한 이점을 제공하는 대체 채널을 선택할 수 있다.

판매촉진과 관련된 두 가지 요소인 브랜딩(branding) 및 포장(packaging)에 대해 자세히 살펴본다.

브랜딩(branding). 고객 중심 판매촉진은 브랜드를 만드는 데 도움이 된다.

### 브랜딩(Branding)
제품을 식별하기 위해 이름(name), 용어(term), 기호(symbol) 또는 설계(design) 또는 이들의 조합 사용

조직이나 제품의 브랜드는 시장 분석가에게 상당한 가치가 있다. 구글(Google)이나 페이스북(Facebook), 삼성(Samsung)과 같은 브랜드는 엄청난 가치가 있다. 이러한 브랜드의 가치는 현재 시장점유율과 총고객 수, 이미지에 기반을 두고 있으며 이는 브랜드의 인지도, 인기 및 명성을 합한

무형의 품질이다. 평판에 대해 말했듯이 좋은 브랜드 이미지는 구축하는 데 몇 년이 걸리지만, 순식간에 파괴될 수도 있다. 따라서 조직은 브랜드 이미지를 보호하기 위해 많은 노력을 기울인다.

신제품에 대한 고객 교육의 일환으로 대상 세분화를 유치할 제품 특성을 강조하는 이름과 로고를 선택하는 것이다. 초기 조사에서 고객의 요구와 태도를 정확하게 측정하고 제품설계에 이러한 판매 포인트가 성공적으로 통합되게 하려면 이름이 적절해야 한다. 애플 컴퓨터(Apple Computer) 이름과 로고는 사과와 배움의 친숙한 연관성("선생님을 위한 사과")을 제시함으로써 컴퓨터를 교실에 들여오는 회사의 전략을 뒷받침한다. 자동차 이름은 종종 목표 시장에 어필하는 개념을 강조한다. 닷지람(Dodge Ram)은 강인함과 힘을 강조한다. 재규어(Jaguar)는 품위, 속도, 우아함을 제안한다. 혼다 시빅(Honda Civic)은 그것의 이름에 합리적이고 경제적인 도시 자동차를 만드는 전략을 포함하고 있다.

시각적으로 나타내는 새로운 제품 이름과 로고는 제품을 기존 제품군에 연결하거나 구분할 수 있다. 메킨토시(Macintosh)라는 이름은 애플(Apple)과 친밀한 관계를 유지하면서 새로운 제품군의 출현을 시사했다. 크라이슬러(Chrysler)가 미쯔비시 이클립스(Mitsubishi Eclipse)를 플리머스 레이저(Plymouth Laser)와 이글 탈론(Eagle Talon)으로 재명명했을 때처럼 단순히 다른 이름을 획득하여 기존 모델에서 새 모델을 생성할 수도 있다.

제품 가용성의 변화율 때문에, 고객들은 점점 더 그들의 충성도를 특정 제품(예: 청바지 라인)에서 그 제품들의 제공자(즉, 청바지를 적당한 크기로 맞춰주는 소매업자)로 이전하고 있다. 이들 조직과 거래를 하는 것은, 그들이 찾고 있는 제품을 쉽게 찾을 수 있고, 문제가 발생할 경우에도 그들이 원만히 처리될 것이라는 믿음 때문이다.

즉, 기업은 고객이 원하는 것과 구매하고 있는 것을 밀접하게 접촉해야 고객의 기대에 부합하도록 제품 및 공급사슬 선택사항을 지속적으로 업그레이드, 변경 또는 맞춤화할 수 있다. 그들은 또한 고객 만족을 보장해야 한다. 만약 고객 관리를 무시한다면, 그 영향은 재앙이 될 수 있다. 고객들은 서비스, 제품, 그리고 그들이 받아야 할 개인적인 경험에 대해 더 잘 알고 있기 때문에, 한 번의 실패는 브랜드 이미지를 떨어뜨리고 고객을 경쟁자로 향하게 할 수 있다. 불만족스러운 고객들은 자신의 불만을 널리 퍼뜨릴 수 있는 수단도 갖고 있다. 웹사이트, 블로그, 트윗, 채팅방 또는 다른 미디어에 게시된 불평불만은 오늘날의 인터넷에 능통한 고객에게 상당한 영향을 미칠 수 있고 한때 강했던 사업 관계를 파괴할 수 있다.

포장(packaging). 제품이 포함된 포장은 마케팅 목적으로도 사용된다. 포장의 색상, 이미지, 단어, 포장의 질감 등과 같은 보다 분명한 마케팅 요소는 마케팅의 중요 장치이다.

포장은 주의를 기울여야 하며 제품을 판매하는 기능과 이점을 강화해야 한다(시장조사). 예를 들어 스마트폰 구매 시 포장물을 보면, 디자인이 고급스럽고 아주 컴팩트하면서도 제품과 관련 부품들을 안전하게 보호할 수 있는 포장을 하고 있다.

패키지는 시각적으로 매력적일 뿐만 아니라 기능적일 수 있다. 휴렛-팩커드의 레이저 카트리지는 폐 카트리지를 반품하는 데 사용할 수 있는 상자에 포장되어 최종 사용자의 역 물류(reverse logistics) 문제를 해결하고 환경을 보호한다. 시장조사에 따르면 이러한 상자를 사용하여 반품 카트리지 수를 늘리면 무료 배송 비용이 포함된 후에도 순 비용이 줄어드는 것으로 나타났다.

서비스도 판매를 위해 "포장(packaged)"된다. 식사 메뉴 진열, 병원 대기실 설계, 많은 서비스 직원이 착용하는 유니폼 등 모든 스타일과 외관은 마케팅 목적으로 사용된다.

지금까지 시장조사에 관해 탐구해보았다. 이 연구조사는 시장이 필요로 하는 것을 알아내는 데 유용하지만, 다음 주제인 재무 모델링은 조직이 이윤을 내고 시장에 제공할 수 있는 것을 계산해 내는 데 유용하다.

## 5.2 재무적 모델링(Financial Modeling)

재무 모델링에는 제품/서비스 전략 또는 공급사슬 전략의 재무 실현 가능성 및 투자 수익(ROI, return on investment)을 결정하는 것이 포함된다.

최적화된 네트워크 모델은 재무 모델링에 대한 비용 추정치를 제공한다. 제품 또는 공급사슬을 생성, 변경 또는 개선하는 결정에 중요한 요인이 원가의 증감과 이익의 증감 여부이므로, 재무 전문가들은 한계분석을 사용하여 고려 중인 옵션의 한계비용과 이점을 연구한다. 한계비용은 개선, 재작업 또는 개발이 필요한 공급사슬의 모든 부분을 건설, 임대 또는 계약하는 것을 포함한다. 그들은 이를 신규 또는 증가한 수요로부터 받은 한계 효용과 그에 따른 판매수익의 증가와 비교할 것이다.

비용-효과 분석의 유익성 측면을 위해, 시장 연구는 목표 가격뿐만 아니라 생산될 제품과 서비스에 대한 예상 수요에 대한 정보를 제공한다. 이 정보는 미래 기간의 수익을 추정하는 데 사용될 수 있다.

재무 모델링은 이익을 비용으로 나누는 투자 수익률에 비해 일부 차이는 있지만 일단 투자 수익률(ROI)이 기본 공식이다. 차입된 돈은 이자 지불을 요구하고, 얻은 돈은 이자를 얻기 위해 투자될 수 있기 때문에, 재무 분석가는 돈의 시간 가치를 고려한다. 간단히 말해서, 미래에 받을 돈은 현재 가치라고 하는 현재 이자율로 오늘 받을 경우 가치가 있는 금액으로 할인된다. 이자율이 연간 10%일 경우, 1년후 100달러를 받는 것은 지금 현재 가치로 볼 때 90.91달러(100달러/1.1)가 된다. 1년 후 100달러는 원금과 1년간의 이자를 합한 것이다. 따라서 1년 후의 100달러는 현재 가치로는 90.91달러로 간주한다.

이 개념은 순현재 가치(NPV, net present value) 및 할인된 회수 기간을 포함한 여러 재무 지표에 사용된다.

순현재 가치를 사용하면 매년 미래의 현금 유입이 현재 가치로 다시 할인되고 모든 현금 유출의 현재 가치도 계산된다. 이 금액의 차이는 오늘 현재의 가치를 측정한 것이다. 순현재가치(NPV)가 0보다 크거나 같은 것은 긍정적인 신호이며, 이는 높을수록 좋다.

할인된 투자 회수 기간은 초기 투자금을 회수하는 데 얼마나 오래 걸릴지, 아니면 손익분기점에 이를지를 결정한다. 또한, 미래 현금흐름을 적용하기 전에 현재가치로 할인한다. 3년이 걸리는 공급사슬 투자는 6년이 걸리는 것보다 훨씬 낫다. 이것이 타겟(Target)이 2015년 캐나다에서 영업을 중단하기로 한 주요 이유였다. 분석 결과 캐나다 영업은 2021년까지 수익이 나지 않을 것으로 판단했고, 분명 이 6년의 상환 기간은 받아들여지지 않았다. 허용 가능한 회수 기간을 구성하는 것은 대체 투자 기회 및 제공되는 제품과 관련이 있을 수 있다. 예를 들어, 제품이 빠르게 진부화될 경우 빠른 회수 기간이 필요하거나 최소한의 추가 투자로 생산될 수 있는 후속 모델과 같은 대체 용도의 자본 투자가 필요할 것이다.

재무 분석가가 컴파일하고 해석하는 데 도움이 되는 많은 다른 메트릭이 있다. 이 중 하나는 경제적 부가가치이다.

### 경제적 부가가치(EVA, economic value added)
관리회계에서, 수익 센터(profit center)의 자본 비용(capital cost) 이상으로 벌어들인 순영업이익

EVA는 이익을 계산하기 전에 자본 투자 비용을 구체적으로 설명하기 때문에 유용한다.

재무 모델링의 결과는 어느 정도의 자본 투자가 가능할지를 나타낼 것이다. 이 정보를 미리 알면 공급망 관리자가 수익성에 대한 사업 요건을 충족할 가능성이 높은 제품, 서비스 또는 공급사슬 설계를 제안하는 데 도움이 될 수 있다.

# 6장 | 공급사슬을 설계
Design the supply chain

6.1 공급사슬 설계와 구성(Design&Configuration)
    6.1.1 전략을 설계로 변환
    6.1.2 공급사슬망 설계(Network design)
    6.1.3 망구성(Network configuration)
    6.1.4 측정지표 설계(Metrics design)

6.2 시장 요구사항을 고려한 주문 충족 전략
    6.2.1 효율성과 대응성의 균형 유지
    6.2.2 조직의 시장 요구사항과 공급사슬 맞추기
    6.2.3 복원력 있는 공급사슬 만들기

6.3 공급사슬망 최적화
    6.3.1 공급사슬망 기술 최적화 단계
    6.3.2 최적화 단계 사이의 이동
    6.3.3 공급사슬망 최적화 전략
    6.3.4 교차부서 팀과 중심기업의 역할

## 핵심주제와 학습목표

- 경쟁전략(business strategy)이 어떻게 공급사슬 네트워크 설계(supply chain network design)로 변환되는지 설명
- 고객과 시장(customers and markets), 기술(technology), 핵심 프로세스(key processes) 및 조달(sourcing)과 관련하여 전략적 결정(strategic decisions)을 내리는 방법을 설명
- 공급사슬 네트워크 최적화(supply chain network optimization)가 회사의 공급사슬 개발 단계에 어떻게 의존하고 회사가 사용할 수 있는 기술 유형에 영향 분석

공급사슬 설계와 관련하여 고려해야 할 표준 요소는 다음과 같다.

- 전략을 설계로 변환(translating strategy into design)
- 공급사슬 네트워크 설계(supply chain network design)
- 네트워크 구성(network configuration)
- 네트워크 최적화(network optimization)
- 측정지표 설계(metrics design)
- 대응성과 효율성 균형(balancing efficiency with responsiveness)

종합적으로, 이러한 각 요소에 관한 결정은 항상 조직전략과 공급망 전략을 지원해야 한다.

# 6.1 공급사슬 설계와 구성(Supply Chain Designer and Configuration)

### 6.1.1 전략을 설계로 변환(Translating strategy into design)

다양한 사업 고려사항에서 나아가 다음 단계는 공급사슬 전략을 보다 전술적이고 세밀한 계획 수준인 공급사슬 설계 및 구성으로 변환하는 것이다.

> **공급사슬 설계(Supply Chain Designer)**
> 공급사슬을 구성하는 방법의 결정. 설계 결정에는 파트너 선정, 창고 및 생산 시설의 위치 및 생산능력, 제품, 운송 방식 및 정보 시스템 지원이 포함된다.

경쟁전략, 조직전략 및 공급사슬 전략을 수립한 후, 조직 또는 공급사슬 거래 파트너는 공급사슬을 따라 각 관리자의 측정 가능한 목표를 정의함으로써 광범위한 전략을 지원해야 한다. SCOR 모델을 빌리자면, 목표에 대한 정의 프로세스는 여전히 계획(plan) 단계에 있다. 이 단계에서는 다른 모든 프로세스(조달, 생산, 납품, 반품 및 활성화)의 방향을 설정한다. 전략 및 목표는 최고 경영진 수준에서 먼저 개발되고 각 거래 파트너의 조직도에서 관리의 단계를 통해 필터링 된다.

공급사슬에 영향을 미치는 모든 결정은 조직전략과 공급사슬 전략을 기반으로 해야 한다. 그러나 결정과 전략이 일관성이 있어야 한다고 말하는 것이 더 현실적이다. 이는 "닭이 먼저냐 달걀이 먼저냐" 하는 문제와 유사하기 때문이다. 그러나 어떤 방식으로 문제를 검토하든 우선순위를 전략적으로 설정해야 한다. 고객과 시장(customers and market), 기술(technology), 주요 프로세스 및 흐름(key processes and flows), 조달(sourcing)과 관련하여 전략적 의사결정이 이루어지는 방식을 살펴본다.

### 🔗 고객과 시장 의사결정(Customer and market decisions)

공급사슬은 고객의 요구와 거래 파트너의 역량을 반영하도록 구성되어야 한다. 모든 상황에 적용 가능한 보편적인 단일 공급사슬 전략은 없다. 이러한 가변성의 한 예는 인디텍스(Inditex)인데, 인디텍스는 풀 앤드 베어(Pull & Bear), 마시모듀티(Massimo Dutti), 스트라디바리우스(Stradivarius), 오이쇼(Oysho), 그리고 특히 스페인의 의류 브랜드 자라(Zara)를 포함한 여러 패션 브랜드들을 보유하고 있는데, 하나는 더 기능성 제품을 위한 것이고 다른 하나는 패션 제품을 위한 것이다. 그 복수의 제품군을 보유한 기업은 신중한 시장평가를 실시하고, 복수의 공급사슬(multiple supply chains)을 각 시장에 맞는 전략과 일치시킬 필요가 있다.

### 🔗 기술 의사결정(Technology decisions)

기술(technology)은 공급사슬 상의 여러 거래 파트너 단계에 걸쳐 공급사슬 가시성을 확장하는 동시에 전 세계가 축소된 것처럼 속도감(velocity)을 제공하는 강력한 힘이 되므로 전략적 목표를 달성하는 데 도움이 되는 신중한 고려사항이다. 기술의 장단점을 평가하거나 비용-효과 분석을 수행하는 것이 좋다. 기술은 설치 또는 임대는 비용이 많이 들고 때로는 배우기가 어려우며, 어떤 경우는 완전히 위협적이기 때문에 정보에 입각한 올바른 선택을 하는 것이 중요하다.

정보 흐름, 현금 흐름, 제품 출고 프로세스, 재고 추적, 생산 일정 수립 등 사실상 공급사슬 내부의 모든 프로세스를 가속화할 수 있는 기술을 포함하여 많은 것을 선택할 수 있다. 개선하려는 프로세스가 무엇이든 기술은 거의 확실하게 도움이 될 수 있다. 그러나 현재 상황을 알고 있으며 프로세스 이해당사자들이 전체 전략에 부합하는 적절한 가격으로 올바른 하드웨어와 소프트웨어를 선택할 수 있도록 안내할 수 있는 전문가들에 의해 선택되어야 한다. 신기술의 부수적 효과도 고려해야 한다. 새로운 기술의 부수적인 영향도 고려해야 한다. 제약이론(TOC, theory of constraints)은 정보, 제품 또는 대금지불의 속도를 방해하는 병목 현상(또는 제약 조건)으로 보내질 경우 정보, 병목이 아닌 다른 영역에서는 제품 또는 대금지불의 흐름 속도를 높이기 위해 고가의 하드웨어 및 소프트웨어를 구매할 필요가 없음을 알려준다. 가장 중요한 것은 각 조직에 적합한 사람들이 올바른 프로세스에 올바른 기술이 필요하다는 것이다.

나중에 우리는 공급사슬 설계와 관련된 기술 아키텍처 결정을 살펴볼 것이다. 이 분야와 관련된 기타 중요한 고려사항은 다음과 같다.

- 데이터 전송 및 분석에 대한 빈도 결정
- 데이터 분석 및 사용 방법 결정
- 인터넷 및 전자 상거래(e-commerce)의 영향 결정
- 내부 및 공급사슬 파트너 간의 인프라 설계 및 설정
- IT 및 의사결정 지원 시스템을 경쟁전략에 통합

## 🔗 프로세스 결정과 재고, 자금, 정보의 흐름(Process decisions and inventory, funds, and information flows)

공급사슬은 일련의 프로세스이며 각 고객 세분화에 맞게 미세 조정할 수 있다. 개선 이니셔티브를 계획할 때는 공급사슬 전략의 중심에 있는 프로세스를 선택하여 이를 측정 및 벤치마킹하고 하나의 프로세스 또는 소수의 관리 가능한 프로세스 수에 집중해야 한다.

공급사슬의 4가지 기본 흐름은 정보 흐름, 본원적인 제품 흐름, 본원적인 현금 흐름 및 제품의

역 흐름이다. 고객 정보는 주문, 판매 활동 및 예측을 통해 조직과 확장된 엔터프라이즈를 통해 흐른다. 제품이나 자재가 조달됨에 따라 부가가치의 상품 흐름이 시작된다. 이러한 흐름이 많은 내부 및 외부 당사자와 접촉하는 방식을 이해하면 공급사슬 관리자는 공급사슬 설계의 영향을 받는 사람과 설계 노력에 참여할 사람을 결정하는 데 도움을 얻을 수 있다.

### 조달(Sourcing)

> **조달(Sourcing)**
> 필요한 상품이나 서비스를 제공하는 회사를 식별하는 프로세스

조달에는 복잡하고 도전적인 결정이 포함된다. 제조된 제품, 구성품 및 서비스를 일반 견제(arm's length) 형태의 거래 또는 아웃소싱을 통해 제공하는 회사에서 구매하여 얻을 수 있다. 20세기 후반과 21세기 초반의 추세는 비핵심 활동을 계약 파트너에게 공급하는 것이다. 이러한 파트너는 가까운 곳에 있거나 해외에 있을 수 있다. 공급사슬의 길이가 길어지고 전 세계적으로 분산됨에 따라 기후, 문화, 자원, 세금 정책 등에 가장 적합한 국가 또는 지역의 각 파트너를 찾아 각 특정 활동을 지원할 수 있다.

아웃소싱은 처음에 공급사슬 제조 전략이었다. 그러나 컴퓨터 하드웨어 및 소프트웨어 및 글로벌 광대역 네트워킹의 발전으로 헬프 데스크, 회계 및 의료 테스트와 같은 서비스 활동의 글로벌 아웃소싱이 가능해졌다. 예를 들어, 회계 활동은 여러 시간대에서 수행될 수 있다. 전 세계에 있는 주간 근무 회계사는 인터넷 파일을 즉시 전송받아서 고객의 야간 시간에 서비스를 수행할 수 있다. 문서를 인쇄하여 복도에 있는 사무실로 운반할 수 있는 것보다 더 빨리 바다 건너 이메일을 통해 보낼 수 있게 된 것이다.

이후 장에서 아웃소싱 포함하는 계약(contracting)에 대해 자세히 알아본다.

## 6.1.2 공급사슬망 설계(Supply chain network design)

공급사슬 네트워크 설계 및 구성에는 정보 흐름 설계 및 주요 조달 결정이 포함된다. 네트워크

설계 및 구성의 목표는 효율성을 높이는 것이다. 이는 재고를 효과적으로 배치하고 관리하며 자원을 적절히 활용함으로써 이루어진다. 정보 시스템 아키텍처를 통해 다양한 부서와 외부 파트너가 통합된 전체가 될 수 있기 때문에 공급사슬 정보 시스템 설계가 먼저 해결되어야 한다. 그러나 정보 전략은 전체 네트워크 설계 및 구성과 밀접한 관련이 있기 때문에 이 장에서는 조직의 경쟁 기반이 효율성 (예: 비용 기반 또는 린) 중심인지 아니면 고객 중심의 대응성인지 여부에 따라 정보 시스템이 상이한 방향으로 가는 방법을 보여준다.

## 🔗 정보시스템 아키텍쳐(Information system architecture)

> 💡 **정보 시스템 아키텍처(Information system architecture)**
> 정보와 관련하여 조직이 운영되는 방식의 모델.
> 이 모델은 (1) 조직 기능 (2) 조정 요구사항의 의사소통 (3) 데이터 모델링 요구 (4) 관리 및 통제 구조의 4가지 요소를 고려한다. 정보 시스템의 아키텍처는 조직의 아키텍처와 정렬되고 일치해야 한다.

도표 26은 정보 시스템의 요소가 조직 및 확장된 공급사슬에 대한 조직의 전략 및 전술 계획과 병렬로 설계되는 방법에 대한 개요를 제공한다.

| 조직 아키텍춰(Organizational Architecture) → | 정보시스템 아키텍춰(Information System Architecture) |
|---|---|
| **조직전략(Organizational strategy) →** | **정보전략(Information strategy)** |
| - 미션, 비전, 전략<br>- 핵심 역량<br>- 세분화,<br><br>확장된 공급사슬 전략<br>- 효율적이고 효과적이며 유연한 시스템<br>- 파트너 핵심 역량<br>- 신뢰도 및 통합 수준 | - 확약, 원칙, 목표<br>- 우선순위: 효율성, 대응성, 고객 중심<br>- 정보시스템 구조의 비전<br><br>확장된 공급사슬 정보 전략<br>- 확장 아키텍처의 비전과 모델<br>- 갭 분석 |
| **정보 콘텐츠 정의(Information content definition) →** | **정보 정책과 통제(Information policies and controls)** |
| - 날짜 입력, 정확도 및 보관 기간<br>- 저장 위치, 접근 가능한 사람, 접근 방법<br>- 의사결정을 위해 사용 및 분석<br><br>확장된 공급사슬 비즈니스 모델<br>- 기술통합의 전략적 모델<br>- 시장 세분화 및 제품/서비스 목표<br>- 재무목표/측정, 이익 배분<br>- 유통전략(물류와 통합) | - 데이터 무결성 및 시스템 유용성을 보장하기 위한 거버넌스 방법과 표준을 포함한 구체적인 정책 및 통제<br><br>확장된 공급사슬 의사소통<br>- 각 채널 파트너에 의해 활성화되는 필요한 수준의 네트워킹 및 통신<br>- 파트너 정책, 작업 프로세스, 태스크 및 역할 통합 |
| **정보 인프라 설계(Information infrastructure design) →** | **Database, networks, software, configuration** |
| - 데이터베이스 설계<br>- 네트워킹<br>- 소프트웨어<br>- 구성(예: 하드웨어, 클라이언트/서버)<br><br>확장된 공급사슬 프로세스 모델<br>- 일별 외부 프로세스 상세사항<br>- 어떤 파트너가 어떤 프로세스를 수행하는지<br>- 프로세스 상호 작용 정도(예: 가상조직) | - 구체적 개수/데이터베이스 유형<br>- 네트워킹 세부사항(예: 데이터 통신)<br>- 특정 소프트웨어<br>- 구성 세부사항(예: 인터페이스)<br><br>확장된 공급사슬 네트워킹 등<br>- 기술 전제 조건<br>- 기술에 대한 연결 인터페이스<br>- 시스템 리엔지니어링 및 변경 관리 |
| **정보 인프라 변경(Information infrastructure change) →** | **조치계획,일정, 우선순위(Action plan, schedule, prioritization)** |
| IT 변경 요구 사항<br>확장된 공급사슬 요구사항 | IT 실행 계획<br>확장된 공급사슬 IT 실행 계획 |

도표 26 조직 및 정보시스템 아키텍춰(Organizational and Information System Architectures)

### 🔗 조직전략(Organizational strategy)

공급사슬의 다른 모든 부분과 마찬가지로 모든 정보 시스템 및 기술에 대한 공급사슬 설계는 조직의 전체 전략을 기반으로 하고 그에 맞춰야 한다. 조직의 중요 초점이 바뀌면 새로운 공급사슬 전략을 쉽게 하기 위해 정보 시스템 아키텍처를 변경하거나 업그레이드해야 한다.

### 🔗 정보전략(Information strategy)

정보 전략이란 조직이 정보 시스템을 전략적 투자로 취급하겠다는 확약으로 해석하고 네트워크 설계의 기본 원칙, 우선순위 및 공통 목표를 설정한다. 정보 전략의 결과는 정보 시스템 구조에 대한 높은 수준의 엔드 투 엔드(end-to-end) 비전에 반영된다. 마찬가지로, 확장된 공급사슬 전략은 확장된 공급사슬에 대한 전략적 비전으로 변환된다. 공급사슬 파트너의 기존 시스템을 계획된 것과 비교하기 위해 주요 파트너와의 격차(gap) 분석을 수행하고 기존 격차를 해결하기 위해 파트너와 협의하여 확장된 기업을 위한 모델을 개발한다.

### 🔗 정보 콘텐츠 정의(Information content definition)

정보 내용 정의에는 수집할 데이터, 수집 방법, 정확성 유지 방법, 저장, 접근, 통제 및 분석 방법에 관한 결정이 포함된다. 확장된 공급사슬에는 비지니스 모델링이 포함되며, 이는 각 공급사슬 파트너의 역학 관계 및 상호 작용을 매핑한다. 확장 공급망 비지니스 모델링에는 어떤 시장 부문을 목표로 하고 있는지, 성과를 어떻게 측정할 것인지, 파트너 간 이익을 어떻게 공유할 것인지, 그리고 제품을 어떻게 유통할 것인지 등의 결정이 포함된다.

공급사슬 인프라는 이러한 결정에 따라 평가된다. 여기에는 아래 사항들에 관한 결정이 포함된다.

- 적절한 수의 시설(창고, 공장)
- 각 시설의 규모와 위치
- 시설 내 제품을 위한 공간 할당

- 조달 요구사항

- 유통전략

이러한 결정은 이 자료의 뒷부분에서 더 자세히 다룰 것이다.

## 정보 정책과 통제(Information policies and controls)

정보 정책 및 통제는 조직의 데이터 및 소프트웨어 시스템이 예상대로 작동하도록 정보 인프라를 설계하고 일상적인 운영 및 지속적인 개선 계획에 사용되는 합의된 방법이다. 정보 시스템은 데이터 및 비용 수집을 사용하여 공급사슬이 제품 또는 서비스 유통에 효율적인 채널인지 확인한다. 통제는 시스템 오용(system misuse)에 대한 감독을 제공하고 감사(auditing)를 지원한다. 정보 시스템 관리 및 정책 준수는 교육 및 지속적인 관리 지원이 필요하다.

확장된 공급사슬의 경우, 문제는 원하는 수준의 통신 및 보안을 가능하게 하는 것이다. 파트너 간의 공동 작업에는 공통 정보 정책 및 작업 프로세스를 설정하고 데이터 저장소 및 통신 방법을 설정하는 파트너의 역할을 결정함으로써 네트워킹 및 데이터 공유 방법에 대한 합의가 이루어진다. 상황이 변화함에 따라 계획을 검토하고 조정하도록 계획해야 한다.

## 정보 인프라구조 설계(Information infrastructure design)

정보 인프라 설계에는 정책 및 통제에 대한 데이터 중복 및 오류를 최소화하고 필요한 모든 내부 및 외부 지점에서 정보에 접근하며 효과적인 분석 및 효율적인 거래처리를 지원하는 응집력 있고 비용 효율적인 정보 시스템으로 변환하는 방법을 결정하는 과정이 포함된다. 네트워킹 수행 방법, 전략적 목표를 달성하는 데 가장 적합한 소프트웨어, 최적의 유연성 및 성장을 위해 하드웨어 및 소프트웨어를 구성하는 방법에 대한 자세한 결정이 내려진다. 결정은 기존 시스템을 활용하는 방법, 소프트웨어 구매, 업그레이드 또는 교체에 따른 비용과 편익 분석, 인터페이스 장치와 통신 도구의 사용에 관한 결정을 포함할 수 있다.

🔗 **데이터베이스, 네트워크, 소프트웨어, 그리고 구성(Databases, networks, software, and configuration)**

기존 시스템 사용, 기술 업그레이드 또는 추가 결정, 특정 공급업체 검색 및 선택 등을 포함하여 설계 승인된 후 데이터베이스, 정보 네트워크, 소프트웨어 및 구성에 대한 구체적인 결정이 내려진다.

데이터베이스 및 데이터베이스 관리시스템(DBMS)에 관한 결정은 조직이 의사결정을 위해 데이터의 무결성, 가용성 및 유용성을 유지하는 능력에 중요하다. 확장된 공급사슬에 대한 데이터는 동기화 상태를 유지하면서 빠른 접근을 허용해야 한다. 데이터베이스 설계 방식에 따라 내부 및 외부 통합 및 외부 공동 작업을 활성화하거나 방해할 수 있다. 양질의 데이터 저장소는 진정한 경쟁 우위의 원천이 될 수 있다. 불량 데이터는 사용자가 유용한 소프트웨어 시스템을 불신하고 불신하게 할 수 있다.

마찬가지로, 사업 요구사항을 충족하면서 긍정적(+)인 투자 수익률을 제공하기 위해 네트워킹, 소프트웨어 선택 및 구성 결정을 선택해야 한다.

🔗 **정보 인프라 변경(Information infrastructure change)**

공급사슬 네트워크 설계에는 내부 및 확장 공급사슬에 대한 지속적인 시스템 변경 및 개선 계획이 포함되어야 한다.

🔗 **활동 계획, 일정 및 우선 순위화(Action plan, schedule, and prioritization)**

정기적인 전략 갱신 세션, 전술적 시스템 개선 세션 및 운영 격차 분석의 결과는 조직과 확장된 공급사슬 모두에 대한 IT 실행 계획을 가져야 한다. 이러한 계획은 개발 노력과 지출의 우선순위를 정하고 프로젝트와 과제를 생성하며 프로젝트 성공을 평가하기 위한 피드백 메커니즘을 포함해야 한다.

## 6.1.3 망 구성(Network configuration)

공급사슬 네트워크 구성은 공급업체, 생산 공장, 유통센터 및 제조 자원의 포괄적인 조직과 관련된 복잡한 전략적 결정이다. 공급사슬은 고객의 요구와 거래 파트너의 역량을 반영하도록 구성되어야 한다. 모든 투자에 대한 최적의 수익을 제공하는 네트워크를 계획하려면 장기적이고 전략적인 사고가 필요하다. 각 결정은 고려 중인 단일 사안뿐만 아니라 전체 공급사슬에 미치는 영향을 근거로 평가되어야 한다.

최적의 네트워크 구성을 위해 고려해야 할 항은 다음과 같다.

- 각 제품의 공장 위치(location) 및 생산 수준(production levels)
- 창고 수(number), 위치(location) 및 창고 용량(capacity)
- 모든 시설 간 운송(transportation)

예를 들어, 제조업체의 공급망 관리자는 적절한 종류의 재고를 최적의 수준으로 비축하는 것을 고려해야 하며, 창고로 적시에 도착하고 창고에서 적시에 출발할 수 있는 운송 링크를 설정해야 한다. 이상적인 네트워크에서는 원료, 구성품 및 자원이 결코 창고에 보관되어 있지 않다. 대신, 그들은 체인을 따라 각각의 장소에 제시간에 도착할 때까지 항상 움직인다. 이 이상적인 상태가 달성되기 어려운 한 가지 이유는 최종 고객으로부터 시작하여 공급사슬 전체에 걸쳐 발생하는 수요의 변동 때문이다. 예측 불가능한 수요는 사고나 악천후와 같은 다른 요인과 함께 공급사슬을 따라 다양한 위치에서 일정 수준의 재고를 유지하는 것이 일반적으로 필요하다는 것을 의미한다. 공급사슬 관리자의 과제는 미래의 수요를 최대한 정확하게 측정하고, 고객에 대한 납품에 차질이 없도록 재고를 최대한 낮게 유지하는 것이다. 이후 장에서는 재고자산 계획 및 관리, 관련 비용 범주, 재고자산의 재무제표에 미치는 영향, 재고자산 관리 및 통제에 대해 자세히 학습한다.

다른 예는 고객의 상품을 위한 창고이다. 창고 수를 늘리면 상품을 고객에게 더 가까이 배치하여 배송 시간을 단축할 수 있다. 반면에, 총재고를 늘리고 주어진 수량의 물품을 저장하는 데 필요한 창고 공간을 늘리는 단점이 있을 수 있다. 어느 정도까지는 상품을 소매점이나 고객 배송 지역 내에 두는 것이 운송 비용을 줄임으로써 공급사슬에 이익을 주는 경향이 있다.

운송 비용은 생산 시설, 창고, 운송에 대한 대량 할인, 필요한 운송 유형, 소매점 또는 고객 간의 총 거리를 포함하는 여러 변수의 함수이다. 전체 공급사슬 네트워크에 대한 최적화 문제를 해결하려면 공급사슬 관리자는 가장 강력한 기술을 사용해야 한다.

공급사슬의 길이가 길고 복잡해짐에 따라 여러 지역, 국가 및 대륙에 시설이 분산될 수 있다. 다양한 통계를 통해 어떻게 글로벌 조달 및 해외 제조가 공급사슬 비용을 절감할 수 있는지 보여준다. 상대적으로 낮은 임금 수준으로 숙련된 인력을 고용하고, 주요 전문 인재 풀 근처에 전 세계 또는 지역의 역량 센터를 설립하고, 자재비를 절약하고, 새로운 공급원을 찾는 것은 몇 가지 가능성 중 일부에 불과하다.

글로벌 확장이 매력적이지만 해외 확장이 성공을 보장하기 위해서는 충분한 실사가 필요하다. 특히 물류 측면에서 비지니스 수행 및 제품 배송과 관련된 많은 문제가 있다. 이는 도표 27에 요약된 대로 평가 중인 국가의 지역 인프라 문제를 인식하고 있음을 의미한다.

| 이슈 내용 | 고려사항 |
| --- | --- |
| 항만, 공항 시설<br>(Port facilities, airports) | 항만시설 및 공항의 규모와 품질에 대한 구체적인 세부 사항 |
| 고속도로 상태<br>(Highway conditions) | 도로의 규모와 상태, 그리고 고속도로의 범위 |
| 철도 라인<br>(Rail lines) | 제품 이동 지연을 최소화하는 경로의 가용성 |

도표 27 글로벌 확장 시 인프라 고려사항(Infrastructure Considerations in Global Expansion)

항만 시설, 공항이나 도로의 상태 및 용량은 제품 및 공급품을 안정적으로 적시에 운송하는 데 중요한 요소가 될 수 있다. 호환되지 않는 철도 트랙 게이지 및 용량 문제는 리드타임에 악영향을 줄 수 있다. 또한 국경을 넘을 때는 많은 양의 서류 작업이 필요하다.

## 6.1.4 측정지표 설계(Metrics design)

측정지표를 설계할 때, 사람들이 조직이 측정하기로 선택한 것에는 신경을 많이 쓰고 개선하고자 하지만 조직이 측정하지 않는 것은 무시하거나 우선순위를 두지 않는 것을 이해하는 것이 중요하다. 이 문장의 두 번째 부분은 "당신이 측정한 것만 관리하고 개선할 수 있다"라는 문구 뒤에 숨은 의도하지 않은 결과를 언급한다. 의도하지 않은 결과를 최소화하면서 기업이 원하는 결과를 얻을 수 있도록 하기 위해 조직은 철저하지만 지나치게 복잡하거나 번거롭지 않은 이미 잘 확립된 프로세스 지향 측정 모델로 눈을 돌리는 경우가 많다. 보다 널리 수용되고 사용되는 프로세스 지향 모델 중 하나는 공급사슬 운영 참조(SCOR®) 모델이다.

# 6.2 시장 요구사항을 고려한 주문 충족 전략(Fulfillment Strategies Considering Market Requirements)

## 6.2.1 효율성과 대응성의 균형 유지(Balancing efficiency with responsiveness)

조직은 때로는 대응성(responsiveness)과 최소 비용의 제조 및 공급사슬을 지향하는 효율성(efficiency)의 균형을 유지해야 한다. 대응성은 변화하는 고객 요구사항에 민첩하게 반응하는 것을 의미한다. 이는 높은 고객 서비스 또는 민첩성에 집중하는 형태를 취할 수 있다. 공급사슬의 민첩성은 유연성과 대응성에 대한 지표를 사용하여 SCOR에서 측정되지만, 기본적으로 비용 또는 조직의 붕괴에 큰 영향을 미치지 않으면서 생산량을 늘리거나 줄일 수 있는 조직의 능력을 측정한다.

고객 중심, 유연성 및 대응성은 중복 생산능력과 같은 비용을 수반하므로 일반적으로 효율성과 대응성을 동시에 극대화할 수는 없다. 그러나 이러한 요소들을 완전히 무시할 수는 없다. 저렴한 비용으로 경쟁하는 조직은 효율성을 극대화하지만, 수요 위험을 완화하기 위해서는 어느 정도의 대응력이 필요하다. 수요의 급격한 변동이나 공급사슬의 혼란에 적응할 수 있는 조직은 여전히 약간의 효율성이 필요하며 그렇지 않으면 실패할 수 있다.

효율적이고 대응적인 공급사슬을 차별화하는 변수는 재고량과 수요 불확실성이다. 두 가지 유형의 사슬에 대한 다음 설명을 검토하면 다른 유형의 제품 생산에 필수적인 특정 속성을 인식하고 연관시킬 수 있다.

효율성 중심의 공급사슬은 일반적으로 아래와 같은 속성을 조합하기 위해 노력한다.

- 고객 수요가 안정적이며 크게 변동하지 않는다. (수요 불확실성이 낮다.)
- 예측 오류(forecasting errors) 수가 적다.
- 시장의 구조(structures of markets) 변화에 대한 적응은 거의 또는 전혀 없다. 즉, 수요 위치와 공급업체는 거의 변경되지 않는다.
- 제품 수명주기가 길다.
- 제품 출시(product introduction)가 드물다.
- 제품 다양성(product variety)이 제한적이다.

효율성 중심 공급사슬에서 공급사슬 관리자는 일반적으로 사전에 고객 수요를 관리하는 데 중점을 두고 있으며 시계열 예측(time series forecasting) 방법을 사용하여 미래 수요를 예측할 수 있다. 고객 주문은 재고에서 채워지며 예상치 못한 중단은 일반적으로 사전 수요관리로 관리된다.

대응형 공급사슬(responsive supply chain)에는 다음과 같은 속성이 있다.

- 고객 수요가 안정적이지 않고 크게 변동될 수 있다. 수요 불확실성이 높다.
- 예측 오류 수가 크다.
- 시장 구조의 변화에 적응한다(수요 및 공급업체의 위치가 자주 변경될 수 있다).
- 고객 데이터 및 구매에 실시간(real-time) 시스템을 사용한다.
- 제품 수명주기(product life cycle)가 짧다.
- 고객과의 근접성(proximity to customers)을 위해 복수의 창고를 사용할 수 있다.
- 지리적으로 다각화된 운영 또는 공급업체와의 계약 형태로 추가 또는 중복 생산능력을 유지할 수 있다.
- 신속한 제품 배송을 위해 제 3자(third-party) 운송 업체를 이용할 수 있다.
- 제조업체나 공급업체가 높은 민첩성을 요구할 수 있다.

대응성 중심 공급사슬에서 공급사슬 관리자는 일반적으로 시스템 유연성 및 생산능력 완충을 기반으로 예측을 개발한다(생산능력 쿠션은 예상 수요에 대한 용량을 계산한 후 시스템에 추가되는 추가 생산능력이다. 안전 용량 또는 보호 용량이라고도 한다). 추가 생산능력은 다른 공장의 중복 제조 기능 또는 계약상 의무 백업의 형태를 취할 수도 있다. 수요계획 관점에서 볼 때 수요 변동성과 판매량이 많은 대응적 공급사슬은 부품 및 구성품 예측에 중점을 두어 고객이 최종 제품의 생산을 "끌기(pull)" 할 때까지 최종 조립을 지연할 수 있다.

극단적으로 효율성이나 대응성에 한쪽에만 중점을 두는 것은 일부 조직에게는 치명적인 것으로 입증되었다. 대부분의 공급사슬은 효율성과 대응성 스펙트럼의 사이에 있다. 공급사슬이 주요 대상에게 중요한 지표를 기반으로 성과를 향상시키려고 노력함에 따라 효율성과 대응성 간에 적절한 균형을 유지하는 능력도 평가해야 한다. 공급사슬은 적절한 서비스 수준을 식별해야 한다.

### 서비스 수준(Level of service)
고객이 요청한 배송 날짜 및 수량을 충족시키기 위해 재고 또는 현재 생산 일정에 따른 수요를 충족시키는 척도(일반적으로 백분율로 표시)

## 6.2.2 조직의 시장 요구사항과 공급사슬 맞추기(Supply chain fit with organizations' market requirements)

특정 공급사슬에 대한 최상의 효율성과 대응성의 균형을 어떻게 결정할까? 하우 리(Hau Lee) 교수의 하버드 비지니스 리뷰 기사 "Triple-A Supply Chain"에서 저자는 지능형 조직이 최적의 제조 시나리오 및 최상의 유통 기능을 위해 공급사슬을 제품 시장의 성격에 맞게 조정한다고 말한다. 공급사슬관리(SCM)는 사슬 내에서 제조되는 제품 또는 제품 그룹의 유형에 따라 공급사슬을 최적화하는 방법을 연구하고 식별해야 한다. 고객이 구매할 때마다 정확히 무엇을 중요하게 생각하는가? 저렴한 가격, 편의성 또는 사용자 맞춤식 기능을 기반으로 하나? 이러한 질문에 대한 답변은 시장조사 중에 파악되어야 한다.

갭(Gap Inc.)의 공급사슬 성공은 공급사슬 맞춤이 올바른 솔루션이 될 수 있다는 증거이다. 올드 네이비(Old Navy), 갭(Gap) 및 바나나 리퍼블릭(Banana Republic)의 세 가지 주요 브랜드를 소유하고 있는 갭 회사는 각각의 제품 유형에 맞게 서로 다른 3개의 대륙에 3개의 개별 공급사슬을 운영하고 있다.

- 올드 네이비(Old Navy) 브랜드는 비용에 민감한 소비자를 대상으로 하므로 제조 및 조달은 중국에 위치하고 있으며 인건비와 재료비가 저렴하다.

- 중간 가격대의 더 유행을 좇는 구매자에게 서비스를 제공하는 갭(Gap)은 속도와 유연성이 가장 중요한 중앙아메리카에 공급사슬을 갖추고 있다.

- 바나나 리퍼블릭(Banana Republic)은 더 좋은 품질을 원하는 고객들을 끌어모으고, 기꺼이 돈을 지불할 의향이 있는 고객들을 끌어모으기 때문에, 그것의 공급사슬은 유행에 민감한 이탈리아에 자리 잡고 있는데, 그곳에는 정교하게 만들어진 직물과 패션들이 즐비하다.

- 이 세 개의 공급망을 가지고 있기 때문에 갭 회사는 공급망을 하나만 가지고 있을 때보다 간접비가 더 비싸고, 구매와 생산을 위한 규모의 경제가 더 낮으며, 운송비가 더 비싸다. 이들 브랜드는 서로 다른 전략이 필요하기 때문에 공급사슬도 다르다. 이들 네트워크는 공급사슬에 장애가 발생할 경우 서로 백업을 제공할 수 있다.

갭 회사(Gap Inc.)가 공급사슬이 시장 요구사항을 충족하도록 맞춤화된 유일한 예는 아니다. 캘로니(Callioni)의 Harvard Business Review 기사 "재고-주도 비용(Inventory-Driven Costs)"은 1990년대에 휴렛팩커드가 어떻게 자사의 PC 사업이 짧은 제품 사이클과 제품 가격 하락으로 어려움을 겪으면서 간신히 이익을 얻을 수 있었다는 것을 깨달았는지를 기술하고 있다. 그들은 수요와 공급 사이의 불일치로 인해 재고가 초과하고 PC 비용이 증가했다고 결론을 내렸고, 공급사슬을 재설계하여 이 문제와 다른 재고 관련 문제를 해결하기로 결정했다. 그들은 고려할 다섯 가지 공급사슬 선택사항을 개발했으며, 재고-주도 비용 측정법을 사용하여 제품 라인을 가장 잘 지원하는 중앙집중식 1단계 제조 환경 설정 해결책을 찾아냈다.

공급사슬 관리자는 특정 제품에 가장 적합한 공급사슬 유형을 결정해야 한다. 이 작업을 정확하게 수행하려면 일부 데이터 분석이 필요할 수 있다. 도표 28은 공급사슬 유형을 양(volume)과 수요 불확실성(demand uncertainty)에 따라 제품에 맞추는 방법을 보여준다.

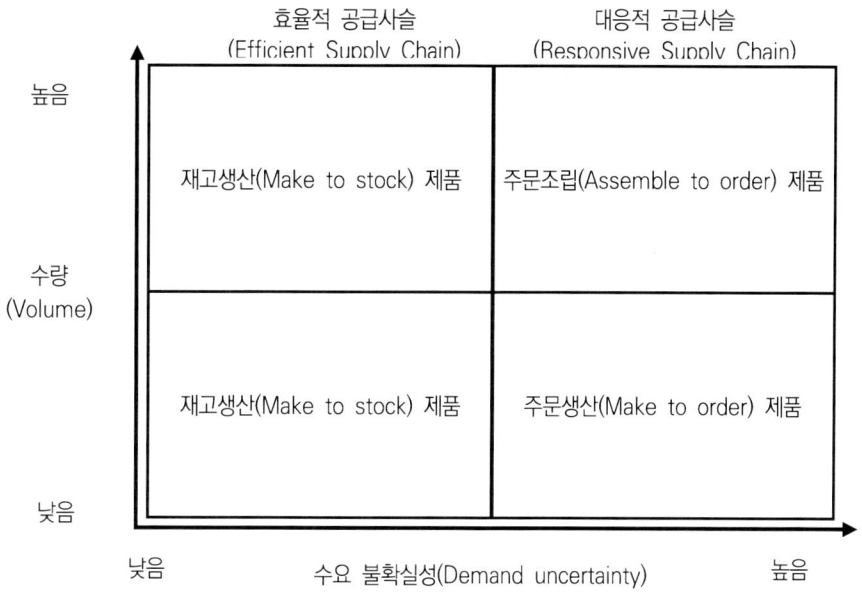

도표 28 제품에 공급사슬 유형 맞추기(Fit Supply Chain Type to Product)

주로 효율성에 중점을 둔 조직은 재고생산(MTS) 제조 전략을 선택할 수 있다(제품은 고객 주문 전에 창고/소매 지점에서 생산 및 보관된다). 대응성에 중점을 둔 조직은 주문생산(MTO) 제조 전략(제품은 고객 주문이 완료된 후에만 제조) 또는 주문조립(ATO) 제작 전략(제품 구성품 또는 모듈은 예측을 기반으로 생산되고 고객 주문 시 조립됨)을 사용할 수 있다.

## 6.2.3 복원력 있는 공급사슬 만들기(Making supply chains resilient)

볼륨 변수 및 수요 불확실성과 관련하여 제품이 차지하고 있는 위치를 식별하면 공급사슬이 제품에 적합하도록 향상시킬 잠재적인 변화를 조사하고 식별할 수 있다. 그러나 일부 연구자들은 그 자체로는 충분하다고 생각하지 않는다. 저자 Lee는 공급사슬 효율성이 필요하지만, 공급사슬 효율성만으로 회사가 경쟁업체를 능가한다는 증거는 충분하지 않다고 말한다. 그는 경쟁 우위를 개발하거나 유지하기 위해서는 공급사슬이 민첩하고 적응 가능하며 공급사슬의 다른 주체와 연계되어야 한다고 주장한다. 다시 말해, 복원력이 있어야 한다.

> **공급사슬 복원력(Supply chain resilience)**
> 공급사슬 기능을 예측하거나 피하거나 완화할 계획을 세우거나 중단을 복구할 수 있는 공급사슬의 능력

저자 셰피(Sheffi)와 라이스(Rice)는 그들의 기사 "복원력 있는 기업의 공급사슬 관점(A Supply Chain View of the Resilient Enterprise)"에서 유사한 주장을 반복했다. 그들은 회사의 복원력은 경쟁적 지위와 공급사슬의 변화 또는 혼란에 대응할 수 있는 능력에 의해 결정된다고 지적했다. 예측하지 못한 붕괴에 성공적으로 대응하는 회사는 경쟁 우위를 강화하고 시장점유율을 확보할 수 있다. 중복성 또는 유연성을 구축하여 복원력을 높일 수 있다. 여러 공급업체를 사용하여 (더 비싼 경우에도) 안전 재고를 설정하고 의도적으로 낮은 생산능력 사용률을 설정하여 중복성을 유지할 수 있다. 조직의 유연성을 높이려면 위협을 감지하고 그에 따라 신속하게 대응할 수 있는 메커니즘 또는 지표를 마련해야 한다.

요컨대, 공급사슬이 어떤 유형이든, 적절한 지표와 주요 성과 지표를 사용하고 있고 공급사슬이 회사의 시장과 제품 요구사항에 부합한다면, 그 공급사슬은 제조사를 위한 지속 가능한 경쟁 우위를 창출할 수 있는 잠재력을 가진다.

## 6.3 공급사슬망 최적화(Supply Chain Network Optimization)

일단 자료가 수집되고 표로 작성되고 검증되면 다음 단계는 물류 네트워크의 구성을 최적화하는 것이다. 최적화에는 전체 네트워크에 대한 최소 비용 해결책을 찾고 구현할 수 있는 기능(효율성 혹은 린)을 개발하거나 고객 중심 또는 민첩성의 일부 조합을 통해 수요를 관리하고 실제 수요(대응성)에 대응하는 능력을 개발하는 것이 포함된다.

이는 아래와 같이 두 가지 기술을 사용하는 운영연구(OR, operations research)와 네트워크 모델링(network modeling) 계획 도구를 구현하여 수행할 수 있다.

- 최소 비용 또는 최상의 해결책을 결정하기 위한 수학적 알고리즘
- 설계 대안을 평가하기 위한 시뮬레이션 모델

조직은 정보 시스템 계획에 최적화를 설계할 수 있다. 그러나 최적화는 어느 정도 현실성이 있어야 한다. 조직의 직원은 조직이 높은 수준의 개발 단계에 있다고 낙관적으로 가정할 수 있으며, 이러한 가정은 최적화를 위한 작업 실패를 일으킬 수 있다. 따라서 공급사슬 네트워크 최적화의 특정 단계에 있는 요소를 이해하는 것이 중요하다.

### 6.3.1 공급사슬망 기술 최적화 단계(Stages of supply chain network technology optimization)

공급사슬 네트워크 기술 최적화는 적대적인 관계로 외부와 연결이 완전히 단절된 조직(단계 1)에서 매우 효율적인 회사의 가상 네트워크(단계 4)에 이르는 연속체에 존재하는 공급사슬 진화 단계에 매핑될 수 있다.

공급사슬 최적화는 선형이라기보다는 진화적이라고 생각할 수 있다. 기본적인 자재소요량계획(MRP, material requirements planning) 단계를 시작으로 공급사슬은 제조자원계획(MRP II, manufacturing resource planning) 및 ERP, 내부 통합, 공급사슬 계획, 생산 일정 계획, 외부 통합 등의 측면에서 정교함을 지속적으로 향상시킨다. 조직의 공급사슬 최적화 단계는 경쟁업체와 비교하여 회사를 벤치마킹하는 데 중요하다.

도표 29는 공급사슬 진화의 각 단계에서 공급사슬 최적화 수준을 나열한다.

| 능력 | 단계 | | | |
|---|---|---|---|---|
| | 1: 오합지졸(multiple dysfunction) | 2: 부문별 사일로 기업 (semifunctional enterprise) | 3: 전사 통합된 기업 (integrated enterprise) | 4: 확장된 외부 통합 기업(extended enterprise) |
| 인터넷(Internet) | 정적인 웹사이트 | 온라인 카탈로그 | 모든 기능 부서에 걸친 인트라넷 | 전자상거래 |
| 통합(Integration) | 없음. 팀워크가 없다. | 묶음(Batch) 단위 | 내부 프로세스 통합, 설계팀 | 공급사슬 네트워크, 기업 경계 간 프로세스 통합 |
| 공급사슬 계획 (Supply chain planning) | 어떤 종류의 정보 교환도 거의 없음 | 비공식 수요 계획, 재고 감소, 이니셔티브 조정 없음 | 공식적인 글로벌 수요 계획, 웨어하우징, 물류, 예측 등 개선 | 통합 글로벌 계획, 공급망 대 공급망 경쟁 |
| 생산 일정 (Production scheduling) | 기본 MRP (시간 경과 발주점) | 제조자원계획(MRPII) | MRP—ERP | 외부 통합 ERP |
| 공급자와 통합 (Integration with suppliers) | 팩스/전화 | EDI/팩스/전화; 저가 구매 전략 | 모든 대형 공급업체와의 전자 데이터 교환(EDI) | VMI, 온라인 견적 요청(RFQ) |
| 고객 납품 (Customer delivery) | 탐색 | 현장(local) 재고 | 납기약속(ATP) | 납기가능약속(CTP) |

도표 29 공급사슬망 기술 최적화 단계(Stages of Supply Chain Network Technology Optimization)

## 🔗 1단계: 오합지졸(multiple dysfunction)

오합지졸로 표현되는 다중 기능 장애 단계에서 회사는 다양한 거래처리 기능을 수행하는 여러 개의 분리된 레거시 MRP 시스템을 보유할 수 있다. 이러한 사업부는 회사 내 부서의 장벽을 뛰어넘지 못한다. 의사소통에 있어 서류 작업이 필요하고 데이터의 중복 입력이 필요하다. 자재소요량계획(MRP)은 구성품의 순 요구량을 결정하는 가장 간단한 프로세스(자재명세서, 기준생산 일정, 현재고, 현재 주문 중인 데이터 등)를 나타내며 그 이상 기능이나 내용이 없다.

1단계의 결점은 여러 시스템 병목 현상, 공급사슬 지도력 부재, 웹 기능 최소화 및 프로세스 유연성이 거의 없다는 점이다. 시스템은 주문 상태 또는 리드타임과 같은 시기석설한 정보들 생성할 수 없다. 성과가 측정되지 않거나, 부적절하게 측정되거나, 측정되었지만 적용되지 않거나, 회사 목표에 부합하지 않는다.

이 단계의 조직은 내부 프로세스 표준화, 인터넷 및 모바일 장치 지원 및 과거의 지속적인 개선 노력 활용에 중점을 두어야 한다. 조달 및 물류와 같이 가장 큰 비용을 절감할 수 있는 영역부터 시작하여 단계별 접근 방식이 가장 좋다. 일반적으로 이 단계에서 각 영역별로 약 5~8%의 비용을 절감할 수 있다. 기능 영역은 변화에 저항할 것이므로 변화관리(change management)가 매우 중요하다.

### 2단계: 부문별 사일로 기업(semifunctional enterprise)

부분 기능적 엔터프라이즈 단계에서 많은 회사가 제조자원계획(MRP II) 구현을 완료했으며 자동화된 생산능력 계획과 관련된 계획 프로세스의 교차 기능 통합을 보여줄 수 있다. 내부 최적화와 기업의 우수성은 기능적 사일로를 분해하여 부서 간 신뢰와 협력을 시도한다. 일부 회사는 핵심 프로세스 이외의 영역을 아웃소싱했으며 이러한 아웃소싱 제공업체는 주요 외부 유착 업체들이다.

2단계에 위치한 기업은 문서화된 프로세스를 사용하고 핵심 성과 측정을 목표에 맞춘다. 그러나 이 단계의 많은 회사는 웹 기능을 활용하지 않는다. 기껏해야 인트라넷 사이트나 일반상품(commodities) 및 사무용품(office suppliers) 거래와 같은 기능 중심의 전자 비지니스 솔루션을 보유하고 있다.

앞으로 2단계 기업은 외부 통합 경험이 있는 공급사슬관리 리더를 선임해야 한다. 이 지도자는 경영진의 지원을 받으며 장벽을 무너뜨릴 수 있는 권한이 필요하다. 리더는 대량 구매 할인을 받기 위해 조직 전체에 걸쳐 구매를 집계하는 등 시장 성과를 줄이지 않고 변경할 수 있는 분야부터 시작해야 한다. 리더에게는 더 고통스럽지만 필요한 과정과 문화의 변화를 옹호할 때 초기 성공이 도움이 될 것이다. 이 수준의 최적화는 일반적으로 운송, 창고, 재고 및 장비 비용을 절감하기 위한 린(lean) 전략에 초점을 맞춘다.

### 3단계: 전사 통합된 기업(integrated enterprise)

통합된 기업 수준에서 기업들은 확장 기업과의 거점 대 거점 계획 통합을 시작했다. 이들은 실시간 또는 거의 실시간(near real-time) 정보를 공유하고 여러 부서와 1차 고객 및 공급업체 간의 예측에 대해 협업한다. 거래 파트너와의 상호 작용은 여전히 1대 1로 유지된다. 어떤 이들은 모범사례와 협업의 위험 및 보상을 공유한다. ERP를 사용할 가능성이 높으며 고객관계관리(CRM, customer relationship management)나 공급자관계관리(SRM, supplier relationship management) 또는 둘 다를 사용할 수 있다. 조직은 전사적 프로세스에 초점을 두고 판매 및 운영 계획과 같은 프로세스에서 기능 영역을 효율적으로 통합한다.

3단계로 가려면 변화에 대한 문화적, 기술적 저항을 극복해야 한다. 문화 및 프로세스 측면에서 각 당사자는 외부 소스의 아이디어를 내부 아이디어보다 열등한 것으로 볼 수 있다. 기술 측면에서, 많은 관리자는 기술 지원이나 주요 데이터 손실에 대한 두려움과 복수의 상이한 레거시(legacy) 및 ERP 시스템과의 연결의 어려움에 대해 체감하지 못한다.

이러한 수준으로 발전하기 위해서는 종종 사업부의 비전 있는 리더가 리더의 사업부를 위한 이러한 외부 통합 개발에서 공급망 리더와 IT 책임자의 노력을 강화해야 한다.

## 4단계: 확장된 외부통합 기업(extended enterprise)

4단계에서 공급사슬은 더 많은 공급사슬과 연결된다. 4단계 네트워크는 전자 상거래에 참여하며 자동화되고 원활한 정보 공유, 연계된 경쟁 비전 및 일반적인 비지니스 목표를 가지고 있다. 또한, 협업 계획, 예측 및 보충을 사용하여 계획을 공동으로 작성하고 구성 요소 또는 완제품에 대해 공급업체 관리 재고를 사용할 수 있다. 신제품이 더 빨리 시장에 출시된다. 이 네트워크의 파트너는 모든 사람이 공통의 목표에 동기를 부여할 수 있도록 위험 및 보상 공유 계약 및 기타 보호 조치를 취한다. 엔드 투 엔드(end-to-end) 통합은 완벽한 가시성을 제공하고 네트워크가 가상 회사(virtual company)로 기능할 수 있도록 한다.

4단계의 회사는 공공 또는 자체 인터넷 장터(private internet exchanges)를 이용하여 자료와 서비스를 구매하고 여러 곳으로 판매한다. 대부분의 거래가 자동적이고 무인이다. 그들은 더욱 공식적인 파트너십을 구축하고 재능을 공유한다.

이 수준에 도달하고 유지하려면 지속적인 경영진 리더십과 전문 인력 및 기술적인 공급사슬 전문 지식 개발이 필요하다. 협업 유지의 또 다른 열쇠는 공급사슬 전략과 목표를 표현하고 비생산적인 요소를 식별할 수 있는 완전히 통합된 성과 측정 시스템이다. 파트너 간의 기술 연결은 지속적인 개선 이니셔티브로 보아야 하며 가능하면 조정 가능하고 확장 가능한 소프트웨어 솔루션을 사용해야 한다.

## 6.3.2 최적화 단계 사이의 이동(Moving between optimization stages)

위에 제시된 각각의 단계로 이동하기 위해 해당 조직은 그들의 전략을 지속적으로 강화하고 새로운 기술을 개발해야 한다. 최적화와 혁신은 끝없이 진행되어야 하는 목표이고, 경쟁력 있는 분석기법을 통해 공급사슬 네트워크 최적화에 지속적인 투자를 촉진할 수 있다. 또한, 공급사슬이 더욱 정교해지면서 기업을 넘나드는 역량 관리가 각 단계에 맞게 발달할 것이다. 협업적 역량이 강화될수록 가능한 기술과 새로운 프로세스에 대한 수요가 더욱 증가할 것이다.

많은 기업이 최적화의 단계를 따라 진화하는 과정에 정체 상태에 빠지게 된다. 특히 2단계와 3단계, 그리고 3단계와 4단계 사이에서 정체 상태가 많이 발생한다. 기업들은 내부 통합을 향한 노력의 가치를 쉽게 알 수 있지만, 외부 통합에 대해서는 상호 신뢰의 급격한 도약을 꺼리거나 선뜻 시도하지 못할 수도 있다.

공급사슬 내 다른 사업부나 다른 기업들이 각기 다른 단계에 있을 수 있다. 많은 회사가 하나 또는 두 개의 사업부를 다음 단계로 올리고 성공할 경우 더 많은 회사나 네트워크를 움직인다. 네트워크에서 가장 낮은 공통분모가 병목 현상이 되어 시스템이 다음 단계로 발전하지 못하게 할 수 있다. 예를 들어, 대부분의 대규모 조직에는 이제 ERP 시스템이 있지만, 이것만으로는 조직을 더 높은 수준으로 이동하기에 충분하지 않을 수 있다. 오히려, 최적화 단계에 도달하기 위해서는 위에 언급한 항목 중 대다수가 더 높은 단계에 존재해야 한다.

이러한 팀들은 합의 구축 및 관련 기술과 같은 소프트 기술에 능숙하다. 이 성숙도는 경험을 통해서만 얻을 수 없다. 이로 인해 한 단계에서 다음 단계로 넘어가는 데 필요한 계획 및 실행과 관련된 복잡성이 크기 때문에 각 공급사슬 단계에서 어떤 특정 단계를 건너뛸 수는 없다.

협업 능력이 높을수록 더 많은 가능 기술과 새로운 프로세스에 대한 수요가 증가한다. 이러한 요구를 인식하고 이에 대응함으로써 더욱 긴밀한 협업을 도모할 수 있다. 협업을 위한 기회는 네트워크 연계를 넘어 더 많은 기업이 4단계에 도달했을 때에만 분명해질 것이다.

### 6.3.3 공급사슬망 최적화 전략(Supply chain network optimization strategy)

3단계에서 4단계 기업으로 진화하는 것은 최고 경영진이 공급망 전체에 걸쳐 관련 정보의 교환을 허용하기로 결정하면서 시작된다. 4단계에 도달하기 위한 출발점은 완전히 네트워크화된 시스템을 지향하는 하나의 파트너십이다. 변화에 대한 내부 저항은 반드시 허물어야 한다. 그래야 기업 간 전략으로 예비 파트너에게 다가갈 수 있다. 다른 예비 회원들도 기꺼이 협업을 모색할 의향이 있다면 기술 인프라를 구축한다.

전략은 아래와 같이 여러 단계로 설정된다.

1. 공급사슬의 목표와 원하는 최종 상태를 결정
2. 기업 내 부서 간(cross-functional) 팀과 기업간(cross-business) 팀을 구성
3. 공급사슬의 운영 프로세스와 IT의 사명을 조직
4. 모든 당사자를 위해 엄격한 시간표를 사용하여 변화관리 및 교육을 설계. 결과를 측정하고 피드백을 제공
5. 프로세스와 모든 요소를 적절하게 설명할 개념적 모델을 작성
6. 기술 인프라 구축

교차 기능 팀이나 임시 팀이 더 많은 결정을 내릴 것이기 때문에, 문화적인 변화와 개별적인 직원 기술 세트의 변화가 일어나야 한다. 공급망 네트워크 최적화를 위해서는 의사결정 프로세스를 최적화하기 위해 중앙 집중식 접근 방식과 분산형 접근 방식이 혼합되어야 한다. 팀은 협업적인 중앙 집중식 계획을 수행하지만, 실행은 분산될 것이다. 여러 관리 수준이 통합된 조직 구조를 생성한다.

다음 단계로 진입하기 위한 전략을 수립하고자 하는 조직은 공급망 기술 개발에 뒤지지 않는 팀이 필요하다. 첫째로, 이러한 사고방식에는 경쟁사가 먼저 기술을 보유하고 있는 것뿐만 아니라 기술이 그들에게 어떤 혜택을 주는지를 포함시켜야 한다. 둘째, 기업 간 전략으로 나아가기를 원하는 조직은 공급망 네트워크의 모든 구성원의 넓고 깊은 지식 기반을 구축해야 한다. 셋째, 팀 구성 훈

련은 전체적인 관점을 강조해야 한다. 즉, 그들은 공급망의 모든 구성원을 마치 모두 같은 구명정에 타고 있는 것처럼 생각해야 한다. 교차 기능 팀들이 서로 다른 국적과 문화에서 왔을 때, 공급망 관리자는 팀원들에게 문화적 차이에 대한 적절한 민감성을 알려주도록 교육할 필요가 있다.

### 6.3.4 교차부서 팀과 중심기업의 역할(Role of nucleus firm and cross-functional teams)

2단계 회사에서 3단계 회사로 또는 3단계 회사에서 4단계 회사로 이동하는 것은 종종 중심기업(nucleus firm) 또는 채널 마스터(channel master)에 의해 촉진된다. 중심기업은 파트너십에서 가장 잘 알려진 기업이거나 잘 알려진 제품을 가진 조직이기 때문에 궁극적으로 고객 만족을 책임진다. 따라서, 중심기업은 원인들을 파악하고, 잠재적 파트너에게 연락하고, 기술 감사를 수행하며, 기능 및 기업 경계를 넘어 자격 있는 파트너와 팀을 구성할 것이다. 또한, 이 회사는 공급사슬이 원활하게 보이도록 공급사슬을 측정, 관찰 및 관리해야 한다.

공급사슬 관리 이니셔티브를 지원하기 위해 구성된 사내 부서 간 및 기업 간 팀에는 다음이 포함된다.

- 기술팀(technology team). 기술팀은 특히 안전한 공동 작업을 위한 통신 및 보안과 관련하여 데이터베이스, 네트워킹, 소프트웨어 및 구성(configuration)에 대한 요구사항을 검사한다. 다른 팀들이 네트워크 계획의 개념 단계를 지나 진행하기 전에, 기술팀은 시스템을 연결하는 방법에 합의하고 이러한 연결을 만들어야 하기 때문에, 그것은 첫 번째 팀이 되어야 한다. 기술팀은 다른 팀들과 협력하여 상호 이익을 창출할 수 있는 정보의 유형을 찾는다. 그들은 전략적 목표를 지원하기 위한 조치를 결정하기 위해 기존 시스템을 분석한다.

- 구매팀(buying team). 이 팀은 결합된 네트워크 구매, 조달 및 조달 전략 활용 가능 여부를 조사한다.

- 제조 팀(making team). 제조 팀은 제조의 공동 개선 사항을 조사한다. 구성원들은 자신의 프로세스가 이미 최적이라고 느낄 수 있으며, 생산 협업의 이점을 보여주기 위해 점진적인 단계를 수행해야 한다.

- 판매팀(selling team). 영업 팀은 마케팅, 영업 및 고객 서비스 시너지 효과를 조사하여 주기

시간을 줄이고 주문 이행 및 안전 재고를 최적화한다. 각 파트너의 고객 기반과 세분화는 교차판매의 가능성을 보여준다.

- 재고팀(inventory team). 재고 팀은 최적의 총재고 및 재고 회전율을 결정하여 협업의 이점을 보여준다.

- 납품팀(delivery team). 납품 팀은 실제 재고를 기준으로 총 공간을 검사한다. 이 팀은 물류 모범사례, 총자산 사용, JIT(Just-in-Time) 또는 기타 재고 전략 사용 및 네트워크 안전 재고에 대한 합의를 구성한다.

# 7장 | 신제품 및 요구사항을 위한 제품설계
## Product Design for New Products or Requirements

7.1 부서 벽을 넘는 전통적 설계 대 협업적 설계
    7.1.1 전통적(Traditional) 설계 프로세스
    7.1.2 협업적(Collaborative) 설계 프로세스

7.2 광범위한(Broad-based) 설계 방법들
    7.2.1 공급사슬을 위한 설계
    7.2.2 물류를 위한 설계
    7.2.3 우수성을 위한 설계(DFX, Design for X)

7.3 표준화(Standardization)
    7.3.1 부품 공용화(Component commonality)
    7.3.2 모듈화(Modularization)
    7.3.3 범용성(Universality)

7.4 단순화(Simplification)
    7.4.1 동시공학(CE, Concurrent engineering)
    7.4.2 제조성과 조립성을 위한 설계
    7.4.3 서비스/유지보수성을 위한 설계

7.5 품질(Quality)
    7.5.1 품질을 위한 설계(Design for quality)
    7.5.2 식스 시그마를 위한 설계
    7.5.3 품질기능전개(QFD)

7.6 고객맞춤(Customization)
    7.6.1 대량맞춤(Mass customization)
    7.6.2 지연(Postponement)
    7.6.3 글로컬라이제이션(Glocalization)

7.7 지속가능성(Sustainability)
    7.7.1 환경을 위한 설계
    7.7.2 역물류를 위한 설계
    7.7.3 재제조를 위한 설계

7.8 제품수명주기(Product Life-Cycle)단계

### 핵심주제와 학습목표

- 설계 프로세스(design process)를 설명하고 제품 및 납품 비용에 대한 설계(design to product and delivery costs)의 기여를 식별
- 제품설계(product design)에 공급업체의 참여 수준(levels of supplier involvement)을 설명하고 공급업체 통합(supplier integration) 경향을 설명
- 공급사슬을 위한 협업설계(collaborative design)와 기존의 벽을 넘는 설계(over-the-wall design)를 대조
- 표준화(standardization), 단순화(simplification), 사용자 정의(customization), 품질(quality) 및 지속가능성(sustainability)에 중점을 둔 물류를 고려한 설계(design for logistics) 및 설계 접근 방식을 포함한 설계에 대한 다양한 접근 방식의 기능, 이점 및 장단점을 설명
- 제품 수명주기(product life cycle) 단계가 요구사항 및 공급사슬 설계(Supply Chain Designer)에 어떤 영향을 미치는지 설명

## 제품설계(Product design)

기능 요구사항을 운영 제품, 프로세스 또는 서비스로 변환하는 프로세스

설계는 마케팅과 제조 사이의 모든 작업에 걸쳐 있다. 산업, 비지니스 및 제품에 따라 설계에는 스케치 및 계획뿐만 아니라 모델 및 시제품(proto type)이 포함될 수 있다. 자동차는 스케치 되어 모델로 전환되며 시험 운전을 위해 시제품으로 제작되며 프로세스의 각 단계에서 설계 변경이 적용된다. 완성된 차량의 각 구성품은 모양과 기능 이상의 것을 염두에 두고 설계되어야 하며 원재료, 조달, 제조, 인건비 및 안전 및 환경 영향에 관한 규정도 고려해야 한다.

서비스도 설계 단계를 거친다. 예를 들어, 투자 포트폴리오(investment portfolios)는 한때 부유한 고객을 위해 맞춤 설계되었다. 오늘날, 특정 고객의 요구에 맞게 사전 포장된 뮤추얼 펀드 포트폴리오는 주식, 회사나 정부 채권, 거래된 상품과 같은 "원재료(raw materials)"에서 공급되며 훨씬 광범위한 고객 기반으로 판매된다. 은행 계좌, 가이드 투어와 같은 개인 서비스는 모두 자원을 최대한 활용하고 고객이 원하는 혜택을 제공하기 위해 신중하게 설계하고 포장해야 한다.

올바른 설계가 왜 중요할까? 설계 관련 비용은 제품 전체 비용의 약 5~15%를 차지한다. 그러나 납품(delivery) 비용의 약 70%는 설계 중에 이루어진 선택의 결과이다. 좋지 않은 설계 프로세스는 가격이 터무니없이 비싼 부품 사용을 강요하거나 경쟁이 시장점유율을 가질 때까지 설계 주기와 출시 시간을 늦춤으로써 제품을 사장시킬 수 있다.

공급사슬을 설계할 때 제품설계의 어떤 측면을 고려해야 할까? 정답은 모든 측면(every aspect)이다. 모든 제품의 특성과 특징이 공급사슬 프로세스에 어떤 방식으로든 영향을 미칠 것이기 때문이다. 설계는 공급사슬 내 모든 이해관계자에게 시사하는 바가 있으며, 공급사슬의 주요 지표를 염두에 두고 접근해야 한다.

# 7.1 부서 벽을 넘는 전통적 설계 대 협업적 설계(Traditional Over-the-Wall Design Versus Collaborative Design)

이상적으로는 제품설계에 영향을 받는 모든 기능 부서들과 거래 파트너를 포함하여 설계 프로세스가 협업적이어야 한다. 그러나 실제로는 제품 또는 서비스의 설계가 공급 부서 파트너를 포함하지 않고 하나 또는 두 개의 부서에서 독립적으로 수행되는 경우가 많다. 전통적인 설계는 벽을 넘어 소통해야 하는 불편한 접근 방식을 취한다.

## 7.1.1 전통적 설계 프로세스(Traditional design process)

기존의 순차적인 설계(sequential design) 프로세스는 한때 거의 보편적이었고 일부 회사에서 여전히 사용되고 있으며 가상 벽으로 분리된 별도의 기능 영역인 부서 단위로 구성된 회사 조직을 통합한다. 이 과정은 종종 다음과 같이 진행된다.

- 마케팅이 고객의 요구사항과 선호도 정보를 개발 부서로 보낸다.

- 개발 부서는 정보를 설계 도면 및 회로도에 통합하고 "벽을 넘어서(over-the-wall)" 생산 및 구매에 보낸다. 아마도 가장 정밀한 고급 사양의 자재와 추가 기술적 특징을 통합한 설계를 만들 것이다.

- 생산에 필요한 자재를 조달하는 구매 부서가 최초 개발팀에서 지정한 특정 부품이 구하기가 어렵고 대체 자재는 가격이 적절하지 않음을 발견한다.

- 생산 과정에서도 설계를 검토하고 난 후, 값비싼 작업 공정 수정과 직원 및 장비에 추가 비용이 발생한다는 것을 알게 되었다.

- 생산 및 구매는 수정을 위해 설계를 개발 부서로 다시 돌려보낸다.

- 설계도를 여러 차례 서로 주고받으면서 결국 개발 부서는 실행 가능한 설계를 전달하고, 생산은 제품을 생산한다.

- 물류는 포장 및 운송 비용이 원래 예산을 초과하고 시스템에 제품을 적시에 출시할 수 있는 능력이 부족하다는 것을 발견했다.

- 완성된 포장 제품이 유통업체에 도착할 때까지 이러한 일들이 계속된다.

이러한 전통적인 설계 프로세스는 제품설계에 자신도 모르게 문제를 초래할 수 있다. 예를 들어, 특정 제품설계는 다른 설계 선택사항에 비해 재고 유지 비용 또는 운송 비용을 증가시킬 수 있으며, 반면 어떤 설계는 제조 리드타임을 단축해야 할 수 있다.

## 7.1.2 협업적 설계(Collaborative design process)프로세스

협업적인 설계(collaborative design)는 부서와 공급망 파트너 사이의 벽을 허물고 있다. 설계팀 프로젝트가 일반적으로 전개되는 방법은 다음과 같다.

- 다른 부서 및 다른 공급사슬 파트너까지를 포함한 설계팀을 구성한다.
- 설계팀은 원자재에서 제품 수명주기의 마지막 단계까지 공급사슬에서 발생할 수 있는 문제를 고려하여 각 대안 간의 비용 차이를 개략적으로 추정한다.
- 모든 기능 부서와 파트너가 설계에 동의한 후 구매와 생산이 설계 실행을 진행한다.

### 🔗 어느 정도 협업을 해야 하나(How much collaboration)?

조직은 특정 공급업체나 고객이 원하는 수준의 참여를 선택할 수 있으므로 제품설계에 대한 공동 노력이 연속체를 따라 확장된다. 도표 30은 벽을 넘어서(over-the-wall) 진행되는 전통적 설계에서 비공식 협업, 공식 협업에 이르는 다양한 공급업체 또는 고객 통합을 보여준다.

| 벽을 넘어서 접근 방식 (over-the-wall) | 설계 과정에 공급업체/고객이 아무 역할도 하지 않음 |
| --- | --- |
| 비공식적 협업 (Informal collaboration) | 설계에 공급업체/고객과의 대화 또는 비공식적인 협의에서 얻은 정보가 포함되지만, 공식적인 협업은 포함되지 않는다. |
| 공식적 협업 (Formal collaboration) | 설계팀이 공급업체/고객의 대표를 공식 협업에 참여시킨다. 여기에는 고객의 목소리(VOC) 사용에서부터 설계에 대한 정기적인 공식적인 입력사항 얻기, 공급자에게 전문 지식 때문에 하위 구성품을 설계하도록 요청하는 것 등 모든 것이 포함될 수 있다. |

도표 30 설계에 대한 접근 스펙트럼(A Spectrum of Approaches to Design)

벽을 넘어서(over-the-wall) 접근하는 방식을 포기하고 대신 설계에 대한 협업적 접근 방식을 개발하기로 결정한 후에는 "얼마나 많은 정도의 협업이 필요한가?"가 대두된다.

미시간 주립대(National Science Foundation)와 글로벌 조달 및 공급사슬 벤치마킹 이니셔티브(Global Procurement and Supply Chain Benchmarking Initiative)가 자금을 지원한 공급업체 통합에 관한 연구에서, 연구원들은 몇 가지 일반적인 공급업체 통합 수준을 파악하고 각각의 가치를 평가했다. 프로젝트 기간 동안 실시된 설문 조사 결과, 평균적으로 더 높은 수준의 공급업체 참여로 인해 비용과 품질이 크게 향상되었다.

하나의 연구가 확정적인 분석을 단정 짓지는 않지만, 공급망 설계의 추세는 공식적인 공급업체 협력 쪽으로 향하고 있으며, 벽을 넘어 진행하거나 혹은 비공식적인 접근 방식에서는 벗어나고 있다고 말하는 것이 타당하다. 이는 고객이 설계에 참여하는 경우에도 마찬가지다. 고객의 목소리 및 기타 방법을 사용하여 많은 소규모 고객의 광범위한 의견을 수집하거나 설계에 핵심 고객 대표를 참여시키는 것은 고객의 요구사항과 기대가 설계에 표현되도록 하기 위한 공식적인 절차의 이점을 얻을 수 있을 것이다. 무심코든 정식으로 조직된 팀이든 설계에 기여하는 기능 부서와 파트너가 많을수록, 시장에서 실제로 원하는 제품이나 서비스를 합리적인 비용과 제시간에 생산에 투입할 수 있는 더 좋은 기회를 얻게 된다는 것은 올바른 생각이다.

공급업체나 고객이 설계팀의 일원이 되도록 요청받을 수 있지만, 브랜드에 대한 위험성을 가진 조직은 다른 사람이 주도할 수 있는 것이 아니라 자신이 전체 설계에 대한 책임을 져야 한다.

## 🔗 설계 협업을 구현(Implementing design collaboration)

바쁜 경영자들은 마감일이 빠듯하고, 설계자와 마케팅 매니저들은 때로는 공급사슬 비용 절감에 대해 보상을 하지 못하는 성과 점수표를 가지고 있다. 따라서 설계 프로세스 개선을 위해 내부 및 확장된 공급사슬 파트너를 수용하는 프로세스가 필요하다.

카길과 프라이(Cargill and Fry)는 휴렛팩커드에서 사용된 이러한 과정을 다음과 같이 설명한다.

- 개념의 증명(proof of concept). 소규모 프로젝트가 수행되어 전문가와 내부 직원을 활용하여 개념을 테스트한다. 성공을 축하하고 내부적으로 광고한다. 목표를 쉽게 이해하고 수용할 수 있도록 간단한 그래픽이 사용된다.

- 개념을 공식화(formalize concepts). 조건이 표준화되고, 우려 사항이 해결되고, 사례 연구가 공유되며, 직원이나 파트너를 교육하기 위해 정식 교육 및 온라인 교육이 제공된다.

- 프로세스를 공식화(formalize processes). 부서 간 팀이 구성되고 팀에서 일정 시간 동안 일하도록 개인이 지정된다. 성과 지표, 성과 기록표 및 공식적인 칭찬과 같은 보상이 구현된다. 전문가가 지원된다.

- 기회의 우선 순위화(prioritize opportunities). 채택을 장려하기 위해 최상의 가치를 기준으로 우선순위를 정한다. 가장 효과적인 것으로 입증된 개념은 다른 팀으로 확산한다.

이러한 방식으로 내부 팀과 외부 파트너는 단번에 설계 협업의 재정적 이점 및 기타 이점을 인식하고 이러한 개념을 적용할 수 있는 실질적인 방법을 찾은 다음 공동 작업을 정상적인 프로세스에 통합하여 노력을 기울일 수 있는 단계로 이끌 수 있다. 노력을 지속 유지하고 지속적으로 향상시킬 수 있다.

## 🔗 설계 협업의 이점(Benefits of design collaboration)

공급업체와 고객을 설계 프로세스에 통합하면 다음과 같은 이점을 포함하여 많은 잠재적 이점이 있다.

- 보다 적은 비용 초과(fewer cost overruns). 공급업체와의 협력을 통해 제조 공정 및 재료에

대한 명확성이 높아져서 설계가 제조 시 비실용적일 가능성이 줄어든다. 고객과의 협력을 통해 포함하거나 제외할 설계 요소의 우선순위를 정할 수 있다.

- 설계에 대해 새롭고 개선된 접근 방식(new and improved approaches to design). 공급업체는 설계자에게 새로운 아이디어를 제공하고 값이 비싸거나 구하기 어려운 부품에 의존하여 발생하는 문제를 피할 수 있는 프로세스, 재료 및 기술에 대한 전문 지식을 제공한다. 고객은 새로운 프로세스가 실패하는지를 알려주는 지표이다.

- 고객 만족도 향상(improved customer satisfaction). 시제품(prototypes), 모델 및 사전생산(preproduction) 견본 테스트에서 공급업체와 협력하면 제품 오류 수가 줄어든다. 고객 참여는 제품을 실제 고객 요구사항에 맞춘다.

- 효율성 향상/빠른 시장 출시(improved efficiency/faster to market). 공급업체의 제조 및 물류 경험은 제품의 제조, 조립, 배송 및 보관이 보다 쉽게 이어질 수 있게 한다. 고객 참여를 통해 실제 요구사항에 계속 집중할 수 있다.

- 가격 대비 높은 제품 품질(higher product quality for the price). 부품이나 프로세스를 최종 선택하기 전에 공급업체와 품질 요구사항을 공유하면 품질이 향상되고 저렴한 가격이 책정된다. 고객은 지불하고자 하는 가격/품질 수준을 지정할 수 있다.

설계자는 마케팅, 생산 및 공급사슬 관리와 같은 관점을 포함함으로써 고객 요구에 더 잘 맞고, 더 저렴하게 구축하고, 운송 및 보관하기 쉽고, 환경 보호에 더 쉬운 제품을 개발할 수 있다.

이제 공동 작업을 설계하는 몇 가지 방법을 살펴보자. 여기에는 도표 31에 나와 있는 것처럼 광범위하고 구체적인 방법이 포함된다.

|  |  |  |
|---|---|---|
| 표준화(Standardization)<br><br>부품 공용화(Component commonality)<br>범용성/보편성(Universalty) | Broad-Based Methods<br>공급사슬을 위한 설계(Design for Supply chain)<br>물류를 위한 설계(Design for logistics)<br>우수성을 위한 설계(DFX, Design for X) | 모듈화(Modularization)<br><br>모듈화 설계(Modular design) |
| 단순화<br>(Simplification)<br><br>동시공학(Concurrent engineering)<br>제조 및 조립을 위한 설계 (DFMA, Design for manufacture and assembly)<br>서비스를 위한 설계 (Design for service) | 품질<br>(Quality)<br><br>품질을 위한 설계 (Design for quality)<br>식스시그마를 위한 설계 (Design for six sigma)<br>품질기능전개를 위한 설계 (QFD, Quality function deployment) | 단순화<br>(Simplification)<br><br>대량맞춤(Mass customization)<br>지연(Postponment)<br>국지화(Glocalization) |

도표 31 설계 방법들 요약(Summary of Design Methods)

## 7.2 광범위한 설계 방법들(Broad-based Design Methods)

제품설계에는 여러 가지 광범위한 접근 방식이 있으며, 모두 공급사슬 설계의 다양한 측면을 개선하는 데 중점을 두고 있다. 공급사슬을 위한 설계(design for the supply chain), 물류를 위한 설계(design for logistics), 우수성/모든 것을 위한 설계(design for excellence/everything) 등의 세 가지 광범위한 설계 방식에 대해 자세히 살펴본다.

### 7.2.1 공급사슬을 위한 설계(Design for the supply chain)

> 💡 **공급사슬을 위한 설계(Design for the supply chain)**
> 원자재에서 제품 수명주기의 마지막 단계에 이르기까지 공급사슬에서 발생할 문제를 고려하여 회사의 제품설계 향상

보다 빠른 재고 회전 속도, 재고 비용 절감, 재고 운송 시간 단축, 시장 출시 시간 단축이라는 공급망 목표를 충족해야 하는 필요성으로 인해 최근 수십 년 동안 설계 프로세스가 수정되는 계기가 되었다. 공급망 설계는 공급사슬 표준화(supply chain standardization), 단순화(simplification), 맞춤화(customization), 품질(quality) 및 지속가능성(sustainability)과 관련된 설계 개념을 포함하며, 각각은 나중에 자세히 논의한다.

### 7.2.2 물류를 위한 설계(Design for logistics)

공급사슬의 설계와 밀접한 관련이 있는 용어가 물류를 고려한 설계(DFL, design for logistics)이다. 설계 목차에 물류를 추가하면 공급사슬과 제품이 동시에 효율성, 경제성 및 품질을 최적화하도록 설계하는데 기여한다.

물류를 고려한 설계(design for logistics)는 아래 방법을 통해 공급사슬 비용을 최소화한다.

- 운송 및 보관 비용을 최소화하도록 설계: 파레트 당 빠른 적재/하차 및 고밀도 품목을 위한 효율적인 포장
- 제조 및 조립 시간을 최소화하도록 설계
- 표준화를 극대화하기 위한 설계

이러한 원칙 중 첫 번째는 다음에 설명하고 제조 및 조립 및 표준화를 위한 설계는 이 항목의 뒷부분에서 설명한다.

운송 및 보관 비용을 최소화하기 위한 설계에는 표준 상자 크기(전체 크기, 절반 크기, 1/4 크기 등)에 맞게 제품을 설계하여 다른 상자를 마스터 상자나 파레트에 효율적으로 넣을 수 있다. 이 과정을 단위화(unitization) 또는 컨테이너화(containerization)라고 한다. 예를 들어, 4개의 6팩 맥주는 24캔을 수용하고 24팩과 함께 쌓이는 마스터 상자에 맞게 설계할 수 있다. 이 프로세스를 통해 다양한 상품을 함께 배송할 수 있다. 마스터 상자 설계는 가능할 때 기계적인 도움 없이 수작업으로 상/하차가 쉽게 해야 한다.

제품설계와 제품 포장 방식을 변경하면 전체 상자 크기를 줄일 수 있다. 예를 들어, 설계자는 제품의 내부 프레임을 보강하여 제품 내부에 완충용 재료가 덜 필요하거나 포장을 추가 공간으로 설계하지 않고도 프린터 출력 상자 안에 케이블을 저장할 수 있다. 이러한 크기 감소로 인해 각 파레트에 추가 상품을 장착할 수 있게 하는 등 엄청난 비용 절감을 가져올 수 있다.

소매점에 물류를 위한 설계의 예가 풍부하다. 포개 쌓을 수 있는 플라스틱 쓰레기통은 물류를 위한 설계(DFL)의 결과이다. 금속이 아닌 플라스틱으로 만들어졌기 때문에 가벼워서 운반하기 쉽다. 포개 쌓으면 보관 공간을 훨씬 적게 차지하고 운송하기에 더 경제적이다. 많은 다른 제품들이 비슷한 이유로 꾸러미(kit) 형태로 제공된다. 예를 들어, 이케아(Ikea)의 확장 가능한 책꽂이는 효율적인 취급 및 보관을 위해 조립되지 않은 보드 및 커넥터로 평평한 상자에 배송된다. 각 크기의 단위 하나를 매장에서 볼 수 있도록 설정할 수 있으며, 고객은 평평한 상자를 집에서 꺼내 조립할 수 있기 때문에 운송이 더 쉽다. 어떤 의미에서 고객은 제조 공정에서 최종 작업장이 된다.

### 이점(Benefits)

물류 설계를 위한 운송 및 저장 구성 요소의 이점은 다음과 같다.

- 운송 및 창고 비용을 낮추어 이윤이 증가한다.

- 창고는 더 많은 상품을 보관할 수 있어 용량 부담을 덜어 준다.

- 바로 알아볼 수 있는 마스터 상자 설계는 소매점에서 특정 품목을 찾을 때 재고를 쉽게 파악하는 것을 도와준다.

- 포장 설계를 통해 일부 소매업체는 파레트 단위로 직접 판매할 수 있다.

### 🔗 교환거래(Tradeoffs)

물류 설계를 위한 운송 및 저장 구성 요소의 교환거래는 다음과 같다.

- 파레트의 품목 최대화는 소매업체의 요구사항과 균형을 이루어야 한다. 천천히 팔리는 (slow-moving) 제품은 대량 단위로 포장된 것을 원하지 않을 수 있다.
- 제품 요구사항에 따라 표준 상자 크기가 문제를 일으킬 수 있다.
- "최대 부피(cube out)"와 "최대 무게(weigh out)" 사이의 균형을 맞추기 위해 품목의 밀도를 변경해야 할 수도 있다.

## 7.2.3 우수성을/모든 것을 위한 설계(DFX, Design for X)

### 💡 Design for X(DFX)

우수성(excellence)을 위한 설계라고도 하며, 결과를 제조 가능하고 유지 보수 가능하며 비용 효율적이며 고품질로 보장하는 설계 프로세스이다.

우수성을 위한 설계(DFX)는 조직에서 전략적으로 중요하다고 판단하는 모든 설계 고려사항으로 제품 또는 서비스를 설계해야 할 필요성을 설명하기 위해 모든 것을 설계라고 한다. 예를 들어, 특정 조직은 주요 설계 목표에 보편성, 제조 및 조립을 위한 설계, 품질 기능 전개(QFD), 지연 및 역물류 설계가 포함되도록 결정할 수 있다. 각 조직은 고유한 우선순위를 설정한다.

## 7.3 표준화(Standardization)

### 표준화(Standardization)
제품과 부품, 프로세스 및 절차를 설계하고 변경하여 해당 제품과 해당 구성 요소에 대한 표준 사양을 설정하고 사용하는 프로세스

### 표준화된 제품(Standardized product)
제품설계가 거의 없기 때문에 대량으로 또는 지속적으로 생산할 수 있는 제품

표준화된 제품이 생산장비일 때 조달 표준화(procurement standardization)라고 하는데, 이는 새로운 고객 수요에 대한 설계 편차와 적응이 가능하도록 장비가 설계되었다는 것을 의미한다.

표준화를 추구할 때 설계팀이 취해야 할 중요한 단계는 기존 제품군을 살펴보는 것이다. 전체 라인에 대해 작동하는 공통 구성품을 작성하거나 해당 라인에 대해 이미 제작된 구성품을 사용하면 표준화 비용 절감 효과가 배가된다. 예를 들어, 휴렛팩커드가 컴팩과 합병할 때 서버 랙의 모양이 호환되지 않아 12가지 종류의 레일 키트가 필요하다는 것을 알았다. 고객은 그 차이에 대해 그다지 관심과 가치를 두지 않았다. 그들은 이 수를 5가지 유형의 키트로 줄였으며, 이로 인해 제품 수명주기 동안 비용 절감액이 3천 2백만 달러로 추정되었다.

표준화 유형에는 구성 부품 공용화(commonality)와 보편성(universality)이 포함된다.

## 7.3.1 부품 공용화(Component commonality)

부품 공용화는 단일 부품(single part)을 사용하여 다양한 유사 부품을 대체하는 설계 표준화 형식이다. 예를 들어, 조립 시 다양한 크기의 볼트(bolt)를 사용하는 대신, 동일한 크기의 볼트가 모든 목적을 위해 작동하는 방식으로 조립을 설계할 수 있다.

### 이점(Benefits)

공용 부품은 여러 가지 방법으로 효율성을 높이고 비용을 절감할 수 있다.

- 다양성이 적어 규모의 경제가 가능하므로 구매 비용 절감
- 서로 다른 프로세스와 사용 도구의 전환이 적어 더욱 간소화된 생산 방식
- 더 간단하고 저렴한 보관

### 🔗 교환거래(Tradeoffs)

이에 반해 고려해야 할 교환거래는 다음과 같다.

- 새로운 부품을 수용하기 위해 필요한 제품 수정 비용
- 다양한 유사 부품을 선호할 수 있는 설계자의 유연성이 떨어짐
- 더 다양한 부품 사용으로 인해 더 정밀한 허용오차 또는 더 매력적인 설계를 수행할 경우보다 품질 감소가 우려

## 7.3.2 모듈화(Modularization)

> 💡 **모듈화(modularization)**
> 제품 개발에서 유연성(flexibility)과 다양성(variety)을 위해 표준화된 부품 사용. 동일한 완제품을 사용하여 다양한 완제품을 제작함으로써 제품 개발 비용을 절감할 수 있다.

모듈은 여러 제품에서 사용할 수 있는 부품이다.

> 💡 **모듈식 설계 전략(Modular design strategy)**
> 구성품 또는 하위 조립품이 현재 및 향후 제품에 사용되거나 조립되어 제품의 여러 구성을 생성할 수 있도록 제품 계획 및 설계

모듈식 설계는 구성 부품 공용화의 한 유형이며, 용어가 때때로 상호 교환적으로 사용된다.

부품 재사용을 위한 설계 외에도, 개방형 시장에서 기존 제품을 고려하여 부품 설계 및 제조 비용을 피하고자 모듈형 설계 방법을 활용할 수 있다.

컴퓨터는 모듈화(modularity)의 완벽한 예를 제공한다. RAM, 하드디스크 드라이브 및 그래픽 및 오디오 하위 시스템은 여러 컴퓨터 간에 서로 호환된다. 예를 들어 일부 컴퓨터 부품(예: 하드디스크 드라이브 및 RAM)은 업그레이드로 컴퓨터에 추가하거나 새롭고 개선된 구성품으로 교체할 수 있다. 상이한 공간에 맞게 수직으로 쌓거나 수평으로 통합할 수 있는 모듈식 책꽂이는 또 다른 예이다.

모듈화의 반대는 모든 구성품 하나가 하나의 특정 제품에서 함께 작동하도록 설계된 통합 설계(integral design)이다. 애플 컴퓨터는 완전한 설계에 초점을 맞추어 통합으로 조립된다. 의복은 또한 두 가지 유형을 설명할 수 있다. 바지, 셔츠, 넥타이 및 스포츠 코트는 모듈식이므로 혼합하여 사용할 수 있다. 반면에 원피스나 단일 유니폼은 통합 설계의 예이다.

서비스도 모듈화할 수 있다. 식당에서 일품 메뉴(à la carte menu)는 모듈식 설계의 예이다. 요리사가 결정한 모든 코스 요리는 통합 설계이다. 프로세스를 분류하면 다양한 구성품을 아웃소싱할 수 있다. 예를 들어, 일부 맥도날드의 식당은 주문 처리에 걸리는 시간을 줄이기 위해 드라이브 스루 주문을 받기 위해(해외에 있는) 콜센터를 이용한다. 콜센터는 고객 사진과 함께 주방으로 주문을 전달하여 정확한 배송을 돕는다.

## 이점(Benefits)

모듈식 설계의 장점은 다음과 같다.

- 모듈을 사용하여 제품군을 만들 때 지연(postponement) 전략을 활용하여 설계 및 제조 비용 절감
- 표준 구성품으로 여러 제품을 동시에 만들 수 있으므로 효율성 향상 및 생산 비용 절감
- 제품을 최종 사용자에게 더 가깝게 맞춤화할 수 있으므로 고객 기반 확대
- 포장을 염두에 두고 설계된 제품(예: 박스형 가구 키트)을 보다 쉽고 비용 효율적으로 운송, 보관 및 전시

## 교환거래(Tradeoffs)

설계에 모듈식 접근 방식을 사용하는 경우 다음과 같은 잠재적인 교환거래가 있다.

- 모듈식 설계로 물류비용이 절감될 수 있지만, 제품군 중에서 각 개별 제품의 비용이 상승할 수 있다.
- 모듈 조립의 오류는 최종 사용자 만족도를 저하시킬 수 있다.
- 통합 설계는 일반적으로 스타일, 아름다움, 품질, "적합성 및 마무리(fit and finish)", 사용자 경험 및 사용자 맞춤에 중점을 둔다. 따라서 비용이 더 높을 수 있다.

### 7.3.3 범용성/보편성(Universality)

**보편성(Universality)**
한 시장을 대상으로 한 제품을 다른 시장에서도 판매할 수 있는 방식으로 설계하는 전략

보편성(universality) 혹은 범용성은 표준화의 한 형태로써 "하나의 크기로 모두에 맞는(one-size-fits-all)" 품목을 말한다. 성별과 관계없는 유니섹스(unisex) 의류처럼 보편적이거나 표준화된 설계의 예를 보여준다. 때로는 뛰어난 마케팅 활동을 통해 전문화된 제품을 보편적인 제품으로 변환할 수 있다. 예를 들어, 전문 레스토랑 품질 수준의 주방용품은 가정에서 인기를 얻었다. 제품 구성품에도 범용성을 사용할 수 있다. 예를 들어, 전원 공급 장치는 다른 마감 케이블만으로 다른 국가에서 사용하기 위해 110V 또는 220V 전원을 수용하도록 만들 수 있다.

## 이점(Benefits)

보편성(범용성) 설계의 장점은 다음과 같다.

- 판매량 증가

- 시장별 품목과 비교해 설계 및 제조 비용이 절감된다.

### 🔗 교환거래(Tradeoffs)

어떤 측면에서는 범용 설계가 특정 제품 및 특정 시장을 겨냥한 설계보다 적합하지 않을 수 있다. 이는 제품 수명주기 단축과 고객 충성도 감소로 이어질 수 있다.

## 7.4 단순화(Simplification)

덜 복잡한 제품과 서비스는 리드타임이 짧고 품질 문제가 적으며 수익 마진이 높다. 단순화는 표준화 또는 사용자 맞춤과 같은 다른 설계 방식과, 주문 제작과 같은 제조 방식과의 시너지를 제공한다.

### 👣 단순화(Simplification)
제품이나 서비스에서 복잡성을 제거하여 품질을 개선하고 비용을 절감함

단순화 유형에는 동시공학(concurrent engineering), 제조 및 조립을 위한 설계(design for manufacture and assembly) 및 서비스를 위한 설계(design for service)가 포함된다.

### 7.4.1 동시공학(CE, Concurrent engineering)

공급사슬 지향 설계를 향한 첫 번째 단계 중 하나를 동시공학(CE)이라고 한다. 1980년대에 시작된 CE는 동시공학 또는 참여설계(participative design)라고도 한다. 이름이나 특정 전술이 무엇이든, 동시공학은 제품 개발 엔지니어 이외의 이해관계자가 기여할 때 제품설계 프로세스를 단축하고 단순화할 수 있다는 전제에서 시작한다. 이러한 주제에 대한 변형된 형태가 조기 제조 참여(early manufacturing involvement) 및 조기 공급업체 참여(ESI, early supplier involvement)라고 한다. 물론 마케팅 및 영업, 서비스 및 구매를 포함하여 다른 기능 부서 및 기타 파트너의 고객 및 대표자와 함께 작업할 수 있도록 제조 및 공급업체 담당자를 설계팀에 배정할 수 있다.

### 이점(Benefits)

동시공학의 이점은 다음과 같다.

- 설계 협업을 강조한다.
- 이벤트가 순차적이지 않고 병렬일 때 설계 주기를 단축
- 가상 회의와 같은 대화식 설계 참여 방법을 위한 최신 협업 설계 도구가 사용 가능하다.

### 교환거래(Tradeoffs)

동시공학은 제조 및 조립을 위한 설계(design for manufacture and assembly)와 같은 보다 완전한 방법론으로 대체되었다.

## 7.4.2 제조성과 조립성을 위한 설계(Design for manufacture and assembly)

**DFMA(Design for Manufacturing and Assembly)**
제조 및 조립의 용이성을 보장하기 위해 제품설계 초기 단계에서 제조 기능을 포함하는 제품 개발 접근법.

제조 및 조립을 위한 설계(DFMA)는 본질적으로 동시공학의 추가적인 개발이다. 사전의 관련 용어로 제조성을 위한 설계(design for manufacturability)로 부르기도 한다.

### DFM(Design for Manufacturability)
**품질을 개선하고 제조 비용을 줄이기 위한 부품, 제품이나 프로세스의 단순화**

설계 및 생산에 대한 기존의 순차적 접근 방식에서 제조 엔지니어는 설계 엔지니어로부터 설계 도면을 얻고 설계한 대로 제품을 구축하는 효율적인 방법을 결정한다. DFMA 프로세스에서 조립을 담당하는 공급업체, 제조 엔지니어 및 창고 관리자를 포함하는 것에는 이점이 있다. 서로 다른 이해 당사자들은 설계를 생성하고 검토할 때 기존 제조/조립 프로세스에 대한 경험과 직접 지식을 바탕으로 설계에 대한 비현실적인 가정을 파악하면서 설계를 수정하는 것이 상대적으로 쉽다. (결함이 설계 과정에서 발견되어 수정하면 설계가 완료된 후 보다 훨씬 더 적은 비용과 시간이 소요된다.) 그 결과 합리적인 가격으로 합리적인 시간 내에 시장에 출시할 수 있는 고품질 제품이 탄생한다.

제조성과 조립성을 위한 설계(DFMA, design for manuacturing and assembly)의 목표는 다음과 같다.

- 제품 기능뿐만 아니라 생산 용이성을 위한 자재를 선택하기 위해
- 너무 엄격한 허용오차가 필요하지 않도록 구성품을 설계하기 위해
- 부품의 수를 줄이기 위해

아래와 같이 처리될 필요가 있는 업무 수를 단축해야 한다.

- 동시 처리 및 병렬 처리를 사용하여 처리 중 작업 시간 단축
- 명확하고 쉬운 조립
- 조립 공정 단계를 단순화
- 제품 테스트가 쉽게 설계

예를 들어 미국에 본사를 둔 핀볼 게임 기계 제조 회사는 360도 회전이 가능한 완성된 내부 조립식 장치를 만들어 DFMA 원칙을 따랐고, 문제 해결사는 제품 테스트를 수행할 때 빠른 수리를

위해 모든 내부 배선에 접근할 수 있었다. 그러한 혁신은 그들이 저비용 노동시장에서의 경쟁력을 유지하도록 하는데 도움이 되었다.

### 🔗 이점(Benefits)

제조 및 조립을 위한 설계(DFMA)의 이점은 다음과 같다.

- 혼란(confusion), 복잡성(complexity) 및 변동성(variability)이 감소되어 생산 지연, 긴 가동 준비 시간 및 광범위한 교육 요구사항이 줄어든다.
- 새로운 생산 라인에 의지하기 전에 기존 장비의 평가를 요구하는 것과 같은 표준 및 정책을 통해 DFMA를 시행할 수 있다.
- DFMA는 가능한 한 제품군을 위한 공용 부품(common parts) 또는 일반 상용부품(off-the-shelf parts)과 같은 표준화를 활용한다.
- 린 철학, 모듈식 설계 및 대량 사용자 맞춤식을 지원한다.
- 소프트웨어가 DFMA의 많은 기능을 자동화한다.

### 🔗 교환거래(Tradeoffs)

제조 및 조립을 위한 설계(DFMA)의 주요 단점은 단순화로 인해 일부 요구되는 기능이 생략되면 고객 요구사항 및 마케팅 요구사항과 상충될 수 있다는 것이다. 보통 이것들은 한계 이익을 증가시키지 못하는 제품 기능(features)이다.

## 7.4.3 서비스/유지보수성을 위한 설계(Design for service/maintainability)

## 서비스를 위한 설계(Design for service)

제품의 판매 후 서비스를 개선하기 위한 부품이나 프로세스 단순화. 유지보수성을 위한 설계(design for maintainability)라고도 한다.

제품을 구매한 후에는 제품에 대한 고객의 의견이 제품에 대한 최신 경험에 의존하기 때문에 서비스 가능성 또는 유지보수성은 고객 만족 및 평생 고객 유지에 큰 영향을 미친다. 정기적인 유지보수가 필요한 제품의 경우 카트리지, 필터 또는 기타 교체 부품 교체가 필요할 수 있다. 자주 교체해야 하는 부품은 교육을 받지 않은 사람이 쉽게 접근하고 교체할 수 있어야 한다. 부품을 전문가나 서비스 팀이 교체하도록 설계하더라도 빠른 서비스를 통해 유지 보수 비용을 줄일 수 있어야 한다.

### 이점(Benefits)

- 서비스를 고려한 설계는 총 소유 비용을 줄인다. 예를 들어, 시설 관리자가 이틀이 아닌 하루만에 건물의 모든 공기 필터를 교체할 수 있으면 건물 수명 동안 막대한 비용을 절약할 수 있다.
- 교체 부품을 즉시 공급할 수 있어야 하므로 서비스 설계도 물류로 확장된다. 교체 부품은 큰 이익의 원천이 될 수 있다. 주문이 쉬운 경우 고객 만족의 원천이 될 수 있다.

### 교환거래(Tradeoffs)

서비스를 위한 설계가 미학이나 개발 비용 최소화와 같은 다른 설계 목표와 상호 경쟁할 수 있다.

## 7.5 품질(Quality)

### 품질(Quality)
요구사항 또는 사용 적합성을 준수한다. 품질은 5가지 주요 접근 방식을 통해 정의할 수 있다. (1) 탁월한 품질(transcendent quality)은 가장 이상적인 우수 조건이다. (2) 제품 기반 품질은 제품 속성을 기반으로 한다. (3) 사용자 기반 품질은 사용하기에 적합하다. (4) 제조 기반 품질은 요구사항에 부합한다. (5) 가치 기반 품질은 수용 가능한 가격에서 우수성의 정도이다. 또한, 품질에는 두 가지 주요 구성 요소가 있다. (1) 품질 준수(결함이 없는 것으로 정의된 품질) 및 (2) 설계 품질(품질)은 제품의 특성 및 특징에 대한 고객 만족도에 의해 측정된다.

즉, 품질은 여러 가지 방법으로 측정하고 통제할 수 있는 제품설계 및 제조에서 중요한 문제이다. 품질을 설계에 통합하는 방법에는 품질 설계, 6 시그마 설계 및 품질 기능 전개(QFD, quality function deployment)가 포함된다.

### 7.5.1 품질을 위한 설계(Design for quality)

#### 품질을 위한 설계(Design for quality)
품질 측정을 사용하여 설계가 목표 시장의 요구사항(고객 속성)과 실제 성능, 미학 및 비용을 충족시키는 정도를 파악하는 제품설계 접근 방식

품질을 위한 설계는 여러 가지 측정을 사용하여 품질을 통제한다. 각 조직은 사용하려는 측정을 결정한 다음 허용 가능한 품질에 대한 요구사항과 예외적인 품질에 대한 목표를 설정한다. 이러한 측정 중 일부는 미학과 같이 주관적이다.

#### 이점(Benefits)
품질을 위한 설계의 이점은 다음과 같다.

- 결함이 적으면 낭비가 줄어들고 고객 만족도가 높아진다.
- 조직의 전략이 품질로 경쟁하는 것이라면 고품질을 통해 제품을 주문 자격요인(order qualifier)에서 수주요인(order winner)으로 바꿀 수 있다.

### 🔗 교환거래(Tradeoff)

품질을 위한 설계의 교환거래는 다음과 같다.

- 품질에는 초기 비용이 많이들 수 있다.
- 시간이 지남에 따라 일반적으로 총비용이 절감되지만 이러한 절감 효과는 품질 프로그램으로 돌아가기 어려울 수 있다.

### 7.5.2 식스 시그마를 위한 설계(Design for six sigma)

> 💡 **식스 시그마를 위한 설계(Design for six sigma)**
> 회사가 6 시그마 품질 수준을 충족하는 제품 또는 서비스를 제공할 수 있도록 하는 제품이나 프로세스 설계 방법. 이러한 품질 수준은 백만 기회 당 약 3.4개의 결함에 해당한다.

### 7.5.3 품질기능전개(QFD, Quality function deployment)

> 💡 **품질기능전개(QFD, Quality function deployment)**
> 결과적인 제품설계 프로세스와 지원되는 생산 관리 시스템의 설계 및 운영을 통해 고객의 모든 주요 요구사항을 식별하고 그 이후에 이 요구사항이 제품 설계나 제조에 반영되도록 보장하는 방법론

품질기능전개(QFD)는 단순한 품질 철학을 위한 설계 그 이상이다. 운영 및 지원 기능으로 확장된다. 그러나 품질기능전개는 고객 세분화 수요 데이터와 고객의 목소리를 설계 요구사항으로 변환

하여 설계부터 시작해야 한다. 품질기능전개는 "품질의 집(house of quality)"과 같은 정확한 단계와 방법론을 사용한다. 이는 본질적으로 제품이나 서비스가 고객의 요구에 부응하는 방식과 경쟁제품에 대한 순위를 나타내는 비교 스프레드시트이다. 이 모든 것은 고객 우선순위를 충족시키기 위해 일련의 기술 사양으로 변환된다. 핵심 요점은 그룹 의사결정을 사용하여 고객과의 충돌이 해결되도록 한다.

### 이점(Benefits)

품질기능전개(QFD)의 이점은 다음과 같다.

- 품질을 위한 설계의 모든 이점을 제공한다.
- 고객 서비스 향상
- 원하는 제품 특성 간의 상대적인 상호 작용 수준을 보여주므로 서로 충돌할 때 우선순위를 지정할 수 있다.

### 교환거래(Tradeoffs)

품질기능전개(QFD)의 한 가지 문제는 다른 복잡한 방법론과 마찬가지로, 조직이 이를 전적으로 옹호하고 채택하고 유지하기 위해 별도의 노력을 해야 한다는 점이다.

## 7.6 고객맞춤(Customization)

고객맞춤은 제품 또는 제품군을 시간이 지남에 따라 변화하는 고객 요구에 맞게 조정할 수 있는 설계 목표이다. 주문설계(ETO, engineering-to-order)가 필요한 사용자 맞춤은 제품 비용이 매우 많이 들고 리드타임이 길다. 일부 시장에는 이 방법이 적합하지만 대부분 제품 및 서비스에는 수익성이 없다. 따라서, 대량 생산을 최대한 활용하기 위해 고객 맞춤식 방법이 개발되었다.

사용자 맞춤 방법에는 대량맞춤(mass customization), 지연(postponement) 및 국지화(glocalization)가 있다.

### 7.6.1 대량맞춤(Mass customization)

> **대량맞춤(Mass customization)**
> 대량맞춤은 최종 제품 구성을 고객에게 더 가까이 옮기는 관행이다.

대량 생산 기술을 사용하여 다양한 제품을 대량 생산하여 생산 비용을 낮게 유지하면서 주로 지연 또는 지연된 차별화를 활용하여 맞춤형 산출물을 구현할 수 있다.

지연된 차별화(delayed differentiation)라고도 하며 대량맞춤 설정으로 이어지는 프로세스에 대한 설명이다. 즉, 기본 제품 또는 구성품 세트는 사용자 맞춤식 또는 차별화된 구성으로 변환 또는 조립되기 전에 가능한 한 차별화 되지 않은 표준 형태로 남아 있다. 최종 고객이 주문할 특정 구성 요소를 선택할 때까지 차별화가 이루어지지 않는 경우가 있다.

대량 맞춤화(mass customization)의 전형적인 예는 하나의 공장에서 모든 지역 시장으로 완전히 조립된, 지역별로 차별화된 프린터를 보내지 않고 고객에게 더 가까운 조립을 위해 각 지역 대리점에 모듈식 부품을 배송하는 휴렛팩커드(HP)의 예가 있다.

이 HP 프린터 예에서 볼 수 있듯이 대량 사용자 맞춤식은 모듈식 설계의 이점을 제공한다. 운송, 보관 및 조립할 모듈이 적을수록 공급사슬의 효율성이 높아지고 최종 차별화가 더 쉬워진다. 대학 교육, 투자 포트폴리오 및 식당 식사는 모두 개별 최종 고객에 맞게 사용자 맞춤 된다. 실제로 고객이 사용자 맞춤을 수행할 수 있다.

대량 사용자 맞춤 작업을 효율적으로 수행하려면 각 모듈을 구축하거나 공급하는 장치 간에 즉각적인 의사소통을 설정해야 한다. 또한, 차별화 시점에서 상당한 전문 지식의 가용성이 필요할 수 있다. HP 사례에서 지역 유통업체는 프린터를 조립하는 데 필요한 장비와 전문 지식을 확보해야 했다. 그전에는 프린터를 단순히 창고에 보관하고 유통하기만 하면 되었었다.

고객이 맞춤형 제품 선택을 안내해야 할 수도 있기 때문에 대량 주문 제작에는 판매 시점(Point of Sale) 직원의 전문 지식이 더 필요할 수 있다. 또한, 소매 영업 사원이 최종 조립자일 수 있다. 완제품으로 공급된 품목을 판매하는 것보다 소매점에서 주문할 품목을 만드는 데 더 많은 훈련과 적성이 필요할 수 있다.

### 이점(Benefits)

대량맞춤의 이점은 다음과 같다.

- 규모의 경제로 인한 비용 절감
- 주문조립 모듈을 만드는 작업자의 효율성 및 전문성 향상
- 상이한 시장 세분화에 대해 차별화된 제품 호소로 인해 판매량 증가
- 수요를 총량으로 집계하면 예측의 정확성이 높아지고 각 지역에서 재고를 줄일 수 있으므로 재고 비용 절감
- 지역 사회에 도움이 되는 반 숙련(semiskilled) 일자리 창출

### 교환거래(Tradeoffs)

대량맞춤의 교환거래는 다음과 같다.

- 유통업체가 제품을 조립할 수 있도록 장비 및 교육 관련 비용 발생
- 추가 작업을 원하지 않는 유통업체와의 잠재적 마찰
- 조립 담당자가 제대로 교육받지 못했거나 설계가 조립을 완벽하게 설명하지 못한 경우 품질 문제 발생 가능성

## 7.6.2 지연(Postponement)

> **지연(Postponement)**
> 프로세스의 최종 가능한 시간까지 최종 차별화(즉, 조립, 생산, 패키징, 태깅 등)를 의도적으로 지연시키는 제품설계 또는 공급사슬 전략. 이로 인해 제품 차별화가 소비자와 더 가까워져 예측 위험을 줄이고 공급사슬에서 완제품 형태의 초과 재고를 제거한다.

지연(postponement)은 대량 사용자 맞춤(mass customization)과 매우 유사하다.

> **제품 차별화(product differentiation)**
> 가용성(availability), 내구성(durability), 품질(quality) 또는 신뢰성(reliability)과 같은 비가격 기반으로 제품을 경쟁업체와 차별화하는 전략

지연(postponement)은 조직이 제품 및 제조 프로세스를 설계하여 가능한 한 차별화가 지연될 수 있는 밀기-끌기(push-pull) 전략의 훌륭한 예이다. 일반 제품은 제조 프로세스 시작 시 생산되며 수요가 결정되면 특정 제품으로 차별화된다. 이 전략을 통해 생산 시작은 전체 예측 또는 실제 주문을 기반으로 할 수 있다. 따라서 지연은 예측 정확도를 개선할 수 없는 경우에도 최종 수요에 대한 불확실성을 어느 정도 해결하는 방법을 제공한다.

### 이점(Benefits)

지연(postponement)의 활용 이점은 다음과 같다.

- 지연은 여러 종류의 안전 재고의 필요성을 감소시키기 때문에 채찍효과에 대한 대책으로 유용하다.
- 운송 중(파이프라인) 재고량이 줄어들어 보험 및 취급 비용이 감소하고 현금 흐름이 증가한다.
- 기업의 사회적 책임 이니셔티브를 지원하기 위해 현지에서 필요한 재료를 현지에서 조달하고 생산할 수 있다.

### 교환거래(Tradeoffs)

지연 접근 방법의 단점은 다음과 같다.

- 업무 프로세스, 장비, 제품 및 포장 재설계 등에 대한 자본 지출 필요
- 최종 제품의 선택사항이 많지 않은 표준품인 경우, 실제로 비용을 더 증가시킬 수 있다.

## 7.6.3 글로컬라이제이션/국지화(Glocalization)

국제 기업들이 전 세계의 직원들에게 문화 프로토콜에 대해 교육하기 위해 애쓰면서, 그들은 또한 간접적으로 이러한 다양한 그룹들에 의해 받아들여질 상품들의 종류에 대한 그들의 지식에도 기여하고 있다. 새로운 제품이나 서비스를 설계하거나 기존 시장을 재설계하여 전 세계 다른 시장의 특정한 요구와 요구를 충족시키기 위해 어떻게 노력할 수 있는가? 국지화(Glocalization)는 1980년대 일본 경제학자들이 만들고 사회학자인 롤랜드 로버슨(Roland Robertson)이 대중화한 세계화와 현지화라는 단어를 바탕으로 한 혼합 용어다.

공급사슬 상황에서 국지화(glocalization)는 전 세계 유통을 위해 제품 또는 서비스가 개발되었지만, 현지 시장의 요구를 충족하도록 수정된 지연(postponement)의 한 형태이다. 현지 법률, 관습, 문화 또는 선호 사항에 맞게 수정된다.

다음은 국제적인 회사의 현지화 된 제품 예이다.

- 일부 패스트 푸드 식당 체인들은 메뉴를 "글로컬 화(glocalizing)" 하고 있다. 예를 들어, 맥도날드는 지역 사회 나 지역의 취향에 맞는 다양한 메뉴를 제공한다. 인도에서는 더 많은 채식 선택사항을 제공한다. 이스라엘에서는 정결한 음식을 제공한다. 중국 마카오에 있는 피자헛(Pizza Hut)은 페퍼로니 대신 오징어를 제공하여 고객의 입맛에 맞춘다.
- 제너럴일렉트릭(GE)의 휴대용 심전도 장치와 휴대용 PC 기반 초음파 기계는 인도와 중국의 시골 지역을 위해 개발되어 품질이 향상되고 비용이 절감되었다. 농촌 환자는 더 이상 도시에 위치한 의료 서비스 제공자에게 갈 필요가 없다.
- 캘리포니아에 본사를 둔 국제 인터넷 회사인 야후(Yahoo!)는 현지화된 버전의 웹사이트 및 관련 서비스를 제공하여 25개국에서 웹 포털을 성공적으로 마케팅했다. 야후 웹사이트 방문자는

24/7 지역에서 맞춤형 콘텐츠와 최신 지역 뉴스, 연예 및 스포츠를 볼 수 있다.

- 국제 케이블 위성 텔레비전 채널인 MTV는 대중음악 및 홍보 뮤직비디오의 방송을 사용자 맞춤식으로 약 150개국 및 거의 20개 언어로 모든 나이와 취향의 시청자에게 어필한다.
- 유니레버(Unilever)는 전 세계에 판매하는 400가지 이상의 식품 및 건강 제품 브랜드를 만들었다. 특히 마요네즈 제품은 네덜란드, 벨기에 및 프랑스 사람들이 선호하는 취향에 따라 다르게 제조된다. 유니레버의 식품 과학자와 마케팅팀은 이들 국가의 마요네즈 감정 담당자의 선호도를 정확히 찾아낼 수 있었다.
- 국지화(glocalization)는 앞에서 다룬 바와 같이 "고객이 현지 생산 기능으로 해결되는 고유한 제품 기대치를 가지고 있는" 독립 국가 시장을 보유한 다국가 전략과 유사하다.

## 역혁신의 필요성(Need for reverse innovation)

하버드 비지니스 리뷰(Harvard Business Review)의 기사 "GE는 어떻게 스스로를 파괴하였는가(How GE Is Disrupting Itself)"에 따르면 개발도상국에서 상품과 서비스를 먼저 설계한 다음 글로벌 수준에 맞게 약간 개선해 선진국으로 수출하는 방법이 좋은 아이디어일 수 있다는 것이다. 역혁신은 분산된 현지 시장 중심을 사용하여 특정 시장에서 고객의 특정 요구와 예산을 충족시키는 혁신적인 신제품을 개발하는 것이다.

보통의 경우, 새로운 제품의 생산과 판매가 선진국에서 먼저 진행된 후 나중에 개발도상국으로 확산하는 전통적인 방식과 반대된다고 해서 "역혁신(reverse innovation)"이라고 부른다. 이 역혁신 방식을 선택하면 기업으로서는 선진국과 개도국 양쪽의 장점을 최대한 활용할 수 있다.

이 기사에 따르면 GE가 배운 아래 두 가지 현지화에 대한 "가정사항(assumptions)"이 실제로 사실이 아니며 갱신해야 한다는 것이다.

- GE는 개발 도상국이 부유한 선진국과 같은 방식으로 발전할 것이라고 가정했다. 그러나, 실제로는 개발 도상국은 혁신을 기꺼이 채택하고 지출할 수 있는 비용이 적기 때문에 같은 방식으로 발전하지 않는다. 예를 들어, 개발 도상국에서는 저비용 의료 기기, 대체 풍력 및 태양광 발전 및 담수화 기술의 혁신이 더욱 풍부해지고 있다.
- 처음에 GE는 개발도상국의 고유한 요구사항을 충족시키는 제품은 선진국에서 판매할 수 없다

고 믿었다. 그러나 이러한 제품이 선진국에서 새로운 시장을 창출할 수 있는 능력이 입증되었다. 그들은 가격이 상당히 낮아지고 새로운 응용프로그램으로 인해 성공적으로 수행할 수 있다.

GE는 역혁신을 받아들이면서 큰 긍정적인 결과를 경험했다. 수많은 현지 성장 팀을 만들고 배치했다. 이 팀은 GE가 제품 목표, 고객 교육 및 주요 지표를 보다 잘 사용자 맞춤식으로 하는 데 도움을 주었다. 예를 들어, 역혁신을 사용하여 2006년부터 2010년까지 중국에서 제조된 저비용 초음파 기계의 수를 두 배로 늘렸다.

## 7.7 지속가능성(Sustainability)

**지속가능성(sustainability)**
미래세대에게 현세대의 이점과 혜택을 훼손하지 않고 지속적으로 제공하는 활동

지속 가능한 공급사슬 관리는 이 책의 앞부분에서 언급되었다. 이번 주제에서는 환경을 위한 설계, 역 물류 설계 및 재제조를 위한 설계를 포함한 일부 지속 가능한 설계 프로세스를 살펴본다.

### 7.7.1 환경을 위한 설계(Design for the environment)

지속가능성에 대한 고객의 요구, 정부 규정의 강화 및 기업의 사회적 책임에 대한 조직의 초점이 커져 제품설계의 기능이 되었다. 환경을 고려한 설계(DFE)는 고객, 회사 및 환경에 대한 피해를 최소화하면서 경제적으로 수명을 연장하고 수명을 연장하는 제품을 만드는 것을 목표로 한다.

## 환경을 고려한 설계(DFE, design for the environment)

제품 개발의 설계 및 개발 단계에서 제품의 건강, 안전 및 환경적 측면을 고려

환경 설계에는 다음 고려사항이 포함된다.

- 재사용 또는 재활용 규정(provision for reuse or recycling). 폐기물의 급속한 증가는 소비자 사회의 불행한 특징 중 하나이다. 올바른 수명주기 설계는 재사용 또는 재활용 가능성을 고려한다. 미국에서 자동차용 석유를 판매하는 서비스 스테이션과 다른 사업체들은 유료로 중고 석유를 받아 재활용하는 데 동의해야 한다. 독일은 국내 맥주 양조업자들에게 보충 가능한 병을 사용하도록 요구한다. 재사용(reuse)은 일반적으로 재활용(recycle)보다 환경에서 적용이 더 쉬운데, 그것은 가공의 필요성이 적거나 없기 때문이다. 그러나 재활용 가능한 재료를 사용하는 것이 폐기물을 매립지에 매립하도록 설계한 것보다 환경에 더 적합하다.

- 에너지 소비 감소(reduced energy consumption). 협업 작업팀은 하이브리드 가스/전기 자동차 또는 에너지 효율적인 기기와 같이 에너지를 덜 사용하는 제품을 설계할 수 있다. 제조 엔지니어와 물류 전문가는 제조와 운송에 더 적은 에너지를 소비하는 설계에 기여할 수 있다.

- 유해 물질의 위험을 피하거나 완화(avoidance or mitigated danger of hazardous materials). 예를 들어, 설계는 일부 제품의 페인트와 휘발유에서 납(lead)을 제거할 수 있다. 본질적으로 위험한 상태를 유지하는 제품의 경우 설계자는 위험을 완화할 수 있는 모든 가능한 방법을 고려할 수 있다. 예를 들어 자동차는 탱크의 휘발유가 충돌로 폭발할 가능성을 줄이도록 설계할 수 있으며, 공급사슬을 따라 주유소에서 휘발유를 분배하는 펌프까지, 시설을 신중하게 설계하고 안내서는 제품 위험을 줄일 수 있다.

- 더 가벼운 부품과 적은 재료를 사용(use of lighter components and less material). 환경 친화적인 제품에 관한 논리 중에 더 적을수록 더 많다(less is definitely more)는 개념이 있다. 더 가벼운 자동차는 더 나은 주행 거리의 이점을 얻는다. 가벼운 제품은 총 재료 수가 적고 운송 비용이 저렴하다.

## 이점(Benefits)

환경을 위한 설계의 잠재적 이점은 다음과 같다.

- 제품 수명주기의 모든 단계에 대한 공급사슬 관리의 관심과 일치
- 기업 평판 및 신용 향상
- 환경 피해 또는 규정 위반으로 인해 발생할 수 있는 기업 책임 및 법적 비용 제한
- 환경 지향 소비자 부문의 시장성 증대(광고를 통해 건강, 청정 공기 등을 위한 제품의 이점을 강조할 수 있음)


#### 교환거래(Tradeoffs)

환경을 위한 설계의 단점은 다음과 같다.

- 제조 비용 증가 및 소비자에 대한 가격 인상
- 일부 제품이 작고 가벼울 경우 안전성과 편의성 감소
- 가공이 덜 된 제품이나 방부제가 없는 천연 제품의 경우 수명 감소


### 7.7.2 역 물류를 위한 설계(Design for reverse logistics)

공급사슬 관리자는 한동안 역 물류 또는 역 공급사슬에 관심을 기울여 왔으며, 이는 역으로 고객으로부터 시작하여 제조업체 또는 공급업체로 이동한다. 역 공급사슬은 반품, 수리, 교체 또는 재활용해야 하는 제품을 처리한다.

이것은 설계팀에 대한 몇 가지 필수사항을 내포하고 있다. 제품 포장은 휴대폰이 작동하기 전에 메모리 칩을 설치하지 않는 것과 같은 일반적인 소비자 불만을 설명하도록 설계될 수 있다. 명확한 지시사항이나 도움말 라인을 사용하면 사용자 오류에 따른 반환 횟수를 줄일 수 있다.

수리나 교체를 위해 제품을 반납해야 하는 경우, 그 과정이 사용자에게 간단해야 한다. 여기에는

수리를 위한 분해의 용이성, 저렴한 보증 프로그램, 배송 및 반환에 사용할 수 있는 상자, 잘 훈련되고 접근 가능한 고객 서비스 직원 및 이해 가능한 안내서, 그리고 내구성이 좋은 잘 설계된 제품이 포함된다.

### 이점(Benefits)

역 물류를 고려한 설계를 위한 잠재적 이점은 다음과 같다.

- 손쉬운 수리, 교체, 반품 및 재활용으로 인한 고객 충성도 향상
- 더 낮은 반품 비용
- 반품 사유에 주의를 기울여 제품설계 개선

### 교환거래(Tradeoffs)

역 물류 설계의 문제는 이 시스템이 과소 평가될 수 있는 복잡한 시스템이라는 점이다. 순물류 공급사슬 물류 인프라를 사용하지 못할 수 있으며 보증 비용 및 재입고 비용과 같은 비용이 추가된다.

## 7.7.3 재제조를 위한 설계(Design for remanufacture)

> **재제조를 위한 설계(Design for remanufacture)**
> 구성품이 다른 제품에 사용할 수 있도록 개발된 제품. 이 프로세스는 환경(green) 제조와 관련이 있다.

재제조를 위한 설계(design for remanufacture)는 신제품의 설계 단계에서 재판매를 위해 제품을 재제조하기 위한 전략적 결정을 포함한다. 일반적으로 새로운 것을 만드는 데 드는 비용의 70%가 재료비이고 30%는 노무비이다. 재제조를 구현함으로써 회사는 하나 이상의 수명주기 동안

사용한 후 재활용 제품의 더 큰 비용 요소를 효과적으로 처리할 수 있다.

재료 및 자원 비용이 증가할 것으로 예상되는 경우, 재제조의 비용 이점은 일반적으로 폐기되는 품목이 다음 제품 수명주기 동안 원료가 되어 폐기물을 제거하고 시스템의 루프를 닫을 수 있다는 사실에 있다. 또한, 유럽 연합에서 제정되고 여러 국가가 따라야 할 환경법은 기업이 재제조를 지속 가능한 관행으로 받아들이도록 강요할 수 있다.

재제조(remanufacturing)는 제품 사업뿐만 아니라 서비스 사업이다. 이 과정이 효과를 거두려면 기업은 고객과 대체품 공급 관계를 맺어야 한다. 예를 들어, 중장비 업체인 캐터필러(Caterpillar)는 재제조를 위한 별도의 부서를 만들었다. 고객이 어떤 제품을 교체할 때, 새 제품의 절반 가격에 수리된 재제조 제품을 제공받을 수 있다. 그러나 고객은 재제조 가능한 검사 및 인증된 기존 사용 제품을 제공할 때까지 전체 가격을 부과받게 된다. 따라서 고객들은 캐터필러의 파트너가 됨으로써 이익을 얻는다. 실제로 고객들이 그들의 공급자를 위해 반품된 제품의 형태로 자산을 만들고 있다. 그 대가로 저렴한 대체 부품을 받으므로 장비 가동 중단 시간을 최소화하면서 중장비를 계속 가동할 수 있다.

### 🔗 이점(Benefits)

재제조를 위한 입증된 설계 특성에는 고객에 대한 비용 절감, 환경에 대한 영향 감소 및 제품 개발 비용 절감이 포함된다. 또한, 재료 및 자원과 관련된 비용 증가와 임박한 환경법으로 인해 재제조가 다양한 회사에 매력적인 옵션이 되었다.

### 🔗 교환거래(Tradeoffs)

재제조의 주요 교환거래는 전체 현금을 받는 대신 부품을 일부 대금 지불 형태로 받는 방식이기 때문에 재고로 더 오래 묶인다는 것이다. 또한, 미국 및 어떤 지역에서는 법적으로 재생산 제품을 새 제품으로 홍보하거나 판매할 수 없는 경우가 있을 수 있다.

## 7.8 제품 수명주기 단계(Product Life-Cycle Stages)

제품설계는 제품 수명주기의 첫 단계일 뿐이다. 공급사슬에서 제품을 설계, 생산 및 출시한 후 제품 수명주기는 제품의 공급사슬을 처리하는 방법에 영향을 주는 여러 단계를 거치는 것을 기억해야 한다. 제품 수명주기는 "새 제품이 처음부터 끝까지 거치는 단계"로 정의할 수 있다. 도표 32에 설명된 것처럼, 전통적인 마케팅 관점의 전통적인 제품 수명주기에는 개발기(development), 도입기(introduction), 성장기(growth), 성숙기(maturity) 및 쇠퇴기(decline)가 있다.

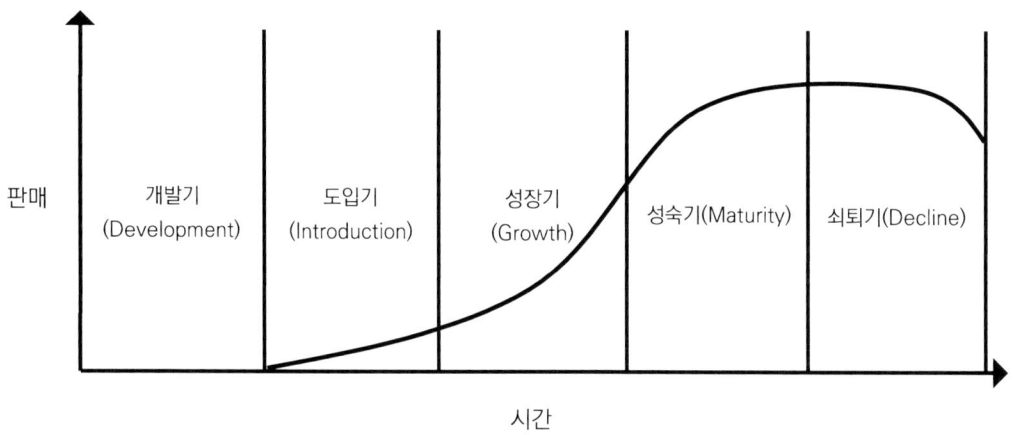

도표 32 제품 수명주기(Product Life Cycle)

- 개발기(development). 제품(또는 서비스) 개발은 제품 수명주기의 배양 상태이다. 조직이 제품 출시를 준비함에 따라 이 시점에서 판매가 없다. 전통적으로 시장조사, 제품설계 또는 서비스 정의, 테스트 및 마무리가 완료되는 기간이다.

- 도입기(introduction). 도입기 단계에서는 제품이나 서비스에 대한 판매가 낮게 나타난다. 고객이 제품이나 제품의 이점에 대하여 인지하지 못하고 있기 때문인데, 따라서 조직은 제품이나 서비스의 유통을 위해 추가적인 비용을 지출해야 하며, 홍보 프로그램을 진행해야 한다. 이 단계에서 광고 비용이 높은데 이는 고객에게 제품에 대한 인지도를 높이기 위해서다.

- 성장기(growth). 성장 단계는 빠른 매출 성장의 시기이다. 더 많은 고객이 제품과 그 이점을

인식하게 되면 매출이 증가한다. 제품의 성공이 입증되고 고객이 제품을 찾기 시작하면 소매업체가 제품 제공에 관심을 가지면서 매출이 계속 증가한다. 이 시점에서 배포가 확장될 수 있다. 이 단계에서 경쟁사는 시장에 진입할 수 있다. 시장점유율을 유지하기 위해 조직의 판매촉진 비용이 증가할 수 있다.

고객과 유통업체의 기반이 커짐에 따라 비지니스는 시장의 요구를 충족시키고 지속적으로 자료를 수집 및 분석하는 데 더 많은 자원을 투입해야 한다. 고객이 브랜드를 전환할 수 있는 재고 부족 또는 지연을 피하려면 생산 및 재고 수준을 관리해야 한다. 재고생산(MTS) 전략은 성장 단계의 많은 제품에 효과적일 수 있다.

- 성숙기(maturity). 성숙 단계가 가장 수익성이 높다. 매출이 계속 증가하나 느린 속도로 증가한다. 경쟁으로 인해 시장점유율 또는 가격이 감소한다. 이 시점에서는 경쟁 제품들이 매우 유사하여 우리 조직의 제품과 구별하기가 어렵다.

- 쇠퇴기(decline). 결국 시장이 포화되거나 제품이 기술적으로 구식이 되거나 고객의 취향이 변함에 따라 판매가 감소하기 시작한다. 제품이 브랜드 충성도를 유발한 경우 수익성은 더 오래 유지될 수 있지만, 생산량이 감소하고 단가가 증가하면 더 이상 수익이 발생하지 않는다. 재고생산(MTS) 전략을 사용한 조직은 수익성을 최대한 연장하기 위해 주문생산(MTO) 전략으로 전환해야 할 수도 있다. 이상적으로는 새로운 제품이 개발되어 제품 주기를 계속 이어가는 것이다.

이러한 단계 간의 차이점을 배우는 목적은 제품 수명주기 분석 및 관리를 가능하게 하는 것이다.

### 수명주기 분석(Life cycle analysis)
새로운 제품군에 유사한 제품의 도입, 성장, 성숙도, 포화, 감소를 포함하는 과거 수요 데이터 패턴을 적용하는 것을 기반으로 하는 정량적 예측 기술이다.

### 제품 수명주기 관리(Product life cycle management)
고객이 원하는 제품의 개발, 사용 및 지원을 촉진하는 프로세스. PLM을 통해 전문가는 고객과 공급사슬의 역물류 부분 모두에서 제품 정보의 생성 및 보존을 계획할 수 있다.

# 8장 | 기술 설계
## Technology Design

8.1 공급사슬관리(SCM)에서 정보기술(IT)의 역할

8.2 정보시스템 아키텍쳐(IS Architecture)
    8.2.1 데이터베이스와 데이터베이스 관리
    8.2.2 네트워크(Networks)
    8.2.3 소프트웨어(Software)
    8.2.4 구성(Configuration)
    8.2.5 포괄적인 공급사슬관리 시스템

8.3 신기술의 수익-비용 타당성
    8.3.1 유형 및 무형 이점
    8.3.2 유형 및 무형 비용
    8.3.3 비용-효과 분석과 투자수익율

8.4 구현 고려사항
    8.4.1 기술 감사와 구현 검토
    8.4.2 전형적인 정보기술 위험 완화

## 핵심주제와 학습목표

- 새로운 전략과 운영 방법을 통해 정보기술(information technology)이 공급사슬의 마찰(friction)을 줄이는 방법
- 정보 시스템 인프라 분류: 데이터베이스(databases), 네트워크(networks), 소프트웨어(software) 및 구성(configuration)
- IT 이니셔티브에 대한 투자 수익(return on investment)을 계산하는 방법
- IT가 포괄적인 공급사슬 관리 시스템(comprehensive supply chain management system)에 어떻게 적합한지 설명
- 자동 식별(automatic identification) 시스템과 바코드(bar codes), 창고 자동화(warehouse automation) 및 무선 주파수 식별(radio frequency identification)을 포함한 자동 식별 및 데이터 획득(automatic identification and data capture) 장치의 영향을 검토

정보기술의 도움 없이는 현재의 공급사슬관리 개념이 존재하지 않았을 것이다. 기술을 통해 기업은 부서 중심의 통제 영역에서 기업 전체 및 확장된 공급사슬에 걸친 비지니스 프로세스에 초점을 맞출 수 있었다. 기술이 발전함에 따라 점점 더 복잡한 경쟁전략, 측정지표 및 분석이 가능해져 비지니스 속도를 높이고 비지니스가 전 세계적으로 확대되었다. 기술이 가치 중심 네트워크의 핵심 요소를 서로 연결하는 데 도움이 됨에 따라 빠르게 세계적 수준의 성과 구현 도구가 되고 있다.

고객과 공급업체는 이제 질문 사항, 이벤트, 시장 정보 및 판매 시점(point-of-sales) 거래에 대한 실시간 가시성에 대한 신속하고 정확한 답변을 기대한다. 수요에 대한 더 나은 지식으로 인해 제품 수명주기가 단축되었다. 수명주기가 빠를수록 제품의 성장과 성숙이 더 빨라져 수익성에 대한 시간이 빨라지지만, 제품이 더 빨리 쇠퇴하고 교체해야 한다는 의미일 수 있다. 즉, 조직의 유연성이 높아져야 한다. 기술은 비지니스에서 경쟁 우위의 원천이 될 수 있다.

## 8.1 공급사슬관리에서 정보기술의 역할(Role of IT in Supply Chain Management)

> **정보기술(IT, information technology)**
> 비지니스 활동을 계획하고 통제할 때 데이터, 장비, 인력 및 문제 해결 방법을 통합하는 컴퓨터, 통신 및 기타 장치 기술. 정보기술은 텍스트, 오디오 또는 비디오 정보를 저장, 인코딩, 처리, 분석, 전송, 수신 및 인쇄를 위한 수단을 제공한다.

네트워킹 기술은 조직 전체와 공급사슬 파트너 간에 정보를 전송하는 데 중심적인 역할을 한다.

공급사슬의 정보 시스템은 단순한 자료수집이 아니다.

> **정보 시스템(IS, information system)**
> 계획, 의사결정 및 통제를 위한 정보의 수집, 처리 및 배포를 위해 설계된 사람 및 프로세스와 함께 관련된 컴퓨터 하드웨어 및 소프트웨어

이 정의는 사람과 프로세스에 중점을 두어 정보 시스템을 최대한 활용하는 데 중요하다. 기술은 정보의 흐름을 자동화하고 네트워크 안의 사람들이 함께 지식을 효율적이고 효과적으로 공유할 수 있도록 도와주어야 한다.

> **전자 문서(Electronic documents)**
> 인쇄할 수 있는 문서의 전자적 표현

전자 문서를 사용하여 사람들은 모든 일상적인 데이터와 정보를 쉽게 공유할 수 있다. 기술은 사람들이 거래의 "이유"와 사회적 요소 또는 정상적인 거래의 예외에 더 집중할 수 있도록 프로세스를 자동화, 제어 및 표준화하도록 도와야 한다. 마지막으로, 정보 시스템은 데이터(data)를 맥락에 맞추어 정보(information)로 바꾸는 데 도움을 줄 뿐만 아니라, 또한 데이터 간의 새로운 연관성을 찾고 강조함으로써 지식(knowledge)을 공유하고 생성하는 데 도움이 된다. 이러한 기능은 사람과 프로세스를 지속적으로 개선할 수 있도록 한다. 다시 말해, 핵심은 데이터를 정보로 바꾸고 그 정보를 행동으로 바꾸는 것이다.

조직은 다음을 포함하여 여러 가지 방법으로 공급사슬 관리를 지원하기 위해 정보기술(IT)을 사용할 수 있다.

- 공급사슬 속도, 민첩성 및 확장성을 향상시킨다. 정보기술은 독립적인 공급사슬 파트너 간에 보안 정보를 효율적으로 전송할 수 있도록 하여 가상 사슬 형성을 지원한다. 상호 보완적 핵심 역량을 전문으로 하는 기업들이 신제품을 개발하고 빠르게 변화하는 기회를 이용하기 위해 일시적으로 함께 네트워크화할 수 있다.

- 데이터의 비용 효율적인 전체 가시성을 제공한다. 인터넷을 통해 대량의 데이터를 빠르고 저렴하게 전송하면 전 세계 공급사슬 가시성이 향상된다. 결과적으로 조달 및 판매 결정의 개선으로 다른 조직이 충족해야 하는 새로운 표준이 설정되었다.

- 채찍효과를 회피하기 위해. 정보기술은 물류 자료를 수집, 통합 및 보고하여 실제 공급사슬 활

동을 보여주고 파트너가 불완전한 데이터로 예측할 때 발생하는 불확실한 영향을 피하는 데 사용될 수 있다.

- 재고 흐름을 정보 흐름으로 대체하고 밀기에서 끌기로 이동하여 유연하고 비용 효율적인 공급사슬을 만든다. 빠른 데이터 흐름은 밀기 시스템을 끌기 시스템으로 대체하여 판매 시점에서 전송된 실시간 데이터를 통해 계획 담당자는 실제 수요 변화에 신속하게 대응할 수 있다.
- 지식을 수집, 저장 및 분석하여 공급사슬 파트너 간에 공유한다. 효율적인 네트워킹 및 통합 기술은 각 파트너에게 전략 분석 및 물류에 이르기까지 모든 것을 향상시키는 전략적 및 전술적 기능을 제공한다.
- 전략, 전술 및 운영 계획 및 조정을 촉진한다. 모든 파트너에게 동일한 정보를 제공함으로써 공급사슬 파트너는 자신의 이익에만 초점을 맞추지 않고 공급사슬의 전체 수익성을 향상시킬 수 있다.
- 데이터의 정확성을 높이고 직접 처리한다. 데이터는 한 번 입력하여 한 곳에 저장하고 재입력 오류 없이 여러 거래처리에서 사용할 수 있다.
- 새로운 관계를 촉진한다. 정보기술은 조직을 최적의 관계보다 덜 방해하는 많은 장벽(때로는 "마찰")을 제거했다. 따라서 새로운 공급사슬 파트너 관계를 보다 쉽게 형성하여 새로운 글로벌 기회를 활용할 수 있게 되었다.
- 기존 관계에 대한 신뢰를 심화시킨다. 정보기술은 실시간 정보 공유를 사용하여 공급사슬 파트너 간의 신뢰를 높이는 데 도움이 된다.

## 8.2 정보시스템 아키텍쳐(Information System Architecture)

공급사슬 기능의 효율성과 효과의 정도는 정보의 속도(정보의 생성, 명령어 번역, 전송, 이해, 분석 및 사용과 관련된 용이성과 속도)에 의해 제한된다. 정보 시스템 아키텍처는 정보 속도를 높이는 열쇠이다.

정보 시스템 아키텍처의 정의는 조직의 아키텍처를 반영해야 한다고 명시하고 있다. 이는 조직이 기본 아키텍처(예: 부서 중심에서 확장 프로세스 중심)를 변경하려는 경우 정보 시스템 아키텍처도 변경해야 함을 의미한다. 그렇지 않은 경우, 이전 기술 아키텍처로 인해 변화가 성공하지 못할 수 있다. 따라서 공급사슬 관리자는 이 아키텍처가 이미 존재하더라도 조직의 정보 시스템 아키텍처를 높은 수준으로 이해해야 특정 공급사슬 전략을 촉진하기 위해 변경 또는 업그레이드가 필요한지 결정할 수 있다.

정보 시스템 아키텍처의 핵심 기술은 데이터베이스와 데이터베이스 관리시스템(DBMS), 네트워크, 소프트웨어 및 구성(configuration)으로 요약할 수 있다.

## 8.2.1 데이터베이스와 데이터베이스 관리(Database and database management)

정보 시스템 아키텍처의 핵심은 데이터베이스로서, 거래처리 기록 또는 직원 파일과 같은 특정 요구를 처리하는 데이터의 구조화된 저장소이다. 전사적자원관리(ERP) 시스템을 사용하면 활용할 수 있는 사전 구축된 데이터베이스 구조를 제공한다. 데이터베이스에는 데이터베이스 관리시스템이 필요하다.

> 🔧 데이터베이스 관리시스템(DBMS, database management system)
> 데이터를 구성하고 해당 데이터를 물리적 매체(예: 데이터베이스)에 저장, 유지 및 검색하기 위한 메커니즘을 제공하도록 설계된 소프트웨어. DBMS는 응용프로그램 및 데이터를 사용하는 사람들과 데이터를 분리하고 여러 가지 데이터 보기를 허용한다.

관련 용어에는 데이터베이스에 질의하고 조작하는 데 사용되는 언어인 구조화 질의 언어(예: SQL, Structured Query Language)와 데이터 사전이 포함된다. 구조화 질의 언어(SQL)란 사용자와 관계형 데이터베이스를 연결시켜주는 표준 검색 언어이다.

### 데이터 조작 언어(Data manipulation language)
(1) 정보 시스템에 대한 요구사항 및 사양의 카탈로그 (2) 현재 사용 중인 모든 시스템 또는 관련 소프트웨어의 파일 및 데이터베이스에 대한 사실을 저장하는 파일

데이터베이스 유형에 대한 자세한 내용은 다른 장에서 제공된다.

## 8.2.2 네트워크(Networks)

### 네트워크(Network)
효과적인 데이터 통신뿐만 아니라 파일 및 주변 장치 공유를 쉽게 하기 위해 컴퓨터, 터미널 및 통신 채널의 상호 연결

컴퓨터와 서버(server) 간의 연결은 일반적으로 근거리 네트워크(LAN, local area network)을 통해 이루어진다.

### 서버(Server)
다른 컴퓨터에서 실행되는 클라이언트(client) 소프트웨어에 특정 종류의 서비스를 제공하는 컴퓨터 또는 소프트웨어 패키지

### 근거리 네트워크(LAN, local area network)
건물 또는 캠퍼스와 같이 비교적 좁은 지리적 영역에 분산된 여러 워크 스테이션에서 컴퓨터 터미널, 프로그램, 저장 장치 및 그래픽 장치를 연결하기 위한 고속 데이터 통신 시스템

무선 근거리 네트워크는 전파를 사용하여 데이터를 전송한다. 무선 시스템은 배선이 필요 없기 때문에 설치 비용이 저렴하지만, 무단 가로채기 및 데이터 사용을 방지하기 위해 더 높은 보안이 필요하다.

회사는 광역 네트워크(WAN)를 사용하여 지리적으로 분산된 시설 간에 정보를 공유한다.

### 광역 네트워크(WAN, wide area networks)
넓은 지리적 영역에 분산된 컴퓨터를 연결하기 위한 공용 또는 개인 데이터 통신 시스템

### 가상 사설망(VPN, virtual private network)
저렴한 인터넷을 기반으로 하는 보안 전송 방법

가상 사설망은 다양한 위치의 개인 및 조직과 안전하게 통신할 수 있다. 가상 사설망은 암호화를 사용하여 안전한 통신을 보장한다. 외부 VPN 사용자는 시스템을 마치 LAN을 사용하는 것처럼 보이다.

### 인트라넷(Intranet)
인터넷 기술과 응용프로그램을 사용하여 기업의 요구를 충족시키는 개인 소유 네트워크. 그것은 전적으로 부서 또는 회사 내에 상주하며 인터넷과 유사하게 웹 페이지와 함께 정보와의 통신 및 접근을 내부 용도로만 제공한다.

### 엑스트라넷(Extranet)
비지니스를 수행하기 위해 안전한 정보 처리 및 인터넷 프로토콜을 사용하여 파트너의 네트워크에 네트워크를 연결한다.

## 8.2.3 소프트웨어(Software)

소프트웨어는 다양한 방식으로 데이터베이스의 데이터를 작성, 표시, 수정, 처리 및 분석하는 프로그램을 설명한다. 소프트웨어 유형에는 운영체계(operating system) 및 응용프로그램(application)이 포함된다.

### 운영체계(O/S, operating system)

하드웨어 및 응용프로그램의 실행을 통제하는 일련의 소프트웨어 프로그램 운영체계는 스토리지 관리, 디스크 입/출력, 통신 연결, 프로그램 예약 및 성능 및 비용 할당을 위한 시스템 사용 관찰을 통해 컴퓨터 및 네트워크 자원을 관리한다.

익숙한 운영체계로는 윈도우(Windows), 유닉스(Unix), 리눅스(Linux) 및 맥(Mac) 운영체계가 있다.

응용프로그램 소프트웨어는 운영체계에 의해 통제되며 제품 및 서비스를 계획, 제조, 조달, 설명, 제공 및 반환하는 등 다양한 컴퓨팅 요구를 충족시킨다. 소프트웨어는 관련 비용, 안정성(실패율), 관련성(사용하지 않을 때까지의 유용성 및 시간) 및 유지관리성(생성, 구성 또는 업그레이드에 대한 상대적 비용)으로 판단할 수 있다.

기존의 소프트웨어 애플리케이션 모델에서 사용자는 일회성 비용을 지불하고 소프트웨어 패키지 및 라이센스를 구매한다. 사용자가 소프트웨어를 소유하고 있으며 공급업체 또는 개발자는 라이센스 계약 조건에 따라 지원 및 갱신을 제공한다. 이에 대한 대안으로 떠오른 방법이 SaaS(Software as a Service) 모델이다.

### SaaS(Software as a Service)

컴퓨터 서비스… 모든 소프트웨어 및 하드웨어를 사업장에 보관하고 서비스를 사용하는 정보기술 사업 모델. 서비스는 인터넷을 통해 제 3자가 제공한다.

SaaS를 사용하면 소프트웨어가 사용자의 컴퓨터나 서버로 다운로드 되지 않는다. 조직은 효과적으로 소프트웨어를 임대해서 사용한다. SaaS 애플리케이션에는 별도의 라이센스가 없다. 소프트웨어 사용료 결제는 구독(일반적으로 월 단위) 형태이다. 사용자가 구독에 대한 지불을 중단하면 사용자의 접근 및 사용이 종료된다.

SaaS는 설치 및 업그레이드에 필요한 시간을 제거한다. 예를 들어 구글(Google)의 워드 프로세싱 및 스프레드시트 도구는 SaaS 애플리케이션의 기본 기준을 충족한다.

- 공급업체(Google)

- 중앙 위치에 저장된 논리 및 데이터

- 인터넷을 통해 실행 및 사용되는 데이터 및 소프트웨어에 대한 최종 사용자 접근

이 예는 광범위한 SaaS 범주인 고객 중심 서비스로 분류할 수 있다. 비지니스 지향 SaaS 애플리케이션은 종종 "비지니스 서비스 라인" 또는 공급사슬관리, 고객관계관리 등과 같은 프로세스를 위한 비지니스 솔루션이다.

도표 33은 사용자와 공급업체에 대한 SaaS의 몇 가지 기본 장점을 요약한다.

| 유형 | 무형 |
|---|---|
| • 초기 비용 절감 - 대규모 라이센스 비용이 없어 사용 장벽을 낮춤, IT 투자 불필요<br>• 즉각적인 사용 - 구현 기간이 짧음<br>• 자동 업그레이드 - SaaS 공급업체가 액티브 버전을 개선하고 수정<br>• 소규모 저장 공간이 요구됨 - 데이터 보관이 SaaS 공급업체의 책임임<br>• 인력 감소 - 설치, 모니터링, 유지보수 및 갱신에 대한 내부 IT 인력의 필요성 감소 | • 지속적인 수입 - 일반적으로 구독료가 기존 일회성 소프트웨어 라이센스 요금을 초과함<br>• 하나의 활성 버전(active version)만 지원<br>• 소프트웨어 불법 복제 및 무면허 사용 감소, 이러한 활동과 관련된 손실 감소 |

도표 33 Saas의 핵심 장점(Key Advantages of SaaS)

SaaS도 확실하게 문제점이 없는 것은 아니다. 공급업체(vendors)는 SaaS 솔루션이 더 가볍고 단순하고 직관적이며 민첩하다는 것을 지속적으로 재확인해야 한다. 최종 사용자(users)들은 사용이 더 쉽고, 현재 실행하고 있거나 가까운 시일 내에 실행될 이기종 환경에 보다 강력한 통합되는 솔루션을 제공하는 새로운 공급업체를 늘 찾고 있음을 알아야한다. 기능이 상당히 표준화되고 상용화된 애플리케이션 영역(예: 고객관계관리, 보안 및 IT 헬프 데스크)은 SaaS가 가장 널리 사용되는 분야이다. 사용자 맞춤 및 통합 기능의 격차로 인해 SaaS는 전문화 또는 복잡한 실시간 통합이 필요한 영역에서는 그다지 매력적이지 않다.

### 8.2.4 구성(Configuration)

정보 시스템 아키텍처 관점에서의 구성은 실제 하드웨어, 운영체계, 응용프로그램 소프트웨어 및 네트워크가 배열되는 방식을 나타낸다.

가장 일반적인 구성은 클라이언트/서버 시스템이며, 여기서 클라이언트는 개인용 컴퓨터(PC) 또는 장치이고 서버는 메인 프레임 시스템 또는 서버이다. 운영체계(O/S)는 클라이언트와 서버를 실행한다. 클라이언트/서버 개념은 처리 작업을 분산시켜 클라이언트가 로컬의 낮은 데이터 수요 작업을 처리하고 서버/메인 프레임이 회사의 일반적인 높은 데이터 수요 작업을 수행하도록 한다.

공급업체와 고객의 확장된 사슬은 주로 인터넷을 통해 운영되는데, 이는 클라이언트/서버 구조의 분산 형태이거나 웹 브라우저가 웹 서버에 연결된 클라이언트인 네트워크이다.

공급사슬 파트너 또는 다른 내부 사무실과의 구성을 위한 또 다른 선택사항은 클라우드 컴퓨팅이다. 클라우드 컴퓨팅을 통해 인증된 구성원은 실제 위치와 관계없이 원격 서버 및 데이터베이스 네트워크에 가상으로 접근할 수 있다.

클라우드 컴퓨팅은 인터넷을 통해 강력한 컴퓨팅 응용프로그램, 플랫폼 및 서비스를 배포한다. "클라우드"는 안전하고 확장 가능한 방식으로 컴퓨팅 자원을 가상 자원으로 접근하고 공유할 수 있는 데이터 센터의 네트워크이다. 클라우드 컴퓨팅은 종종 외부 서비스 제공업체와 연결하는 방법으로 광고되지만, 내부 목적으로도 사용될 수 있다. 예를 들어 대기업은 자체 서버를 가상화하고 내부 클라우드를 만들어 각 응용프로그램에 전용 서버를 사용하는 것보다 비용을 절감하고 더 나은 결과를 제공할 수 있다.

현재 클라우드 컴퓨팅 작업을 수행하는 데 필요한 컴퓨터 시스템과 소프트웨어 연결 표준은 완전히 정의되어 있지 않으며 공급업체마다 기술이 다르다. 그러나 많은 SaaS 클라우드 기반 시스템에는 예를 들어 조직의 전사적자원관리(ERP) 시스템과 인터페이스 할 수 있는 방법이 있다. 클라우드 컴퓨팅이 기업 데이터 센터에서 계속해서 어필함에 따라 공급사슬 애플리케이션은 성장할 것이다. 2014 Infosys 및 Verizon Enterprise Solutions 설문 조사에 따르면 클라우드 컴퓨팅이 주류에 진입했으며 기업은 이를 사용하여 비용을 줄이고 비지니스 민첩성을 높이고자 한다. 많은 전사적자원관리(ERP) 시스템은 클라우드 및 웹 기반 접근을 사용하여 제공 방법을 향상시켰으며 넷스위트(NetSuite)와 같은 클라우드 전용 ERP 시스템도 존재한다.

도표 34는 인터넷 또는 클라우드 컴퓨팅을 통한 외부 시스템 연결을 포함하여 정보 시스템 아키텍처의 기술 구성 요소를 보여준다.

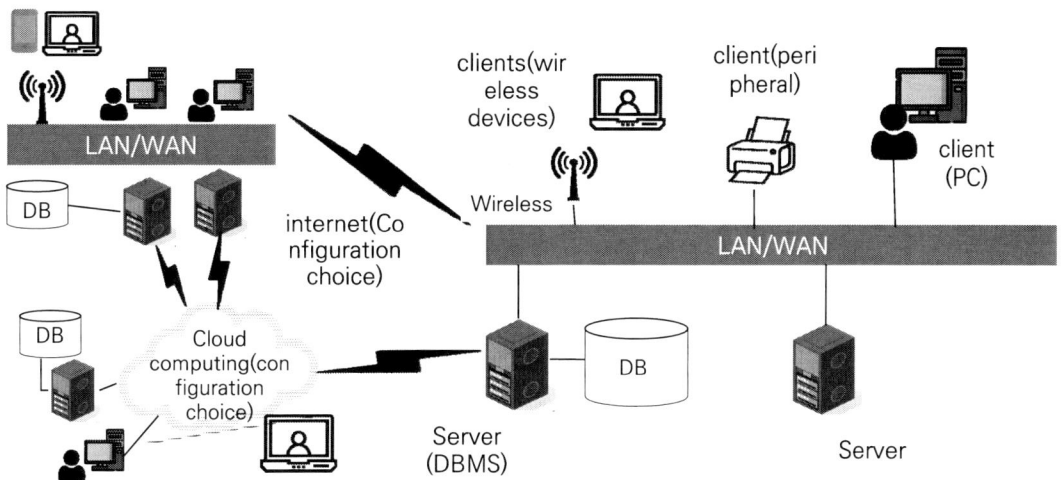

도표 34 정보 시스템 아키텍처 구성 요소(Information System Architecture Components)

## 8.2.5 포괄적인 공급사슬관리 시스템(Comprehensive Supply Chain Management System)

도표 35는 제조업체의 관점에서 포괄적인 공급사슬 관리 기술 시스템에 대한 개요를 제공하며 주요 응용프로그램 도구와 고객 관계 관리 및 공급업체 관계 관리에 중점을 둔다.

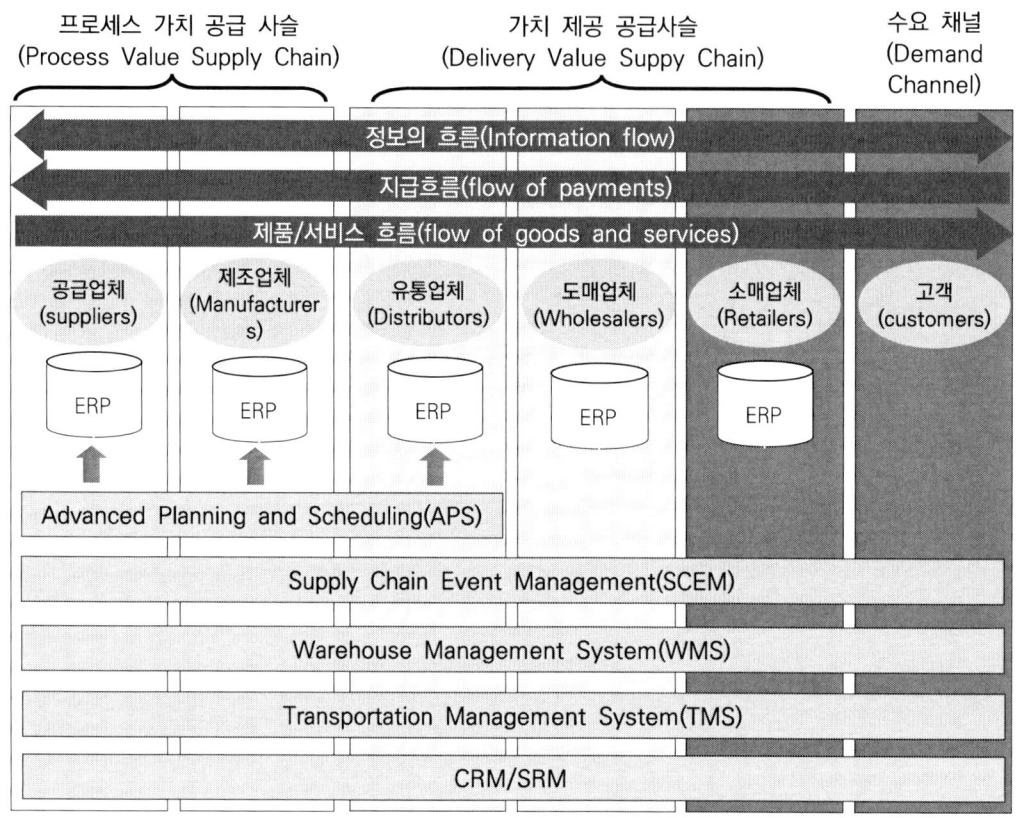

도표 35 포괄적인 공급사슬관리 시스템(Comprehensive Supply Chain Management System-Manufacturer's Perspective)

이러한 시스템 중 상당수는 다른 공급사슬 구성원들도 사용하고 있으며 이들의 공급 네트워크와 기술이 그 중심에 있는 것으로 보이다.

도표 상단의 세 가지 카테고리를 확인하기 바란다.

- 프로세스 가치(process value) 공급사슬. 공급사슬의 이 부분은 수요 채널 정보를 제품 또는 서비스로 변환한다. 공정 효율성과 효과성이 중요하다.

- 가치 제공(value delivery) 공급사슬. 공급사슬의 이 부분은 수요 채널 값에 따라 정의된 제품 및 서비스 패키지의 서비스 구성품을 전달하도록 구성되어 있다. 일부 사슬에는 전략 요구에 따라 더 많거나 적은 파트너가 있다.

- 수요 채널(demand channel). 정보기술 관점에서 볼 때 수요 채널은 실제 고객 수요에 대한

시장 정보 및 정보를 수집, 분석 및 보급하기 위해 존재한다. 기술은 공급사슬을 단일체로 생각하는 대신 공급사슬이 다양한 제품 또는 고객 세분화를 위한 새로운 사슬을 형성함으로써 지속적으로 스스로를 재창조하고 재생산할 수 있게 해주었다. 공급사슬을 모듈식 구성 요소 집합으로 보면 이러한 유연성을 입증할 수 있다.

> **모듈러 시스템(Modular system)**
> 관련 작업이 독립적인 패키지로 그룹화되는 시스템 아키텍처 설계. 작업의 각 패키지 또는 모듈은 특정 기능과 관련된 모든 작업을 수행하며 다른 모듈과의 느슨한 결합으로 인해 다른 패키지 또는 모듈에 영향을 미치지 않으면서 기능의 향상을 구현할 수 있다. 한 가지 예를 보자면, 응용프로그램 비지니스 규칙이 데이터 관리 규칙과 분리되어 있는 다중 계층 구조이다. 또 다른 예로는 사용자 인터페이스 작업이 응용프로그램 소프트웨어와 분리되어 있는 클라이언트-서버 아키텍처가 있다.

## 8.3 신기술의 수익-비용 타당성(Benefit-cost Rationale for New Technologies)

IT 투자는 잠재적인 기술의 모든 사용에 대해 조직에 순이익을 가져오는 경우에만 수행해야 한다. 따라서 IT 정당성을 입증하기 위한 첫 번째 가정은 이것이 단순한 컴퓨터 프로젝트가 아니라 비지니스 결정이라는 것이다. 새로운 기술은 회사의 목표와 일치해야 하며 전략적인 공급사슬 이점을 창출해야 한다. 대부분의 IT 부서는 현업 사용자가 그러한 정당성을 수행할 것으로 기대한다. IT 직원은 전문가 자원으로 활용될 수 있지만, 비지니스 사례는 반드시 현업 주도로 이루어져야 한다. 공급사슬 기술의 경우 이는 공급사슬 관리자의 책임이다.

철저한 프로젝트 관리 없이 기술을 제대로 선택하거나 설치하지 않으면 계획된 이점을 얻지 못하고 막대한 금전적 낭비만 발생할 수 있다. 많은 조직에서 IT 프로젝트를 제대로 계획 또는 구현을 하지 못하여 상당한 재무적인 위험을 초래했었다.

잘 관리된 자본 투자는 물류, 조달, 소프트웨어 시스템 및 간접비에서 비용 절감, 더 큰 시장점유율, 새로운 제품이나 시장 혁신으로 수익을 창출할 수 있다. 성공적인 IT는 조직을 변화와 혼란에 대해 민첩하고 탄력적으로 만들어야 한다.

### 8.3.1 유형 및 무형 이점(Tangible and intangible benefits)

신뢰성은 모든 비용 정당화의 열쇠이며 과거의 성공은 제안된 IT 투자에 대한 강력한 신뢰성을 제공한다. 그러나 과거가 항상 미래를 정확하게 예측하는 것은 아니다. 또한, 이전에 성공한 것으로 입증된 투자만으로는 창의력을 저해하고 비지니스 성장을 저해할 수 있다.

IT 투자의 이점은 유형과 무형으로 나누어 볼 수 있다. 유형의 혜택은 재고, 외상매출금과 같은 임시 자산의 감소로 인한 직접 일별 절감 및 운전자본 또는 가용 현금 증가로 나눌 수 있다. 무형의 이점은 정량화하기 어렵거나 불가능하므로 신뢰성에 약간의 문제점이 제기될 수 있다.

도표 36은 성공적인 정보기술 투자의 유형 및 무형의 이점을 보여준다.

| 유형 | 무형 |
| --- | --- |
| • 유지보수 비용 절감<br>• 신속한 구현<br>• 판매량 증가<br>• 일정수립 개선(더 적은 작업변경)<br>• 재무 수익 증대<br>• 간접비 감소<br>• 현금 대 현금 주기시간 감소 | • 고객 유지<br>• 고객 서비스<br>• 주문 상태의 가시성<br>• 인력 재배치<br>• 직원 만족도 및 효율성 |

도표 36 IT 투자의 잠재적 이점(Potential Benefits of IT Investments)

무형의 이익을 정당화하기 위해 추정이 필요한 경우 가장 좋은 방법은 개인의 의견을 사용하기보다는 합의를 구축하는 것이다. 예를 들어, 판매량 증가를 약속하는 IT에는 다음과 같은 사항이 포함될 수 있다.

• 주문 상태에 대한 시스템 가시성으로 고객에 대한 대응이 향상된다.

- 품질 통제를 통해 반품이 줄어들고 고객 만족도가 높아진다.

- 가공처리 속도가 빠를수록 거래처리 속도가 빨라져 지연 시간이 줄어든다.

도표 36에는 인력 재배치가 무형의 이익으로 표시되어 있다. 다만 직원을 해고할 수 있는 능력에 따른 약속된 비용 절감은 특별한 주의를 기울여야 한다. 직원의 사기를 낮추는 것 외에도 이러한 많은 추정이 잘못된 것으로 판명되었다. 조직은 초기에는 인력의 규모를 줄이더라도 나중에는 전체 직원을 늘려야 할 수도 있다.

고려해야 할 몇 가지 비재무적 이점은 다음과 같다.

- 서비스 요청 횟수 또는 반품과 같은 고객 서비스 측정에 의해 나타나는 고객 만족도 향상

- 직원 이직률 감소(유지율 향상) 및 설문에 대한 긍정적인 반응과 같은 직원 만족도 측정

- 시간당 처리되는 주문 증가와 같은 효율성 측정

- 재고품을 늘리지 않고 채찍효과 감소와 같은 협업 및 가시성 측정

### 8.3.2 유형 및 무형 비용(Tangible and intangible costs)

비용 측면에서는 유형의 직접 비용이 간단하다. 여기에는 IT 프로젝트의 직접 비용과 지속적인 서비스 및 유지 관리 비용, 컨설팅 비용, 직원 교육 및 변경 관리, 프로젝트에 할당된 자원 및 기회비용에 대한 추정치가 포함된다. 그러나 많은 IT 프로젝트는 관리자가 아래와 같은 비용 초과 지출로 인해 예산을 크게 초과한다.

- 운영 지원 비용과 같은 주요 비용 항목을 간과한다.

- 계획에 따라 모든 것이 진행될 것으로 추정하는 추정치를 사용

- 프로젝트 승인을 확보하기 위해 비용을 의도적으로 과소평가한다.

초기 추정치가 낙관적이며 프로젝트 예산이 초과하는 경우 경영진과 외부 투자자 모두 프로젝트

를 실패로 인식한다.

　세 가지 기본 비용 범주는 자본 지출, 일회성 프로젝트 비용 및 지속적인 지원 활동이다. 자본 지출은 기술의 예상 수명 동안 상각된다. 이 상각 기간이 실제 제품 수명을 초과하면 비용이 과소 평가된다. 일회성 프로젝트 비용에는 종종 대안 조사, 교육 출장, 데이터 변환 또는 직원이 학습 곡선을 통과할 때 생산성 손실과 같은 숨겨진 비용이 포함된다. 지속적인 지원 비용에는 연간 라이센스 비용 및 공급업체 지원에 대한 유지 관리 비용, 버그 수정, 업그레이드, 고정 자산에 대한 세금 및 IT 지원 직원이 포함된다. 분석 소프트웨어는 일단 소프트웨어가 설치되면 수학적 또는 시뮬레이션 모델 생성 비용과 같은 추가 비용이 발생할 수 있다.

　급여를 받는 직원을 매몰비용이라고 해서 직원을 IT 프로젝트에 할당하는 비용을 정당화하여 무시되어지곤 한다. 직원은 숙련된 컨설턴트를 사용하는 것보다 직원을 사용하는 장기 유지보수를 통해 절감되는 비용이 더 클 때 사용해야 한다.

> **매몰비용(Sunk cost)**
> 어떤 결정과 관련이 없는 비용. …현재 이루어지고 있는 비용

　고려해야 할 최종 비용은 프로젝트를 구현하지 않는 비용이다. 때로는 새로운 IT 기능을 확보하는데 드는 비용이 그렇게 하지 않는(그러나 무형의) 더 큰 비용보다 중요하다. 예를 들어, 경쟁업체가 기술을 사용하여 새로운 비지니스 모델을 만들 경우 이에 대한 적응에 실패하면 비지니스가 큰 타격을 받는 위험에 처한다.

### 8.3.3 비용-효과 분석과 투자수익율(Benefit-cost analysis and ROI)

　도표 37은 이익 대비 비용 비율과 투자 수익률(ROI, return on investment)을 보여준다. 새로운 버전의 전사적자원관리 시스템을 구현하는 회사가 5년에 걸쳐 유형 및 무형의 절약 및 성과 향상으로 총 345,000달러의 이익을 추정했다고 가정한다. 이 회사는 5년 동안 유형 및 무형 비용으로 259,000달러를 기록했다.

$$\text{비용-효과분석(Benefit-Cost Analysis)} = \frac{\text{총이익(Total Benefits)}}{\text{총비용(Total Costs)}}$$

$$= \frac{345{,}000 \text{달러}}{259{,}000 \text{달러}} = 1.33$$

$$\text{투자수익율(Return of Investment)} = \frac{\text{총이익(Total Benefits)} - \text{총비용(Total Costs)}}{\text{총비용(Total Costs)}}$$

$$= \frac{345{,}000 \text{달러} - 259{,}000 \text{달러}}{259{,}000 \text{달러}} \times 100 = 33\%$$

도표 37 비용-효과 공식과 예(Benefit-Cost Formula and Example)

비용-효과 비율의 예는 5년 동안 프로젝트에 투자한 모든 달러에 대해 1.33달러의 수익이 있음을 나타낸다. ROI는 생성된 순 가치의 관점에서 33%로 동일한 결과를 보여준다. 기술이 노후화될 위험이 있으므로 분석 기간을 짧게 유지해야 한다.

## 8.4 구현 고려사항(Implementation Considerations)

비용-효과 분석을 수행하고 긍정적인 투자수익율을 계산한 후에도 IT 프로젝트를 시작하기 전에 적절한 분석을 수행하는 것이 중요하다. 회사의 현재 기능을 분석하고 일반적인 IT 위험을 완화하기 위해 조직 차원의 감사를 관리하면 성공적인 출시를 보장할 수 있다.

### 8.4.1 기술 감사와 구현 검토(Technology Audits and Implementation Reviews)

IT 투자를 하기 전에 조직에 대한 철저한 분석이 필요하다. 회사의 현재 네트워킹 기능은 무엇인가? 공급사슬 개발의 다음 단계에 도달하려면 무엇이 필요한가? 기술 감사는 이러한 질문에 답변할 수 있다. 또한, 위험을 완화하고 기술 지출을 할당하는 데 도움이 될 수 있다.

IT 감사는 시스템 가용성, 보안, 기밀성 및 무결성 등을 테스트한다. 이것들은 2002년 제정된 미국 사베인-옥슬리 법(SOX, Sarbanes-Oxley Act)을 준수하는 데 중요한 역할을 하며, 이로 인해 미국 상장 회사는 적절한 내부 재무 보고 및 IT 통제를 설정해야 한다. (캐나다에는 "Csox"라고 알려진 유사한 Bill 198이 있다.) 예를 들어 IT 감사는 구매 주문을 승인한 사람은 해당 상품의 수령자가 되어서는 안 됨을 명시한다.

기술 감사 대상은 IT 부서나 특정 부서가 아닌 최고 경영진이다. 감사는 공급사슬의 여러 회사를 조사하여 기업 간 집행위원회 또는 이사회에 보고할 수 있다.

기술 감사에는 구현 전/후 IT 검토, SDLC(System Development Life Cycle) 검토 및 데이터베이스 검토가 포함된다.

구현 후 검토에서는 회사가 예상 투자 수익을 얻었는지 여부를 설명한다. 배운 교훈을 검토하면 다음 프로젝트의 성공에 도움이 될 수 있다. 검토가 초기 프로젝트 계획의 일부로 포함되면 각 관리자는 강한 책임감을 갖게 된다. 구현 후 검토는 측정 및 관리할 수 있는 항목에 중점을 두어야 한다. 프로젝트팀원을 위한 유인책은 전체 공급사슬 목표를 달성하는 데 핵심이다. 이러한 유인책에는 재무적 성공뿐만 아니라 고객 만족도 및 품질(예: 균형성과표 시스템)과 같은 다른 수단도 포함되어야 한다. 주가는 여러 가지 요인에 따라 변동하기 때문에 IT 투자에 대한 공정한 척도가 아니다.

감사는 다음 사항들을 확인한다.

- 소프트웨어 공급업체의 잘못된 약속

- 약속된 수준의 시스템 통합을 제공하지 않음

- 변경에 대한 저항 또는 부적절한 교육으로 인해 소프트웨어의 모든 기능을 활용하지 못하고 있다.

감사 결과가 완전히 긍정적인 것은 아니지만 긍정적인 조직 변화를 위해서는 부정적인 결과도 사용되어져야 한다.

IT에 대한 외부 감사의 권장 사항에는 기존 기술을 계속 사용하는 비용과 교체 비용에 대한 설명이 포함되어야 한다. 과거의 과거 추정치 및 실제 비용을 기준으로 한 비용-효과 연구를 통해 비용이 잘못 추정되거나 간과된 위치를 알 수 있다. 현재 또는 이전 투자에 부정적인 투자수익율이 있는 경우, 감사인은 현재 기술에 대한 추가 기능(add-on) 개발을 사용하는 등 미래 IT가 어떻게 긍정적인 수익을 창출할 수 있는지 표시해야 한다.

### 8.4.2 전형적인 정보기술 위험 완화(Mitigating Typical IT Risk)

IT 프로젝트가 성공하기 위해서는 다음 접근 방식을 채택하여 일반적인 위험을 완화해야 한다.

- 점진적(incremental)으로 개선한다. 경영진은 하나의 대형 프로젝트에서 모든 문제를 해결하려고 시도할 수 있다. 이러한 대규모 프로젝트는 관리하기 어렵고 실패하기 쉽다. 점진적인 단계를 수행하는 조직은 단계 사이에 혁신을 추가할 수 있다.

- 비지니스 요구사항을 명확하게 정의한다. 평가에는 몇 주가 걸리고 수많은 공급업체를 대상으로 해야 할 수 있으므로, 평가자가 경영진의 주요 기준을 충족하도록 비지니스 목표를 명확하게 정의하기 위해 경영진을 처음부터 설득 및 확신시켜야 한다.

- 제안 내용을 성실히 제공하는지 실사를 수행한다. IT 구매자는 공급자의 마케팅 프레젠테이션에만 의존하지 않고 이전 구매자와 인터뷰하고 타사 평가자를 사용하여 새로운 시스템의 위험을 제한할 수 있다. 많은 IT 프로젝트 실패가 올바르게 이해되지 않은 프로세스나 제안된 소프트웨어로 귀결된다는 사실을 명시해야 한다.

- 최초 합의된 프로젝트 범위(scope)의 비공식적인 변경을 통제. 프로젝트를 수행하는 데 필요한 활동은 서면 문서로 완전하고 신중하게 정의해야 한다. 추가 작업 비용을 정의하고 추정하기 위한 서면 절차도 있어야 한다.

- 과도한 커스터마이제이션(응용프로그램 코드 수정을 통한 맞춤)을 통제한다. 패키지 형태의 소프트웨어가 조직의 비지니스 프로세스에 완벽하게 맞지 않을 경우 조직은 표준 제공 기능에 맞게 프로세스를 조정할지 또는 현재 관행을 그대로 유지할 수 있도록 소프트웨어를 사용자 정의할지 여부를 결정해야 할 수 있다. 경험상 가장 좋은 규칙은 "즉시" 필요의 80% 이상을 충

족하는 패키지를 찾는 것이다. 나머지 20%는 커스터마이제이션을 통한 추가 개발로 충족될 수 있다. 커스터마이징보다 조직 변화를 추구하는 데 단기적인 어려움이 있겠지만, 장기적으로는 커스터마이제이션 보다 조직 변화 방식이 훨씬 낮은 총소유비용, 소프트웨어 업그레이드의 용이성, 사용자들의 교육비용 등을 낮추게 될 것이다. 많은 회사는 비지니스 프로세스를 갱신하고 변경해야 할 때 소프트웨어의 과도한 커스터마이제이션으로 인해 값비싼 기술 문제에 직면했다. 일부 커스터마이제이션은 다른 커스터마이제이션보다 위험하다. 낮은 위험도에서, 많은 소프트웨어 패키지는 맞춤형 사용을 위해 특별히 "빈(blank)" 데이터 필드에 내장되어 있다. 훨씬 더 위험한 커스터마이제이션에는 원시 소스 코드(source code) 변경이 포함된다.

공급사슬 위험관리에 대해서는 이후 장에서 자세히 설명한다.

# 9장 | 핵심 기술 응용프로그램
## Key Technology Applications

9.1 전사적자원관리 시스템(ERP Systems)
    9.1.1 ERP 시스템 구성요소
    9.1.2 ERP에서 고급 시스템으로 진화
    9.1.3 ERP 시스템 대 전문 시스템
    9.1.4 ERP 혹은 신규 모듈 업그레이드 사용
    9.1.5 컨피규레이션 대 커스터마이제이션

9.2 고급계획 및 일정수립 시스템(APS Systems)
    9.2.1 고급계획 및 일정수립 시스템의 이점

9.3 공급사슬 이벤트관리(SC Event Management)
    9.3.1 적극적인 가시성(Active visibility)
    9.3.2 SCEM의 이점(SCEM benefits)
    9.3.3 온라인 거래 장터에서 SCEM의 사용

9.4 창고관리시스템(WMS)
    9.4.1 창고관리시스템의 기능들(WMS functions)
    9.4.2 웹기반의 창고관리시스템(Web-based WMS)
    9.4.3 창고관리시스템의 이점(Benefits of WMS)

9.5 운송관리시스템(TMS)
    9.5.1 운송관리시스템의 기능들(TMS functions)
    9.5.2 웹기반 운송관리시스템(Web-based TMS)
    9.5.3 글로벌 추적(Global track and trace)
    9.5.4 협업적 운송관리 원칙
    9.5.5 운송관리시스템의 이점(Benefits of TMS)

### 핵심주제와 학습목표

- 전사적자원관리(Enterprise resources planning)
- 고급 계획 및 일정수립(Advanced planning and scheduling)
- 공급사슬 이벤트 관리(Supply chain event management)
- 창고관리시스템(Warehouse management systems)
- 운송관리시스템(Transportation management systems)

이 장에서 논의되는 공급사슬 관리를 위한 핵심 정보기술 응용프로그램에는 전사적자원관리(ERP, enterprise resource planning), 고급계획일정수립(APS, advanced planning and scheduling), 공급사슬 이벤트관리(SCEM, supply chain event management), 창고관리시스템(WMS, warehouse management systems) 및 운송관리시스템(TMS, transportation management systems) 등이 포함된다.

## 9.1 전사적자원관리 시스템(ERP Systems)

> **전사적자원관리(ERP, enterprise resources planning)**
> 조직을 효과적으로 계획하고 통제하는데 필요한 비지니스 프로세스를 조직, 정의 및 표준화하기 위한 프레임워크로써 조직이 내부 지식을 사용하여 외부적으로 경쟁적 이점을 얻게 한다. ERP 시스템은 마스터 파일 레코드, 비용 및 판매 보관소, 재무 세부 정보, 제품이나 고객 계층 구조 분석, 과거 및 현재 거래처리 데이터를 포함한 광범위한 데이터 뱅크를 제공한다.

ERP 소프트웨어는 자동화된 상호 작용과 공통 데이터 소스를 제공하기 위해 완벽하게 통합된 모듈화된 비지니스 애플리케이션 제품군이다. ERP 시스템은 데이터에 공유 접근할 수 있는 대규모 데이터베이스를 기반으로 구축되며 여러 거래처리 모듈(예: 계획, 제조, 구매, 인적 자원, 재무, 영업, 물류)이 포함된다.

ERP 시스템은 대기업이나 중소기업에서 일반적이며 소규모 기업들도 도입하고 있다. 이미 기업 자원 계획을 수립한 회사에서도 시스템 기능을 향상시키고 새로운 모듈을 추가할 여지가 있다. 또한, 공급사슬 파트너들과의 ERP 시스템을 연결해야 하는 과제가 계속되고 있다.

비전이나 달성하고자 하는 방향이 없으면 ERP는 단지 응용프로그램의 집합일 뿐이다. 그들과 함께, ERP는 비지니스가 어디로 가고, 어디로 향할 수 있는지 파악하는 데 필요한 가시성과 효율성을 제공할 것이다.

도표 38은 ERP 시스템이 여러 비지니스 기능을 지원하는 방법을 보여주며 고급 계획 및 일정수

립과 같은 고급 시스템을 포함하도록 확장할 수 있다.

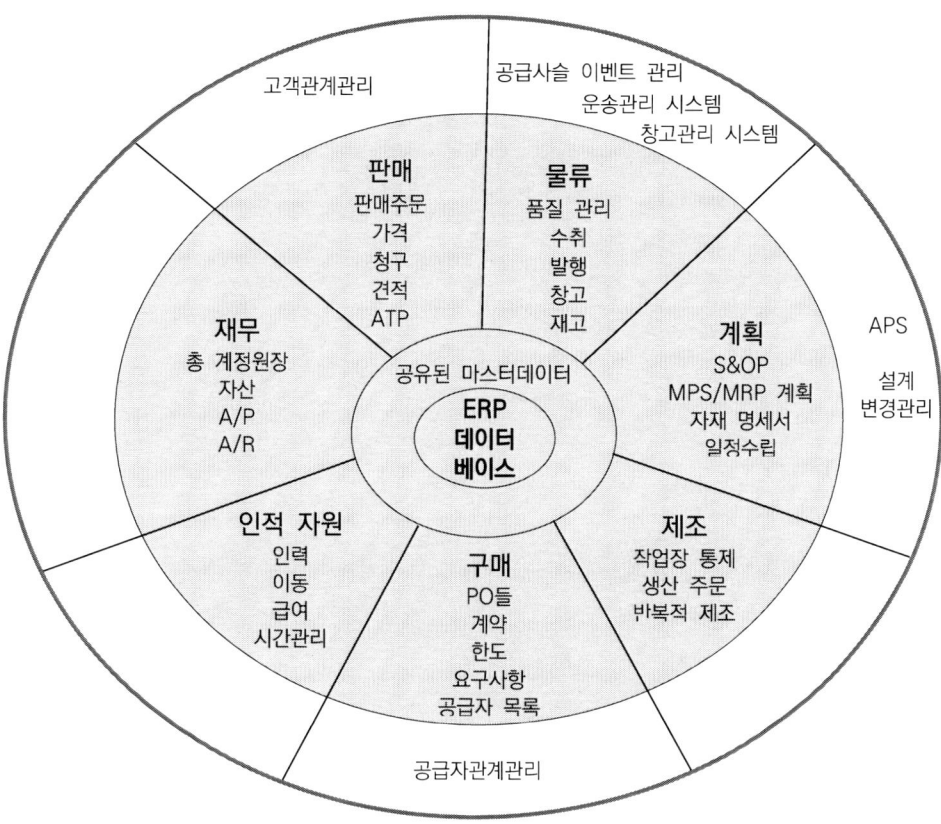

도표 38 전사적자원관리 시스템 기능들(ERP System Functionality)

## 9.1.1 전사적자원관리 시스템 구성요소(ERP components)

### 🔗 ERP 데이터베이스와 공유된 기준정보(database and shared master data)

ERP 시스템의 핵심 기능은 공유된 중앙 데이터베이스이다. ERP 데이터베이스는 모든 유형의 데이터를 위한 단일 저장소 위치를 제공한다. 이는 데이터 중복성을 최소화하고 다양한 모듈이 동일한 데이터를 작성, 접근 및 수정할 수 있게 한다. ERP 데이터 저장소에는 여러 파일 또는 데이터 범주가 포함된다. 다음은 공급사슬 관리와 관련이 있는 데이터의 예이다.

- 고객 파일(customer files)에는 판매 조건, 거래 기록 및 고객 서비스 정보를 포함하여 개별 고객에 대한 모든 정보가 포함된다.

- 제품가격 파일(product-price files)에는 수량 할인, 표준 비용 및 물리적 특성을 포함하여 회사의 제품 및 서비스에 대한 모든 데이터가 포함된다.

- 공급업체 파일(supplier files)은 조직의 모든 공급업체를 나열하여 조직이 공급업체를 통합하고 규모의 경제를 찾을 수 있도록 한다.

- 미완료 주문 파일(open order files)에는 특별 배송 또는 취급 요청을 포함하여 여러 채널의 모든 현재 또는 잠재적 제품 주문이 포함된다.

- 구매주문 파일(purchase order files)은 MRO(유지 보수, 수리, 운영)를 포함하여 공급업체에게 제공되는 미결 주문이다.

- 자재명세서(bill of material) 파일에는 제품 구성품 및 원자재가 나열된다.

- 재고 파일(inventory files)에는 사용 가능한 모든 원자재와 완제품 및 WIP 재고가 언제 제공되는지에 대한 예측이 위치별로 표시된다.

- 주문 및 PO 내역 파일(order and PO history files)에는 예측 및 예산 책정을 위한 과거 구매 및 판매가 표시된다.

이러한 마스터 데이터는 거래처리 모듈 간에 공유된다. 예를 들어, 공급업체 마스터 파일의 정보는 구매, 재무 및 계획에 의해 사용될 수 있다. 자재 마스터 정보는 구매, 계획 및 물류에 의해 사용될 수 있다. 위치 정보는 계획, 구매, 물류, 판매, 인적 자원 등에서 사용될 수 있다.

### 🔗 ERP 거래처리 모듈(ERP transactional modules)

ERP 거래처리(transaction) 모듈은 주문, 재고 이동, 고객 청구 또는 공급업체에 대한 지불과 같은 시스템과의 모든 사용자 상호 작용이 발생하는 곳이다. 이러한 모듈은 다양하며 기업은 하나, 다수 또는 모두를 구현할 수 있으며 순차적으로 또는 한 번에 모두 구현할 수 있다.

의사결정자는 ERP 계획 모듈을 사용하여 회사 전략을 설정한다. 공급사슬의 경우 여기에는 연구 개발, 자금 관리 및 요구 수익율, 제품 라인 결정 및 마케팅 전략이 포함된다. 이 분야의 분석 및 예측 도구는 외부 시장 정보뿐만 아니라 ERP 데이터를 사용한다. 이 영역에서 설정한 전략 목표는 부서별 목표로 변환된다. 영업 및 운영 계획은 수요와 공급을 동기화하는 전략적 계획을 현재 상황에 맞게 정기적으로 조정할 수 있는 핵심 도구이다. 판매운영계획(S&OP) 의사결정은 기준 생산 일정 계획, 자재 소요량 계획, 자재명세서, 일정 계획, 능력계획 및 기타 계획 방법에 적용된다. 판매운영계획의 결과는 영업, 제조, 구매, 재무 및 물류를 포함한 다른 모듈에도 제공된다.

도표 38에 나와 있는 다른 모듈들 각각은 전략에서 거래에 이르기까지 다양한 기능을 수행한다. 이 거래 모듈의 기능이 나와있는 도표를 검토하기 바란다.


## 9.1.2 전사적자원관리 시스템에서 고급 시스템으로 진화(ERP system evolution to advanced systems)

대부분의 ERP 시스템은 제조자원계획(MRP II, manufacturing resource planning) 기능을 포함하도록 시간이 지남에 따라 성장한 다음 모듈을 계속 추가하는 자재소요량계획(MRP, material requirements planning) 시스템으로 시작되었다. 따라서 이러한 공급 계획 기능은 종종 ERP의 핵심으로 설명된다.

도표 38의 외부 링은 ERP 시스템이 지속적으로 발전하고 있으며 CRM, SRM, SCEM, TMS, WMS, 설계 변경 통제(ECC, engineering change control) 또는 APS와 같은 새로운 기능이 지속적으로 발전하고 있음을 보여준다. 설계 변경 관리 또는 엔지니어링 변경 순서라고도 하는 설계 변경 통제는 제품설계가 변경 권한 부여 절차를 따르도록 하는 방법이다.

고급 시스템은 동일한 ERP 시스템의 일부일 수 있지만, 때로는 별도의 시스템 내에 존재한다. 이러한 시스템은 ERP 시스템에 다시 연결되고 공유 ERP 데이터를 활용한다. 처리를 위해 ERP 시스템으로 명령을 다시 보낼 수 있다. 예를 들어 고급계획 및 일정수립(APS) 시스템은 최적화된 생산 계획을 결정할 수 있지만, 자체 시스템에서 해당 계획을 실행하지는 않는다. 처리할 계획을 ERP 시스템으로 다시 보내서 실행은 ERP에서 이루어진다.

구형 ERP 버전조차도 프로세스 자동화와 같은 가치를 제공하여 효율성을 높이고 오류를 줄인다.

ERP 시스템은 개념 모델에 모범사례를 통합하여 프로세스를 개선할 수 있지만, 제품 지향 밀기 모델에서 고객 지향 끌기 모델로 이동하는 등의 혁신을 활용하려면 업그레이드가 필요하다. 고급 버전은 내부 최적화에서 협업 상거래 및 공급사슬 관리와 같은 외부 관계 및 효율성으로 초점을 이동한다.

공급사슬 파트너는 ERP 소프트웨어의 고급 버전을 통해 다음 내용을 수행할 수 있다.

- 비지니스 지식으로 변환된 데이터에 의존하여 더 나은 의사결정
- 내장된 성과 측정 도구를 통해 공급사슬 성과에 대한 관리자의 관심과 연계
- 주문생산, 고객 직접 판매 및 린 제조와 같은 운영 방법 채택
- 하나의 ERP 시스템을 공급사슬의 다른 시스템에 연결하고 웹 기반(web-based), 개방형 및 구성 요소 기반(open, and component-based) 시스템을 사용하여 비지니스 모델을 정기적으로 조정
- 모든 공급사슬 파트너를 위한 운영 데이터에 대한 글로벌 접근 제공
- 새로운 비지니스 기회를 추구할 수 있는 능력과 자원 확보

### 9.1.3 전사적자원관리 시스템 대 전문 시스템(ERP versus best-of-breed systems)

ERP 시스템을 구성하는 방법에는 여러 가지가 있다. 모든 모듈을 하나의 공급업체에서 패키지로 구매할 수 있으며, 일부 모듈은 다른 모듈을 추가하여 한 공급업체에서 구매하거나, 여러 공급업체로부터 "동종 최고(best of breed)" 모듈을 구입할 수 있다. 동급 최강의 공급업체와 조직의 ERP 공급업체 모두에서 응용프로그램을 사용할 수 있는 경우 어느 것을 선택해야 하나?

ERP 공급업체의 모듈을 통합적으로 사용하면 다음과 같은 이점이 있다.

- 더 간단하고 더 나은 통합

- 기업 데이터 소유권 활용
- 더 짧은 사용자 교육
- 접촉 업체 수 감소
- 기존 지원 계약에 포함
- 총 소유 비용 절감(대부분의 경우)
- 대규모 개발 인력을 포함한 광범위한 전산 개발 자원

반면에, 동종 최고(best-of-breed) 공급자들은 다음과 같은 장점을 가진 산업별 또는 고도로 맞춤화된 최첨단 솔루션을 제공한다.

- 혁신적인 기능과 서비스로 시장에 빠르게 진출
- 해당 산업에 대한 깊은 전문 지식
- 틈새시장용 응용프로그램(예: 해상 선박 관리)
- 창고와 같은 특정 기능 영역에 대한 전문 지식이 더 많이 필요할 수 있지만, ERP 공급업체는 이 영역에 대한 전문 지식이 거의 없으며 모듈 기능에 이 단점이 반영될 수 있다.

동종 최고(best-of-breed)의 기업이 가장 혁신적인 기술을 먼저 보유할 가능성이 높으며, 이 기술을 활용해 경쟁우위를 창출하고자 한다면(ERP 채택에 의해) 기술이 주류가 될 때까지 이러한 구매는 회사를 차별화할 수 있다. 또한, 비지니스 사례에 틈새 응용프로그램이 필요한 경우 ERP 공급업체가 제공하는 보다 일반적인 대안으로는 충분하지 않을 수 있다. 궁극적으로 선택은 현업의 비지니스 요구와 각 선택사항의 기능에 대한 자세한 분석에서 가져와야 한다.

## 9.1.4 ERP 혹은 신규 모듈 업그레이드 사용(Use of upgrades, new releases of ERP, or new modules)

기술 감사에서 현재 기술과 필요한 기술 사이의 격차가 밝혀지면 회사는 ERP 시스템의 업그레이드 또는 새로운 배포 버전을 구현하거나 ERP 공급업체로부터 새 모듈을 구매하여 원하는 공급사슬 단계에 도달할 수 있다. 이러한 변화는 비용이 많이 들고 측정 가능한 결과로 입증된 긍정적인 투자 수익률로 정당화되어야 한다.

업그레이드가 회사가 해결하고자 하는 주요 문제를 지원하고 핵심 이익, 성과, 기능성, 통합성, 신제품 출시 시간 및 인적 자원 기준을 충족하는 경우 좋은 투자가 될 것이다.

유용한 업그레이드를 증명하는 다른 지표에는 아래와 같은 사항이 있다.

- 현재 시스템보다 더 나은 개방형 아키텍처, 공급사슬 의사소통 및 이후의 업그레이드 또는 추가 기능(add-on) 프로세스가 쉬워진다(독점적 아키텍처와 달리 개방형 아키텍처는 특정 표준을 사용하여 소프트웨어를 코딩하여 부품의 상호 운용성과 호환성을 향상시킨다).
- 재고 실사뿐 아니라 새로운 재고, 재고 위치 및 약속 이행 능력과 같은 더 나은 비지니스 정보 또는 메타 데이터(데이터 관련 데이터)
- 빠른 학습 곡선과 사용자 친화적인 능력으로 빠른 수용
- 현재 분리된 시스템과의 완벽한 통합
- 이전 버전 유지 관리 비용 증가(공급업체 지원 부족)

시스템 인프라가 서로 다른 이기종이고 각 시스템마다 여러 번의 중복 작업이 필요한 경우 업그레이드 시간이 더 오래 걸린다. 다중 사이트 조정은 프로세스의 속도와 복잡성의 요소이기도 하다. 특히 응용프로그램 버전 간 통합을 목적으로 하는 계획인 경우 변경으로 인한 사이트만 업그레이드 하는 것이 선택사항이다.

각 후속 업그레이드 또는 발행 비용을 추적하면 회사는 시스템의 수명 비용을 평가할 수 있다. 이 비용은 구축 시간뿐만 아니라 지출로 측정해야 한다. 신속하게 서비스를 제공할 수 있는 ERP 업그레이드는 경쟁업체와 가장 차별화된다. ERP 소프트웨어를 구매하고 주기적으로 갱신하는 대안은 소프트웨어를 SaaS(Service as a Service)로 사용하는 것이다. 많은 회사에서 SaaS를 고객에게 직접 제공하기 시작했다.

조직이 업그레이드를 통해 추가하고자 하는 또 다른 고급 기능은 클라우드 컴퓨팅이다. 클라우드

컴퓨팅은 지리적으로 분산된 조직이 서버와 데이터베이스를 여러 위치에 유지하면서 어느 곳에서나 접근할 수 있는 단일 가상 시스템 및 데이터베이스로 작동하게 할 수 있다. 클라우드 컴퓨팅은 SaaS 모델 또는 구매한 소프트웨어를 사용하는 두 경우 모두 할 수 있다.

### 9.1.5 컨피규레이션 대 커스터마이제이션(Configuration versus customization)

소프트웨어 구매자의 경우 구성은 소프트웨어 코드를 다시 프로그래밍하지 않고 프로세스 보기에서 시스템 매개 변수를 조정한다. 구성은 일반적으로 입력 필드 및 목록이 조직의 코스트 센터, 번역 코드, 고객 코드 등으로 채워지는 필수 단계이다. 구성 가능한 소프트웨어는 유연하고 비용 효과적이지만 기능상 한계가 있으므로 소프트웨어가 기업의 업무를 얼마나 지원하는지를 잘 살펴보아야 한다. 사용자 지정은 소프트웨어 코드를 다시 프로그래밍거나 소프트웨어 코드에 추가하여 응용프로그램이 원래 의도하지 않은 작업을 수행하도록 한다.

ERP 공급업체는 수천 개의 회사를 인터뷰하여 시스템을 만들고 일반적으로 요청된 기능의 상위 80%를 포괄하도록 시스템을 설계한다. 소프트웨어를 사용자 정의해야 할 필요성이 증가함에 따라 조직의 업무 요구사항에 대해 소프트웨어 패키지가 제공하는 기능이 80% 이하일 경우, 구축 비용이 빠르게 상승하는 경향이 있다.

프로그램 코딩을 통한 맞춤형 ERP 시스템은 융통성이 없으며, 몇 가지 사소하고 필요한 조정 이외의 맞춤화에는 큰 비용과 함정이 있다. 앞에서 언급했듯이 표준 ERP 기능에서 부족한 부분인 전략적 목표의 나머지 20%를 충족하는 커스터마이징은 가치가 있을 수 있지만 80%를 위해서는 올바른 선택이 아니다. 커스터마이징은 필수 비지니스 요구사항을 충족시키기 위해 사용해야 하며 실제로 시스템의 20% 미만이 커스터마이징 되어야 한다. 많은 조직에서, 많은 유형의 소프트웨어 커스터마이징에 대한 주장들이 대두된다.

## 9.2 고급계획 및 일정수립 시스템(Advanced Planning and

## Scheduling Systems)

> 🔖 **고급계획 및 일정수립(APS, advanced planning and scheduling)**
> 단기, 중기 및 장기 기간 동안 물류 및 제조의 분석 및 계획을 다루는 기술. APS는 고급 수학적 알고리즘 또는 논리를 사용하여 유한 능력 일정수립, 조달, 자본 계획, 자원 계획, 예측, 수요관리 등에 대한 최적화 또는 시뮬레이션을 수행하는 모든 컴퓨터 프로그램을 말한다.

APS의 주요 사용은 수요를 충족시키는 데 필요한 공급을 제공하기 위해 여러 시설을 사용할 수 있는 경우 조달 및 타이밍 결정을 내리는 것이다. 도표 39에서 알 수 있듯이 APS는 ERP 시스템을 공급하는 중개자이다.

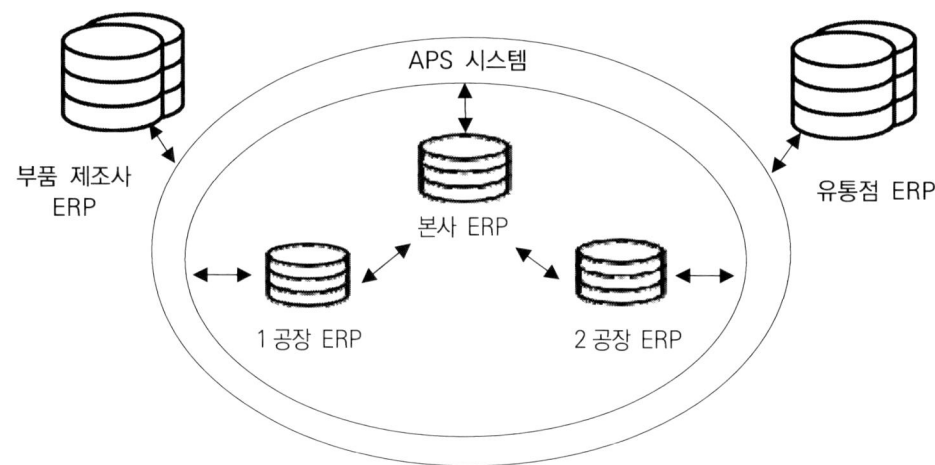

도표 39 고급계획 및 일정수립 시스템(Advanced Planning and Scheduling Systems)

APS 응용프로그램은 모델링, 최적화 기술 및 시뮬레이션과 같은 분석 도구를 사용한다. APS에는 일반적으로 인터페이스에 대화형 성과 기록표 및 끌어서 놓기 기능과 같은 사용자 친화적인 계획 도구가 포함되어 있다. 이러한 고급 도구는 전략, 전술 및 운영 수준에서 계획을 세우는 데 도움이 된다.

- 전략적 수준은 높은 수준의 의사결정과 시스템 설계가 이루어지는 곳이다. 이 수준에서 APS 시스템은 물류 공급사슬 네트워크 설계를 수행할 수 있다. 제조회사의 경우 여기에는 공급사슬의 어느 부분을 소유하고 제 3자와 계약을 맺을지를 포함하여 공장, 창고 및 유통센터의 위치를 결정하는 것이 포함된다.

- 전술 수준은 전략이 개별 계획으로 구체화되고 최적화가 이루어지는 곳이다. 이 수준에서 APS는 공급사슬 전체의 생산, 유통 및 재고를 최적화한다.
- 운영 수준은 계획을 가장 세분화된 수준으로 구체화한 다음 실행하는 곳이다. 운영 계획 수준에서 APS는 수요 예측, 수요계획, 재고 계획, 운송 계획 및 최적화된 일일 생산 일정을 만든다. 예를 들어, 이 레벨에는 최적화된 작업 주문 로드를 제조 장비로 전송하는 유한 일정수립 소프트웨어가 포함될 수 있다

그러나 APS는 이러한 각 수준에서 계획을 지원하지만, 거래처리 자체는 실행하지 않는다.

도표 40은 APS 시스템에 ERP 시스템에서 데이터를 가져와서 계획 및 최적화를 제공한 다음 각 ERP 시스템의 기준 생산 일정에 결과를 제공하는 4개의 모듈이 있는 방법을 보여준다.

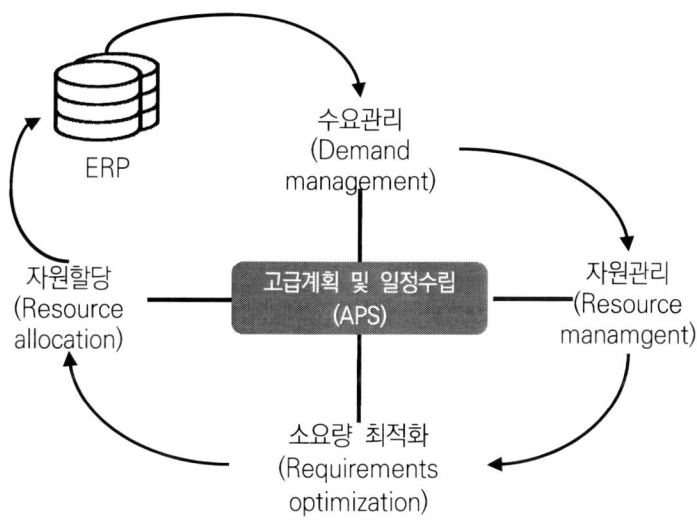

도표 40 고급계획 및 일정수립 시스템 모듈(Advanced Planning and Scheduling System Modules)

APS를 구성하는 4가지 모듈은 다음과 같다.

- 수요관리(demand management). 이 모듈은 실제 주문, 주문 내역, 고객 데이터, 계절적 및 예약된 마케팅 이벤트에 대한 데이터를 가져오고 생산 및 운송에 대한 조직 또는 확장된 공급사슬 예측을 수행한다.

- 자원 관리(resource management). 이 모듈은 공급사슬에서 자원의 능력과 제약을 조정한다. 투입물에는 계획 목표, 수요관리 산출물, 시스템 제약 조건, 위치와 같은 고객 데이터, 비용, 설명 및 제품 및 자원의 물리적 특성이 포함된다.

- 소요량 최적화(requirements optimization). 이 모듈은 수요 및 자원 관리 결과를 분석하고 여러 계획 옵션을 생성 및 평가한다. 고객 서비스와 비용을 고려하여 조달, 제조, 운송 및 보관을 위한 최적의 시스템 전체 솔루션을 추천한다. 또한, 계획 담당자는 수요, 능력 등의 변경 효과를 시뮬레이션할 수 있다.

- 자원 할당(resources allocation). 계획 담당자가 최적화된 요구사항을 검토하고 발행하면 이 모듈은 각 ERP 시스템의 마스터 생산 일정에 요구사항을 보낸다. 또한, 다음과 같은 영업/고객 서비스 의사결정 지원을 제공한다.

> **납기약속(ATP, available-to-promise)**
> 고객 주문 약속을 지원하기 위해 회사 재고의 미확정 부분과 계획된 생산이 마스터 일정으로 유지된다. ATP 수량은 첫 번째 기간의 할당되지 않은 재고 잔량이며 일반적으로 MPS 수취와 예약된 각 기간에 대해 계산된다.

납기가능 약속(CTP, capable-to-promise). 공급사슬이 완전히 연결된 경우 생산용 자재의 가용성을 ATP 데이터에 추가하여 신뢰할 수 있는 납품 가능 날짜를 제시한다.

> **납기가능 약속(CTP, capable-to-promise)**
> 가용 능력 및 재고에 대해 주문을 처리하는 프로세스. 이 프로세스에는 여러 제조 또는 유통점이 포함될 수 있다. 납기가능 약속은 신규 또는 예약되지 않은 고객 주문을 언제 납품할 수 있는지 결정하는 데 사용된다.

수익성 고려 납기 약속(PTP, profitable-to-promise). 이는 CTP와 수익성 분석을 결합하여 모든 비용을 고려한 후 특정 주문의 수익성을 결정한다.

최적화된 공급사슬 마스터 플랜은 거래 시스템에 자세한 이벤트 순서를 제공한다. 자재의 가용성과 능력을 보장하고 일정을 사용하여 흐름을 동기화한다.

이러한 계획에 대한 피드백은 공급사슬 계획을 지속적으로 개선하는 데 도움이 된다.

## 9.2.1 고급계획 및 일정수립 시스템의 이점(Benefits of APS)

APS 시스템은 시스템 병목 현상의 압력을 제거한다. 복수의 공장 환경에서 동일한 제품을 다른 시설에서 제조할 수 있는 경우 APS는 사용 가능한 재료, 노동력 및 공장 능력의 사용을 최적화하고 가속화한다. 동시에, 생산 목표, 생산 시기 및 장소, 발생 순서에 대한 일정을 수립하여 비지니스 목표를 충족시킨다. APS는 장기 총량 계획과 단기 세부 일정을 통합하는 전체 공급사슬 계획을 만든다.

APS는 또한 회사의 전략적 우선순위에 따라 상충되는 목표 간에 상충 관계를 만든다. 이러한 교환거래 중 하나는 대량맞춤을 수행하면서 비용을 줄인다.

여러 ERP 시스템과 APS 시스템을 결합하면 현재 ERP 투자를 최대한 활용하면서 회사를 위한 새로운 공급사슬 개발 단계를 도약할 수 있다. APS 시스템은 공급사슬 네트워크를 위한 최적의 솔루션을 도출하고, 각 ERP 시스템에 생산 요구사항과 생산 가동을 위한 최적의 시작 날짜를 제공하며 ERP 시스템을 떠나 이 고급 계획을 어떻게 충족할 것인지에 대한 세부 정보를 제공한다. 입력 데이터가 완전하고 정확한 경우에만 APS 시스템의 이점을 얻을 수 있다.

## 9.3 공급사슬 이벤트관리(Supply Chain Event Management)

🔗 공급사슬 이벤트관리(SCEM, supply chain event management)

공급사슬 관리 소프트웨어 응용프로그램과 관련된 용어로, 사용자는 특정 공급사슬 이벤트의 발생을 표시하여 다른 공급사슬 응용프로그램 내에서 특정 형태의 경보 또는 조치를 촉발할 수 있다. 계획, 운송, 물류 또는 조달과 같은 공급사슬 비지니스 프로세스를 관찰하기 위해 배포할 수 있다. 또한 SCEM을 공급사슬 비지니스 인텔리전스 응용프로그램을 적용하여 계획되지 않았거나 예상치 못한 이벤트를 사용자에게 알릴 수 있다.

이러한 경고를 예외보고라고 한다.

SCEM 소프트웨어는 계획되지 않은 이벤트 및 계획된 이벤트에 대한 예외 사항을 시뮬레이션, 통제 및 대응한다. 공급사슬 가시성을 사용하여 확장된 공급사슬을 연결하고 재고 이동을 추적한다. 성과 관리 시스템에 데이터를 입력하여 오류의 근본 원인을 파악하고 수정할 수 있으므로 지연 납품 또는 불완전한 주문과 같은 고객 서비스 오류를 줄이거나 제거할 수 있다. 즉, 문제가 발생한 이유를 보여준다.

또한, SCEM을 사용하면 시스템에서 이벤트가 발생하거나 해당 이벤트에 대한 예외가 발생하는 경우 해당 당사자에게 알림을 촉발하는 비지니스 규칙을 기반으로 매개 변수를 설정할 수 있다. 관리자는 작업흐름(workflow) 지원 비지니스 규칙을 설정하고 이벤트를 처리하는 대신 예외 사항에 시간을 집중할 수 있다. SCEM을 사용하는 의사결정자는 대체 계획을 신속하게 개발하고 자동으로 구현할 수 있다. 따라서 SCEM은 비지니스 위험을 완화하고 프로세스를 보다 조화롭게 만들고 협업을 가능하게 한다.

SCEM을 사용하면 공급사슬이 ERP, 고급 최적화 도구 및 온라인 거래 장터와 같은 기능 시스템 간의 상호 작용을 가능하게 하여 최고 개발 단계에 도달할 수 있다.

SCEM은 공급사슬의 하류(downstream) 활동을 촉발할 수도 있다. 예를 들어, 외과 의사가 특정 절차를 승인하는 주문(처방)을 작성할 때, 이 이벤트는 간호 자원 할당, 수술실 및 회복실 공간, 약국 필요사항 및 식사와 같은 병원 내 많은 활동을 유발할 수 있다.

### 9.3.1 적극적인 가시성(Active visibility)

SCEM은 능동적인 가시성을 제공하여 다음 기능을 수행할 수 있다.

- 수요, 선적, 주문, 생산, 이행 및 재고와 같은 이벤트를 관찰하고 공급사슬 전체에 정보를 배포한다.
- 주요 성과 지표를 기준으로 이벤트를 측정하여 예측 및 의사결정을 개선한다.

- 부족과 같은 예외가 발생하면 의사결정자에게 통보하여 비용이 많이 드는 결과를 피하기 위해 대체 계획을 제시간에 만들 수 있다.
- 실제 또는 예상되는 예외를 시뮬레이션하여 영향을 측정하고 솔루션을 추천한다.
- 변경이 문제를 방지하거나 비용을 절감할 수 있음을 나타내는 예외사항 발생 경우(예: 대체 소스의 해상운송 이용) 이전의 시스템 선택을 되돌리는 시기 적절하고 간단한 방법을 제공하여 이벤트를 통제하도록 지원

SCEM의 능동적인 가시성은 각 공급사슬 파트너로부터 데이터를 획득하고 확장된 공급사슬에서 분산 데이터베이스를 동적으로 갱신하여 내부 사용자 및 외부 공급사슬 구성원에게 실시간 데이터를 제공하는 것을 의미한다. SCEM 가시성을 통해, 회사 웹사이트를 사용하는 고객은 동적 주문 상태를 보거나 이메일, 콜센터 또는 영업 담당자로부터 동일한 정보를 얻을 수 있다. 이러한 시스템은 일반적으로 고객에게 이메일을 보내면 주문 상태에 대해 전화할 가능성이 낮아져 보다 복잡한 문제에 대한 콜센터가 절약되므로 고객 서비스 비용을 절약할 수 있다.

관리자를 위해 시스템에는 글로벌 추적 기능이 포함될 수 있으며 피킹, 포장, 출하, 운송 및 배송 상태뿐만 아니라 품질 보고 및 성과 데이터에 대한 정보를 제공할 수 있다. 관리자는 들어오는 주문의 상태를 찾기 위해 전화를 걸지 않고 거래 당 훨씬 저렴한 비용으로 시스템을 확인하기만 하면 된다. 활성 가시성은 ATP 견적을 최적화하거나 만들 때와 같이 운송관리시스템 또는 창고관리시스템과 같은 다른 시스템에도 도움이 될 수 있다.

가시성은 SCEM에게 고객 요구 패턴, 배송, 주문 위치 및 리드타임, 위치별 재고 수준에 대한 정보를 포함하여 공급 채널 성과를 측정하고 보고할 수 있는 기능을 제공한다. SCEM은 외부 근원으로부터 정보를 수집하여 비지니스 인텔리전스(BI, business intelligence)에 추가한다.

수요관리를 위해 SCEM은 공급업체 재고 부족 또는 지연을 관리할 수 있는 기능을 제공한다. 구매자와 판매자는 계절성 및 판촉 계획을 세우고 최신 정보로 수요 예측을 신속하게 갱신할 수 있다.

공급계획 관리를 위해 SCEM은 동적 재고 할당 및 지연을 지원한다. 조달은 다양한 수준의 속도 대 가격에 따라 여러 계층으로 분류할 수 있다. 전 세계 공급업체 배송은 중앙 물류 센터에서 분류하지 않고 입고에서 다른 장소로 재 출고할 수 있다.

### 9.3.2 SCEM의 이점(SCEM benefits)

SCEM의 장점은 다음과 같다.

- 공급 및 수요 변화에 대한 신속한 대응

- 휴대 가능 장치에서 예외 사항을 수취할 능력

- 마케팅/판매 수요에 대한 조기 대응(시스템 분석을 기다릴 필요 없이)

- 개선된 주문 정확도, 추적(tracking) 및 주기 시간(cycle time)

- 선적과 수취 관리에 대한 적은 소요 시간

- 공급사슬 전반의 절감된 재고 및 안전 재고

- 개선된 노동 효율성과 생산성

- 수요의 유연한 반응을 위한 개선된 예측 및 비지니스 계획

- 전체 공급사슬 비용의 감소

- 분산된 방식을 통해 향상된 협력

- 고객 대응성의 증대와 상품 환불 감소

- 웹 기반의 임시 파트너 관계(ad hoc partners)를 통한 향상된 실시간 의사소통


### 9.3.3 온라인 거래 장터에서 SCEM의 사용(Use of SCEM in trading exchanges)

일부 온라인 거래 장터는 SaaS로서 SCEM 기능을 제공한다. 조달 또는 판매 활동을 조정하고 문서 및 정보 배포 요구를 관리한다. 구매 측면에서 예외사항 경보는 해당 직원에게 상품 유형의 구매 필요성을 알리거나 비용 및 공급업체 등급과 같은 제약 조건에 따라 품목을 자동으로 입찰하도록

시스템을 설정할 수 있다. 판매 측면에서, 공급 부족은 대체 품목을 홍보하는 등 무역 교환 수요에 동적으로 영향을 줄 수 있다.

## 9.4 창고관리시스템(Warehouse Management Systems)

> 💡 **창고관리시스템(WMS, warehouse management system)**
> 작업 흐름(workflow) 및 창고 내 물품 보관을 관리하고 최적화하도록 설계된 컴퓨터 응용 시스템. 이러한 시스템은 자동화된 데이터 획득 및 ERP 시스템과 인터페이스 한다.

창고관리시스템 소프트웨어는 ERP 및 주문 입력에서 출력을 가져와 창고 또는 유통센터의 일일 작업을 실행하여 사전 정의된 매개 변수에 따라 순서대로 작업을 수행한다.

생산성 향상을 위해서는 WMS, 창고 레이아웃 및 데이터 획득 및 재고 이동 자동화를 위한 모든 지원 기술을 미리 철저히 매핑해야 한다. 예를 들어, 바코드를 스캔하기 위한 모바일 장치를 지게차에 위치시키려면 매핑에 포함시켜야 한다. WMS는 처음에 창고에만 사용되었지만, 지연(postponement) 전략 구현과 같은 간단한 공장 역할 및 운송, 노동 및 주문 관리와 같은 영역을 포함하여 그 역할이 확대되었다. 이 기능적 중복으로 인해 선택이 더욱 복잡해지고 통합이 어려워진다. 그러나 WMS 선택은 직접 피킹, 직접 보충 및 지시된 배치와 같은 세 가지 핵심 영역에 달려있다. WMS는 품목, 수량, 위치, 측정 단위 및 주문 데이터를 추적하고 분석하여 이러한 작업을 수행한다.

### 9.4.1 창고관리시스템의 기능들(WMS functions)

WMS는 피드백을 통합하여 특히 창고 직원 및 장비와 함께 운영을 지속적으로 단순화하고 최적화함으로써 작업흐름을 개선한다. 지속적으로 성과를 분석 관찰한 다음 활동 단계, 생산성, 창고 주문 주기 시간, 보관 공간 밀도 및 선적 및 재고 정확도에 대한 예외 보고서를 작성하여 창고 활동의 예상 또는 기존 문제점 영역에 대한 관리 주의를 지시한다. WMS는 재고에 대한 연속 주기 실사를 수행해야 한다.

WMS에는 영역 논리(정의된 저장소 영역), 가장 가까운 위치, 가장 적은 위치 또는 픽 투 클리어(공간을 최대화하기 위해 가장 적은 양을 먼저 사용)와 같은 정의 가능한 배치 및 저장 논리 방법을 포함한 유연한 위치 시스템이 있어야 한다.

특정 WMS 기능에는 아래 내용이 포함된다.

- 입고(receiving) - 사전 선적 통지(ASN, advanced shipment notification)나 기존 인수증으로 구매주문서를 자동으로 일치시키고 라우팅한다. 직원에게 들어오는 ASN을 통지하고 이월 주문 또는 급한 주문을 갱신한다.

- 보관 위치 관리 및 최적화(storage location management and optimization) - 적치 알고리즘을 생성하고 유형, 크기, 변동성 및 속도별로 위치를 결정한다.

- 교차 도킹(cross-docking) - 고객 주문에 대한 항목의 시간적 병합을 포함하여 계획된 트럭 간 전송을 허용한다.

- 재고 통제(inventory control) - 주기 계산을 수행하고 시간, 사람 및 이동 장소, 재고 수준 및 리드타임을 추적하는 감사 내역을 생성한다.

- 품질 통제(quality control) - 배치 또는 로트별로 품목을 추적하고, 품질 문제를 관리하고 품질 준수를 보장한다.

- 주문 선택 및 작업 관리(order selection and task management) - 유형을 선택하여 선택 계획을 수립하고 특정 주문에 품목을 할당하며 주문 상태를 표시한다.

- 자동 보충(automated replenishment) - 내부 또는 외부 파트너 시스템이 수요를 알리면 선적 주문을 자동으로 생성한다.

- 보안(security) - 통제점에서 모든 발행에 대한 WMS 레코드를 요구하고 작업 할당을 순환시키는 등 보안 인터페이스.

- 반품(returns) - 수리, 반품 및 재활용을 위해 역 물류 관리.

오늘날의 WMS는 자동 식별 기술과 무선 데이터 수집 장치를 지원하여 창고 관리자의 작업을 보다 쉽고 효율적이며 오류 발생 가능성을 줄인다. 무선 주파수 데이터 통신, 합성 음성(synthesized voice), 픽-투-라이트(pick-to-light), 회전장치(carousels), 분류 시스템, 가상 디스플레이 및 기타 피킹 신호와 같은 자동 통신 및 프리젠테이션 장치는 창고 직원에게 종이 기록을 만들지 않고 어디로 옮겨야 하는지를 알려준다. 이러한 자동 식별 기술은 다른 장에서 설명한다.

### 9.4.2 웹 기반의 창고관리시스템(Web-based WMS)

일부 공급업체는 웹 기반 인터페이스 또는 포털과 함께 WMS를 제공한다. 포털은 사용자가 데이터와 인벤토리를 공급사슬 구성원에게 푸시(push)하거나 데이터와 재고를 직접 가져올 수 있기 때문에 가시성과 통제가 가능하다. 이러한 포털은 구매한 소프트웨어 또는 SaaS로 제공될 수 있다.

웹 기반 WMS에는 운송 공간 통합, 회사 간 창고 공간 공유, 화물 통합 또는 상호 보완적 상품과 같은 기능이 있다. 웹은 창고 상태나 중개 허가 데이터를 제공함으로써 이러한 협업 활동에 대한 실시간 가시성을 제공할 수 있다.

### 9.4.3 창고관리시스템의 이점(Benefits of WMS)

높은 품질의 WMS를 구현하면 생산성이 크게 향상되고 기존 방식에 비해 오류나 부정행위의 빈도가 크게 감소할 수 있다. 전통적인 시스템에서는, 재고를 챙기는 픽커가 잘못된 장소, 혹은 잘못된 품목 피킹 등 업무 품질과 생산성이 떨어진다. 낡은 데이터를 가진 영업 사원들은 가용하지 않은 주문을 약속할 수 있고, 이는 잘못된 정보로 주문이 쇄도하게 만든다. 결과적으로 특별 긴급 주문이 교차 도킹 처리되지 못하고 대기하게 될 수도 있다. 사기나 절도가 발생할 수 있다(예: 고의적인 과대 피킹).

기타 WMS 혜택은 다음과 같다.

- 수동 검사를 대체하는 크로스 도킹 또는 자동 검사를 통한 빠른 주기 시간과 같은 경쟁 우위

제공

- 자동 식별 기술 추가와 같은 소매 요구사항 충족
- 적치(put-away) 및 픽(pick) 위치 확인을 자동화하여 정확성
- 글로벌 전자 상거래를 위한 높은 거래처리 능력 지원
- 복잡한 국제 취급 요구를 충족시킨다.
- 파레트 크기 조정 및 대량 할인(예: 파레트 당 80개 품목 = 품목 80개 주문 시 할인)과 같은 유통 효율성 향상
- 안전 재고 감소
- 공간 사용 최적화
- 위험을 완화할 수 있는 시스템 설계, 선택, 교육 및 변경 관리를 제공한다.

## 9.5 운송관리시스템(Transportation Management Systems)

> 운송관리시스템(TMS, transportation management system)
> 운송 작업을 관리하도록 설계된 컴퓨터 응용 시스템. 이 시스템은 일반적으로 복합 운송, 수입/수출 관리, 차량 서비스 관리, 적재 계획 및 최적화와 같은 특정 기능에 중점을 둔 모듈을 제공한다.

운송관리 시스템은 운송업체 및 모드 선택, 노선 및 화물 최적화, 차량 유지 보수를 포함하여 공급사슬의 모든 지점 간에 상품 이동과 관련된 계획 및 운영을 자동화한다. TMS는 전자 상거래가 주문 규모 및 빈도에 미치는 영향으로 인해 공급사슬 관리의 중요한 부분이 되었다. 온라인 조달은 가장 낮은 입찰자를 선호한다. 기업과 소비자 모두 더 작고 더 빈번한 주문을 하는 것이 비용 효율적이라는 것을 알게 되었다. JIT(Just-in-Time) 및 주문 생산, 직접 주문과 같은 비지니스 모델도 더 짧은 리드타임으로 더 작은 배송을 요구한다. 따라서 이익 마진은 여전히 작지만, 능력, 비용 및

혼잡을 관리하기 위한 운송에 대한 기대가 커지고 있다. 이러한 환경에서 TMS는 전체 공급사슬에서 운송을 최적화할 수 있어야 한다.

운송 비용은 회사 총비용의 상당 부분을 차지한다. 또한, 조직은 일반적으로 수천 개의 운송업체를 사용한다. 운송 최적화에는 대부분의 활동에 대해 소수의 공급업체와 주요 파트너십을 사용하고 예외에 대한 운송 시장에서 비용을 절감할 수 있는 여지가 있다.

모든 TMS 패키지는 다음 사항을 제공할 수 있어야 한다.

- 가시성(visibility). 운송관리자, 영업 담당자, 고객 및 운송 담당자가 적시에 정보에 접근할 수 있도록 한다.
- 선적 계획을 중앙에서 통제한다(centralized control). 전체적으로 최적화된 경로 및 운송 모드, 운송 비용, 리드타임 및 고객 서비스 수준.
- 운송 계획과 주문 이행 간의 통합. 비용 관리, 고객 서비스 및 자동화를 향상시킨다.
- 실행 통제. 계획을 준수하고 있는지 확인하라.
- 자동화(automation). TMS를 컨베이어 벨트 시스템과 통합하거나 청구된 적재물을 자동으로 표시하거나 국제 배송을 위해 문서를 PDF 형식으로 변환하는 등 효율성을 높이고 오류를 줄인다.

## 9.5.1 운송관리시스템의 기능들(TMS functions)

TMS에는 일반적으로 다음 기능이 포함된다.

### 🔗 운송망 설계(Transportation network design)

이 전략적 단계는 도구와 최적화 알고리즘을 사용하여 운송 네트워크를 매핑한다. 이 프로세스는 회사를 처음 시작하거나 운송 네트워크 설계에서 공급사슬 파트너와 협력하거나 유통센터 위치를 결정하는 등의 전략이 크게 변화될 때 수행된다.

### 🔗 선적계획(Shipment planning)

선적 계획은 모델링 및 시뮬레이션을 사용하여 운송 네트워크를 최적화한다. 전술 단계에서 경로와 운송자(carrier)를 평가한다. 운영 단계에서는 일일 운송 계획을 최적화한다. 운송 계획에는 공급 계획의 용량과 수요 예측의 수요를 일치시키는 운송업체 용량 계획이 포함된다. 계획은 운전자의 피로를 방지하기 위해 서비스 시간 제한과 같은 국가 규정을 고려해야 한다.

### 🔗 운송경로(Routing)

라우팅은 다양한 운송 모드(mode)를 처리할 수 있어야 한다. 예를 들어 트럭 운송은 만재(TL, truckload)로 운송되기도 하고 비만재(LTL, less than truckload)로 운송되기도 한다. 모드 전환 도구는 항공에서 지상, 소포 대 LTL, 소포 대 항공 대 소포와 같은 여러 모드에서 상품 이동을 최적화한다. 라우팅 안내서를 사용하면 배송 운송경로에 대한 규칙을 정의할 수 있으며 TMS는 자동으로 운송업체를 선택할 수 있다. 동적 라우팅 서비스는 글로벌 위치 추적(GPS, global positioning) 장치와 인터페이스 하여 운송 혼잡을 피할 수 있다.

컨테이너 선박 운송과 같은 모드에 대한 특수 응용프로그램이 있다.

- 자체 차량 관리(private fleet management). 자체 운송 수단은 동적 라우팅 및 실시간 발송과 같은 도구를 사용하여 관리할 수 있다. 운송 수단 관리는 능력을 최대화하기 위해 최소 거리에서 최소 개수의 경로를 발송한다. 차량 유지 보수 모듈은 유지 보수를 예약하고 비용을 추적한다.

- 운송자 선택(carrier selection). 운송업체와 운송 시장을 통해 소유자 운영자 트럭, 일반 운송업체, 대리인 및 패키지 서비스와 같은 여러 운송업체를 관리하고 선택할 수 있다. 두 방법 모두 가격과 능력에 대한 견적 요청(RFQ, requests for quotation)으로부터 데이터를 전자적으로 배포하고 수집할 수 있다. 이 시스템은 또한 운송업체 중개인 프로필 및 계약을 추적한다.

### 🔗 화물 매칭 및 최적화(Load matching and optimization)

TMS는 시스템이 가용성, 재고 및 배송 비용을 기반으로 주문을 채울 수 있는 최적의 위치를 찾을 수 있도록 사용 가능한 자원에 대한 가시성을 향상시킨다. 일반적인 화물 매칭/풀링 기능에는 크로스 도킹 및 비만재 화물 통합이 포함된다. 적재물 최적화에는 특수 물질(예: 냉장, 위험 물질)의 취급이 포함된다. 대량 보충(예: 휘발유 유조선)과 같은 특수 용도가 있다.

### 🔗 운임율(Freight rating)

요율표를 입력할 수 있으며 비용과 신뢰성에 따라 적재물이 자동으로 평가된다. 선택 프로세스는 과거의 성과 측정 비용, 정시 배송, 오류 또는 손상된 제품 수에 따라 갱신되는 운송업체 서비스 수준 등급을 사용한다. 각 소유자의 관세는 체선료(적재 또는 하역 지연에 대한 지불) 및 일당 요금을 계산하는 데 사용된다.

### 🔗 적하목록(Manifesting)

적하목록은 필요한 모든 선적 문서를 작성하는 프로세스이다. TMS는 운송 라벨 및 피킹 슬립(picking slip)을 인쇄하며 프로세스를 자동화한다.

### 🔗 적재물 텐더링 및 배송 일정(Load tendering and delivery scheduling)

각 적재물은 선호하는 순서대로 운송자를 나열하고 적용 범위를 찰 때까지 각 운송자를 순서대로 시도한다. 위치가 사전 선적 통지(ASN, advanced shipment notification)를 수신하도록 설정된 경우 배송이 자동으로 예약된다.

### 🔗 선적 추적 및 정산(Shipment tracking and settlement)

관리자는 배송 증명, 운임 청구서 및 수입/수출 문서의 실시간 갱신을 통해 실제 요금을 기준으로 실제 선적 비용을 확인해 볼 수 있다. TMS는 송장 및 선하 증권을 생성한다. 전 세계적인 발송물의 경우 관리자는 원산지 증명서, 화물의 국제 결제 및 청구 정보 및 관세 정보를 볼 수 있다. 정산에는 운임 청구서 감사, 지불 오류 최소화 및 지불 자동화가 포함된다.

### 🔗 가시성 도구(Visibility tools)

가시성 도구를 사용하면 회사와 공급업체 및 고객이 인바운드 및 아웃 바운드 배송, 운송 중 재고 수준 및 예상 배송에 대한 예외를 볼 수 있다. 이 도구는 셀프 서비스 채널을 포함하여 모든 채널에 동일한 정보를 제공하고 보충 주기를 보다 안정적으로 만들며 공급사슬 구성원이 재고 및 배송 시간의 출처를 보여줌으로써 안전 재고를 줄일 수 있도록 지원하므로 고객 서비스를 향상시킨다.

### 🔗 선적 후 분석(Post-shipment analysis)

관리자는 운임 청구서, 총 착지비용(landed cost), 손실 및 손해 배상 청구 및 신고 상태에 대한 보고서를 인쇄할 수 있다.

## 9.5.2 웹 기반 운송관리시스템(Web-based TMS)

운송관리 시스템에는 웹 기반 인터페이스 또는 포털이 있어 여러 사이트에 걸쳐 중앙 집중식 통제 및 정보 배포를 자동화할 수 있다. 포털은 구매한 소프트웨어 또는 SaaS로 제공된다. 그들은 운송 수단의 최적화를 위해 즉시 사용될 수 있는 운송 정보의 동적 데이터베이스를 가지고 있다. 예를 들어, 네트워크상의 운송업자가 특정 위치로 배송 가능 여부를 나타내거나 특정 위치에서 귀로 화물(backhauls)을 수락할 수 있게 하는 등의 기능을 한다.

많은 SaaS TMS 애플리케이션에는 네트워크에 수천 개의 운송자와 수천 기업의 TMS 가입자가 있다. 즉, 네트워크 회원 간에 호환성 문제가 없으며 자동화된 제안요청서(RFP, request for proposal)를 다양한 운송자에게 전송할 수 있다. 예를 들어 Ace Hardware는 SaaS 네트워크를 사용하여 약 500개의 운송업체에 제안요청서를 발송하여 운송 비용의 약 4% 또는 390만 달러를 절약할 수 있었다.

운송 및 연료 비용, 도로 지도 및 노선, 운송업체 가용성, 도로, 교통 및 기상 조건 및 기타 여러 운송 요소가 동적으로 변경되므로 이러한 유형의 데이터는 웹 기반 환경에 위치하는 것이 좋다. 실시간으로 갱신된다. 관리자는 웹 기반 TMS를 사용하여 운송 중 발송물의 목적지를 변경하고 위탁 통지 및 수정된 요금 내역서를 받을 수 있다.

### 9.5.3 글로벌 추적(Global track and trace)

공공 운송업체나 자가 운송 수단은 셀룰러 지원 글로벌 위치(GPS)를 사용하여 글로벌 이력 관리를 사용할 수 있다. 글로벌 추적을 통해 위치별 및 예약에서 배송 증명까지 상태를 수신하여 발송물을 추적할 수 있다. 관련 당사자는 동적으로 갱신된 웹사이트에서 정보를 확인할 수 있다. 또한, 전 세계 추적을 사용하여 현장 직원을 관리하고, 시간에 따라 요금이 변경될 경우 통행료가 유리한 가장 좋은 시간을 찾는 것과 같이 지속적으로 의사소통을 유지할 수 있다. 운전자의 성능과 효율성을 측정하는 능력은 운송업체가 이러한 요소를 관리할 수 있도록 한다. 따라서 글로벌 추적 및 추적 시스템은 운송경로를 최적화하기 위한 모든 노력의 핵심 요소이다.

웹 기반 운송 정보 서비스가 자동 식별 기술과 결합되면 이 정보는 수동 개입 없이 TMS를 자동으로 선적 상태에 최신 상태로 유지할 수 있다. TMS는 주문 운송 상태에 대해 거의 실시간으로 갱신되므로 시스템은 다음 단계를 계획하고 적절한 당사자에게 픽업 요청 또는 클레임 상태와 같은 정보를 알릴 수 있다. TMS는 컨테이너, 선하 증권, 구매주문, 주문 및 기타 번호로 접근할 수 있기 때문에 발송물에는 가시성이 있다.

### 9.5.4 협업적 운송관리 원칙(Collaborative transportation management principles)

협력적 운송관리는 협력적 운송관리를 위한 온라인 운송 장터 활용 등 웹이 가능한 강력한 기술 덕분에 가능해졌다. 화주와 운송업체는 적재 계획, 비용 최적화 및 전체 운송 비용 절감을 위해 운송물 통합에 협력할 수 있다. 협력적 공급망의 구성원은 일반 운송자(common carrier)에 의존하기 전에 부하를 다중 네트워크 내부 자산과 일치시킴으로써 모든 네트워크 자산을 최적화할 수 있다.

### 9.5.5 운송관리 시스템의 이점(Benefits of TMS)

TMS의 장점은 공차 회송(deadheading), 체선료(demurrage) 및 적재 또는 하역 대기 시간을 줄여 전체 운송 비용을 줄이는 것이다. 조직은 화물 비용을 줄이기 위해 위치 또는 조직 간에 볼륨을 집계할 수 있다. 효과적인 조달은 수요를 예상하고 모든 내부 및 계약 운송 자원을 보다 잘 활용함으로써 비용 변동성을 줄인다. 의사소통 연결은 청구 오류를 줄이고 네트워크에서 전략적으로 선적을 계획하는 데 더 많은 시간을 제공한다.

일반적으로 TMS는 다음 기능을 가진다.

- 운송 비용을 최소화
- 웹 기반 도구를 사용하여 운송자, 공급업체 및 다른 사람과 의사소통
- 더 빠르고 더 나은 운송 결정
- 정확한 실시간 비용을 공유하여 지능형 조달 결정 가능
- 서류 작업, 오류 또는 용량 병목 현상으로 인한 배송 지연 감소
- 운영을 중앙 집중화하여 관리 및 지원 비용
- 정보 병목 현상을 줄이기 위해 분산 데이터 접근 생성
- 공급사슬 가시성 향상

# 10장 데이터 획득과 관리
## Data Acquisition and Management

10.1 데이터 획득과 보관(Capture&Storage)
    10.1.1 데이터 획득(Data Capture)
    10.1.2 데이터 획득 방법들
    10.1.3 데이터베이스(Databases)

10.2 인터페이스 장치-미들웨어(Middleware)
    10.2.1 데이터 지향의 미들웨어
    10.2.2 프로세스 지향의 미들웨어

10.3 데이터 의사소통 방법
    10.3.1 전자적 데이터 전송
    10.3.2 EDI 데이터 표준(EDI data standards)
    10.3.3 웹 서비스(Web services)
    10.3.4 서비스지향 아키텍춰(SOA)

10.4 데이터 정확성과 분석(Data Accuracy&Analysis)
    10.4.1 데이터 정확성 개선
    10.4.2 데이터 정확성 유지
    10.4.3 데이터 분석(Analyzing Data)

## 핵심주제와 학습목표

- 적시에 정확한(timely and accurate) 데이터에 대한 필요성 토의
- 인터페이스 장치, 데이터 통신 방법 및 데이터베이스 유형을 포함한 자료 수집(data acquisition) 및 의사소통 도구(communication tools)

때때로 공급사슬은 사람의 개입 없이 컴퓨터가 서로 대화한다. 많은 회사들이 하루에 수백만 건의 거래를 처리한다. 수많은 목적으로 사용될 수 있는 방대한 양의 데이터가 생성된다. 예를 들어, 최적의 배송망을 결정할 때 고객, 소매점, 유통센터 및 제조 위치에서 중량 및 부피별 제품 판매, 특별 운송 요건, 예상 수요 등의 자료를 수집할 수 있다.

"빅 데이터(big data)"는 기존 데이터베이스 및 소프트웨어 기술을 사용하여 처리하기 어려운 대량의 비정형(unstructured) 데이터와 다중 구조(multistructured) 데이터를 모두 나타내는 용어이다. 빅 데이터는 웹사이트, 영업, 고객 연락처, 소셜 미디어, 모바일 데이터 등 다양한 소스에서 제공된다. 많은 사람들은 볼륨(데이터 양), 속도(생성된 정보의 속도 및 공급사슬을 통한 정보의 흐름) 및 다양성(사용 가능한 데이터 종류)을 사용하여 빅 데이터에 관하여 논의한다. 이 용어는 조직에서 대량의 데이터를 처리하는 데 필요한 기술을 가리킬 수도 있다.

> **빅 데이터(Big data)**
> 대량의 데이터를 유용한 정보로 변환할 목적으로 수집, 저장 및 처리

데이터 분석 도구와 빅데이터는 공급사슬 내의 문제 영역이 실제로 피해를 입기 전에 해당 영역을 식별하는 데 도움이 될 수 있는 두 가지 요소다. 기업들은 공급망을 개선하기 위해 빅데이터를 어떻게 사용할지 생각해 볼 필요가 있다.

- 자료 수집(data collection). 수집할 데이터의 양과 분석 방법 결정

- 기술 사용(technology usage). 쓸모없는 데이터에서 통찰력을 분리하고 통찰력을 즉각적으로 이해할 수 있는 방식으로 제시한다.

- 결과 활용(leverage results). 의사결정 프로세스에 대한 통찰력을 통합한다. 예를 들어, 빅 데이터의 두 가지 용도는 수요 감지와 수요형성이다. 수요 감지는 거의 실시간으로 소비자의 수요 변화를 감지하는 데 사용된다. 그런 다음 수요형성은 수요에 대한 최신 정보를 반영하도록 수요계획을 변경하는 데 사용된다.

자료 수집 및 의사소통 도구는 조직의 영역 간에 그리고 확장된 공급사슬 구성원과 자료를 수집, 저장 및 공유하는 방법이다. 자료 수집 및 사용의 기본 목표는 모든 생산, 유통, 구매 및 서비스 지점 간의 완벽한 연결을 만드는 것이다. 이 목표는 다음과 같은 구성 요소로 나눌 수 있다.

- 정보 수집(collecting information). 상품이 취급되거나 서비스가 제공되는 각 지점에서 정보를 수집해야 한다. 이러한 점은 원자재 회사에서 제조업체나 조립업체, 유통센터 및 소매업체(각 지점 간 운송 포함)에 이르기까지 많은 회사 내에서 또는 여러 회사 간에 발생하므로 개별 데이터베이스가 자연히 많아진다. 이 정보는 공급사슬 파트너 간에 공유되거나 공유되지 않을 수 있다.

- 적시에 데이터에 접근 제공(providing timely access to data). 관련 거래 또는 결정을 내리는 데 필요한 시간 내에 관련 시스템 또는 의사결정자가 데이터를 수신하면 적시에 고려된다. 일부 데이터는 실시간(real time)으로 필요하지만 다른 데이터는 일괄적(batch)으로 보내거나 분석과 같은 중간 단계를 거쳐 사용될 수 있다.

- 관련 데이터에 대한 접근 통제(controlling access to relevant data). 관련 데이터, 특히 자재, 제품 및 서비스 상태에 관한 데이터에 대한 접근은 효율적인 공급사슬 결정을 내리기 위한 기초이다. 데이터 접근의 목표는 각 정보 사용자가 모든 접점에서 균일한 역할별 데이터 세트에 접근할 수 있도록 하는 것이다. 예를 들어, 냉장고 부품 공급업체는 전화, ERP 또는 인터넷 정보 공유를 통해 문의할 때 고객의 냉장고 판매 또는 불량율에 대해 동일한 정보를 가져와야 한다. 마찬가지로, 사용된 방법에 관계없이 부품 공급업자가 냉장고 제조업체의 노동 임율(rate) 또는 이윤 등과 같은 정보에 접근해서는 안 된다.

- 가시성 차이를 절감(reducing visibility gaps). 회사가 달성한 조직전략 또는 공급사슬 개발 단계에 따라 데이터가 공유되거나 공유되지 않을 수 있다. 초기 단계에서 부서 간 내부 정보조차도 공유되지 않거나 병목 현상을 거쳐야 하므로 공유 시 관련성이 떨어진다. 개발의 상위 단계에서 회사는 직접 처리(재입력 필요 없음)를 사용하여 내부 및 외부 파트너와 실시간으로 데이터를 공유할 수 있다. 가시성은 자재, 제품 및 서비스를 추적할 뿐만 아니라 영향을 받는 각 당사자에게 예정된 이벤트 및 예외에 대한 활성화된 경고를 제공하여 대체 조치나 방법을 고안할 수 있어야 한다.

- 계획 효율성 향상(improving planning effectiveness). 예측 또는 모델은 이를 생성하는 데 사용되는 데이터의 품질만큼 좋아진다. 판매 예측은 전통적인 제조 또는 서비스 회사에 대한 거의 모든 다른 예산의 기초이기 때문에 계획에 사용된 데이터를 개선하면 회사의 계획 효율성과 궁극적으로 수익성에 직접적인 영향을 미친다. 예측 정확도 개선은 주로 정확하고 시의적절한 데이터, 추정 오차 측정 및 제품 리드타임 감소에 의해 성취될 수 있다.

- 데이터 정확성 보장 및 유지(ensuring and maintaining data accuracy). 데이터 정확성을

보장하고 유지하는 것은 모든 기술 시스템의 인지되고 실제적인 유용성에 매우 중요하다. 이 자료는 데이터 유형, 데이터 획득 및 이를 달성하기 위한 여러 가지 방법(자동 식별 기술 및 POS 시스템 포함), 다양한 유형의 데이터베이스, 인터페이스 장치(사용되는 장치)를 포함하는 자료수집 및 관리와 관련된 여러 가지 요소를 다룬다. 데이터 통신 방법, 데이터 정확성 및 데이터 분석과 같이 호환되지 않는 시스템이 함께 작동하도록 한다.

## 10.1 데이터 획득과 보관(Data Capture and Storage)

데이터는 정적(static)이거나 동적(dynamic)일 수 있다. 정적 데이터에는 공장 위치, 창고, 재고유지단위(SKU) 또는 부품 번호가 포함된다. 동적 데이터에는 예측, 현재 납품 및 직접 자재비와 직접 노무비가 포함된다. 일부 동적 데이터는 계획 목적을 위해 표준 비용/시간("비용이 소요되어야 하는" 금액 또는 기간)으로 입력되며, 실제 비용/시간 데이터는 이용 가능할 때 표준과 비교하여 기록된다. 데이터의 예상 사용은 수집할 데이터의 주요 동인이어야 한다.

사용되는 데이터 유형은 부서, 회사, 공급사슬 및 산업마다 다르다. 분석에 가장 중요한 데이터는 다음과 같다.

- 원자재 비용 및 지출 분석을 위한 구매주문
- 수요 분석, 고객 수익성 및 고객 서비스 주문
- 운전자본, 고객 서비스 비용 및 오래되었거나 초과된 재고에 대한 재고 데이터
- 네트워크 최적화, 운송 비용 분석, 운송업체 성과 분석 및 운송 속도 협상을 위한 선적
- 고객이나 공급업체 마스터 파일

회사의 모든 부서와 영역에 대한 데이터가 존재한다. 예를 들어 고객 데이터에는 고객 주문 내역, 판매시점(POS, point-of-sale) 데이터 및 고객 마스터 파일이 포함된다. 이러한 기본 출처를

통해 한 번의 분석으로 고객이나 고객 위치별 판매를 질의하고 파레트, 케이스 또는 조직별 또는 판매량, 큐브, 제품 라인 또는 빈도 별로 세분화할 수 있다. SKU 또는 기타 측정을 통해 판매나 유사한 분석을 할 수 있다. 이러한 정보는 고객 활동 프로파일, SKU 활동 프로파일, SKU 프로파일별 고객과 고객 주문 프로파일을 각각 판매 금액과 수량으로 분류하여 생성한다. 이러한 데이터를 통해 관리자는 고객 분류를 결정하고, SKU를 보다 잘 분류하고, 고객 대응 조치를 설정하고, 각 고객 분류에 대한 최적의 고객 서비스 전략을 결정할 수 있다.

### 10.1.1 데이터 획득(Data Capture)

데이터 획득이 협업의 첫 번째 장애물이 될 수 있다. 데이터를 정확하게 획득하고 데이터베이스에 전송하려면 비용 효율적으로 프로세스를 설정해야 한다. 일단 설정을 하고나면 데이터 획득은 주로 전술적 또는 운영상의 문제이지만, 데이터를 획득하기 위한 방법, 정책 및 절차의 설정은 전략적인 결정이다. 정확하고 시기적절한 데이터가 없으면 공급사슬 관리의 다른 측면을 충족시킬 수 없다.

#### 🔗 데이터 획득에서 고려사항(considerations in data capture)

데이터 획득 시 고려해야 할 구체적 사항은 다음과 같다.

- 데이터 볼륨(data volume). 회사의 데이터 획득 프로세스가 얼마나 정교한지에 따라 획득되는 데이터의 양이 다를 수 있다. 획득되는 데이터 양이 증가할 때마다 바텀라인(bottom line)을 향상시키는 데 즉시 사용할 수 있으므로 점진적으로 개선하는 것이 가장 좋은 정책일 수 있다. 정확한 재고 시스템부터 시작하는 것이 좋다. 많은 회사가 1년에 몇 차례 주기적으로 재고를 파악하는 주기적인 실사 방법을 활용한다. 올바르게 수행하면 재고의 정확성이 향상된다. 회계 작업 시 연간 실제 재고 실사를 피할 수 있다.
- 데이터가 전혀 없는 것보다 부분(partial) 데이터라도 있는 것이 좋다. 회사의 전략적 목표가 공급사슬 네트워크에서 완벽한 가시성을 확보하는 것이더라도 어딘가에서 시작해야 한다. 부

분 데이터는 점진적 개선과 다음 분석 개선에 필요한 데이터를 확인할 수 있는 기능을 제공할 수 있다.

- 현장에서 획득(capture at the source). 가능하면 현장에서 데이터를 획득하는 것이 나중에 이동된 데이터를 입력하는 것보다 훨씬 좋다.

- 데이터 획득 도구(data capture tools)로는 수작업 대 자동 획득 방법이 있다. 자동 데이터 획득은 생산성을 높이고 매번 반복적 발생할 가능성이 크며 수작업 프로세스보다 정확할 가능성이 크다.

- 가능하면 보조 데이터를 획득(capture ancillary data when possible) 하는 것이 필요하다. 네트워크화 된 공급사슬에서는 어떤 데이터가 중요한지 알기가 어려울 수 있다. 충분한 데이터가 사용 가능한 경우 데이터 마이닝 및 의사결정 지원 시스템에서 숨겨진 패턴을 찾을 수 있다. 미래에 특정 유형의 데이터가 중요하다고 여겨질 경우, 과거 어느 시점 이후로 해당 데이터가 지속적으로 획득된 경우 훨씬 더 가치가 있다. 시스템 설계 시 가능한 보조 데이터의 획득을 고려해야 한다.

그러나 앞서 살펴본 조직은 "빅 데이터(big data)"라는 너무 많은 데이터로 인해 압도될 수 있다. 필요한 것보다 많은 데이터는 단순히 분석을 방해하거나 진정한 변화의 지표를 숨길 수 있다. 따라서 추가 데이터가 저장되더라도 추가 데이터가 메트릭 또는 분석에 포함되기 전에 추가 데이터가 어떻게 도움이 되는지 나타내는 데이터 사용 사례를 개발해야 한다.

- 실시간 대 묶음 데이터(real-time versus batch data). 데이터에 대한 진정한 실시간 접근 기술은 실시간에 근사한 배치(batch) 접근 기술보다 몇 배 더 비싸다. 실시간에 가까운 데이터를 사용하더라도 유용성에 실제로 영향을 미치지 않는 경우가 있다. 예를 들어, 1초가 아닌 1분마다 생산 횟수를 전송해도 데이터의 유용성이 떨어지지 않으면서도 비용은 상당히 절약된다. 조직은 때때로 실시간 데이터 확인을 위한 거래처리 시스템과 근사 실시간(near real time) 또는 과거 데이터가 충분한 경우에 대한 보고 시스템을 모두 갖추고 있다.

### 🔗 데이터 획득 문제 및 가능한 솔루션(Data capture challenges and possible solutions)

매우 빠르게 처리되거나 데이터 획득 환경이 매우 열악한 경우 혹은 다국어 환경 등은 정확한 데이터 획득에 특별한 문제점을 제기한다.

- 매우 빠르게 처리되는 환경(fast-paced environments). 현장 경영층은 프로세스 속도를 늦추는 것을 원하지 않을 수 있으므로 바코드(bar-code) 또는 RFID(radio frequency identification) 리더와 같은 핸즈프리 데이터 획득을 통합하는 것이 가장 좋다. 포장 운송 회사는 다른 각도에서 여러 판독기를 사용하므로 컨베이어 벨트를 통과하는 포장물을 빠르게 읽을 수 있다.

- 열악한 환경(hostile environments). 위험하고 시끄럽거나 너무 온도가 높거나 붐비거나 물리적으로 적대적인 환경에는 특별한 해결책이 필요하다. 최소한의 내구성 센서를 사용할 수 있도록 공정 측정이 필요한 위치를 결정해야 한다.

- 언어 또는 훈련 문제(language or training issues). 관리자와 동일한 언어를 사용하지 않거나 언어 문제가 있거나 기술적으로 어려움을 느끼는 직원은 다국어 또는 그림으로 된 지침서가 있는 바코드 작업 카드를 사용하는 직원과 같은 단순한 환경이 필요하다.

## 10.1.2 데이터 획득 방법들(Data Capture Methods)

데이터 획득 방법에는 자동 식별 기술 및 판매시점(POS, point-of-sale) 시스템이 포함된다.

### 자동 식별 기술(automatic identification technologies)

**자동 식별 시스템(AIS, automatic identification technologies)**
바코드 스캔 및 무선 주파수를 포함한 다양한 수단을 사용하여 컴퓨터에서 데이터를 감지하고 로드하는 시스템

자동 식별 시스템(AIS)에 사용되는 장치를 자동 식별 및 데이터 획득(AIDC, automatic identification and data capture) 장치라고도 한다. 이러한 장치는 품목을 식별하고 공급사슬 전체의 제품 이동을 자동으로 추적하여 직원이 제품의 물리적 이동만 처리할 수 있도록 한다. AIS의 주요 이점은 정보 가시성이 빨라지고 거래처리 정확도와 속도가 향상된다는 것이다.

개체에 일련번호가 있는 것과는 달리 AIDC 장치는 개체의 존재를 전달할 수 있다. AIDC 장치에는 자동 분류와 자동 식별의 두 가지 주요 기능이 있다. 적절한 분류는 품목의 고유 식별자를 작성하기 위한 전제 조건이다. 분류 프로세스는 객체의 클래스를 식별자의 일부 숫자에 적용하여 번호 지정 프로세스의 복잡성을 줄이고 식별 속도를 높인다. 해당 클래스와 통신할 수 있는 항목을 사용하면 객체 그룹을 최적화할 수 있다. 창고에서 이러한 품목을 최적의 위치에 저장할 수 있다. 운송 시 사용 가능한 운송 공간을 계획할 수도 있다. 소매점에서는 선반 공간을 계획할 수 있다.

인터넷을 통해 어디서나 정보에 접근할 수 있으므로 AIDC 장치는 네트워크에서 자신을 분류하고 식별할 수 있다. 모든 제품 데이터를 태그 또는 정적 데이터베이스에 유지하려는 대신 고유 식별자만 필요하며 AIS의 제품 데이터는 인터넷에 저장할 수 있다. 글로벌 식별을 위해서는 객체 식별자가 고유해야 인터넷에서 항목 당 하나의 일치 항목만 생성한다. 바코드도 이를 어느 정도 수행하지만 RFID가 더 철저하다. 그러나 둘 다 변경이 발생할 때 거래처리 데이터베이스를 갱신하는 데 사용할 수 있다. 자동 식별 시스템은 도표 41에 표시된 것처럼 실제 세계가 데이터 세계와 연결되어야 하는 많은 장소에서 사용된다.

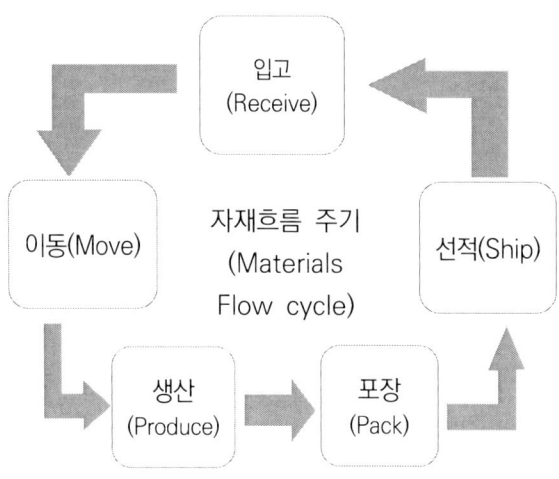

도표 41 자동 식별 시스템 연결점(Automatic Identification System (AIS) Interface Points)

자동 식별 장치의 장점에는 오류 및 리드타임 감소, 생산성 증가, 최적화된 저장 공간 밀도, 더 나은 대응 시간, 보다 정확한 운송 및 재고 멸실 감소를 포함한다. 이러한 기술의 구매, 구현 및 유지 관리 비용은 특히 서류 작업을 제거할 수 있는 경우 이점으로 상쇄되어야 한다.

다음 내용에서는 창고 자동화 시스템, 바코드 및 바코드 스캐너, RFID, 스마트카드, 마그네틱 스트라이프 및 비전 시스템을 포함한 AIS 및 관련 AIDC 장치 유형에 대해 살펴본다.

## 🔗 창고 자동화 시스템(warehouse automation systems)

창고 자동화 시스템은 WMS와 인터페이스하여 물류 센터 직원에게 이동 중에 품목을 선택(picking)하거나 적치(put-away)하는 방법에 대한 정보를 제공하는 물리적 장치이다. 이러한 장치는 휴대장치, 핸즈프리, 지게차 또는 기타 차량에 장착되거나 창고 바닥 또는 랙에 내장될 수 있다. 이러한 장치의 주요 이점은 직원 효율성을 보장하기 위해 최적화된 응용프로그램과 통합될 수 있다는 것이다. 핸즈프리 장치는 수동 작업을 방해하지 않기 때문에 특히 좋다.

창고 자동화 시스템에는 다음 사항을 포함한다.

- 무선 라디오 데이터 터미널(RDT, radio data terminal). 이 데이터 인터페이스 장치에는 디스플레이, 특수 기능 키를 포함할 수 있는 키보드와 같은 입력 메커니즘 및 바코드, RFID 리더 또는 둘 다가 포함된다. RDT는 WMS로부터 명령을 수신하여 피킹 또는 적치에 대한 직원의 조치를 지시한다.

- 합성된 음성(synthesized voice). WMS는 이 핸즈프리 합성 음성 시스템에 지시하여 운영자에게 무엇을 해야 하는지 알려준다. 작업자는 작업이 완료되었음을 알리기 위해 마이크를 착용할 수 있다. 이러한 시스템은 교육이 거의 필요하지 않다.

- 픽 투 라이트(pick-to-light). 이 시스템은 창고를 통과하는 경로 및 각 재고 위치 또는 캐러셀에 설치된 물리적 표시 등 또는 조명이 켜진 숫자/알파벳 디스플레이를 사용하여 피킹할 품목을 강조 표시한다.

- 헤드업 디스플레이(heads-up displays). 헤드업 디스플레이는 핸즈프리 방향에 대한 직원의 실제 보기를 통해 창고의 가상 이미지를 제공한다.

## 🔗 바코드 및 바코드 스캐너(bar codes and bar-code scanners)

바코드는 기계가 읽을 수 있는 코드로, 최소한 제품 제조업체 및 재고 관리 단위(SKU)를 식별한다. 일부 바코드에는 로트 및 배치 정보 또는 일련번호 식별 기능이 포함될 수도 있다. 바코드는 제품이나 운영자/직원, 상점 선반, 파레트 및 파레트 랙의 올바른 식별을 지원한다. 예를 들어, 창고 주문은 각각 바코드가 있는 재사용 가능한 바구니에서 선택하여 배치할 수 있다. 작업자는 바구니 코드를 스캔하고 창고 시스템은 바구니에 넣을 내용을 표시한다.

바코드 시스템은 공급사슬의 모든 영역에 크게 통합되어 활용되고 있다. 바코드 라벨은 RFID 태그에 비해 매우 저렴하기 때문에 RFID와 같은 다른 데이터 스캔 방법과 계속 공존할 것이다. 대부분의 RFID 라벨은 시스템 외부에서 사용할 수 있도록 태그 외부에 바코드가 있다. RFID와 바코드는 상호 보완적일 수 있다. RFID 태그에 간섭이 발생할 경우 대신 바코드 태그를 스캔할 수 있다.

바코드 시스템의 구성 요소는 다음과 같다.

- 바코드 프린터

- 바코드 라벨

- 바코드 리더(휴대용 또는 고정식)

- 바코드 리더와 응용프로그램(ERP, TMS, WMS 또는 POS 획득) 간의 유선 또는 무선 주파수 (RF) 통신 링크

- 수집된 데이터를 처리하는 응용프로그램

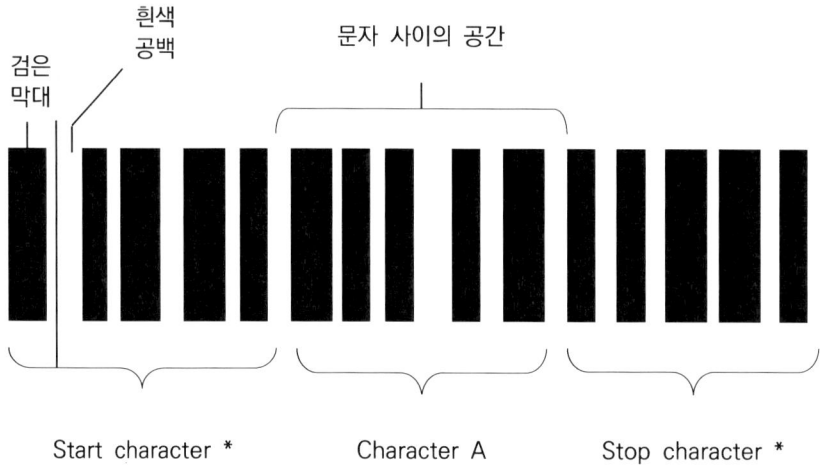

도표 42 바코드 리벨(Bar-Code Label)

도표 42는 일반적인 바코드 레이블을 보여준다. 바코드 라벨은 두께가 다른 중간 간격과 막대 형식으로 데이터를 나열한다. 판독기는 바코드에서 레이저를 비추고 광학 스캐너에서 반사를 획득한다. 스캐너는 검은 막대와 공백의 너비를 측정하기 위해 코드를 최대 100회 살펴본다. 검은 막대와 공백의 각 그룹은 문자(문자 또는 숫자)를 나타낸다. 시작 및 끝 문자는 스캐너가 읽는 방향을 알려주고 판독기가 전 방향으로 정보를 읽을 수 있도록 한다. 대형 산업용 스캐너는 고속 정렬을 위해 넓은 시야에서 바코드를 읽을 수 있다. 도표 42는 단일 문자만 보여준다. 완전한 바코드에는 제조업체 등을 식별하기 위한 여러 문자가 포함된다.

매우 일반적인 바코드 표준은 UPC(Universal Product Code)이며, 이 중 한 가지 유형은 123456789012를 나타내는 도표 43의 자료에 나와 있다. 12자리 숫자는 이 유형의 최대 정보이다. 일반적으로 제조업체 및 SKU만 식별하는 데 사용된다. 일반적으로 초기 단계의 바코드 시스템은 일련번호나 다른 고유 식별자로 제품을 식별하지 못한다. UPC 코드는 금전 등록기를 이용하는 소매 판매에 많이 사용된다.

많은 다양한 바코드 표준이 있으며, 이 중 다수는 고유 식별자까지 식별을 지원한다. 일부는 12자리 UPC 코드를 고유 식별자로 사용할 수 있다. UPC 코드가 스캔 되면 고유 식별자를 WMS, TMS 또는 POS를 통해 실행하여 다양한 데이터(SKU, 날짜, 창고 위치, ERP 시스템 부품 번호 식별자 및 가능한 모든 데이터)를 연결하고 검색할 수 있다. 대부분의 리더기는 여러 바코드 형식을 읽도록 설계되었다.

인기를 얻고 있는 바코드 유형 중 하나는 2D 코드이다. 2D 바코드는 모바일 장치에서 스캔하여 모바일 친화적인 웹사이트로 자동 재배치된다. (사용자가 적절한 응용프로그램을 내려받은 것으로 가정). 2D 바코드에는 QR 코드 및 PDF417(모든 미국 운전 면허 뒷면에 있는 코드)과 같은 표준이 포함된다. 도표 44는 QR 코드의 예를 보여준다. 이러한 코드의 주요 장점은 한 방향이 아닌 수평 및 수직으로 데이터를 저장하므로 스캐너의 가독성을 떨어뜨리지 않고 작은 공간에 더 많은 데이터를 저장할 수 있다는 것이다. 2D 코드는 일련번호로 품목을 식별하는 데 사용할 수 있는 바코드 유형 중 하나이다.

도표 43 UPC 바코드(UPC Bar Code - UPC-A)

도표 44 2D 바코드(2D Bar Code -QR Code)

바코드는 스마트 태그가 아니다. 단순히 제품, 웹사이트 또는 기타 정보를 식별하는 하드 코딩된 숫자 또는 숫자/알파벳 정보이다. 사용된 바코드 유형이 일련번호까지 제품을 식별하지 못하는 경우, 이는 특히 의약품 및 포장 식품의 제품 결함 및 품질 보증에 문제가 될 수 있다. 경우에 따라 하나 이상의 추가 바코드 블록(UPC 코딩을 사용하지 않음)에는 일련번호, 로트 번호 또는 기타 스캔 가능한 데이터가 있다. 다른 경우에는 단일 바코드(예: 2D 코드)에 제조업체, SKU 및 일련번호가 포함된다.

예를 들어 모바일 스캐닝 장치가 네트워크에 연결된 크래들에 다시 배치될 때 바코드 데이터는 일괄 처리된다.

> 일괄/묶음 처리(Batch processing)
> 트랜잭션이 누적되어 함께 처리되는 컴퓨터 기술

예를 들어, 창고에서 운영자에게는 수행할 일련의 작업들이 제공되며, 이러한 작업이 완료되면 운영자는 새 명령 세트를 수신하기 전에 시스템에 정보를 일괄적으로 보낸다. 일괄 처리 비용은 저렴하지만, 실시간 바코드 시스템의 장점에는 가용성을 참고하는 영업 사원을 위한 더 나은 데이터, 운영자 오류를 즉시 수정하고 작업 중에 작업을 추가하거나 변경할 수 있는 시스템이 포함된다.

## 무선주파수 식별(RFID)

**무선 주파수 식별(RFID, radio frequency identification)**
전자 태그를 사용하여 항목에 대한 데이터를 저장하는 시스템

전자 태그는 안테나가 있는 초소형 마이크로 칩으로 신호가 리더/인터로게이터(interrogator)에 의해 자동으로 선택된다. 리더는 전송 중 갱신을 위해 셀룰러/GPS 장치와 결합될 수 있다. 태그에 대한 정보는 다른 형태의 AIDC보다 RFID를 통해 더욱 강력하다. 관련 데이터는 인터넷에 저장되고 데이터 획득은 완전히 자동으로 이루어지며 항목이 다른 패키지에 있는 경우에도 태그를 읽을 수 있다.

공급사슬 애플리케이션을 위한 RFID 태그의 중요한 특징은 태그와 리더가 서로 통신할 수 있도록 하는 읽기/쓰기 구성으로 태그를 사용할 수 있다는 것이다. 즉, 태그의 정보는 바코드와 달리 멀리서 변경될 수 있다. 공급사슬의 적용에는 의약품의 관리 사슬을 제공하기 위해 현재 위치로 태그를 갱신하거나 제조 과정에서 가치가 추가될 때 품목의 설명을 동적으로 변경하는 것이 포함될 수 있다.

EPCglobal의 전자제품코드(EPC, electronic product code)는 RFID 태그 데이터에 대해 가장 널리 수용되는 표준 세트이며 수많은 소매업체에서 의무화 되고 있다.

**전자제품코드(EPC, electronic product code)**
보증 프로그램(warranty programs)을 지원할 제품에 대한 정보를 전달하기 위해 RFID 태그와 함께 사용되는 코드

EPC에는 UPC 바코드와 동일한 제조업체/SKU 정보와 고유한 일련번호 및 대화식 거래처리 데이터에 대한 링크가 있다. 품목의 생성 위치, 배포 지점 및 판매시점(POS)은 특정 금전 등록기 및 영업 담당자에게 알릴 수 있다

EPCglobal의 EPC Generation 2(Gen 2) 인터페이스 프로토콜은 태그와 리더 간에 정보가 전달되는 방식을 지정한다. EPC Gen 2는 ISO (International Organization for Standardization)에 의해 ISO 18000-6 표준 클래스로 인정된다.

EPCglobal Network는 EPC 코드를 찾아서 확인하는 표준 기반 방법이다. 제품에 대한 지능형 가치 사슬을 만든다. 거래 파트너는 웹 기반 네트워크를 사용하여 EPC 코드를 찾고 추가 제품 데이터에 대한 제조업체의 보안 품목 웹사이트를 살펴본다.

EPCglobal 태그 데이터 표준은 보안을 강화한다. 예를 들어, 제약 회사는 네트워크를 사용하여 공급사슬을 통해 제품을 추적하고 불법적으로 도입된 것이 없고 위조품을 방지하며 대상 제품 리콜을 발행할 수 있다. 위조자가 다른 회사 및 제품 SKU와 태그를 만들 수는 있지만 EPCglobal의 개체 이름 지정 서비스만 태그 헤더를 발급할 수 있다. 이 온라인 등록에서 제품 식별자를 확인하므로 위조 태그가 즉시 감지된다. Gen 2에는 또한 태그의 일부를 잠그는 암호 기능이 있다.

RFID 태그에는 다양한 유형과 비용이 있다. 간단하고 저렴한 태그는 EPC를 기록하는 데 사용되는 반면, 보다 정교한 태그는 모바일 데이터베이스(예: 기록 온도, 압력)로 사용된다. 칩은 또한 조립 라인의 공정을 통제할 수 있다. 일부 태그는 일회용이며 다른 태그는 갱신하여 재사용 할 수 있다. 태그 유형에는 능동, 수동 및 반수동이 포함된다.

### 능동 태그(Active tag)
정보를 브로드 캐스트하고 자체 전원을 포함하는 무선 주파수 식별(RFID) 태그

이러한 태그는 장거리에서 리더로 데이터를 전송할 수 있으며 가장 비싼 유형의 태그이다. 컨테이너나 파레트에 태그를 붙이는 데 종종 사용된다.

### 수동 태그(Passive tag)
데이터를 전송하지 않고 자체 전원이 공급되지 않는 무선 주파수 식별(RFID) 태그

리더의 무선 주파수 에너지가 일시적으로 태그에 전원을 공급한다. 수동 태그는 단거리에서 데이터를 전송할 수 있으며 대량 구매 시 저렴하다. 리더는 일반적으로 출입문 입구나 출구 지점, 지게차와 같은 장비에 설치되거나 휴대 가능한 소형이어야 한다.

> 💡 **반수동 태그(Semipassive tag)**
> 데이터를 전송하고 자체 전원을 공급하며 리더의 전원을 활용하여 범위를 넓히는 무선 주파수 식별(RFID) 태그

기업은 값이 비싼 자산과 전체 컨테이너에 능동 태그를 배치하고 일반 상품이 들어 있는 상자에 수동 태그를 배치하는 것과 같이 능동 태그와 수동 태그를 혼합하여 사용할 수 있다. 태그의 비용은 RFID의 확장에 제한이 있다. 그에 비해 바코드 라벨의 비용은 사실상 무시할 수 있는 수준이다.

프린터는 RFID 태그를 굽는 동시에 바코드가 있는 라벨을 인쇄할 수 있다. 프린터 비용, 안정성 및 처리량이 가장 관련성이 높은 문제일 수 있다.

간섭(무선 신호 왜곡)은 RFID에 문제점이 될 수 있다. 신호는 안테나 크기, 판독기 전력 수준, 사용 주파수 및 기타 무선 주파수 방출(예: 기계 백색 잡음)과 같은 변수의 영향을 받을 수 있다. 일부 액체는 리더/태그 신호를 흡수하고 일부 금속은 신호를 반사한다. 파레트에 놓인 여러 상자를 읽는 것은 결코 쉬운 일이 아니다. 컨베이어 시스템을 통과하는 개별 상자를 검색하는 것은 매우 신뢰할 수 있다.

판독율을 향상시키기 위한 일반적인 조정은 다음과 같다.

- 리더기를 간섭이 적은 곳에 배치
- 태그와 간섭 물체 사이에 버퍼(buffer) 또는 차폐(shield) 설치
- 리더기에서 RFID 안테나의 위치 및 각도 조정
- 시설 또는 제품에 맞는 리더기 또는 태그 유형/제조업체로 변경

프로세스에 사람의 개입이 없으면 RFID를 사용한 자료 수집이 매우 저렴하고 빠르다. 그러나 많은 RFID 사용자는 태그를 읽었음을 검증하기 위해 사람의 개입이 여전히 필요하며 시스템의 비용과 오류율을 높이고 효율성을 떨어뜨린다고 지적한다. 약속된 안정성을 확인하려면 리더기 유지 관리 및 테스트를 포함해야 한다. 예를 들어, 한 주요 항공사는 RFID를 테스트하여 수하물 판독 속도의 정확도를 90% 이상으로 높일 수 있음을 발견했지만, 항공사는 해당 정확도 수준을 달성하기 위해 운영자가 금속 수하물 카트에 수하물을 적재하는 방식을 변경해야 한다.

RFID는 방대한 양의 데이터를 생성하므로 데이터를 ERP 또는 분석 시스템으로 보내기 전에 사

용 가능한 상태로 만들어야 한다.

RFID를 구현하기 전에 회사는 공급사슬 개발의 높은 단계에 있어야 한다. 하위 단계에서 구현하면 수집된 정보를 사용할 수 없게 된다. 이런 경우 조직은 RFID의 모든 비용에 대한 이점을 경험하지 못할 것이다.

프로세스 기술을 다른 기술로 발전시킬 수 없고 인간의 상호 작용이 효율성의 한계에 도달할 때 RFID의 가치가 나타난다. 예를 들어, 한 냉장 제품 회사는 RFID를 사용하여 트럭 도착 및 출발 시 창고의 냉장 문을 자동으로 열고 닫아 에너지 비용을 25% 절약했다.

RFID 관련 비용은 개별 RFID 태그 비용뿐만 아니라 필터링, 저장, 처리 및 분석을 위한 인프라 변경 및 능력 증가를 포함하기 때문에 추정하기 어려울 수 있다.

완전한 구현은 정당화하기 어려울 수 있으므로 제한된 프로젝트는 품목을 신중하게 추적해야 하는 공장 영역과 같은 곳에서 RFID를 추가하는 것이 가장 좋은 방법일 수 있다.

비지니스 사례를 통해 RFID 도입을 주도해야 한다. 조직은 개선의 여지가 충분한 공급사슬 프로세스를 목표로 해야 하며 협업 제품 수명주기 관리, 지속적인 수요관리, 재고 감소, 자산 관리, 실행 및 유통, 사후서비스 판매 또는 위조 감소와 같은 전략적 이점을 제공할 것이다.

### 🔗 기타 유형의 AIDC 장치(other types of AIDC devices)

기타 유형의 AIDC 장치에는 다음이 포함된다.

- 스마트카드(smart cards). 스마트카드에는 고유 식별자가 있는 마이크로 칩이 내장되어 있다. 회사는 직원에게 스마트카드를 제공하여 물리적 및 컴퓨터 접근을 규제하고 자동 시간 기록을 만든다. 스마트카드는 또한 피킹을 위한 창고에서 혹은 통행료 징수소에서 차량 식별에도 사용된다.

- 자기 선(magnetic stripes). 마그네틱 줄은 번호 입력을 자동화하기 위해 신용카드 및 ID 카드에 사용된다. 마그네틱 줄의 데이터를 변경할 수 있다. 줄은 접촉으로 읽혀져야 하므로 고속 분류에 사용할 수 없다.

- 비전 시스템(vision systems). 비전 시스템은 카메라와 컴퓨터를 사용하여 이미지를 해석한다.

이러한 시스템은 상대적으로 비싸며 통제된 환경에서 높은 정확성을 가지고 적정한 속도로 변경 사항을 구별할 수 있다. 비전 시스템을 사용하여 텍스트 라벨만 있는 입고 품목을 식별할 수 있다.

## 판매시점(POS, Point-of-sale) 시스템

### 판매시점(POS, point-of-sales)
일반적으로 바코드 또는 자기(magnetic) 미디어 및 장비를 사용하여 판매시점 및 판매시점의 판매 데이터 계산 및 재고 차감

### 판매시점 정보(POS, point-of-sales in formation)
판매시점에 수집된 고객에 대한 정보

이 두 용어는 POS(Point-of-Sale)에서 데이터 획득의 이점에 대한 많은 정보를 제공한다. POS에서 조직의 정보 시스템으로 정보를 실시간으로 전송하면 조직은 다음과 같은 일을 처리할 수 있다.

- 제품 SKU, 가격, 판촉 및 재고에 대한 데이터를 획득한다.
- 실제 고객 주문을 기반으로 밀기 시스템을 수요 끌기 시스템으로 대체하고 판매 예측을 향상시킨다.
- 판매시점에 즉시 장부에서 재고를 공제
- 회계 정보를 즉시 재무 부서에 전달
- 개별 고객 구매 습관에 대한 정보를 수집한다(신용카드 또는 기타 방법을 통해)
- 공급사슬 전체에서 데이터를 즉시 공유할 경우 채찍효과를 줄인다.
- 나중에 입력하지 않고 현장에서 자료를 수집하여 데이터 오류를 줄인다.
- POS 시스템을 저렴한 비용으로 갱신하여 반품, 쿠폰, 특별 주문, 정리 등을 단순화한다.

예를 들어 소매업체는 고객이 품목을 구매할 때마다 POS에서 공급업체로 정보를 보내 교체품의 생산 또는 배송을 시작할 수 있다. 대규모 소매업체는 POS 결과를 데이터웨어하우스(data warehouse)에 요약하고 모든 공급업체에 공급업체 웹 포털을 통해 접근할 수 있다.

금전 등록기를 POS 데이터 수집 시스템에 연결하는 것 외에도 무선 신용 카드 판독기, 무선 POS 스캐너, 태블릿 및 휴대폰과 같은 필드 시스템을 사용하여 POS 자료를 수집할 수 있다. 식료품점이나 ATM과 같은 셀프서비스 POS 단말기도 있다. POS 데이터는 수동 입력을 통해 또는 바코드 또는 RFID 시스템의 일부로 수집할 수 있다.

공급자 관리 재고(VMI, vendor-managed inventory)와 같은 많은 유형의 구매자-공급자 파트너십에서는 소매업체가 POS 데이터를 공급업체에 제공해야 한다. 비지니스 포털을 통해 개인은 POS 데이터를 기반으로 예외 기반 정보 및 예측을 볼 수 있다. 데이터는 사용자가 추적할 항목을 구성할 수 있는 대시 보드에 표시된다. 예를 들어 월마트는 자체 포털 네트워크를 사용하여 보안이 제한된 모든 공급업체에게 공표하여 POS 데이터를 공유한다.

소매 환경에서 판매시점 데이터 획득 및 통신의 이점을 실현한 회사의 다음 사례 연구를 살펴보자.

연간 총 매출이 1억 달러가 넘는 소규모 회사는 고품질 운동화와 의류를 만들고 3개의 아울렛 매장을 통해 상품을 유통한다. 몇 년 동안 그들은 재고 수준을 볼 수 있는 방법이 없었기 때문에 매장에서 재고를 관리하는 데 많은 어려움을 겪었다. 그들은 현재고 수량에 관계없이 각 매장에 동일한 수량의 재고를 보내어 매장에서 재고가 과도하게 많았다. 또한 가격을 변경하는 데 큰 어려움을 겪었다. 이러한 변경 사항은 메신저 서비스를 통해 전송해야 했다.

그들의 문제는 데이터는 동적이고 실시간이지 못했다는 것이다. 이들은 실시간 POS 데이터 전송을 통해 소매 관리시스템을 구현하여 문제를 해결하기로 결정했다. 이 시스템을 통해 매장의 재고 수준을 확인할 수 있으므로 현장 수요에 따라 제품을 최적화할 수 있다. 회사는 어떤 위치에서 어떤 제품을 판매하는지 파악하고 그에 따라 배송을 사용자 맞춤할 수 있다. 또한 본사는 각 위치에서 가격을 동적으로 변경하여 많은 시간의 노동력을 절약할 수 있었다. 시스템은 매장 레벨에서 더 나은 보고를 위해 판매 보고서와 실제 판매를 조정하도록 하였다. 이 조정 기능은 또한 가격 변경 조정을 더 빠르게 하여 아울렛 매장 시간과 비용을 절약한다. 이 회사는 더 수익성 있고 효율적으로 되었다.

### 🔗 공급사슬 성과에 대한 자동 데이터 획득의 영향(Impact of automated data capture on supply chain performance)

종이를 많이 사용하는 활동에서 자동화된 데이터 획득 시스템으로의 이동은 생산성을 향상시킨다. 작업자는 종이 서류를 찾고 처리하고 숫자를 쓰고 데이터를 입력하는 데 시간이 덜 걸린다. 이 장치는 숫자 변환, 누락되거나 불완전한 정보, 서류 손실 또는 손상을 제거하여 오류를 줄인다.

바코드 및 RFID 스캐너를 이제 휴대 전화에 내장하여 어느 위치에서나 실시간 데이터 입력이 가능하다. 셀룰러 기술이 적용된 무선 POS 장치는 즉시 고객 지불을 수락할 수 있다. 휴대용 스캐너를 사용하면 작업자가 움직이는 물건에 더 집중할 수 있다. 작업자는 바코드가 있는 품목을 특정 정렬로 배치할 필요가 없기 때문에 RFID 장치가 더 좋다.

이 시스템은 특히 판촉 또는 광고되는 품목을 다룰 때 재고 부족을 줄임으로써 고객 서비스 수준을 향상시킨다. 재고 데이터베이스가 더 정확하고 공급이 수요와 더 밀접하게 일치하여 판매 손실이 적고 변동성이 줄어들기 때문에 이익이 증가한다. 풍부한 제품 정보는 여러 동기화된 소스에서 보다 쉽게 이용할 수 있기 때문에 소비자에게도 도움이 된다. 소비자 데이터조차도 특정 날짜에 슈퍼마켓에서 특정 제품을 구매하는 패턴을 보여주는 선호도 카드와 같은 AIS를 사용할 수 있다.

재고가 정확하게 추적되면 자동 보충 신호가 발생할 수 있다. 정확한 재고는 직원 도난, 재고 손실 또는 파손된 제품으로 인한 수축을 줄이고 공급자 관리 재고와 같은 기능을 가능하게 한다. 즉, 자동화된 데이터 획득은 재고 가시성을 크게 향상시킨다. 가시성과 동적으로 갱신된 제품 데이터는 창고 및 소매 위치의 공간을 보다 효과적으로 계획하는 데 도움이 된다. 마지막으로 문제가 발생한 위치를 추적하여 품질 보증을 향상시킬 수 있다.

자동화된 데이터 획득 시스템을 설치할 때 필요한 하드웨어 및 소프트웨어에 대한 투자를 상쇄하는 데 도움이 되므로 이러한 비용 절감은 반드시 추적해야 한다.

데이터 획득을 살펴봤으므로 이제 데이터를 저장하고 통신하는 방법을 살펴보도록 하자.

## 10.1.3 데이터베이스(Databases)

데이터베이스는 모든 전자 기록 및 내부 및 외부 소스에서 수집된 정보의 저장소이다. 데이터베이스에 따라 검색이 쉬울 수 있고 어려울 수 있으며, 데이터 간의 연결은 중복성을 생성하거나 최소화할 수 있다.

전문화된 요구를 충족시키기 위해 다양한 데이터베이스 유형이 존재한다.

- 계층적 데이터베이스(hierarchical databases). 계층 구조 데이터베이스는 계층 구조로 배열되므로 상위 폴더(부모)가 작성되고 하위 폴더(하위)가 그 아래에 배치되고 해당 폴더에는 자체 하위 폴더가 있다. 동일한 계층 지점에 있지 않은 폴더 간을 연결하려면 데이터를 복제해야 하므로 정확성을 유지하기가 매우 어렵다. 따라서 이 유형의 데이터베이스는 더 이상 사용하지 않는다.

- 네트워크 데이터베이스(network databases). 네트워크 데이터베이스는 필요한 방식으로 데이터 간 관계를 할당한다. 계층적 데이터베이스는 동일 계층 구조에서만 데이터를 정렬할 수 있지만(하나의 부모는 여러 자녀에게 있지만 각 자식에는 항상 하나의 부모만 있음), 네트워크 데이터베이스에서는 한 자식이 둘 이상의 부모를 가질 수 있다. (도표 45 참조).

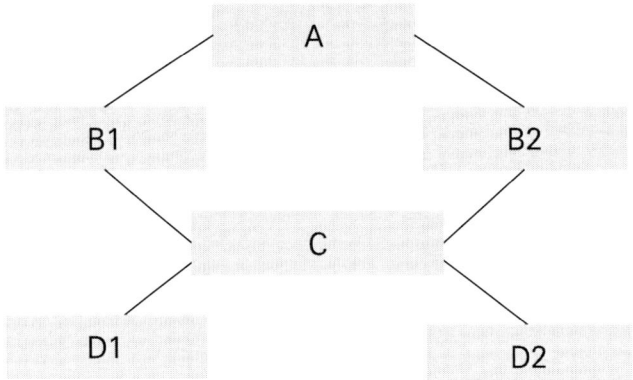

도표 45 네트워크 데이터베이스(Network Databases)

네트워크 데이터베이스에는 틈새 응용프로그램이 있다. 예를 들어 네트워크 설치 도구는 네트워크 데이터베이스를 사용하여 자원(예: 프린터 또는 데이터베이스 접근)을 할당하고 해당 자원에 대한 가시성을 제공한다. 그러나 대부분의 경우 데이터 저장 유형으로 관계형 데이터베이스를 사용한다.

- 관계형 데이터베이스(relational databases). 가장 일반적인 형태의 데이터베이스는 공통 속성을 사용하여 데이터를 그룹화하는 관계형 데이터베이스이다. 각 유형의 데이터는 많은 링크가 있는 단일 위치에 저장된다. Microsoft Access가 기본 예이다.

예를 들어, 도표 46에는 주문, 주문 품목, 제품, 판매자, 사용자 그리고 국가 등에 대한 데이터를 위한 별도의 테이블이 있다. 공통 데이터 요소가 있는 두 테이블은 서로 관련될 수 있다. 도표에서 주문 및 주문 품목 테이블은 모두 제품 ID 포함한다. 각 제품 테이블에는 모두 국가 코드가 포함되어 있다.

필드(예: 부품 번호)가 둘 이상의 테이블에 포함될 수 있지만, 해당 테이블 중 하나에서만 관리된다. 해당 필드를 포함하는 다른 테이블은 필드를 "소유"하지 않다. 그들은 단지 그것을 표시한다. 예를 들어, 도표 46에서 국가 코드는 두 테이블에 나타나지만, 국가(countries) 테이블이 소유한다.

테이블은 단일 PC 또는 서버 또는 지리적으로 분산되어 클라우드 또는 기타 네트워크를 통해 가상으로 연결된 여러 서버에 상주하여 자연재해로부터 데이터 보안을 보장할 수 있다.

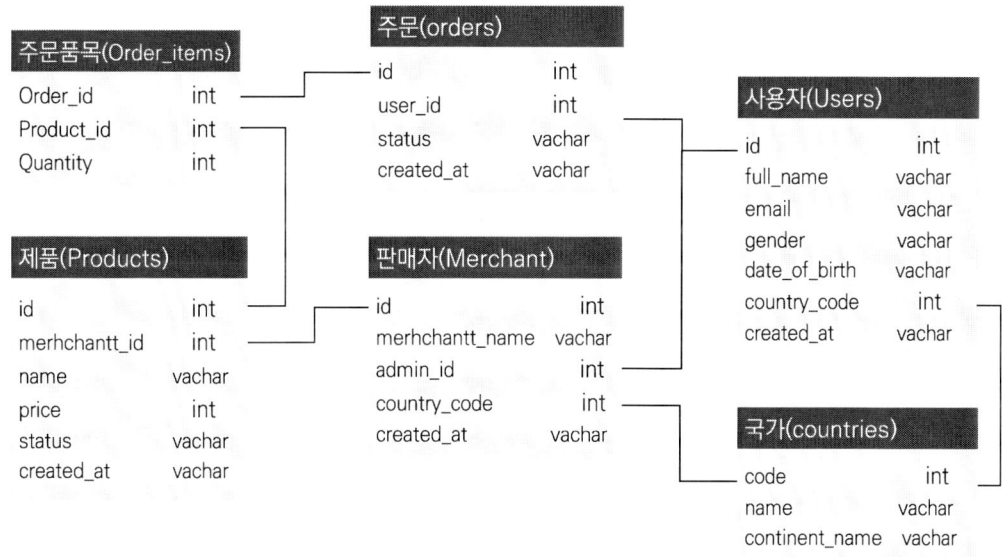

도표 46 관계형 데이터베이스(Relational Databases)

## 10.2 인터페이스 장치-미들웨어(Interface Devices—Middleware)

인터페이스 장치는 한 소프트웨어 시스템에서 데이터를 가져와서 다른 시스템에서 직접 사용할 수 있도록 포맷(format) 가능하도록 설계되었다. 이러한 장치는 공급사슬 파트너 간에 가시성 및 자동화된 거래처리를 생성하는 데 방해가 되는 주요 장애물을 극복하기 위한 것이다. 호환되지 않는 하드웨어 및 소프트웨어를 사용하여 큰 비용이나 개발 소요 시간 없이 자동으로 안전하게 통신한다.

일부 소프트웨어 시스템은 본질적으로 호환되지 않거나 다른 하드웨어 플랫폼에 상주할 수 있다. 다른 운영체계, 데이터베이스 유형 또는 컴퓨터 언어를 사용할 수도 있다. 때때로 더 이상 지원되지 않으며 수정이 거의 불가능한 레거시 시스템이 포함될 수 있다.

> 🐾 **기존 시스템(Legacy system)**
> 오래되고 다른 응용프로그램과 제대로 인터페이스 되지 않지만 교체하기에는 너무 비싼 컴퓨터 응용프로그램이다. 종종 구식 하드웨어에서 실행된다.

미들웨어라고 하는 소프트웨어는 종종 두 개 이상의 다른 소프트웨어 시스템 간에 인터페이스를 연결하는 데 사용된다.

> 🐾 **미들웨어(Middleware)**
> 다양한 거래 파트너의 호환되지 않는 응용프로그램 소프트웨어 및 데이터베이스를 ERP와 같은 의사결정 지원 도구로 상호 연결하는 소프트웨어

미들웨어는 그 이름에서 의미하는 바이다. 두 응용프로그램(applications) 사이의 "중간(middle)"에 위치하여 서로 통신할 수 있는 소프트웨어이다. 응용프로그램은 같은 회사 내에 있거나 다른 회사에 있을 수 있다. 미들웨어에는 여러 가지 유형이 있으며 두 시스템 간의 통신을 가능하게 하는 기술을 가리키는 용어로 널리 사용된다.

그렇다면 공급사슬 전문가가 왜 미들웨어에 관심을 가져야 하나? 미들웨어는 공급사슬 통합을

지원하고, 시스템과 회사가 정보를 공유하고, 중복되고 일관되지 않은 데이터를 제거하며, 조직 사일로를 해체한다. 즉, 이 과정의 모든 종류의 최적화되고 협력적인 공급사슬을 가능하게 한다. 미들웨어는 인증(권한이 없는 사용자가 진입하는 것을 방지) 및 접근 권한 부여(사용자가 본인에게 부여된 권한 내의 거래처리만 수행하거나 접근할 수 있는 권한)를 통해 안전한 거래처리를 가능하게 한다.

간단한 예를 통해 미들웨어 사용을 살펴보자. 어느 국제학교에 다니는 학생이 친구들을 초대하는 파티를 열고자 할 때 날짜, 시간 및 파티 장소 주소를 포함한 주요 정보를 사람들에게 알려주는 초대장을 보내고 싶다고 상상해 보자. 초대장을 보낸 후 친구들이 파티에 오는지 여부와 같이 데리고 올 사람의 수와 같은 두 가지 주요 정보 받기를 원한다. 여러분이 초대하는 많은 사람이 다른 언어를 사용한다고 상상해 보자. 목표를 달성하는 한 가지 방법은 초대하는 사람이 말하는 모든 서로 다른 언어를 찾은 다음 초대 단어를 각 언어로 번역하는 것이다. 초대받은 그들 각각은 당신의 초대를 이해하고, 그들의 회신을 당신의 언어로 다시 번역하고 당신에게 돌려보낼 것이다.

또 다른 가능성은 모든 사람이 가입한 온라인 초대 서비스를 사용하는 것이다. 이 서비스에는 필수 정보를 입력하는 데 사용할 수 있는 표준 템플릿("파티 초대장 템플릿")이 있다. 그런 다음 서비스는 이 표준 템플릿을 다양한 손님을 위해 다양한 언어로 번역할 수 있다. 당신의 외국인 친구는 자신의 언어로 표준 응답 템플릿에 회신을 입력할 수 있으며 해당 정보는 귀하의 언어로 귀하에게 전송된다.

짐작할 수 있듯이, 첫 번째 방법은 초대장을 개인화할 수 있으며 원하는 정보를 포함할 수 있지만, 시간과 비용이 많이 든다. 이 방법을 데이터 지향 미들웨어라고 한다.

### 10.2.1 데이터 지향의 미들웨어(Data-oriented middleware)

데이터 지향 미들웨어에는 광범위한 사용자 정의가 필요한 대규모 시스템 간 링크를 필요로 한다. 각 공유 데이터 필드를 매핑해야 하므로 일반적으로 각 연결에는 많은 구성이 필요하다. 두 회사가 시스템이 서로 "대화(talk)" 하기를 원하는 경우 필드를 하나씩 매핑할 수 있다. 한 시스템이 "제품 번호"로 정보를 보내면 수신 시스템은 "제품 번호"가 "완료된 ID"라고 한다. 두 응용프로그램을 함께 연결하는 것이 효과적이지만, 세 번째 응용프로그램에 연결하기로 결정한 경우 처음부터 다시 시작해야 한다.

데이터 지향 미들웨어를 구현하는 것은 노동 집약적인 프로세스로 효과적이고 빠른 통신이 가능하지만 새 소프트웨어 시스템을 추가할 때나 업그레이드 후에도 프로세스를 반복해야 할 수도 있다. 따라서 이 미들웨어 선택 방법은 비싸며 장기적인 이점을 제공하지 않을 수 있다.

데이터 지향 미들웨어에 대한 관련 접근 방식은 사용자 정의 링크로서, 미들웨어 소프트웨어를 템플릿으로 사용하지 않고 처음부터 개발된 사용자 정의 프로그램 데이터 지향 링크이다. 사용자 지정 연결은 데이터 지향 미들웨어 패키지를 구매 및 구성하는 것보다 저렴하거나, 응용프로그램에 적합한 패키지가 없을 때 사용할 수 있으며 이 프로세스가 다른 프로세스보다 저렴할 수 있다. 우리가 살펴볼 가장 보편적인 미들웨어 유형은 프로세스 지향 미들웨어이다.

## 10.2.2 프로세스 지향의 미들웨어(Process-oriented middleware)

미들웨어에 대한 다른 접근 방식은 프로세스 지향 미들웨어 또는 비지니스 프로세스 관리(BPM, business process management) 소프트웨어라고 한다.

> **비지니스 프로세스 관리(BPM, business process management)**
> 비지니스 관행, 기술 및 방법을 사용하여 비지니스 프로세스를 작성하고 개선하는 비지니스 원칙 또는 기능. BPM은 적절한 프로세스 관련 비지니스 원칙을 사용하여 기업 또는 공급사슬 전체에서 비지니스 성과를 향상시키는 전체적인 접근 방식이다. 혁신, 유연성 및 기술과의 통합을 위해 노력하면서 비지니스 효율성과 효과성을 향상시킨다.

여기에서 각 응용프로그램이 표준 프로세스에 매핑된다. 예를 들어, "파티 날짜"라고 부르는 것과 다른 형태의 이름, 즉 "파티 날짜"는 표준 프로세스에서 "이벤트 날짜"에 모두 매핑된다. 다른 시스템을 사용하는 여러 회사(또는 다른 언어를 사용하는 여러 당사자 초대)를 처리하는 경우 메시지는 한 번만 "번역(translated)"되므로 훨씬 저렴하다.

프로세스 지향 미들웨어는 스마트 미들웨어이다. 연결된 비지니스는 먼저 프로세스를 매핑한다. 그런 다음 프로세스 지향 미들웨어가 프로세스를 실행하고 프로세스 맵에 지시된 대로 데이터를 관련 시스템으로 보낸다. 프로세스가 매핑되면 다양한 유형의 ERP, 레거시 및 최고 수준의 응용프로그램을 보유한 여러 회사에서 프로세스 맵을 시스템에 적용하고 시스템을 교체하거나 합리적으로 만들지 않고도 효과적으로 의사소통할 수 있다. 기본적으로 프로세스 지향 미들웨어는 개별 데이터가 아닌 전체 대화를 관리한다. 기업은 프로세스에 집중해야 하므로 프로세스 단순화의 부수적인 이점이 있다.

프로세스 지향 미들웨어의 특징은 다음과 같다.

- 다양한 시스템에 일반적인 통신 방법 제공

- 복수의 프로토콜 및 메시징 표준 수용

- 표준 도구를 사용하여 상용 소프트웨어 및 레거시 시스템을 통합

- 기존 미들웨어 및 통합 시스템에 쉽게 연결

- 모듈과 시스템 간의 상호 작용에 유연성을 추가

- 데이터 웨어하우스에서 거래처리를 중앙에서 기록하여 가시성을 제공

- 데이터 지향 미들웨어와 달리 새로운 시스템마다 새로운 코드가 필요하지 않음

프로세스 지향 미들웨어의 기타 기능은 다음과 같다.

- 파트너 간의 방화벽

- 각 파트너를 위한 맞춤형 프로세스

- 외부 링크에 앞서 내부 통합

- 자동 식별 기술과 통합

프로세스 지향 미들웨어의 단점은 기존 시스템과 통합하는 것이 간단하지 않을 수 있으며 동일한 공급사슬의 다른 프로세스 지향 미들웨어를 통합하기가 복잡할 수 있다는 것이다.

## 10.3 데이터 의사소통 방법(Data Communications Methods)

데이터 통신 방법은 인터페이스 장치가 작동할 수 있도록 하는 컴퓨터 언어 및 방법이다. 또한, 시스템이 호환 가능한 방법을 사용한다고 가정할 때 인터페이스 없이 시스템 간에 통신을 수행할 수 있다.

이상적으로, 공급사슬 파트너 간의 의사소통에는 두 가지 특징이 있다. 연결 또는 연결 해제가 쉬워야 하며 연결 시 긴밀하게 통합되어야 한다. 의사소통이 공급사슬 파트너들 사이에 밀접하게 통합될수록 공급사슬은 마치 하나의 가상 조직처럼 행동할 수 있다. 효율적인 비지니스 간 연결을 가능하게 하는 통신 방법의 가치는 조직이 데이터를 사용하는 방법에 따라 다르다. 프로세스를 올바르게 관리하면 정보의 가시성과 정확성을 높이고 거래처리의 속도를 높이며 노력의 중복을 줄일 수 있다. 이러한 효율성은 주기 시간, 재고 및 자본 비용을 줄이고 투자수익율 및 고객 서비스를 증가시킬 수 있다.

데이터 통신 방법에는 전자 데이터 전송(EDT, electronic data transfer), 전자 데이터 교환(EDI electronic data interchange) 표준, 웹 서비스(web service), 그리고 서비스 지향 아키텍처(SOA, service oriented architecture)가 포함된다.

### 10.3.1 전자적 데이터 전송(Electronic data transfer)

전자 데이터 전송(EDT)은 전자 수단을 사용한 정보의 전송을 의미한다. 원래 EDT는 독점적인 전자 데이터 교환(EDI, electronic data interchange)과 전자 자금 이체(EFT, electronic funds transfer)를 통해서만 가능했다.

> 🔖 전자 데이터 교환(EDI, electronic data interchange)
> 표준화된 문서 형식을 사용하여 구매주문서(PO), 선적 승인, 사전 선적 통지(ASN) 및 송장(invoice)과 같은 거래 문서를 종이 없이 전자적으로 교환한다.

이러한 시스템은 각 위치가 동일한 표준을 사용하여 설정된 경우 두 위치 간에 데이터를 전송하는 데 효과적이었다. 인터넷의 범위와 결합된 EDI에 대한 분산 개방형 표준은 훨씬 더 유연한 EDI 전송을 가능하게 했다. 자금 송금에는 자체 표준이 있으며 필요한 수준으로 매우 엄격히 관리된다. (EFT는 공급사슬 지불 관련 프로세스에 중요하지만, 이 교과 과정의 범위를 벗어난다.)

EDT는 오늘날 인터넷을 통해 주로 수행되고 있으며 컴퓨터 간의 전송으로만 제한되지는 않는다. 무선 및 셀룰러 장치는 인터넷의 범위를 넓힌다. SCEM과 같은 시스템은 이벤트 기반 예외를 생성하여 위치와 관계없이 직원에게 보낸다. 선택된 새로운 소프트웨어는 데이터가 손상되는 것을 막는 독립적인 작은 패킷으로 빠르고 간단한 데이터 전송을 제공함으로써 이러한 셀룰러 장치 요구사항을 고려해야 한다. 또한, 무선 전송이 가로채기 당하기 쉽기 때문에 데이터 보안이 가장 중요하다.

## 10.3.2 EDI 데이터 표준(EDI data standards)

EDI 데이터 표준에는 송신 회사와 수신 회사 간에 데이터를 전송하기 위해 국제적으로 합의된 프로토콜이 포함된다. 이는 엑스트라 넷(엔터프라이즈 외부) 프로토콜로 데이터가 발신 시스템의 기본 형식에서 EDI로, 수신된 수신 시스템의 형식으로 변환된다. EDI는 동일한 응용프로그램이나 ERP 시스템을 실행하지 않는 시스템을 연결하는 일반적인 방법이다.

EDI는 콘텐츠 수준(contents level)이라고 부르는 미들웨어 유형이다. 콘텐츠 수준 미들웨어는 표준 양식 및 각 데이터 필드에 대한 공유 형식을 지정한다. 관련 당사자는 사용될 공유 형식에 동의해야 한다. 이 공통 형식으로 작업하려면 각각 데이터를 변환해야 한다(예: 데이터 지향 미들웨어 사용). 이는 프로세스 지향 미들웨어처럼 들리지만, 콘텐츠 수준 미들웨어는 덜 정교하다. EDI는 데이터 재입력 없이 종이 송장 또는 기타 문서를 전자 버전으로 보내는 전자 버전과 비슷하지만, 프로세스 지향 미들웨어는 여러 시스템 상호 작용을 자동화하는 방법에 가깝다.

두 데이터베이스 사이의 컴퓨터 간 직접 링크를 위해 개인 네트워크를 통해 메시지를 보낼 수 있다. 개인 네트워크는 EDI 메시지를 보내는 유일한 방법이었지만 웹 기반 EDI는 설치 비용의 일부만으로 이러한 메시지를 처리한다. 두 가지 방법 중 하나에서 EDI는 거래처리의 각 끝에 특수 소프트웨어(독점 소프트웨어 또는 일부 유형의 미들웨어)를 설치하거나 제3자가 거래처리를 관리해야 한다. 많은 상용 애플리케이션, ERP 시스템이나 인터넷 시장이 이 분야에 진출했다. 유료일 경우,

프로세서는 적절한 형식으로 안정적인 전송을 보장한다.

웹 서비스(web service), 확장 가능한 마크업 언어(XML) 및 Java와 같은 인터넷 기반 표준이 EDI의 명성에 도전해오고 있으나, EDI는 기본적인 거래를 위해 공급사슬을 연결하는 일반적인 방법이다. 거대 기업은 자신들과 거래하는 공급업체에 EDI 사용을 강요할 수 있었으며 웹 기반 EDI를 사용하여 비용을 낮추어 EDI를 유지할 수 있었다. 그러나 교환되는 공통 데이터는 일반적으로 매우 기본적이며 고객 주문, 사전 선적 통지 및 송장과 같은 것을 포함한다. EDI 구현 비용으로 인해 종종 일괄 처리가 필요하다는 사실과 다양한 EDI 데이터 형식 중 하나에 동의해야 한다는 사실, EDI에서 웹 서비스 기반 오퍼링(아래에서 논의됨) 등이 공급사슬 관리를 위해 채택되고 있다. SCEM과 같은 공급사슬 관리와 관련된 보다 복잡한 메시징 요구사항은 EDI로 구현하기에는 너무 복잡하고 비용이 많이 든다.

복잡성 없이 EDI를 최대한 활용하는 한 가지 방법은 부가가치 네트워크(VAN, value-added network)를 사용하는 것이다.

> **부가가치 네트워크(VAN, value-added network)**
> 일반 이동 통신사가 제공하는 서비스에 부가적인 서비스를 제공하는 EDI를 지원하는 네트워크

### 10.3.3 웹 서비스(Web services)

> **웹 서비스(Web services)**
> 두 공급사슬 응용프로그램 사이에 직접 연결하지 않고 해당 응용프로그램의 기본 운영체계와 상관없이 한 응용프로그램에서 다른 응용프로그램으로 데이터를 이동할 수 있는 공통 인터넷 또는 인트라넷 프레임워크.

웹 서비스는 상호 교환 가능한 "빌딩 블록(building blocks)"으로 구축된 소프트웨어 응용프로그램 또는 인터페이스 장치의 일부로, 모두 함께 작동하여 조직에서 소프트웨어의 다른 부분을 모두 교체하거나 다시 프로그래밍할 필요 없이 소프트웨어의 한 측면을 업그레이드하거나 변경할 수 있다.

웹 서비스(web service)는 네트워크상에서 서로 다른 종류의 컴퓨터들 간에 상호작용을 하기 위한 소프트웨어 시스템이다. 웹 서비스는 서비스 지향적 분산 컴퓨팅 기술의 일종이다.

웹 서비스라는 명칭을 가지고 있지만 월드 와이드 웹(www, world wide web)과 혼동하여서는 안 된다. 월드 와이드 웹은 사람과 컴퓨터 간의 상호작용을 위한 시스템인 데 반해, 웹 서비스는 컴퓨터와 컴퓨터 간의 상호작용을 위한 시스템이다.

분산 컴퓨팅을 실현할 수 있는 신기술로 등장하여 큰 기대감에 대중매체에서 여러 번 다루어져서 인지도는 증가하였다. 하지만, 시장에서의 실효성 때문에 많이 보급되지 않았다. 아직 관련 기술의 표준화가 더디어 보급은 늦어지고 있다. 하지만 최근에 서비스 지향 아키텍처(SOA, service oriented architecture)가 각광을 받으면서 그 기반 기술인 웹 서비스 또한 주목을 다시 받고 있다.

공급사슬 웹 서비스에는 구매 주문 번호, 구매 주문 상태, 사용 가능한 품목 수량 및 품목 수량 마감일이 포함될 수 있다. 웹 서비스는 다른 시스템을 사용하여 특정 공급사슬 파트너 간에 공유할 수 있는 기존 데이터베이스에 포함된 모든 특정 데이터 요소를 사용한다. B2B (Business-to-Business) 프로세스에서 사용되는 "웹 서비스"라는 용어가 종종 모든 공급사슬 파트너가 필요로 하는 데이터 또는 프로세스에 부정확하게 적용된다. 그러나 웹 서비스는 특정 공급사슬 내의 특정 파트너에게 고유하다.

표준은 공개되어 있으므로 모든 개발자가 동일한 표준에 접근하여 사용할 수 있으며 운영체계, 응용프로그램 플랫폼 및 컴퓨터 언어에서 통신을 수행할 수 있다. 웹 서비스를 통해 개발자는 서로 다른 시스템 간에 정보를 통합하고 공유할 수 있다. 웹 서비스는 어느 회사에서나 만들 수 있기 때문에 어떤 회사에서도 표준을 독점하지 않으며 표준에 대한 수용이 널리 퍼져 있다.

B2B 웹 서비스는 범용 메시지 수신을 위해 전자 메시지를 쉘(shell)로 감싸고, 웹 서비스의 존재를 알리고, 요청 및 응답의 형식을 지정하는 방법을 지정하는 XML 및 기타 XML 기반 표준으로 구성된다. XML은 인터넷상의 컴퓨터 간 직접 통신을 쉽게 하는 언어이다. HTML 태그가 웹 브라우저에 정보를 표시하는 방법에 대한 지침을 제공하는 이전 HTML과는 달리 XML 태그는 웹 브라우저에 정보의 범주에 대한 지침을 제공한다.

인터넷 사업을 전적으로 컴퓨터와 소프트웨어에 맡길 수 있는 XML의 능력이 XML을 인터넷 상거래의 기본 언어로 만든다. XML에 대해 알아야 할 중요한 점은 XML이 모든 대화식 인터넷 거래 처리의 백그라운드에서 작동하여 컴퓨터 하드웨어와 소프트웨어의 차이에도 불구하고 발생할 수 있다는 것이다.

웹 서비스의 장점은 특히 통합을 위해 개발 시간을 단축하여 시간과 비용을 절약한다는 것이다.

예를 들어 항공사가 웹 서비스를 사용하여 비행 체크인 소프트웨어를 개발하는 경우 한 공급업체에서 제공하는 최상의 데이터베이스 검색 엔진, 다른 공급업체에서 제공한 최고의 좌석 배정 변경 응용프로그램 및 자체 가격 응용프로그램을 사용하여 응용프로그램을 구축할 수 있다. 구성 요소는 하나의 응용프로그램으로 함께 작동한다. 또한 응용프로그램의 일부를 쉽게 업그레이드할 수 있다.

## 10.3.4 서비스 지향 아키텍쳐(SOA, Service-oriented architecture)

웹 서비스는 서비스 지향 아키텍쳐(SOA, service-oriented architecture)를 사용하여 자주 향상되는데, 이 SOA는 수명 주기 전체에서 비지니스 서비스를 작성하고 사용하는 모든 측면을 안내하는 정보기술 설계 스타일이다. 한 공급사슬 파트너가 생성한 서비스를 다른 공급업체가 사용할 수 있도록 광범위하고 유연하게 공유할 수 있다.

SOA는 응용프로그램이 재사용 가능한 구성 요소("서비스")로 조립되는 소프트웨어 설계("아키텍쳐")에 대한 접근 방식이다. 서비스는 잘 정의된 인터페이스를 사용하여 데이터베이스에서 고객 정보를 검색하는 등의 고유한 기능을 수행하는 소프트웨어 구성 요소이다. 인터페이스는 기본적으로 다른 프로그램에서 서비스를 호출하거나 요청하는 방법이다. 서비스의 예는 신용 확인 또는 구매주문서와 송장 일치 등일 수 있다.

SOA는 근본적으로 다른 형태의 컴퓨팅과 다르다. 우선 소프트웨어는 모듈로 구성된다. 이것은 그 자체로는 새로운 것이 아니다. SOA의 두 가지 주요 목표는 아키텍처의 각 서비스 간에 느슨한 결합을 하고 애플리케이션을 데이터와 분리하여 범용 기능을 달성하는 것이다. 모듈의 느슨한 결합은 레고® 빌딩 블록의 원형 커넥터와 비교하여 쉽게 구성하고 끝없는 구성 옵션으로 분해할 수 있다. 범용 기능을 사용하려면 데이터를 조회할 수 있다고 가정하지 않고 모든 메시지에 처리를 완료하는 데 필요한 모든 데이터가 포함되어야 한다. 이는 각 응용프로그램이 자체 데이터만 정렬할 수 있는 기존 프로그래밍의 주요 변경 사항이다. 이를 통해 각 지역의 최고 서비스 제공업체가 전체 패키지를 제공하지 않고도 서비스를 제공할 수 있다.

느슨한 결합의 중요한 결과는 서비스가 특정 하드웨어 또는 소프트웨어 플랫폼 또는 프로그래밍 언어로 제한되지 않고 네트워크의 어느 곳에서나 실행될 수 있다는 것이다. 반대로, 밀접하게 연결된 시스템은 플랫폼 또는 시스템을 통합해야 할 때 상호 운용성 문제가 발생한다. 기존 애플리케이션에는 애플리케이션 간 사용자 정의 인터페이스 장치가 필요했지만, SOA 모델은 본질적으로 보다 비용 효율적인 일반 링크를 사용할 수 있다.

SOA를 사용하면 애플리케이션의 많은 부분을 재사용 할 수 있기 때문에 애플리케이션 개발 시간이 크게 단축된다. 응용프로그램은 본질적으로 더 적응 가능하고 상호 운용 가능하며 확장 가능하다.

SOA(및 웹 서비스)도 역시 정교한 작업을 처리할 수 있다. 예를 들어 소매업체는 비지니스 규칙을 통합하여 날씨 보고서를 기반으로 자동으로 트럭의 경로를 바꿀 수 있다. 홍수가 예상되면 영향을 받는 지역의 매장에 모래주머니를 준비시키는 것이 완벽하게 이루어질 수 있다.

## 10.4 데이터 정확성과 분석(Data Accuracy and Analysis)

데이터의 정확성을 보장하고 유지하는 것은 지속적인 관심사이다. 자료 수집은 가능한 한 자동화되어야 한다. 그러나 프로세스에서 사람이 관여하거나 하지 않거나 데이터가 손상되거나 잘못될 수 있다.

데이터 소스는 특히 확장된 공급사슬에서 아래 소스 중 일부에서 발생할 수 있다.

- 데이터를 조작할 때마다(소프트웨어 버그로 인해 오류가 발생할 수 있다.)
- 숫자 전치(transpositions), 오타(typos) 및 누락되거나 불완전한 데이터
- 여러 버전의 레코드가 포함된 구식 데이터베이스 혹은 완전히 통합되지 않은 데이터베이스
- 네트워크의 중복 데이터베이스 또는 동일한 객체에 대한 다른 태그

또한, 자료 수집이 지연되면 데이터가 너무 늦게 도착하여 관련성이 떨어질 수 있다.

데이터 정확성을 보장하려면 데이터를 검증하고 오류를 수정하기 위한 자원이 필요하다. 조직은

여러 가지 방법을 사용하여 오류를 줄이고 방지해야 한다. 정확한 데이터가 없으면 고급 분석이 비효율적이며 거래처리 시스템도 비효율적이다. 데이터 정확도는 특히 계획 시스템과 관련이 있다. 예를 들어, 운송관리 시스템이 트럭에 적재하는 방법을 계산할 때 큐브 및 중량 데이터가 잘못되거나 배송될 소량의 품목에서 누락된 경우 시스템은 트럭에 과부하를 경고할 수 있다. 이 문제가 너무 자주 발생하면 작업자와 관리자가 시스템 무결성에 대한 신뢰가 중단될 수 있다.

### 10.4.1 데이터 정확성 개선(Improving data accuracy)

데이터 정확성을 보장하는 기본 방법은 일관성 있는 수집 및 데이터 입력 정책을 수립하는 것이다.

- 공급사슬에서 POS 및 기타 거래 별 데이터 공유
- 가능한 경우 실시간으로 자료수집 및 전송
- 이벤트 시간과 장소 현장에서 데이터 입력 완료

데이터 품질을 개선하지 않고 새 소프트웨어를 도입하면 소프트웨어에 대한 투자수익율(ROI)이 낮아져 유용한 시스템에 대한 불신과 포기가 발생할 수 있다. 이를 방지하는 방법은 시스템 업그레이드를 데이터 정비 및 정상화 이니셔티브와 결합하는 것이다.

> **데이터 정비(Data cleansing)**
> 맞춤법 오류, 정보 누락 및 잘못된 데이터와 같은 실수를 찾아 수정하기 위해 데이터베이스를 탐색한다.

> **데이터 정상화(Data normalization)**
> 관계형 데이터베이스와 관련하여 사용되는 데이터베이스 유지 관리 용어로, 정보 중복을 최소화하거나 특정 유형의 논리적 또는 구조적 데이터 이상으로부터 데이터베이스를 보호한다. 하나 이상의 데이터베이스에서 데이터를 병합할 때 자주 사용된다.

두 개 이상이 데이터베이스를 결합할 때 데이터 정비, 정상화 및 기타 향상이 특히 중요하다. 합병은 데이터베이스를 결합하는 경우이다.

정보의 형식도 고려해야 한다. IT 시스템은 사용자의 요구와 관련된 용어는 물론 유사한 용어로 데이터를 제공해야 한다. 예를 들어, 라면을 생산하는 고객을 둔 밀가루 공급업체는 라면이 아닌 밀가루의 무게로 고객의 소요량을 볼 수 있어야 한다.

### 10.4.2 데이터 정확성 유지(Maintaining data accuracy)

일단 데이터 정비 또는 기타 개선 후에 조직의 데이터베이스가 수용 가능한 것으로 간주되면 시간이 지나도 데이터 품질이 저하되지 않도록 지속적인 조치를 취해야 한다. 데이터 무결성을 보장하는 단계는 다음과 같다.

- 정보 추가, 삭제 및 수정을 위한 역할 기반 접근 정책, 절차 및 소프트웨어 제한 설정
- 현재 및 미래의 사용자를 위한 데이터 유지 관리/지속적인 개선 프로세스 교육에 투자

### 10.4.3 데이터 분석(Analyzing Data)

분석은 데이터를 비지니스 정보 또는 문맥상에 배치하고 관련성을 가지게 되고 신뢰할 수 있으며 조치를 결정할 수 있는 정보로 변환한다. 분석은 부족한 자원을 할당하는 가장 좋은 방법을 밝혀야 한다. 확장된 공급사슬에 대한 전체적인 분석은 각 파트너에 대한 최적의 자산 사용을 나타내야 한다. 유통센터의 위치 및 수를 결정하거나 계절적 수요 변동 시 특정 상품을 선적할 센터를 계산하는 등 전략, 전술 및 운영 수준에서 분석이 수행된다. 분석 시스템은 분산 창고에서 중앙 창고로 이동하는 것과 같은 전략의 변화를 통합할 수 있을 정도로 유연해야 한다.

🔗 **데이터 취합(Data aggregation)**

서로 다른 제품이 대량으로 판매되는 소매점에서 수집된 데이터는 양이 너무 많은 관계로 인해 일반적으로 데이터를 취합 집계하거나 유사한 범주로 그룹화한다.

> **집계(Aggregation)**
> 임의의 변수를 모아서 결과 집계된 변수의 상대 분산을 줄이는 개념

즉, 데이터의 최고 정점과 최저점이 결합될 때 평활화가 되므로 평균과 추세가 더욱 명확해진다. 편차를 줄이는 것 외에도 합산 집계는 유용하게 사용되는데, 대량의 데이터는 세분화된 수준에서 볼 때 해석하기 어려울 수 있기 때문이다. 예를 들어, 상점별 SKU 별 판매에는 큰 변동이 있다. 그러나 지역별로 취합된 SKU 별 판매로 보면 변동을 줄이고 더 나은 통찰력을 제공할 수 있다. 지역별 SKU의 의미 있는 그룹화(예: 동일한 셔츠의 모든 크기별 수량)를 사용하여 추가 집계를 수행할 수 있다.

집계된 데이터는 의사결정 지원 시스템과 같은 데이터 모델링 및 분석에 사용된다.

## 의사결정 시스템(Decision support systems)

> **의사결정 지원 시스템(DSS, decision support system)**
> 관련 요소에 대한 논리적이고 정량적인 분석을 제공함으로써 관리자가 행동 과정을 선택하고 평가할 수 있도록 지원하는 컴퓨터 시스템

DSS는 경영진이 더 나은 의사결정을 내리는 데 도움이 되는 소프트웨어 응용프로그램의 총칭이다. DSS는 수학적 알고리즘, 시뮬레이션, 또는 이 둘의 하이브리드를 기반으로 하는 분석 모델을 생성한다. 분석 모델은 실제 상황, 이벤트 또는 거래처리의 단순화된 버전이다. 좋은 모델은 당면한 문제를 혼란스럽게 할 세부 사항을 포함시키지 않고 결정을 내리는 데 도움이 되는 정보가 충분하다. 경영진이 두 개 이상의 정성적 목표 사이에서 균형을 이루도록 돕기 위해 DSS가 필요할 수 있기 때문에 모델이 항상 수학적 버전인 것은 아니다.

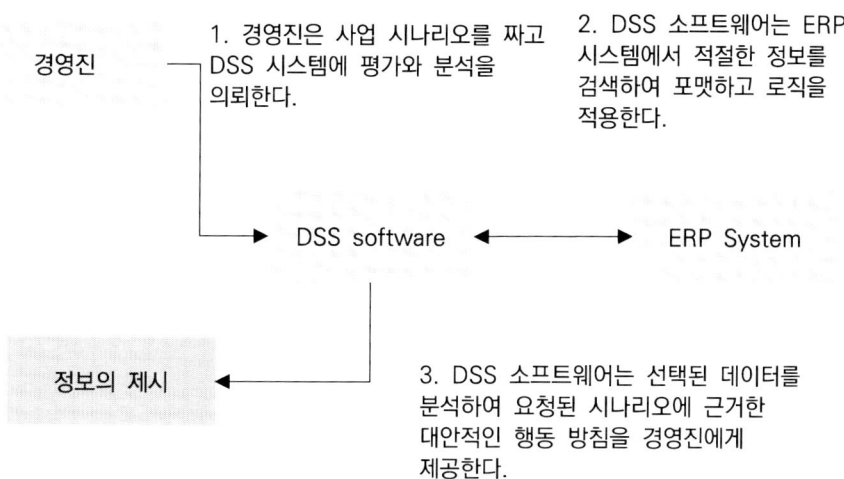

도표 47 의사결정 지원 시스템(DSS, Decision Support Systems)

도표 47에 표시된 것처럼 기본 DSS 구성 요소에는 입력 데이터베이스, 데이터 분석 도구 세트 및 결과를 표시하기 위한 데이터베이스 및 스프레드시트 프리젠테이션 도구 세트가 포함된다.

분석 도구에는 일반적으로 데이터 웨어하우스 또는 공유 조직 간 데이터베이스를 사용하는 데이터 마이닝도 포함된다.

### 데이터 마이닝(Data mining)
이전에 알려지지 않은 관계를 찾기 위해 데이터를 연구하는 프로세스이다. 이 지식은 특정 비지니스 목표 달성에 적용된다.

프리젠테이션 도구는 사용자가 자신의 필요에 맞게 정보를 사용자 정의할 수 있는 "대시 보드(dashboards)"를 사용하여 DSS 분석의 방대한 데이터 출력을 역할별 정보로 필터링한다. 예를 들어, 대시 보드는 마케팅 관리자에게 영업 캠페인의 시뮬레이션 결과를 표시하지만, 제조 시뮬레이션 결과는 생략할 수 있다.

공급사슬 관리를 위해 DSS에 대한 입력 데이터에는 다음과 같은 여러 특정 데이터 항목이 포함될 수 있다.

• 고객 주문 내역과 같은 정적 및 반 정적 데이터, 공급업체, 창고 및 소매업체의 위치, 무게, 부

피(큐브), 유지 비용, 제품의 유효 기간(최대 및 최소)

- 판매시점(POS) 데이터 및 판매 예측, 물류 센터에 대한 현재 용량 및 운송 비용, 소매업체 재고 수준, 배송 상태, 제품 판매 예측과 같은 동적 데이터
- 고객, 세그먼트 또는 SKU 별 판매와 같은 DSS 질의문(쿼리) 공급자, SKU 등의 구매, 실제 재고 및 재고 예측, 가격별, 라인, 단위 등으로 주문, 수요 변동

전략적 수준의 DSS는 결정이 장기적이고 주기적으로만 수행되어야 하기 때문에 상세하고 상대적으로 느릴 수 있다. 이러한 시스템은 가장 광범위한 과거 데이터를 사용한다. 전술적 결정에는 속도와 정교함의 균형이 필요하다. 운영 DSS는 빠른 의사결정을 제공할 수 있어야 하며 일반적으로 단기 계획에 현재 데이터를 사용하는 더 간단한 모델이다.


### 🔗 모델과 데이터 검증(Model and data validation)

결과를 분석할 때 예측 모델과 사용된 데이터를 모두 검증하거나 실제 결과와 비교하여 테스트해야 한다. 분석 모델 검증의 첫 번째 단계는 과거 이력 데이터를 모델에 넣고 결과가 예상과 같은지 확인하는 것이다. 만약 예상이 같을 경우, 현재 데이터를 사용하여 모델을 다시 실행하고 합리적인 결과를 위해 예상 결과와 비교한다. 위의 검증 테스트 중 하나가 예상치 못한 결과나 매우 부정확한 결과를 나오면 모델과 데이터를 모두 탐색하여 오류, 버그, 특이한 예외 또는 부정확하거나 비현실적인 가정을 찾는다.

결과가 너무 많이 다를 경우, 모델이 허용 가능한 오차 한계 내에서 실제 결과를 정확하게 예측할 때까지 모델 또는 데이터를 수정해야 한다. 그런 다음 모델과 데이터는 실제 비지니스 의사결정에 사용된다. 그러나 실제 사용량을 계속 반영하기 위해 정기적으로 검토된다.

모델은 합계된 총량 데이터를 사용하기 때문에 집계와 관련된 오류의 양을 추정해야 한다. 오류가 한계 내에 있으면 허용되는 것으로 간주한다. 마지막으로, 모델이 직관적으로 이해되고 데이터가 실제 결과와 일치하거나 데이터의 이상을 완전히 설명할 수 있으면 모델을 사용할 수 있다.


### 🔗 공급사슬 파트너들과 협업(Collaboration with Supply Chain Partners)

주요 공급사슬 파트너와의 협력은 확장된 기업인 공급사슬 개발의 4단계에 도달하고자 하는 조직의 주요 목표이다. 따라서 자료 수집 및 사용에 대한 논의는 여기서 마무리한다. 데이터를 공유하면 공급사슬을 전 세계적으로 최적화하고, 위험과 보상을 파트너와 공유하고, 협업 예측 및 적극적인 가시성을 사용하여 조직이 경쟁력을 유지할 수 있다.

# 11장 | 전자 비지니스
## Electronic Business

11.1 전자(e) 비지니스 고려사항
    11.1.1 e 비지니스 전략
    11.1.2 e 비지니스에 대한 잠재적 비용과 도전과제
    11.1.3 e 비지니스 계획에 대한 투자수익율 정당화
    11.1.4 e 비지니스 벤처기업들의 사례
    11.1.5 e 비지니스 성공을 위한 요구사항

11.2 기업대 기업(B2B)와 기업대 소비자(B2C)
    11.2.1 B2B와 B2C 전자상거래 계층
    11.2.2 B2C 전자 상거래(e-commerce)
    11.2.3 B2B 전자 상거래(e-commerce)
    11.2.4 B2B 협업(B2B collaboration)

### 핵심주제와 학습목표

- 인터넷을 통한(internet-enabled) 공급사슬
- 전자 상거래(e-commerce), 기업 간 상거래(business-to-business commerce), 기업 대 소비자(business-to-consumer) 판매

> **전자 비지니스(E-Business)**
> 전자 네트워크, 일반적으로 인터넷을 이용하여 이루어지는 모든 비지니스

전자-비지니스는 공급사슬 성과를 지속적으로 향상시키기 위해 고객, 공급업체 및 생산 기능을 네트워크로 연결하는 인터넷 기술로 구현되는 비지니스 모델 및 사례 모음이다

전자 상거래는 전자적인 상거래와 관련이 있는 전자-비지니스의 일부를 말한다.

> **전자 상거래(E-commerce)**
> 데이터 및 문서의 전자적 전송을 통해 비지니스를 수행하기 위해 컴퓨터 및 통신 기술의 사용

B2C (Business-to-Consumer), B2B (Business-to-Business), C2C (Consumer-to-Consumer) 및 C2B(Consumer-to-Business)의 네 가지 전자 비지니스 모델이 있다. 모두 전자 상거래 유형으로 간주된다. 전자 비지니스의 초점은 확장된 기업의 성과 향상에 중점을 두기 때문에 B2B와 B2C 모델에 중점을 둔다.

오늘날 B2C뿐만 아니라 B2B 회사도 전자 상거래(예: 산업 제품)를 통해 공급사슬을 확장하는 등 거의 모든 조직에 일정 수준의 전자 비지니스가 필요하다. 모든 조직이 인터넷에서 제품이나 서비스를 판매할 수 있는 것은 아니지만 사이트가 대화형이 아니라 정보 제공에 불과하더라도 웹사이트를 사용하여 브랜드 인지도 및 마케팅에 참여해야 한다. 프로그래밍 언어는 아니지만, 텍스트 서식을 지정하는 방법인 HTML을 사용하면 웹 페이지 내에 텍스트, 하이퍼텍스트 링크 및 멀티미디어 요소를 만들 수 있다. 최신 웹사이트는 대응형 설계를 사용하여 사용자가 사이트에 접근하는데 사용하는 장치 유형을 감지한 다음 필요에 따라 터치스크린 기능을 활성화할 뿐만 아니라 전화 또는 태블릿에 최적의 표시를 위해 정보를 자동으로 다시 포맷한다. 이런 식으로, 웹사이트는 휴대 전화에서 매우 작게 나타난다거나 접근하기가 어렵지 않다. 이 외에도 일부 조직에서는 스마트 폰 및 태블릿용 다운로드 가능한 앱을 개발하여 활용한다.

모든 공급사슬의 목표는 마치 잘 운영되는 단일 회사처럼 작동하는 네트워크여야 한다. 지리적으로 분산된 경우에도 고객에게는 경계가 보이지 않아야 한다. 인터넷은 이를 가능하게 만들었다.

모든 파트너가 인터넷을 통해 데이터를 공유하는 인터넷 가능 공급사슬은 덜 발달한 공급사슬과 구별되는 특정 특성을 가지고 있다. 그들은 전략의 정교함과 인터넷 기술의 사용에 따라 이러한 특

성을 다른 정도로 보여준다.

인터넷 가능 공급사슬은 다음과 같은 이점을 실현한다.

- 가시성과 효율적이고 대응이 빠른 네트워크. 인터넷 가능 공급사슬은 통합의 이점을 실현할 수 있다.
- 글로벌한 도달 범위. 인터넷을 통한 즉각적인 의사소통은 구매 및 판매에 대한 거리 및 시간 제약을 제거한다.
- 재무 상태 개선. 인터넷은 더 적은 수의 중간 유통상, 개인화된 접촉을 통한 고객 충성도 증가, 시장 출시 속도 및 비용 절감을 통해 글로벌 판매를 통해 매출 및 수익 마진을 향상시킨다.

도표 48은 전통적인 전자-비지니스 공급사슬이 어떻게 다른지 보여준다.

| 특성 | 전통적 공급사슬 | 전자-비지니스 공급사슬 |
|---|---|---|
| 소유권 모델 | • 공급사슬을 소유(own)한다.<br>• 수직으로 연결됨<br>• 인수합병 | • 핵심역량을 소유한다.<br>• 협업 프로세스와 IT를 활용한 가상 조직화<br>• 외주업무 프로세스 |
| 경쟁우위 | • 큰 것이 작은 것을 지배한다.<br>• 시장 진입 장벽 : 높은 시장점유율과 많은 물리적 자산 | • 빠른 것이 느린 것을 지배한다.<br>• 물리적 자산은 변화의 장벽이 되고, 고정비용이 된다.<br>• 민첩한 기업은 산업을 지배하는 새로운 비즈니스 모델을 찾는다. |
| 채널 마스터(channel master)/중심기업(nucleus firm)은 누구인가? | • 고객과 가장 가까운 업체: 소비재 소매업체, 공산품 제조업체 | • 브랜드 지분율이 가장 높고 모델이 가장 효율적인 기업: 작은 기업이라도 인터넷을 통해 전세계에 진출할 수 있다. |
| 거래 상호 작용 | • 경쟁. 각 당사자는 상대방을 희생시켜 자신의 최선의 거래를 추구한다.<br>• 채널마스터가 계약 조건을 압도한다.<br>• 상호작용 시 마찰이 심하다. | • 위험과 보상을 공유하는 협업 약정<br>• 상호 합의로 계약 조건 설정.<br>• 유동적인 상호작용. |
| 경쟁업체와 협력 | • 경쟁자와의 상호작용 없음 | • 상호 이익에 따라 구매자, 공급자, 경쟁자 또는 거래상대방이 동일할 수 있다.<br>• 상호 이익을 찾을 수 없는 곳에는 여전히 경쟁관계가 존재한다. |
| 생산초점 | • 규모와 범위의 경제 | • 엔지니어링 경쟁력 있는 공급망 |
| 협업 단계 | • 내부 조직 사일로<br>• 교차 기능 협력<br>• 독점적이고 비용이 많이 드는 네트워킹.  • 일괄 처리 | • 외부 거래 파트너 사일로<br>• 기업 간 협력<br>• 저렴한 개방형 네트워킹<br>• 실시간 및 일괄 처리 |
| 공급자 | • 고정산업구조: 구매자 관계에 의해 제한되는 공급업체 수(예: 전화 등)<br>• 극소수의 장기적 파트너십과 적정한 수의 상품 및/또는 적대적 관계 | • 전자 시장 및 경매를 통한 공개 경쟁<br>• 협업을 통해 파트너 통합 속도가 빨라지고, 기업은 모든 수준에서 지속적으로 재구성 가능한 관계를 많이 가질 수 있다. |
| 고객 서비스 | • 순수하게 반응하고 시야가 좁다.<br>• 좁은 제품/서비스 제공<br>• 피드백을 거의 사용하지 않음 | • 능동적이고 넓은 시야<br>• 세그먼트별 제품/서비스<br>• 피드백의 활용도 향상 |
| 중개업자(브로커, 유통업자, 화물 운송업자, 딜러) | • 고정된, 종종 수직적으로 통합된 관계 | • 사업모형이 일부 중간자를 완전히 회피 가능<br>• 이들 채널이 부가가치를 높일 수 있는 방법을 찾으면서 재해석한 것도 있다. |

도표 48 전통적 대 전자(e) 비지니스 공급사슬(Traditional Versus Electronic Business Supply Chain)

## 11.1 전자-비지니스 고려사항(e-Business Considerations)

B2B 및 B2C 모델을 검토하기 전에 전자-비지니스 및 전자 상거래(e-commerce)와 관련된 기타 여러 가지 고려사항을 살펴본다.

### 11.1.1 전자-비지니스 전략(Electronic business strategy)

전자-비지니스는 처음에는 인기가 높아 재무적으로 건전한 비지니스 모델 없이도 시장 지원을 받았다. 전자-비지니스는 비용을 줄이고 고객 만족도와 비지니스 유연성을 높이기 위해 홍보되었지만, 수익성 결핍은 무시되었다. 그러나 결국, 이익을 유지할 수 없는 기업은 실패했다.

이 실패의 주요 원인은 유효한 경쟁전략과 유효한 전자-비지니스 경쟁전략이 없기 때문이다. 둘 다 존재해야 하고 긴밀하게 통합되어야 하며, 전략적 계획에 이러한 파트너를 참여시킴으로써 확장된 공급사슬 전체에 전달되고 수용되는 현실적인 비전에 따라 안내되어야 한다.

전자 경쟁전략은 전자 상거래를 사용하여 상품을 판매하는 계획 이상이어야 한다. 고객과 공급업체의 통합을 포함하여 확장된 공급사슬과 협력할 수 있어야 한다. 전통적인 경쟁전략은 실제 고객 요구를 충족시키는 주문의 효율적인 조달, 제조 및 실행을 가능하게 하기 위해 여전히 강력해야 한다. 조직과 전자 경쟁전략은 비지니스를 변화시키고 전 세계적으로 접근할 수 있도록 해야 한다.

전자-비지니스 전략은 회사가 파트너와 연결하려는 방식을 나타낸다. 경쟁전략과 전자-비지니스 경쟁전략 간의 연결은 이 교재의 다른 곳에서 논의된 최적화, 가시성 및 공유 계획 도구를 통해 향상된다.

### 11.1.2 전자-비지니스에 대한 잠재적 비용과 도전과제(Potential costs and challenges with e-Business)

전자-비지니스 솔루션을 구현하려면 IT 기능, 계약 및 제안요청서 개발, 이익 비용 분석, 직접적인 하드웨어 및 소프트웨어 비용, 호스팅, 교육, 변경 관리, 컨설턴트 비용 또는 기회비용에 대한 지속적인 발견을 위해 막대한 시간과 돈을 투자해야 한다. 직원 시간, 사용자 지정, 구성 및 지속적인 유지 관리. 전자-비지니스를 수행하는 데 필요한 비용 중 일부는 다음과 같다.

- 시스템 보안(system security). 보안은 합의된 수준의 접근을 유지한다. 회사는 어떤 정보를 공유할지 결정해야 한다.

- 아웃 바운드 운송 비용 증가(increased outbound transportation costs). 인바운드 운송은 최적화되거나 중앙 집중화될 수 있지만, 일부 고객들이 더 이상 상품을 직접 챙겨가지 않고 기업이 단기간에 어디에서나(종종 더 다양한 제품은 소량으로 더 빈번하게) 배송해야 하기 때문에 아웃 바운드 운송량 및 비용이 증가한다.

- 자재 취급 비용 증가(increased materials-handling costs). 이제 고객이 일반적으로 수행하는 작업(예: 제품 반품, 진열대 주문, 고유 포장 또는 라벨링)을 수행해야 하므로 취급 비용이 더 높다. 전자 비지니스 분석 도구는 수익성 저하에 대비한 판매 손실 위험을 평가한다.

- 외부 공급업체에 대한 의존(reliance on outside suppliers). 회사는 실제 공급을 수행하기 위해 다른 공급업체에 의존해야 할 수도 있다. 늦은 배송은 고객 만족에 직접적인 영향을 미친다. 안정성으로 인해 많은 가상 모델이 물리적 유통센터를 포함하는 하이브리드를 채택했다.

- 전 세계에 도달하려면 세계화가 필요하다(global reach requires global localization). 기업은 각 국가 또는 지역에 맞게 서비스를 제공해야 한다. 각 국가마다 물리적 인프라가 필요하지는 않지만, 현지 언어, 문화 및 통화, 현지 및 국가 규정, 법률 및 상업 관행에 맞게 웹 서비스를 번역해야 한다.

- 접근성 및 사용 용이성(accessibility and ease of use). 서비스를 쉽게 검색하고 광고하는 방법을 제공하기 위해 상당한 노력을 기울여야 한다. 웹사이트는 일반적인 소매 위치보다 훨씬 더 다양한 상품을 판매할 수 있지만, 만약 그 사이트가 쉽게 상품 검색이 가능하고 현명하게 상품 추천 방법을 제공하지 않는다면, 이 다양성은 오히려 번거로움을 초래한다.

### 11.1.3 전자-비지니스 계획에 대한 투자수익율 정당화(ROI justification for

electronic business initiatives)

특정 전자-비지니스 전략을 정당화하려면 비용과 이점을 고려해야 한다. 경제 환경, 시장 급변, 경쟁사의 역량 및 공급사슬 정교화 단계와 같은 외부 요인도 조사해야 한다.

오래된 기술을 유지하는 비용과 손실된 기능의 기회비용과 새로운 기술을 구현하는 비용을 비교하면 선택을 명확하게 할 수 있다. 일반적으로 전자 경쟁전략이 경쟁 우위를 높이면 운송, 기술 비용은 증가시키면서 재고, 시설 및 거래 비용은 감소시키는 경향이 있다.

또 다른 선택은 전자-비지니스 기술 기능을 아웃소싱 하거나 IT를 내부적으로 유지 보수하는 것이다. 외부 계약을 관찰하는 비용은 아웃소싱 직접 비용에 추가되어야 한다.

비용과 혜택의 균형을 잘못된 방식으로 접근한다면 실패 확률이 높아진다. 그러나 전자 상거래에 대한 일정 수준의 투자는 이제 비지니스 수행에 필요한 비용이다. 전략은 조직과 공급사슬에 적합한 투자 수준을 찾는 데 중점을 두어야 한다.

비용 관리가 없는 프로젝트는 성공하지 못한다. 경영진은 또한 향후 프로젝트 예산을 개선하기 위해 검토 프로세스를 통합해야 한다.

## 11.1.4 전자-비지니스 벤처기업들의 사례(Example of e-business ventures)

### 성공 사례—아마존, 델, 알리바바(Amazon, Dell, and Alibaba)

2013년 eMarketer/InternetRetailer 연구에 따르면, 2017년 미국 전자 상거래 매출은 미화 4,342억 달러에 이른 것으로 예상되며, 소매 판매의 60%가 온라인에서 이루어졌다. 프레스터 조사(Forrester Research) 보고에 따르면 2017년 유럽 전자 상거래 예측은 미화 2,483억 달러이다.

이러한 통계는 전자 상거래가 확실한 비지니스 성장에 대한 해답처럼 들리지만, 전자 비지니스의 사용으로 인해 성공 수준은 산업과 비지니스 모델에 따라 다름을 알 수 있다. 예를들어 원래 온라인 서점에 불과한 아마존; 직접 주문 컴퓨터 조립의 개척자인 델 컴퓨터; 그리고 몇몇 중국 전자 상거래 알리바바(Alibaba)가 있다. 이 토론에서는 전자 비지니스 사용 측면에서 그 기원과 방향을 설명한다.

[Amazon]

아마존은 1994년 미국 사업가, 투자자나 기술 기업가인 제프 베조스(Jeff Bezos)에 의해 설립되었다.

1995년 Amazon.com으로 온라인에 등장했으며 원래 컴팩트 디스크, 컴퓨터 하드웨어, 컴퓨터 소프트웨어, 비디오 및 서적의 5가지 제품 유형만 판매했다.

그것의 원래 공급사슬은 전통적인 굴뚝산업 소매상들보다 오히려 더 길었다.

휴일 쇼핑 기간 동안 최대 트래픽을 처리할 수 있는 서버 용량을 최대화하기 위해 많은 투자를 했다.

북미, 라틴 아메리카, 유럽, 아프리카 및 아시아에 자체 배송 기능을 추가했다.

자체 소프트웨어 개발 센터가 있다. (일부는 아마존 자회사에서 운영한다.)

자동화된 주문 처리 센터를 전 세계 일부 도시, 종종 공항 근처에 배치했다.

2001년 말에 주당 1센트의 첫 이익으로 전환되었다.

2014년 순 매출액은 880억 9천만 달러, 월평균 방문자 수는 1억 7,500만 명으로 온라인에서 가장 큰 소매업체가 되었다.

인터넷 기반 판매의 높은 성과(high performance) 모델 역할을 한다.

[Dell]

원래 개인용 컴퓨터 제조업체인 델은 1984년 텍사스 대학 신입생 마이클 델(Michael Dell)에 의해 설립되었다.

1985년에 최초의 컴퓨터를 설계하고 제작했으며 자유로운(risk-free) 반품과 익일(next day) 재택(at home) 제품 지원 정책으로 차별화하였다.

업계에서 가장 빠른 성능의 PC를 제조하고 1986년부터 1987년까지 영국에 첫 번째 해외 자회사를 열었다.

1996년에 온라인 웹사이트를 시작했으며 사이트가 시작된 후 6개월 이내에 하루에 100만 달러의 제품을 판매했다.

1992년 포츈 500대 기업 목록에 올랐다.

인터넷을 통해 고객에게 혁신적인 온라인 기술 지원을 제공했다.

하루에 4천만 달러의 온라인 제품을 판매하여 2000년에 세계에서 가장 많은 양의 전자 상거래 사이트 중 하나가 되었다.

프린터, 프로젝터 및 가전제품을 포함하도록 제품 포트폴리오를 확장했다.

2006년에 무료 제품 재활용 및 블로그 Direct2Dell을 출시하여 고객과의 빠른 양방향 통신이 가능해졌다.

투자자 관계 블로그를 만들고 소셜 미디어에 참여했다.

고객에게 최첨단 엔드 투 엔드 IT 서비스 및 클라우드 기반 엔터프라이즈 솔루션을 제공했다.

2013년에 다시 개인 회사가 되었으며 소기업 및 원격 사무실에 엔터프라이즈 급 IT 기능을 제공했다.

Dell Ventures를 설립하여 클라우드, 빅 데이터, 차세대 데이터 센터, 스토리지, 모바일 및 보안에 대한 Dell의 전문 지식 및 미래 비전에 부합하는 새로운 비지니스를 지원한다.

[Alibaba]

알리바바는 세계 최대 전자 상거래 시장인 중국의 주요 전자 상거래 사이트이다. 가장 큰 웹사이트인 Taobao.com은 아마존과 같은 직접 배송이 포함된 B2C, eBay와 같은 중개인, 알리페이(Alipay) 결제 처리가 포함된 PayPal(판매자가 배송하지 못한 경우 구매자를 보호) 등의 대형 중국 시장으로 생각할 수 있다. 광고비 및 프로모션 검색 결과에 대한 수수료를 구글(Google)에 제공한다 (판매자에게 상품 리스트를 부과하지 않음).

사이트에서 부동산도 구입할 수도 있다. Tmall.com 웹사이트는 Gap, Nike 및 Apple과 같은 대규모 소매업체를 위한 것이다. 또한, B2B 전자 상거래를 지원하여 제조업체를 해외 고객과 연결하며 실제로 1999년에 설립된 주요 목적이었다.

## 혼합된 결과 혹은 실패(Mixed results or failures)

어떤 회사들은 전자 비지니스를 나중에서야 시작했다. 대형 소매업체인 월마트의 온라인 판매는 2012년 미국 매출의 2%만을 차지했다. 월마트는 2015년 1분기에 27%의 온라인 매출을 기록하여 매출의 3%에 근접했다. 전자 상거래를 위한 현금 결제 방식을 구현하여 신용 카드가 없는 소비자가 온라인으로 구매하고 상점에서 지불할 수 있게 했다. 또한, 2012년부터 당일 배송(보스턴 컨설팅 그룹 조사에 따르면 9%의 소비자가 온라인 쇼핑 경험에서 가장 중요한 요소로 평가)을 시범 운영했으며 5,000개가 넘는 품목이 서비스 대상이다. 배송은 월마트의 자체 트럭으로 이루어진다.

다른 회사들은 전자 상거래를 어떻게 재무적 이점으로 활용할 수 있는지 알아내지 못했다. 지난 10여 년 동안 많은 온라인 소매업체는 국가 마케팅 캠페인과 고가의 TV 광고를 통해 몇 년 안에 사라지기 시작했다. WebVan(식료품 배달 서비스, 1999-2001); Pets.com(애완 동물 사료 및 공급 상점, 1999-2002); Geocities(웹 호스팅 서비스, 1998-2011); 및 Go.com(1998년 Disney에서 설립했으며 현재 회사의 관련 자산 호스팅 사이트로 사용됨).

이들 회사는 이를 만들겠다는 큰 희망을 갖고 있었지만 전자 상거래 기술을 고객의 역동적인 요구와 선호를 충족시킬 수 있는 장기적이고 수익성 있고 지속 가능한 비지니스 모델과 결합할 수 없었다. 일부 신생 기업은 순수한 전자-비지니스 벤처 기업이 되려고 시도했으며 네트워크에 물리적 계층을 추가해야만 살아남았다. 어떤 회사는 기존의 물리적 네트워크를 확장했지만, 회사가 물리적 전략을 전자-비지니스 전략과 통합하지 않아 실패했다. 전자 비지니스를 실제 비지니스와 분리가 되면 고객에게 일관된 메시지를 제공할 수 없는 비효율적인 네트워크가 만들어진다.

전자 상거래에서 성공하려면 무엇이 필요한가?

## 11.1.5 전자-비지니스 성공을 위한 요구사항(Requirements for success in e-Business)

전자-비지니스는 모든 채널의 효율성을 극대화해야 한다. 소매업체는 웹을 통한 판매와 기존 소매업체를 직접 방문하는 등 서로 경쟁할 수 있는 것처럼 보일지라도 모든 채널에서 고객에게 서비스를 제공할 수 있도록 준비해야 한다.

전자-비지니스에서 성공하기 위한 기타 요구사항은 다음과 같다.

- 주문 충족 상태에 대한 문의 및 불만을 줄이기 위해 고객에게까지 확장되는 주문 가시성
- 수익성 있는 판매와 일치하는 운송 방법(운송관리 시스템 사용)
- 합리적인 반품 정책(고객은 상품을 받을 때까지 상품을 볼 수 없음)
- 사이트 이익을 기준으로 도매점 또는 소매점 위치 재평가

이제 두 가지 유형의 전자 상거래와 그 작동 방식에 대해 자세히 살펴본다.

## 11.2 B2B와 B2C

> 💡 **B2B 상거래(Business-to-Business commerce)**
> 비지니스 간 인터넷을 통해 비지니스가 진행되고 있다. 이러한 연결은 공급사슬 관리를 통해 비지니스가 가상 조직으로 변모하여 비용을 절감하고 품질을 개선하며 납기 시간을 줄이며 마감일 성과를 향상시킬 수 있음을 의미한다.

> 💡 **B2C 판매(Business-to-Consumer sales)**
> 주로 인터넷을 통해 비지니스와 최종 소비자 간에 수행되는 비지니스이다. 여기에는 온라인으로 제품을 제공하는 전통적인 굴뚝산업과 독점적으로 전자 거래를 하는 사업이 포함된다.

B2B 상거래에는 교환 및 직접 협업 기술이 포함된다. 거래소는 더 큰 시장에 대한 접근을 제공하고 자동화를 통해 거래 비용을 줄임으로써 조달, 자원 관리 및 이행 비용을 절감하기 위한 것이다. B2B 협업 기술은 다른 장에서 설명한다.

B2C의 목표는 추가 수익원과 더 넓은 고객 기반을 창출하고 맞춤형 제품 및 쇼핑 경험을 통해 고객 충성도를 구축하며 계속 확장하는 고객 정보 소스를 만드는 것이다. B2C는 소매 판매에 중점을 두고 있으며 은행업, 쇼핑, 제품 다운로드, 여행 및 보험과 같은 것을 포함한다. 설문 조사, 게임 또는 상금과 같은 인센티브를 통해 고객에게 회사 정보를 제공하거나 고객에 대한 정보를 수집하는 것도 포함된다.

다른 유형의 B2B 및 B2C에는 가상 서비스가 포함된다. 가상 서비스 제공업체는 자산을 소유하지 않고 많은 기업의 조치를 지시하며 재화나 서비스를 생산, 운송 및 판매하는 데 필요한 자본을 제공할 수 있는 광범위한 범주의 기업이다. 가상 하이브리드는 비교적 적은 수의 자산을 소유하고 있다. 종종 이러한 회사들이 제공하는 것은 특정한 핵심 역량을 가진 사람들을 위한 공급망 조정의 전문성이다.

## 11.2.1 B2B와 B2C 전자상거래 계층(Layers of B2B and B2C e-commerce)

인터넷 구조는 일련의 계층으로 볼 수 있다(Cisco가 후원한 연구를 기반으로 함). 레이어는 투자가 필요한 곳을 보여줄 수 있다.

- 기초 계층(foundation layer). 기초 계층에는 인터넷(인트라넷 또는 엑스트라넷뿐만 아니라)을

통해 필요한 모든 네트워킹 및 인터페이스 장치를 통해 데이터를 전송하는 모든 물리적 수단이 포함된다. 기초 계층에는 방화벽과 같은 보안 시스템도 있다. 회사의 통제 하에 있는 자산을 포함한다.

- 응용프로그램 계층(application layer). 응용프로그램 계층에는 대화형 웹사이트를 만들기 위한 모든 웹 별 응용프로그램이나 도구가 포함된다. 응용프로그램에는 웹 디렉토리 카탈로그 빌더, 웹 쇼핑 카트 및 청구, 오디오 또는 비디오 스트리밍을 위한 멀티미디어 도구 또는 가상교실, 검색 엔진이나 웹 개발 도구가 포함된다. 이러한 도구 중 다수는 단순히 인터넷 상거래를 가능하게 한다. 따라서 웹 개발을 아웃소싱하는 회사들도 이 모든 비용을 아웃소싱할 수 있다.

> **웹 디렉토리(Web directories)**
> 계층 구조의 웹 페이지 목록

- 집계 계층(aggregation layer). 집계 계층은 다양한 위치에서 정보와 서비스를 가져와서 더 쉽게 접근하고 사용할 수 있도록 패키지하도록 설계된 응용프로그램으로 구성된다. 이 계층에는 포털 및 브로커 및 서비스 제공자와 같은 중개자가 포함된다. 호스팅은 일반적으로 매우 비싸며 많은 회사가 비용을 통제하고 더 많은 사용자 커뮤니티를 형성하기 위해 컨소시엄을 구성했다.

- 비지니스 계층(business layer). 비지니스 계층에는 모든 거래의 교환이 포함되며 인터넷을 통한 모든 구매 및 판매 활동이 포함된다. 판매 수준이 상당히 높을 것으로 예상되면 통신량을 처리하기 위해 기본 계층의 설정 및 유지 관리에 막대한 투자가 필요하다. 따라서 많은 비지니스가 거래소의 회원이 되거나 생성 및 관리를 전문가에게 아웃소싱한다.

### 11.2.2 B2C 전자-상거래(B2C e-commerce)

전자 상거래는 웹사이트가 정적인(static) 것을 넘어 대화형(interactive)이 가능하면서 탄생했다. 이를 통해 인터넷 거래처리 및 지불 승인이 가능해졌다. 전자 상거래 소프트웨어에는 판매 측, 구매측 및 콘텐츠 관리 응용프로그램이 포함된다.

## 🔗 판매 부문 전자-상거래(Sell-side e-commerce)

판매자측 전자 상거래 응용프로그램 및 서비스는 판매자가 제품을 제시하고 판매 및 고객 관계 구축을 자동화하는 데 도움이 된다. 이러한 응용프로그램에는 프레젠테이션(적시에 적절한 대상에 적합한 제품), 자동화(주문 입력, 추적 및 정산) 및 관리(비 기술 직원이 사이트를 유지할 수 있음)가 포함되어야 한다.

도표 49는 적응형 판매자 측 전자 상거래 웹사이트의 단계를 보여준다.

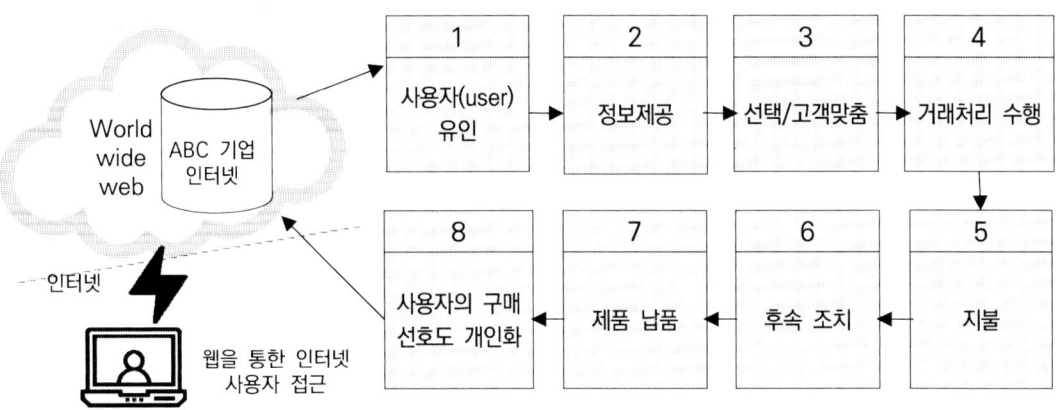

도표 49 적응형 판매 부문 전자상거래 웹사이트(Adaptive Sell-side E-commerce Website)

판매 부문 전자 상거래 및 고객 관계 관리 애플리케이션이 수렴되고 있다.

## 🔗 구매부문 전자-상거래(Buy-side e-commerce)

구매 부문 애플리케이션은 기업이 상품 및 서비스를 구매하도록 도와준다. 이러한 응용프로그램은 특히 요청 및 승인 프로세스에서 직원들의 조달 시간을 절약한다. 그들은 일반적으로 공급, 대금 지불뿐만 아니라 요청, 조달, 협상 및 계약 단계를 자동화한다.

## 🔗 콘텐츠 관리 전자 상거래(Content management e-commerce)

> **콘텐츠 관리 애플리케이션(Content management applications)**
> 디지털 기반 정보의 혁신인 수명주기를 지원하고 온라인에서 정보를 동적으로 갱신할 수 있도록 한다. 콘텐츠를 저장소에 공개하고 디지털 기반 콘텐츠에 대한 접근을 지원하는 기능이 포함된다.

콘텐츠 관리 애플리케이션에는 예를 들어 제품 데이터 카탈로그, 고객 데이터 데이터베이스, 계약 정보 및 광고 콘텐츠가 포함될 수 있다.

구매자는 전략적 조달 요구 및 제한과 관련된 항목만 보고 싶어 하므로 이러한 응용프로그램은 브랜드 이미지, 사진 및 기타 콘텐츠를 보존하면서 구매자 또는 판매자의 관점에서 용도가 변경되는 콘텐츠를 강조한다.

### 11.2.3 B2B 전자-상거래(B2B commerce)

B2B 전자 상거래는 인터넷이 한 방향이 아닌 양방향으로 데이터를 전송할 수 있게 되고 인터넷 사용 비용이 저렴하여 소규모 기업들이 참여할 수 있을 때 비로소 시작되었다. B2B는 공식 조달과 같은 전통적인 비지니스 거래를 자동화하는 것이 특징이다.

공개 온라인 거래소는 전 세계 시장에 접근할 수 있다. 그러나 이것은 알려지지 않은 공급자와 관련된 위험을 초래할 수 있다. 회원 기반 온라인 거래(종종 엑스트라 넷)는 사전 위험 평가를 위해 사전 심사 회원을 선발한다. B2B는 전 세계적으로 수행될 수 있으며 이는 공급사슬 관리 프로세스를 만드는 데 도움이 되었다.

도표 50은 B2B 상거래가 어떻게 공급사슬에서 더욱 빠르고 저렴한 링크를 제공하는지 보여준다.

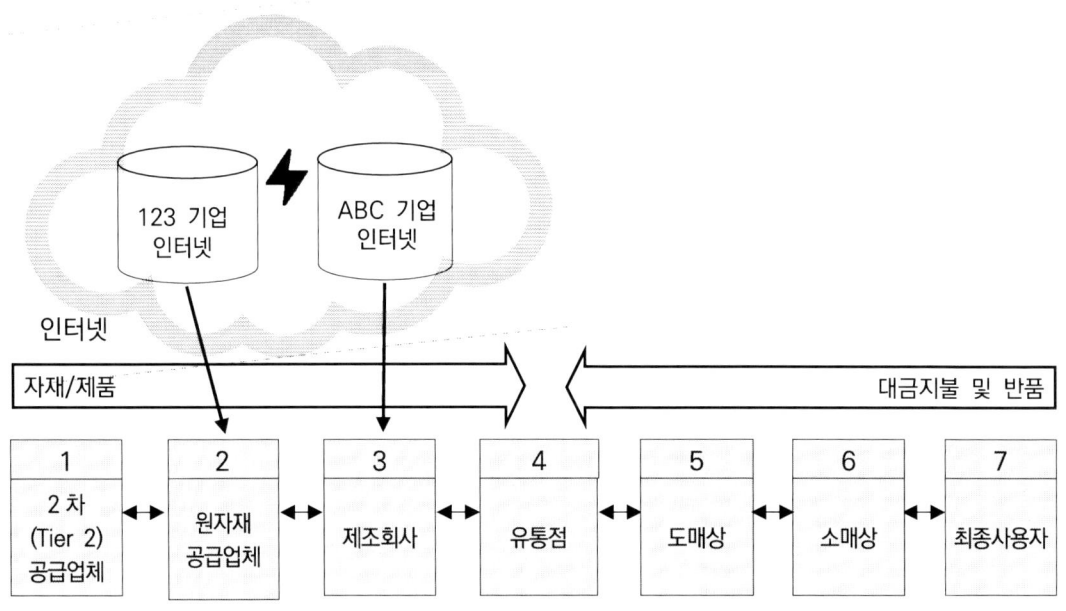

도표 50은 B2B 상거래(Business-to-Business Commerce)

## 11.2.4 B2B 협업(B2B collaboration)

B2B 협업은 실제 공급사슬에 필요한 여러 연결을 쉽게 하는 B2B 상거래의 발전이다. 거래소(B2B 마켓 플레이스라고도 함)는 정보를 교환하고 교환할 수 있는 공통된 장소를 제공한다. 수백 개의 개별 링크의 바퀴살이 각 노드로 나가는 단일 허브로 대체된다. 한 예로 자동차 산업에 널리 사용되는 QAD 공급업체 포털이 있다.

유연한 공급사슬 구성, 가상조직, 아웃소싱으로 인해 공급사슬이 더욱 복잡해진다. 그리고 중개자 역할을 하는 가상 서비스 제공자, 협업은 네트워크를 묶는 접착제 역할을 한다.

# 12장 구현 도구-의사소통 및 프로젝트
## Implementation Tools—Communications, Projects

12.1 의사소통(Communications)
    12.1.1 의사소통 프로세스(process)
    12.1.2 의사소통의 형태(forms)
    12.1.3 의사소통 관리 계획

12.2 프로젝트 관리(Project Management)
    12.2.1 프로젝트란(What are projects)?
    12.2.2 프로젝트 관리(project management)란?
    12.2.3 프로젝트 계획(Project planning)
    12.2.4 PMBOK 가이드 지식 영역
    12.2.5 PMBOK® 안내서 환경적 요소 및 프로세스 자산
    12.2.6 PMBOK® 안내서 프로세스 그룹

### 핵심 주제와 학습목표

- 목적(purpose), 대상 청중(target audience) 및 의사소통 채널(communication channel)에 맞게 의사소통을 조정하는 방법을 설명
- 기본 의사소통 모델인 발신자–수신자 모델(sender-receiver model) 및 적용 방법 설명
- 공급사슬 이니셔티브에 프로젝트 관리(project management)를 적용할 시기와 이니셔티브를 정상적인 운영으로 관리할 시기를 설명
- 프로젝트 관리(project management)의 기초에 대해 토론
- 범위(scope), 시간(time) 및 예산(budget) 측면에서 프로젝트를 관리하는 방법 설명
- 공급사슬 프로젝트의 각 프로세스 그룹(process groups)에서 수행할 작업인 시작(initiate), 계획(plan) 및 설계(design), 실행(execute), 관찰(monitor) 및 통제(control), 종료(close)에 대해 설명

## 12.1 의사소통(Communications)

일반적으로 정의된 의사소통은 의도된 대상의 의견, 행동 및 결정에 영향을 미치기 위해 메시지를 작성하고 보내고 피드백을 받는 양방향 프로세스이다. 이 프로세스에는 적시에 원하는 대상에게 가장 적합한 매체를 선택하는 과정이 포함된다.

정보를 공유하고 전달하는 방법에는 여러 가지가 있다. 의사소통 관리에는 공급사슬의 다양한 부분 또는 공급사슬 프로젝트의 프로젝트팀 구성원으로부터 데이터와 정보를 수집하고 토론 지침과 공식 보고서를 작성하고 적시에 적절한 사람들에게 정보를 배포하는 과정이 포함된다. 리더십과 경영진은 효과적으로 의사소통할 수 있는 능력에 크게 의존한다.

이해관계자(stakeholders)들은 요구사항, 선호도, 스타일, 전문 지식수준 및 문화적 배경이 다르므로 의사소통에 있어 공급사슬 관리자가 이해관계자 요구에 적응하는 것이 중요하다. 이러한 차이점을 반영한 사용자 맞춤식 의사소통은 존중과 민감도가 표시되고 메시지가 더 효과적이다. 개인의 다양한 요구와 관점을 고려한 효과적인 의사소통 전략은 프로세스 전반에 걸쳐 더 큰 참여와 효과를 증진하게 한다. 공급사슬 목표 달성은 계획이 잘되어 있고 전달이 잘 된 의사소통에 크게 좌우된다. 이해관계자 의사소통 요구에 대한 작업 및 대응에 크게 의존하기 때문에 이해관계자의 의사소통 요구 및 요구사항에 대한 정보를 수집하여 이를 계획하는 데 시간을 투자하는 것이 중요하다.

이용 가능한 정보, 데이터 및 지식의 풍부함과 다양성 그리고 방대한 기술과 매체에 의해서 빠르고 간결하고 정확하게 의사소통하는 능력이 촉진될 수 있다. 이 풍부함을 현명하게 사용한다면 선물이 될 수 있지만, 너무 많은 정보로 인해 청중에게 과부하를 줄 수 있다는 함정이 된다는 사실도 명심해야 한다. 개발의 기본 기능은 주어진 목적과 청중을 위해 어떤 정보를 전달해야 하는지를 아는 것이다. 아래 사항을 당신 스스로에게 물어보아라.

- 청중(audience)이 무엇을 필요로 하는가?
- 의사소통의 주제가 청중의 요구를 어떻게 충족시키는가?
- 프레젠테이션의 이점을 어떻게 청중에게 분명하게 만들 수 있을까?

여기서 우리는 의도된 행동을 달성하고 유용한 목적을 달성하기 위해 정보의 성공 또는 실패에 영향을 미치는 상황의 중요성과 더불어 의사소통이 어떻게 이루어지는지 살펴보고자 한다.

### 12.1.1 의사소통 프로세스(The communication process)

모든 유형의 의사소통에 대해서 기본적인 의사소통 프로세스가 존재한다. 공급사슬 관리자가 비공식적으로 동료와 일대일로 대화하거나 여러 사람에게 프리젠테이션을 할 수 있다. 의도는 항상 개인 또는 그룹 간에 정보를 정확하게 전송하는 것이다. 도표 51은 의사소통 프로세스의 요소를 나타낸다.

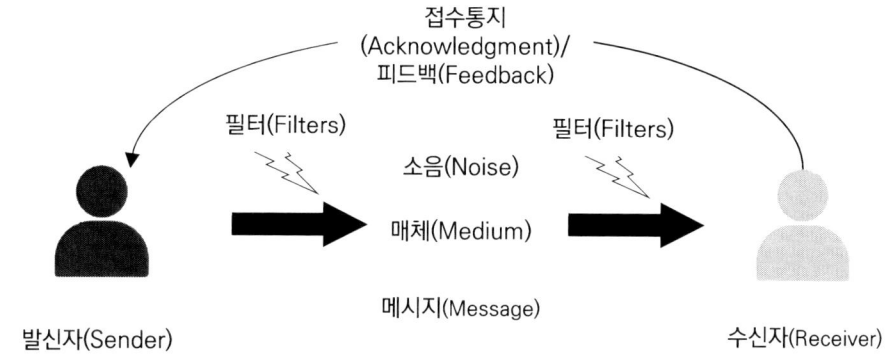

도표 51 기본적인 의사소통 프로세스(Basic Communication Process)

여기에 표시된 것처럼 의사소통에는 정보를 주고받는 것이 포함된다. 의사소통이 직접 사람 사이에서 이루어지든 혹은 기술을 이용하든 이것은 사실이다. 다음 내용은 의사소통 프로세스의 핵심 요소이다.

- 발신자(sender) - 발신자는 아이디어, 개념, 요청 또는 전달할 기타 정보를 가지고 있는 사람이다.

- 메시지(message) - 이것은 프로세스의 주제이다. 발신자의 정보를 체계적인 기호 또는 소리 세트(기록, 구두, 비언어적 제스처 또는 일부 조합)로 변환한다. 때로는 "인코딩 프로세스(encoding process)"라고도 한다.

- 매체(medium) - 매체는 메시지가 전송되는 경로이다. 구두(대화, 프리젠테이션), 서면(메모, 소식지) 또는 전자(이메일, 화상 채팅, 소셜 미디어)일 수 있다.

- 수신자(receiver) - 수신자는 이전 경험이나 참조 프레임에 비추어 메시지를 "디코딩(decodes)" 하거나 해석하는 대상이다.

- 필터(filters) - 필터는 통신의 수신 또는 해석 방법에 영향을 주는 모든 요소이다. 필터는 감정과 감정 상태(기분), 개인의 인식, 경험 및 문화와 같은 여러 형태를 취할 수 있다. 필터로 인해 메시지가 전혀 수신되지 않을 수 있다.

- 소음(noise) - 소음은 본질적으로 메시지를 왜곡하는 것이다. 소음은 배경음, 대화를 시도하는 다른 사람 또는 수신자가 주의를 기울이지 않거나 의사소통하는 내용을 정확하게 이해하지 못하게 하는 기타 방해 요소를 포함하여 여러 형태를 취할 수 있다. 전화선, 파일 또는 프로그램을 훼손하는 전자 왜곡일 수도 있다. 필터와 마찬가지로 소음은 통신 프로세스를 방해하고 저해할 수 있다.

- 접수통지(acknowledgment) - 수신자는 매체에서 메시지를 수신하였다는 신호를 보낸다. 이것은 반드시 이해나 동의를 의미하는 것은 아니며 단순히 메시지를 받았음을 의미한다.

- 피드백(feedback) — 피드백은 메시지에 대한 구두 또는 비언어 회신 또는 반응이다. 수신자가 메시지를 이해하고 있음을 나타낸다. 피드백은 수신자가 메시지를 의도한 대로 수신했는지 여부를 평가할 수 있는 수신자 응답 수단을 제공한다.

이 마지막 요소인 피드백은 실제로 이 모델의 핵심이다. 의사소통에 성공할 수 있는 방법(필터, 소음)이 있을 수 있지만, 메시지를 실패로부터 안전하게 만드는 의사소통의 방법은 접수통지 및 특히 피드백을 받도록 요구한다. 군에서 지시 여부를 확실히 하기 위해 흔히 사용하는 복명복창의 예이다. 받는 사람의 피드백에 주의를 기울이면 이해력이나 부족함을 알 수 있다. 의도한 대로 메시지를 받지 못한 경우 발신자는 메시지를 적절히 수정하고 의사소통 프로세스를 반복해야 한다.

## 12.1.2 의사소통의 형태(Forms of communication)

효과적이고 성공적인 의사소통을 하는 요소를 추가로 설명하려면 다양한 형태의 조직 의사소통을 인식하는 것이 도움이 된다. 도표 52에서 볼 수 있듯이 다양한 차원의 의사소통이 있다.

도표 52 의사소통의 다양한 면들(Communication Dimensions)

공식/비공식(official/nonofficial) 의사소통은 정보가 기록에 있는지와 관련이 있다. 회사 내 또는 공공 소비에 대한 보고서는 종종 공식적인 것으로 간주한다.

공식/비공식은 의사소통 형식과 의사소통에 채택된 예의 갖춤의 기대 수준을 의미한다.

공식적인 의사소통은 공식적으로 제재되며 유익하고 사실적인 것으로 간주한다. 이러한 의사소통은 조직 구조와 공식적인 명령 체계에 따라 계획되고 수행된다. 공식적인 의사소통은 문서화되어 있으므로 수정 및 변경이 제한된다. 톤이나 형식이 우연해 보일지라도 공식적인 의사소통은 준수해야 할 공식 메시지를 전달하도록 설계되었다. 공식적인 의사소통의 대표적인 예로는 사명 및 비전 진술, 목표 및 목적, 조직 브랜드, 정책 및 절차, 조직 또는 부서별 회의, 직원회의, 간행물 및 소식지, 홍보 정보, 공식 알림, 간판 및 교육 자료 및 이벤트가 있다.

비공식 의사소통은 공식적으로 승인된 정보가 아니며 공식적인 명령 체계를 따르지 않는다. 그러나 조직 내 의사소통의 대부분은 비공식적이므로 그 중요성을 과소평가해서는 안 된다. 개인 대화, 전화 대화 및 음성 메시지, 이메일, 문자 메시지, 사교 모임, 소셜 미디어 및 즉석 회의와 같은 비공식 의사소통 매체를 통해 풍부한 정보가 확산된다. 이러한 비공식 의사소통은 조직에서 열린 의사소통을 유지하는 데 도움이 된다. 종종 비공식 의사소통은 공식 의사소통(예: 팀 빌딩, 네트워킹)과 함께 중요한 역할을 한다.

수직/수평(vertical/horizontal) 의사소통은 프로젝트 또는 조직의 계층 구조와 관련하여 의사소통의 방향을 나타낸다. 수평 의사소통은 종종 개인 대 개인 간에 이루어지지만, 수직 의사소통은 조직의 계층 구조 상·하의 다른 수준에 있는 사람들 간에 이루어진다.

내부/외부(internal/external) 의사소통은 의사소통에 공급사슬 관리 방향이 적용되는 사람, 또는 더 광범위하게는 조직 직원(내부)이나 다른 부서 또는 다른 조직(외부)의 직원과 관련이 있는지를 나타낸다. 따라서 의사소통의 주제에 따라 내부와 외부가 정의되는 방식이 다를 수 있다. 외부에는 일반적으로 규제기관, 이해 단체, 고객 또는 대중이 포함된다.

서면과 음성/비언어적(written and voice/nonverbal) 의사소통은 서로 다른 상태다. 대면 의사소통에 존재하는 신체 신호, 신체 언어, 표현 및 신체 움직임은 특정 메시지가 수신되거나 의도되는 방식에 대한 보다 완전한 이해를 제공할 수 있다. 비언어적 의사소통을 제공하고 해석하는 능력은 메시지에 대한 완전한 이해를 제공할 수 있다. 짧고 차갑고 비인간적인 것으로 보일 수 있는 이메일과 달리, 직접 전달할 때 동일한 메시지를 완전히 다르게 받을 수 있다. 이것이 비공식적인 서면 의사소통에서 이모티콘이 대중화된 이유 중 하나이다. 눈의 윙크와 같은 비언어적 신호는 전달하고자 하는 메시지의 분위기를 바꿀 수 있다. 이메일 및 보고서를 작성하거나 전화 또는 전화 회의에서 말할 때 의도한 메시지를 전달할 때 각별한 주의를 기울이기를 바란다.

### 12.1.3 의사소통 관리 계획(Communication management plans)

### 💡 의사소통 관리 계획(Communication management plan)
형식, 날짜, 위치 및 책임을 포함하여 프로젝트 내 의사소통 요구 및 기대치를 설명하는 문서

이러한 계획은 모든 사람이 범위와 예산 범위 내에서 일정을 유지하고 마감일을 달성하기 위해 협력해야 하기 때문에 공급사슬 프로젝트에서 특히 중요하다. 의사소통을 계획하고 어떻게 진행할 것인지는 이해관계자의 참여와 지원을 장려하는 환경을 조성한다. 특히 이해관계자가 거의 없는 경우 계획이 간단할 수 있지만, 공급사슬 팀과 프로젝트가 많고 많은 사람이 참여하는 경우 의사소통 계획이 가장 중요하다.

다음은 의사소통 관리 계획 작성 단계를 설명한다.

### 🔗 목표 청중 식별(Identify target audience)

의사소통을 계획할 때 첫 번째 단계는 대상 고객을 결정하는 것이다. 의사소통의 대상, 시기, 이유, 위치 및 방법에 대한 실사는 의사소통 지연, 잘못된 사용자와의 의사소통 및 잘못 해석된 메시지 등 많은 잠재적인 문제를 피하는 데 도움이 될 수 있다. 강력한 계획은 의사소통의 효과를 강화할 수 있다. 또한 수신자가 필요로 하는 것보다 적은 양의 정보를 제공함으로써 의사소통이 효율적이어야 한다. 이 전략은 메시지의 핵심을 수신하고 관련 없는 데이터가 너무 많아서 발생하는 집중의 손실을 막고자 하는 것이다.

이해관계자 관계 관리 프로세스는 의사소통 계획의 핵심이다.

### 💡 이해관계자 관계 관리(Stakeholder relationship management)
내부 및 외부 이해관계자의 경쟁 우선순위, 요구 및 관심사를 능동적이고 지속적으로 처리하고 관리함으로써 비용을 절감하고 이해관계자의 수용 또는 이해를 강화한다.

이해관계자의 의사소통 선호도에 대한 정보를 수집할 때 다음을 수집해야 한다.

- 선호하는 의사소통 유형, 매체, 형식
- 필요한 정보

이해관계자와 인터뷰하면 의사소통 선호도를 결정할 수 있다. 요구사항 및 위험과 관련하여 이해관계자와 동일한 회의에서 이 정보를 수집할 수 있다.

책임, 책무, 상담 및 보고(RACI, responsible, accountable, consult, and inform)를 분석하고 조직도는 의사소통을 구성하는 방법에 대한 정보를 제공할 수 있다. RACI 차트는 각 작업을 수행해야 하는 책임자, 한 사람이 성공 또는 실패(책임감)에 대해 답변할 사람, 검토할 기회가 필요하고(담당자), 무엇이 무엇인지에 대해 간단히 알려야 하는 사람을 설명한다.

조직 문화와 정책은 의사소통 전략에 영향을 줄 수 있으며 계약자, 대중 및 매체 상호 작용에 대한 지침뿐만 아니라 내부 직원과 의사소통 하는 방법에 대한 지침을 받을 수도 있다.

충분하고 필요한 정보를 결정하는 것을 포함하여 정보 요구를 평가할 때는 전문가의 판단을 사용하기 바란다. 좋은 질문은 다음과 같다.

- 주제가 이 역할의 사람과 관련이 있는가?
- 기술적 세부 수준이 적절한가?
- 할당된 활동을 성공적으로 완료하기에 충분한 콘텐츠 수준이 있는가?
- 기밀 정보가 공개되고 있는 경우 필요하고 적절한 예방 조치를 취하고 있는가?

사람들에게 동기를 부여하고 정보를 제공하기 때문에 일반적인 의사소통을 과소평가해서는 안 되며, 이는 공급사슬 이니셔티브 또는 프로젝트 실패의 위험을 최소화한다.

### 의사소통 채널 식별(Identify communication channels)

의사소통 채널은 이해관계자 간에 발생할 수 있는 잠재적인 양방향 상호 작용의 수를 나타낸다. 이들은 팀이나 프로젝트에서 의사소통의 상대적 복잡성을 나타내기 때문에 중요하다. 이해관계자 수가 많을수록 의사소통 가능한 라인 수가 많아지고 문제를 철저하게 전달하기 위해 관리자와 팀이 더 신중해야 한다.

의사소통 채널 수가 빠르게 증가할 수 있다. 아래 명기된 의사소통 채널 공식은 공급사슬 관리자가 이 점을 파악하는 데 도움이 된다.

$$\text{의사소통 채널(Communication Channels)} = \frac{n(n-1)}{2}$$

이 공식에서 n은 여러 이해관계자를 나타낸다. 따라서 이해관계자가 4명뿐인 프로젝트에는 6가지 의사소통 채널이 있다.

$$\frac{4(4-1)}{2} = \frac{12}{2} = 6$$

4개가 아닌 16개의 프로젝트 이해관계자가 있는 경우 어떻게 될까?

$$\frac{16(16-1)}{2} = \frac{240}{2} = 120$$

이해관계자를 4배로 늘리면 의사소통 채널이 20배 증가한다. 각 이해관계자 의사소통 채널을 통해 비용과 위험이 증가하고 생산성이 감소하며, 이해관계자가 다른 주요 이해관계자와의 의사소통을 잊어버릴 수 있는 위험이 증가하거나 잘못된 의사소통이 부적절한 방식으로 중계될 수 있다. 복잡성이 증가할수록 의사소통의 위험도 커진다. 권한을 부여받은 대리인의 수가 줄어들면 복잡성을 줄일 수도 있다.

## 메시지 생성(Create messages)

의사소통은 발신자와 수신자 모두에게 노력이 필요하다. 항상 목적이 명확히 있어야 한다. 명확한 메시지 목적은 귀하가 의사소통하는 이유와 의사소통으로 달성하고자 하는 것을 설명한다. 새로운 서비스나 프로세스를 발표하고 있는가? 당신은 태도에 영향을 미치거나 합의를 달성하기를 바라고 있는가? 피드백을 찾고 있는가? 청중이 결정을 내리거나 행동을 취하도록 하기를 원하는가? 아니면 동기의 조합을 염두에 두고 있는가?

메시지가 정보를 제공하거나 교육, 설득 또는 영감을 주거나, 행동 또는 다른 동기를 유발하기 위한 것인지와 관계없이 처음부터 전달하고자 하는 내용을 명확하게 하기 바란다. 사람들은 의사소통에서 기대하는 것을 미리 알아야 한다.

### 🔗 대상 청중이 이해할 수 있는 방식으로 메시지를 관련 지음(Relating the message in ways that are understandable to the intended audience)

이해할 수 있는 메시지를 작성하려면 메시지를 대상에 맞게 조정해야 한다. 의도한 잠재 고객에 대한 명확한 그림으로 다음과 같은 질문을 하기 바란다.

- 청중이 배경 정보를 필요로 하나? 필요한 경우 얼마인가?
- 주제의 어떤 측면이 그들에게 중요한가?
- 어떤 정보가 산만하거나 혼란스럽거나(예: 전문 용어) 관련이 없는가?
- 청중에게 특별한 혜택이 있는가?
- 왜 해당 주제가 청중에게 관심을 가져야 하는가?
- 의도가 행동을 설득 또는 시작하려는 경우, 주어진 청중에게 얼마나 어려운가?
- 청중이 주제에 대해 이미 얼마나 알고 있는가?

청중마다 다른 정보가 필요할 수 있다. 청중이 알아야 할 것에 대해 생각할 때 그에 따라 메시지를 변경하는 것이 좋다. 예를 들어, 새로운 공급사슬 프로세스를 공개할 때 전략 및 재무 정보는 이사회에 관심을 끌 수 있으며 고위 경영진은 직원이 프로세스 성공을 지원하기 위해 무엇을 해야 하는지 알아야 한다.

### 🔗 적절한 매체 사용(Using the appropriate media)

메시지를 전달하는 가장 좋은 방법은 무엇인가? 적절한 전달 방법을 선택할 때는 다음과 같은 요인을 고려하기를 바란다.

- 물리적 제약(physical constraints) - 청중 규모, 분산된 청중 구성원 수, 시간대 및 사용 가능한 기술 및 자원

- 긴급성(urgency) - 메시지가 일상적, 중요도, 중요도 또는 시간에 민감한지 아닌지

- 비용(cost) - 비용 제약, 이미지 및 브랜드 고려사항

- 메시지 배포(message distribution) - 정보를 받아야 하는 사람; 수신자의 수와 구성

- 보안/개인 정보/민감도 고려사항(security/privacy/sensitivity considerations) - 모든 법적, 위험, 전문적 또는 독점적 측면

- 선호도(preference) - 예를 들어 이메일 대신 전화 통화 또는 그 반대로

- 보존/검색 필요(need for retention/retrieval) - 정보의 보존 여부와 기간, 정보의 저장, 유지, 갱신, 검색 및 폐기 방법

부적절한 매체 선택은 메시지 의도를 희석시키거나 무관심과 혼란을 초래하거나 다른 많은 문제를 일으킬 수 있다. 반면에 훌륭한 매체 선택은 사람들의 관심을 끌고 창의성을 자극하며 건전한 대화를 장려할 수 있다.

## 🔗 피드백 수집과 이해를 보장(Ensure understanding/gather feedback)

의도된 수신자는 메시지의 수동 흡수기로 생각해서는 안 된다. 위에서 언급한 바와 같이 피드백은 의사소통에 필수적이므로 수신자가 메시지를 의도한 것과 동일한 용어로 이해했는지와 메시지에 동의하는지를 알 수 있다.

청중에게 확인하기를 바란다. 대면 의사소통에서 비언어적 신호를 관찰하거나 질문에 대답할 기회는 의도된 의미가 인식된 의미와 같은지 평가하는 데 도움이 된다. 대면 의사소통이 아닌 경우 후속 조회 및 수신된 피드백은 의사소통이 청중에게 명확하고 유용한지 여부를 결정하는 데 도움이

될 수 있다.

피드백은 청중의 반응이다. 메시지의 효과와 목적 달성 여부를 평가할 수 있다. 잠재 고객이 의미를 이해하지 못하는 경우 메시지를 좀 더 구체화할 수 있다. 의사소통 효과를 높이려면 피드백을 얻을 기회가 중요하다.

피드백을 통해 얻은 교훈을 고려하는 것을 등한시하지 말기 바란다. 효과적인 의사소통을 향상시키거나 유지하려면 다음에 다르게 하는 것을 고려하기를 바란다. 그렇지 않으면 귀하의 신뢰성과 향후 중요한 피드백을 받을 가능성이 손상될 수 있다. 가능한 한 피드백에 따라 행동해야 한다. 그렇게 할 수 있는 기회를 얻은 것을 감사히 여기는 것이 좋다.

### 🔗 루프 종료(Close the loop)

모든 의사소통 계획의 마지막 단계는 의사소통의 완전성(completeness), 정확성(accuracy) 및 어투(tone)에 대해 지속적으로 관찰하는 것이다. 또한 메시지의 공개와 시기를 관찰하는 것도 중요하다. 여기에는 일반 대중에게 전달될 메시지에 관해 사내 법률 부서가 관여하는 것도 포함될 수 있다.

의사소통 통제 자체가 피드백 루프이다. 의사소통 개선 또는 오류 수정은 새로운 의사소통 계획과 관리 반복으로 공급될 수 있다.

## 12.2 프로젝트 관리(Project Management)

공급사슬 관리자는 프로젝트 계획, 구성, 위임, 관찰 및 통제에 관여할 수 있다. 공급사슬 관리자의 역할은 프로젝트의 특성과 기능 및 가용성에 따라 달라질 수 있다. 일반적인 역할은 다음과 같다.

- 프로젝트 관리자

- 프로젝트 관리자에게 업무 위임 및 결과에 대한 책임

- 프로젝트에서 팀원이 되는 것(예: 다른 사업부 프로젝트 또는 전체 조직을 위한 프로젝트).

공급사슬 관리자가 프로젝트 일정과 비용을 정확하게 예측하고, 적절하고 체계적으로 계획된 프로젝트 일정과 예산을 수립하고, 일정과 예산에 맞춰 프로젝트를 유지하는 능력은 경영진이나 고객에 대한 신뢰도 및 미래 프로젝트를 위한 자금 지원에 지대한 영향을 미친다. 공급사슬 관리자는 숙련된 프로젝트 관리자이거나 혹은 프로젝트에 대한 숙련된 프로젝트 관리자를 확보할 수 있다. 숙련된 전문가와 함께 이 역할을 수행하면 모든 프로젝트의 목표를 달성할 가능성이 크게 향상된다.

가장 중요한 목표는 프로젝트 수명주기 내내 조직과 고객의 관심사가 잘 반영 및 표현되도록 하는 것이다.

### 12.2.1 프로젝트란(What are projects)?

**프로젝트(Project)**

**사전 결정된 시간 내, 정해진 예산 제한 내에서 충족되고 정의 또는 실행을 위해 할당된 특정 목표를 가진 노력**

PMI®(Project Management Institute)는 프로젝트를 "고유한 제품, 서비스 또는 결과를 창출하기 위해 수행되는 임시 노력"으로 정의한다. 프로젝트 산출물은 유형(제품) 또는 무형(서비스 또는 결과)일 수 있다. 이 정의에서 가장 중요한 두 단어는 "임시(temporary)" 및 "고유한(unique)"이다.

- 임시(temporary). 모든 프로젝트는 시작과 끝이 있으며 계속 진행되는 것이 아니다. 시작은 프로젝트 헌장이 수립되고 승인될 때이다. 최종 목표는 목표 달성 및 결과물 전달 또는 프로젝트 종료일 수 있다(예: 스폰서에 자금이 부족하여 목표를 달성할 수 없는 경우). 프로젝트를 마치는 데 몇 년이 걸릴 수 있으며 이집트 피라미드나 중국의 만리장성과 같이 프로젝트의 결과물이나 사회적 영향은 무한정 지속될 수 있지만, 프로젝트 자체는 여전히 일시적이다.

- 고유한(unique). 제품, 서비스 또는 결과가 조직의 이전 작업과 하나 이상의 면에서 다르다.

결과물 일부는 비슷할 수 있지만, 나머지 차이점은 고유하다. 예를 들어, 창고 건축 프로젝트의 경우를 보면 동일한 건축 설계를 사용하더라도 여전히 다른 토지에 건설되며 다른 계약자에 의해 건축될 수도 있다.

## 🔗 프로젝트 대 운영(Projects vs. operations)

운영과 프로젝트는 다르므로 서로 구분하는 것이 중요하다. 운영은 판매 가능한 제품이나 서비스를 생산하는 데 사용되는 조직의 반복적이고 지속적인 프로세스이다. 프로젝트와 같이 운영에도 인력과 자원의 제약을 관리하기 위한 계획, 실행 및 통제가 필요하다. 그러나 프로젝트와 달리 운영은 일시적이지도 않고 고유한 결과물을 생산하지도 않는다.

| 구분자 | 운영(Operations) | 프로젝트(Projects) |
|---|---|---|
| 기간 | • 지속적이고, 무한하며, 반복적인 | • 항상 일시적이지만 다양함 |
| 산출물 | • 표준화<br>• 재고생산(MTS), 주문생산(MTO), 주문조립(ATO)<br>• 공식화되고 반복적인 프로세스 결과(예: 정기 보고서)<br>• 예를 들어, 월간 공급업체 점수 카드 보고서를 검토하고 실적이 저조한 공급업체에 대해 조치. 분기별 점수 카드를 공급업체에 송부. | • 독특함. 유일함<br>• 주문설계(ETO)와 같은 완성된 결과물 또는 구성품 제작<br>• 기존 제품, 서비스 또는 결과 개선<br>• 서비스 기능 구축(예: 필요한 보고서 템플릿을 포함한 공급업체 점수 카드에 대한 기준 설정) |
| 인적자원 | • 영구적 직무<br>• 조직 구조의 부서에 맞춰 조정 | • 임시 팀<br>• 교차 기능일 수 있음 |
| 관리자 | 기능부서 관리자 | 프로젝트 매니저 |

도표 53 프로젝트 대 운영(Projects versus Operations)

## 🔗 프로젝트 속성(Project attributes)

모든 프로젝트는 아래와 같은 특정 특성을 공유한다.

• 명확한 시작과 끝이 있다.

- 제품 또는 서비스 고유한 결과물을 생성한다.
- 점진적으로 구체화될 수 있다(추가 정보가 알려지면 계획 프레임워크가 구체화된다).
- 몇 가지 가정사항을 기반으로 한다.
- 특정 제약 조건을 고려하여 계획 및 실행한다.
- 내부 또는 외부 환경 요인의 영향을 받을 수 있다.
- 기존 내부 자산 및 프로젝트 문서를 활용한다.

### 12.2.2 프로젝트 관리(project management)란?

> **프로젝트 관리(Project management)**
> 규정된 활동의 조직, 계획, 일정 수립, 지시, 통제, 관찰 및 평가를 조정하기 위한 기술과 지식의 사용하여 프로젝트, 제조된 제품 또는 서비스의 명시된 목표가 달성되도록 보장한다.

프로젝트 관리는 또한 프로젝트 성공 가능성을 높이기 위한 체계적인 프로세스로 생각할 수 있다. 이 프로세스에는 일반적으로 다음과 같은 구성 요소가 있다.

- 목표(objectives). 프로젝트 관리에는 범위, 비용, 시간 및 품질에 대한 제약 조건으로 정의된 일련의 결과물을 가진다.
- 관리 프로세스(management processes). 프로젝트 관리는 일정수립 또는 예산 책정과 같은 미리 결정된 프로세스와 조직, 계획, 실행 및 통제를 포함하는 프로젝트 주기를 따른다.
- 단계(levels). 프로젝트 관리에는 전략적 수준 및 전술적 계획 수준이 모두 포함된다.

조직은 프로젝트 관리를 통해 다음과 같은 추가 이점을 얻을 수 있다.

- 부서 간 팀을 통해 혁신과 창의성을 장려하고 집단적 조직 지혜를 육성한다. 교훈(lessons learned)을 얻는다.
- 적은 자원으로 더 많은 일을 할 수 있도록 현존 및 외부 자원을 현명하게 활용한다.

- 프로젝트에 관한 보다 유익한 데이터를 효율적으로 확보하여 경영진이 전략을 이행하지 못하거나 비지니스 가치에 부정적인 영향을 줄 수 있는 프로젝트를 종료할 수 있도록 한다.

일부 조직에서는 프로젝트 관리 사무소(PMO, project management office)를 활용하여 프로젝트 모범사례 및 표준을 보장한다. 그런 다음 프로젝트 관리자는 PMO에 연락하여 지원을 요청할 수 있다.

## 🔗 흔히 빠지기 쉬운 함정 피하기(Avoiding common pitfalls)

단순히 프로젝트 관리를 사용한다고 주장하는 것은 프로젝트를 올바르게 관리하는 것과는 다르다. 조직은 엄격한 프로세스에 전념하고, 최고 경영진의 지원을 받고, 프로젝트 관리자나 팀을 훈련하며, 변경 관리를 사용하여 조직 문화에 모범사례를 주입해야 한다. 프로젝트 실패의 일반적인 원인은 다음과 같다.

- 예산 또는 일정(또는 기타 중요한 제약)이 현저하게 누락되었다.
- 프로젝트 결과가 효과적이지 않다(예: 수용할 수 없는 산출물).
- 산출물에는 유효한 목적이 없다(예: 프로젝트가 비지니스 가치를 높이지 않고 자원을 사용했다).
- 프로젝트 후원자 또는 관리자는 통제되지 않은 프로젝트 범위의 확장인 범위 비공식 변경(scope creep)을 허용한다. 과거 경험을 보면 추가 시간이나 자금을 할당하지 않고 범위가 계속 확장하면서 많은 ERP 프로젝트가 실패했다.

도표 54는 프로젝트 관리 지식 가이드(PMBOK® Guide) - 제 5판, 프로젝트관리 연구소, 2013에 설명된 해당 모범사례와 함께 몇 가지 일반적인 함정을 보여준다.

| 흔히 빠지는 함정 | 프로젝트 관리 모범사례 |
|---|---|
| 장황하게 설명하거나 협박성 설명 | 지도하고 가르쳐라. |
| 팀원들을 너무 상세하게 관리함 | 책임을 명확히 위임한다. |
| 역할과 책임이 불명확하여 인사 이동을 비상사태로 처리한다. | 명확한 인력 이전을 위한 특정 기능적 책임에 활동을 할당한다. |
| 너무 늦은 시점까지 편차를 추측 | 자원 통제와 계정 |
| 계획 기준선 설정 실패(예: 일정, 예산) | 그 계획에 대해 일상적으로 측정한다. |
| 전체 추정치를 수집을 위해 회의를 소집 | 실질적인 문제 및 위험을 논의하기 위한 회의를 소집 |
| 변화를 허용하고 어떤 결과에 대해서도 비현실적인 낙관론을 가짐 | 제약 조건 간의 변화를 제어하고 교환거래를 분석 |
| 정적인 문서를 작성하고 그것이 구식이라서 결코 사용 않음 | 실시간 문서를 갱신 |
| 모든 사용자가 상이한 버전을 사용하고 있으므로 새 계획 버전을 보내지 못함 | 모든 사용자가 현재 계획(구성 관리)을 사용하고 있음을 확실히 함 |

도표 54 함정과 모범사례(Pitfalls and Best Practices)

## 프로젝트 관리자의 역할(The role of the project manager)

프로젝트 관리자는 프로젝트 목표에 대한 합의를 득하고 이 목표를 달성한다. 또한, 프로젝트팀을 인수, 관리 및 리드, 프로젝트 관리 프로세스를 통합하거나 조정한다. 반면 일반 조직의 부서장은 IT, 마케팅 및 영업, 회계, 인적 자원 또는 제조와 같은 유사한 프로세스를 가진 특정 조직 단위를 담당한다.

프로젝트 관리 역할을 성공적으로 수행하려면 프로젝트 관리자가 특정 자질을 갖추어야 한다.

첫째, 프로젝트 관리자는 특정 제약 조건 내에서 구매하고 프로젝트 관리자에게 직접 보고하는 직원이나 계약자를 고용, 징계 및 해고하는 능력과 같은 관리 권한이 필요하다.

둘째, 프로젝트 관리자 역할은 이론적 지식과 현장 경험이 모두 갖춘 공급사슬 관리자를 요구한다. 이 지식과 경험은 기술 프로젝트 측면과 프로젝트 관리 프로세스 및 기술의 두 영역에 있어야 한다.

공급사슬 관리자는 주어진 프로젝트에 대해 훌륭한 프로젝트 관리자가 될지 여부를 결정할 때 자신의 기술을 평가할 수 있다. 공급사슬 관리자가 내부적으로 직원 채용, 외부 계약 또는 프로젝트 관리자 역할을 계약할 책임이 있는 경우, 수행할 특정 프로젝트 작업을 반영하도록 조직의 프로젝트 관리자 작업 설명을 검토하고 사용자를 정의해야 한다. 두 경우 모두 프로젝트 관리자는 아래 영역에서 강점을 가져야 한다.

- 리더십과 영향력(leadership and influence). 프로젝트 관리자 역할에는 팀을 만들기 위한 리더십과 영향력의 개발이 필요하다. 프로젝트 관리자는 프로젝트와 그 임무에 대한 책임을 받아들인다. 그들은 주장 스타일, 청취, 사실과 이유 사용, 설득에 이르기까지 상황과 청중에 따라 리더십 스타일을 조정한다. 프로젝트 관리자는 영향력의 목표가 구성원들을 올바른 통제를 하기보다는 올바른 일을 하도록 영감을 주는 것임을 이해한다.

- 자기 평가 및 경험(self-assessment and experience). 공급사슬 관리자는 자신 또는 고려 중인 후보자가 주어진 프로젝트에 대해 충분한 학습 및 현장 경험을 보유하고 있는지를 평가한다. 다른 사람들과 잘 일할 수 있는 능력은 어려운 기술이다. 따라서 공급사슬 관리자 또는 프로젝트 관리자 후보자는 코칭, 협상 및 갈등 관리를 포함하여 사람들의 기술을 지속적으로 향상시켜야 한다. 프로젝트 관리자는 또한 그들의 기술과 성과 능력을 공정하게 평가하고, 필요에 따라 도움을 요청하고, 실수를 인정하고, 실수와 성공을 통해 배우고, 팀 구성원과 이해관계자 성격 및 팀 전체에 맞게 접근 방법을 다양화해야 한다.

- 팀을 모집하고 조직한다(recruiting and organizing a team). 프로젝트 관리자는 팀원이나 직원/계약 업체의 강점과 약점을 평가하여 팀워크를 장려하고 필요한 전문 분야를 채우도록 프로젝트팀을 모집하고 조직해야 한다. 예를 들어, 프로젝트 관리자는 꼼꼼한 성격의 세부 지향적 논리자에게는 프로세스 감사 작업을 수행하도록 지정을 요청할 수 있다. 프로젝트 관리자는 프로젝트팀이 아래 열거된 내용을 포함한 주요 이해관계자를 대표하도록 한다.

  - 관리(management)

  - 공급업체(suppliers)

  - 고객(customers)

  - 프로젝트 관리자와 다른 경우 공급사슬 관리자(예: 변경 사항에 대한 최종 승인자 및 큰 그림 감독자)

- 프로젝트 팀원(예: 회계, IT, 제조, 구매, 마케팅 부서)

- 전문 지식을 제공하는 전문 서비스(예: 타사 물류 제공업체).

- 관리(management). 프로젝트 관리자는 다른 사람의 작업을 통합하고 조정하는 기획 요원이다. 효과적인 프로젝트 관리자는 적절하게 위임하고 팀 구성원을 미세 관리하거나 불필요하게 승인 프로세스를 지연시키는 병목 현상을 피한다. 프로젝트 관리자는 정규직(full time job)으로서 작업 통제 및 지시를 처리하고 팀원들에게 할당해야 하는 활동을 직접 수행하는 것을 피해야 한다. 대신 프로젝트 전체를 관리하고 구성 요소를 추적한다. 프로젝트 관리자가 다른 사람보다 더 효율적으로 작업을 수행하지만, 팀 구성원이 프로세스에서 무단으로 작업 범위를 변경했다는 사실을 놓칠 경우 이는 더 큰 문제를 일으킨다. 프로젝트 관리자는 일정이 뒤처진 팀원이 나중에 시간을 보충할 수 있다고 생각하여 정상 일정으로 잘못 보고할 수 있음을 간파하고 일정의 세부 사항을 확인해야 한다. 프로젝트 관리자는 측정할 수 없는 것을 관리할 수 없으므로 관리해야 하는 세부 정보를 측정할 수 있는 방법을 찾는다. 예를 들어, 지속적인 작업 결과에도 불구하고 작업이 90% 완료된 상태로 유지되면 프로젝트 관리자는 작업의 보고 방식을 세분화하여 더 잘 측정하고 관리할 수 있다.

- 의사소통 및 문제 해결(communication and problem solving). 프로젝트 관리자는 프로젝트팀과 경영진은 물론 고객, 공급업체, 상급자 및 기타 관리자와의 주요 연락 담당자이다. 프로젝트 관리자는 정기적인 개인 의사소통을 유지하고 조직 문화에 대한 민감성을 보여준다. 프로젝트 관리자는 프로젝트 관리 소프트웨어, 회의, 보고서, 이메일, 인쇄물, 대화 및 비언어적 신호를 포함한 다양한 의사소통 형식을 사용하여 메시지를 강화한다. 프로젝트 관리자는 갈등을 해결하고 이해관계자와 정기적으로 협상하여 모든 구성원의 요구에 균형을 맞춘다.

## 12.2.3 프로젝트 계획(Project planning)

프로젝트의 범위와 복잡성에 따라 계획은 비공식적이거나 공식적일 수 있다. 비공식 프로젝트 계획은 다음과 같은 질문을 한다.

- 무엇을 해야 하나?

- 어떻게 달성해야 하나?

- 완료하는 데 얼마나 걸리나?

- 비용은 얼마인가?

- 누가 해야 하나?

- 얼마나 잘해야 하나?

이러한 질문을 하면 간단한 프로젝트를 계획하는 데 도움이 되지만 복잡한 프로젝트는 공식적인 프로젝트 계획이 필요하다. 이러한 프로젝트는 표준화된 프로젝트 관리 프로세스나 모델을 사용하여 모든 프로젝트 계획 요소가 포함되도록 한다. 대부분의 표준화된 프로세스는 프로젝트 수명주기 개념을 사용한다.

> **프로젝트 수명주기(Project life cycle)**
> 프로젝트 관리에서 프로젝트 단계 세트(목표 정의, 요구사항 정의, 외부 및 내부 설계, 구축, 시스템 테스트, 실행 및 유지 보수)는 프로젝트를 통제하는 사람들의 요구에 따라 결정된다.

프로젝트 수명주기는 프레임워크에서 시작하여 알려진 대로 또는 승인된 대로 변경될 때 세부 사항을 추가하여 프로젝트가 반복적으로 개발된다는 아이디어를 개념화하는 데 도움이 된다. 이 반복 개발을 점진적 정교화라고도 한다.

프로젝트는 작업을 통제하고 프로젝트의 최종 제품, 서비스 또는 결과를 지속적인 조직 운영에 통합하기 위한 단계로 나뉜다.

표준화된 프로젝트 관리 프로세스는 일관된 용어를 사용하며 프로젝트 특정에 맞게 변경할 수 있는 프레임워크를 제공한다.

조직이 표준 프로세스 집합을 채택하고 더 많은 양의 계획 작업을 수행하도록 하려면 약간의 노력과 변경 관리가 필요할 수 있다. 변화에 대한 조직의 저항을 과소평가할 수 없으며, 표준 프로젝트를 모든 프로젝트에 사용하기 전에 소규모 프로젝트에서 추가 작업의 이점을 입증해야 한다. 프로젝트 관리자가 특정 프로젝트 방법론을 사용하려면 상사와 프로젝트팀으로부터 이해를 얻어내야 한다.

널리 인정되는 표준화된 프로젝트 관리 프로세스는 PMI의 프로젝트 관리 지식 가이드

(PMBOK® Guide)이다. 이 주제의 나머지 부분에서는 지식 영역, 기업 환경 요소 및 조직 프로세스 자산 및 프로세스 그룹을 포함한 PMBOK®안내서 프로세스를 검토한다.

### 12.2.4 PMBOK 가이드 지식 영역(PMBOK® Guide Knowledge Areas)

프로세스는 하나 이상의 입력을 생성하여 하나 이상의 출력을 생성하도록 최종 결과를 일으키는 일련의 체계적인 활동이다. 프로세스는 사전에 계획된 상호 관련된 작업 및 활동 그룹이다. 결과는 결과물(제품, 서비스 또는 결과)이거나 다른 프로세스에 대한 입력일 수 있다.

프로젝트 관리 프로세스는 수명주기 내내 프로젝트가 올바르게 흐르도록 한다. 프로젝트 관리자는 데이터를 문맥에 배치하여 프로세스에서 수집된 데이터를 정보로 변환하고 이 정보를 사용하여 보고서를 작성하고 요청을 변경한다. 프로세스 결과를 실행 가능한 정보로 변환하면 프로젝트 관리자가 피드백 루프를 생성하고 진행 중인 프로젝트를 통제할 수 있다.

프로젝트 관리 프로세스에는 모두 일련의 입력(팀이 프로세스를 시작하는 데 필요한 것), 일부 도구 및 기술(팀이 프로세스를 더 빠르게 수행하기 위해 사용할 수 있는 것) 및 일부 출력(팀이 생성한 문서 또는 결과물)이 있다. 한 프로세스의 출력은 종종 하나 이상의 이후 프로세스에 대한 입력이 된다.

PMBOK® 안내서에는 대부분의 프로젝트에서 대부분의 프로세스 범주를 나타내는 일련의 프로젝트 관리 지식 영역이 있다.

지식 영역에는 다음과 같은 내용을 담고 있다.

- 프로젝트 통합 관리(project integration management). 종료를 염두에 두고(목표) 프로젝트와 프로젝트 관리자에게 권한을 부여하라. 활동 조정, 변경 관리 및 공식적으로 프로젝트 종료.

- 프로젝트 범위 관리(project scope management). 당신이 무엇을 할지 말하고(범위), 하지 않을 것 구분, 그리고 범위 안에 있는 것만 했는지에 대한 검증.

- 프로젝트 시간 관리(project time management). 수행할 활동을 지정하고 순서대로 놓은 후 자원을 지정하라. 이 기준에 대해 현실적인 일정을 만들고 차이를 통제하라.

- 프로젝트 비용 관리(project cost management). 활동 및 자재 비용을 추정하고 예산을 책정하며 차이를 측정하고 수정한다.

- 프로젝트 품질 관리(project quality management). 품질 측정지표 및 프로세스를 정의하고 프로세스를 감사하며 결과물의 품질을 통제하라.

- 프로젝트 인적자원 관리(project human resource management). 팀을 계획, 획득, 개발, 관리 및 보급하라.

- 프로젝트 의사소통 관리(project communications management). 누가 어떤 메시지를 어떻게 받을지 그리고 의사소통하고 피드백을 받도록 계획하라.

- 프로젝트 위험 관리(project risk management). 위험을 식별하고 우선순위를 정하고, 확률과 영향을 계산하고, 대응 계획을 세우고, 위험과 대응을 통제하라.

- 프로젝트 조달 관리(project procurement management). 어떤 유형의 계약을 사용하여 조달할 항목을 식별하고, 제안요청서를 발송하고, 통제하고, 조달을 성사시킨다.

- 프로젝트 이해관계자 관리(project stakeholder management). 프로젝트에 영향을 미치거나 영향을 받을 수 있는 사람을 식별하고 영향을 판단하며 참여와 기대를 관리한다.

프로젝트에서 따라야 할 모든 주요 프로세스는 위의 10가지 지식 영역 중 하나에 속한다. 예를 들어, 하나의 프로세스는 프로젝트 헌장(project charter) 수립이며 이는 통합 작업이다.

## 12.2.5 PMBOK® 안내서 환경적 요소 및 프로세스 자산(environmental factors and process assets)

프로젝트에 영향을 줄 수 있는 몇 가지 고려사항이 있다. 프로젝트 프로세스에 종종 입력되는 두 가지 일반적인 유형은 기업의 환경적 요소와 조직 프로세스 자산이다.

### 🔗 기업 환경적 요소(EEF, Enterprise Environmental Factors)

기업 환경적 요소(EEF)는 프로젝트에 영향을 미치거나 프로젝트를 제한하는 프로젝트팀이 통제할 수 없는 조건을 말한다. 기업 환경 요소는 프로젝트 시작부터 바로 생각하는 것이 중요하다. 경제, 수요 또는 조직 준비와 같은 상황에서 주어진 시간에 프로젝트가 실현 가능한지 여부에 영향을 줄 수 있기 때문이다. 기업 환경 요소는 프로젝트를 맥락에 두고 제약 조건을 강조하여 프로젝트 자체가 기회를 활용하고 위협을 완화하도록 계획할 수 있도록 한다.

조직은 전문화되어 특정 영역에서는 더 잘 적응할 수 있지만 다른 영역에서는 덜 적응할 수 있다. 프로젝트 관리자가 외부 및 내부 조건을 이해하려고 노력하면 조직전략을 더 잘 이해하고 실제 상황을 반영하는 헌장 및 계획을 개발할 수 있다.

기업 환경적 요소에는 의사소통, 조직 문화 및 거버넌스, 구조, 시스템 및 외부영향이 포함된다. 여기서의 핵심은 기업 환경적 요소는 통제할 수 없으며 이해해야 한다는 것이다.

### 🔗 조직 프로세스 자산(OPA, Organizational Process Assets)

조직 프로세스 자산(OPA)은 조직의 정책, 절차, 프로세스, 계획 및 조직 지식 기반이다. 조직 프로세스 자산은 계획 프로세스에 대한 공통 입력이며 일부 프로세스 중에 생성되므로 출력이 될 수도 있다.

조직 프로세스 자산에는 다음이 포함된다.

- 정책, 절차 및 프로세스: 규칙, 표준, 서식 및 방법(예: 모범사례)
- 조직 지식 기반: 조직 활동의 과거 정보 및 이전 프로젝트에서 배운 교훈

## 12.2.6 PMBOK® 안내서 프로세스 그룹(Process Groups)

프로젝트 관리 프로세스는 수명주기 동안 프로젝트의 효과적인 흐름을 보장한다. PMBOK® 가

이드는 47개의 프로세스를 식별한다. 이러한 프로세스는 위에 나열된 10가지 지식 영역으로 구성되어 있지만 주로 프로세스 그룹별로 분류된다. 프로세스 그룹은 시작, 계획, 실행, 관찰 및 통제 그리고 종료이다.

47개의 프로세스 및 각 지식 영역 및 프로세스 그룹의 위치에 관심이 있는 경우 PMBOK® 안내서를 참조하기를 바란다.

프로세스 순서가 중요하다. 예를 들어, 계획 프로세스 그룹에서 일정을 계획하고 최종적으로 일정을 개발하기 위해 활동을 순서대로 배치하고 자원 및 기간을 추정하기 전에 활동(activity)을 정의한다. 각 프로세스의 세부 사항은 이 교과 과정의 범위를 벗어나지만, 뒷부분에서 일부 프로세스에 대해 자세히 설명한다. 프로세스 그룹을 이해하면 각 프로세스 집합의 목적을 이해하는 데 도움이 된다.

프로세스 그룹이 겹친다. 일부 프로세스는 이후 프로세스 그룹에서 반복될 수 있는 진행 중인 작업이다. 계획은 점차 정교해지기 때문에 종종 실행과 겹친다. 관찰 및 통제는 프로젝트의 모든 지점에서 측정 및 조정해야 하므로 모든 프로세스 그룹과 겹친다. 일부 계약을 마감하거나 일부 산출물을 수락하기 위해 프로젝트 종료가 조기에 필요할 수도 있다.

각 프로세스 그룹에 대해서는 다음에 자세히 설명한다.

## 프로젝트 시작(Project initiation)

시작 프로세스 그룹에는 새 프로젝트 또는 기존 프로젝트의 새 단계를 정의하기 위해 수행되는 두 가지 프로세스가 포함된다.

- 프로젝트 헌장을 개발(develop project charter). 이 프로세스에는 다음과 같은 활동이 수반된다.
  - 프로젝트 상황 이해(환경 요인, 가정 및 제약)
  - 프로젝트의 비지니스 사례 및 전략적 목표 검토
  - 프로젝트 관리자 선택 및 이 사람에게 자원 및 지출 권한 위임
  - 높은 수준의 목표와 성공 기준을 명확하게 하기(시작과 종료)

- 헌장은 프로젝트를 공식적으로 승인하고 예산을 사용할 수 있게 한다.
- 이해관계자 파악(identify stakeholders). 이 프로세스에는 다음과 같은 활동이 수반된다.
  - 이해관계자 등록(예: 이해관계자 및 해당 분야의 전문 지식, 관심사, 과제 및 의사소통 선호 사항 및 요구사항이 나열된 스프레드시트
  - 이해관계자의 의견 청취 및 그들을 설득
  - 프로젝트 범위 및 목표에 대한 공유 이해 구축
  - 이해관계자의 기대를 프로젝트의 목적에 맞추기
  - 각 이해관계자의 참여 수준과 기대치 달성 간의 연관성을 명확하게 한다.

### 프로젝트 계획 및 설계(Project planning and design)

계획 프로세스 그룹은 각 지식 영역에 대해 계획이 수행되므로 프로세스가 가장 많다. 계획은 전략을 전략적 행동으로 바꾸고 성공적인 프로젝트 완료 방법을 보여준다. 모든 이해관계자(팀원 포함)가 해야 할 일을 보여주는 안내서이다. 좋은 계획 문서는 현실적이고 실현 가능하므로 이해관계자가 프로젝트 목표를 달성할 수 있다고 믿게 된다. 계획에는 세부 요구사항 및 범위 선택, 목표 구체화 및 이러한 목표를 달성하는 데 필요한 활동 정의가 포함된다.

프로젝트 계획에는 프로젝트 작업의 모든 측면이 포함된다.

- 작업분할구조(work breakdown structure)의 형태로 문서화되어 수행할 작업을 보여주기 위해 범위 지정
- 수행해야 할 작업, 순서 및 기간을 예약
- 프로젝트 비용 및 지출 시기를 추정하기 위한 예산
- 프로세스 개선을 포함한 품질 정책 및 프로세스 지정
- 프로젝트 작업을 수행하는 데 필요한 팀 역할과 작업 및 책임을 할당하는 방법을 정의하여 팀 구성

- 팀원과 이해관계자에게 무엇을, 언제, 누구에게 전달할 것인지 결정

- 위험 및 사전 대응을 식별, 우선순위 지정 및 관리하는 방법 결정

- 계약 하에서 조달할 서비스와 자재 및 계약 프로세스 수행 방법 결정

- 이해관계자 관계 및 기대를 개발하고 유지하는 방법 결정

계획은 일반적으로 모든 지식 영역에 대해 생성된다. 일부 계획은 소규모 프로젝트에서는 상당히 짧을 수 있다. 이 계획은 함께 프로젝트 관리 계획이 된다. 이 계획에는 특정 팀원 할당 또는 프로젝트 일정 세부 사항과 같은 세부 사항이 포함되어 있지 않지만, 기준(baseline)이 포함되어 있다. 기준은 프로젝트가 원하는 대로 진행 중인지 여부를 측정하는 기준이 되는 고급 공식 범위, 일정 및 예산 정보이다. 이러한 기준 외에도 프로젝트 관리 계획은 "방법" 안내서이다. 이 영역을 계획하는 방법, 측정할 성능 및 시기, 사용할 도구나 기술, 지식 영역의 요소를 실행 및 통제하는 방법을 보여준다. 일정 분석, 직원 배정 등과 같은 특정 프로젝트 세부 사항은 별도의 프로젝트 문서에 저장된다. 이 문서는 필요에 따라 수정되어 프로젝트 전체에서 허용된다. 일부 변경 사항은 공식 변경 요청 절차를 통해 승인을 받아야 한다.

프로젝트 일정수립 및 예산 작성은 프로젝트 관리 계획이 완료된 후 수행되는 첫 번째 작업 중 하나이지만 한번에 완료되지 않는다. 모든 보조 계획이 완료된 후에만 프로젝트 일정과 예산을 확정할 수 있다. 위험이나 품질과 같은 이후 정보가 일정과 예산에 영향을 미치기 때문이다. 이는 점진적 정교화의 한 예이다. 즉, 보조 계획의 정보를 기반으로 프로젝트 헌장에 포함된 고급 요약 이정표 일정 및 예산 수립을 정교하게 한다. 조직 프로세스 자산은 계획에 소요되는 적절한 시간에 대한 지침을 제공한다.

계획과 기준은 필요에 따라 수정될 수 있지만, 기준을 변경하는 것은 일반적으로 변경하기 전에 검토 및 정식 승인을 얻어야 한다. 요점은 필요한 변경을 수용하면서 일정 및 예산의 증가 없이 무단으로 작업이 추가되는 것을 방지하는 것이다. 새로운 정보 또는 예기치 않은 이벤트는 프로젝트 범위, 일정 및 예산을 변경해야 할 수 있다. 사용 가능한 팀 구성원은 생산성을 높이려면 교육이 필요할 수 있다. 새로운 이해관계자 또는 위험을 식별할 수 있다. 품질 데이터는 새로운 유형의 테스트가 필요할 수 있다.

## 🔗 프로젝트 범위(Project scope)

프로젝트 범위를 수립하기 위한 주요 프로세스는 요구사항을 수집하고 작업분할구조(work breakdown structure)를 개발하는 것이다. 프로젝트 헌장(project charter)에는 높은 수준의 프로젝트 요구사항이 포함되지만, 사업 완료 여부를 검토하기 전에 이를 보다 세분화하여 수행할 작업을 정의해야 한다.

요구사항 수집에는 프로젝트 요구사항 또는 결과물을 생성하는 데 쓸 수단에 대한 전체 기대 목록을 작성하기 위해 과거 요구사항 문서를 검토하고 모든 이해관계자와의 인터뷰가 포함된다. 이해관계자 또는 이해관계자 그룹이 없으면 최종 결과물이 모든 구성 요소를 충족시키지 못할 위험이 있다. 예를 들어, 이 누락 그룹이 고객 부문이라면, 그것은 제품이나 기능이 고객 요구에 미치지 못하는 결과를 초래할 수 있다. 따라서 요구사항을 수집하기 위해서는 철저한 이해관계자 식별이 전제 조건이다.

이해관계자는 종종 시간, 비용 등의 제약으로 인해 현재 프로젝트에서 수용할 수 있는 것보다 더 많은 요구사항을 갖는다. 또한 일부 요구사항은 다른 요구사항과 모순된다. 따라서 이는 가능한 많은 요구사항을 충족시키는 프로세스가 된다. 그것은 필요와 요구를 분리하는 과정으로 묘사되기도 한다.

각 요구사항이 필요하며 전체적으로 프로젝트 범위를 정의하기에 충분해야 한다. 좋은 요구사항은 측정 가능해야 하며, 이는 각 요구사항에 대한 승인 기준을 설정하는 방법이 명확해야 한다는 것을 의미한다. 수락 기준은 최종 결과물을 수락하기 전에 고객이 확인해야 하는 조건이다. (여기서 고객은 프로젝트 결과물을 받는 사람으로 광범위하게 정의되며 조직 내부에 있을 수 있다.)

고객을 포함한 모든 의사결정자가 일련의 요구사항에 동의하면 다음 단계는 작업분할구조(WS, work breakdown structure)로 공식화하는 것이다. PMBOK®안내서는 작업분할구조를 "프로젝트 목표를 달성하고 필요한 결과물을 생성하기 위해 프로젝트팀이 수행해야 하는 전체 작업 범위의 계층적 분해"로 정의한다.

작업분할구조는 어떻게 만들어지는 것보다 무엇을 만들 것인지에 더 많은 중점을 둔다. 프로젝트는 최상위에 있고 주요 구성 요소는 아래에 나열된 조직도처럼 보인다. 각 구성 요소마다 작업이 하위 구성 요소로 세분된다. 가장 낮은 수준은 별도로 계획하는 것이 가장 좋다. 요점은 작업을 관리 가능한 부분으로 나누는 것이다. 품목을 독립적으로 계획하거나 실행할 수 있는 경우 자체 작업분할구조 품목이어야 한다. 이보다 작은 단위로 작업을 분할하면 계획 기능을 향상시키지 않고 복잡성을 추가할 수 있다. 작업분할구조는 프로젝트에서 수행될 작업의 100%에 대한 맵이다. 작업분할구조에 없으면 수행되지 않을 것이다.

작업분할구조는 계층적 레이블을 사용하여 구성 요소의 계층 구조 수준과 구성 요소의 상호 관계를 보여준다. 최상위 레벨(프로젝트)에 1로 레이블이 지정된 경우 다음 레벨에는 1.1, 1.2, 1.3 등의 추가 소수점 자리가 제공된다. 1.2에 하위 구성 요소가 있는 경우 1.2.1과 같은 추가 소수점 자리가 부여된다. 도표 55는 Bicycle 프로젝트를 위한 작업분할구조의 예를 보여준다.

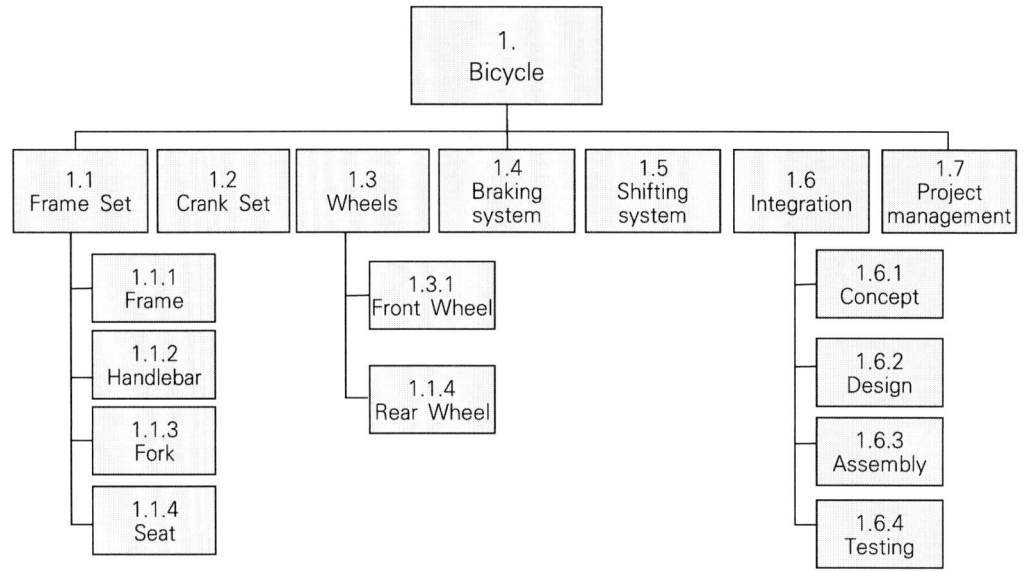

도표 55는 Bicycle 프로젝트를 위한 작업분할구조(Work Breakdown Structure for Bicycle)

일단 작업분할구조 및 기타 범위 설명 문서가 완성되고 승인되면 범위 기준(scope baseline)이 된다.

## 🔗 프로젝트 일정(Project schedule)

프로젝트 일정은 주어진 범위를 완료하기 위해 수행해야 하는 활동을 정의하고, 수행해야 할 순서대로 활동을 배치하고, 각 활동에 사용될 자원을 추정하고, 각 활동에 소요되는 시간을 추정한다. 이 단계의 순서는 중요하다. 예를 들어, 활동 지속 시간을 추정하기 전에 프로젝트 관리자는 먼저 활동에 할당된 자원(예: 팀 구성원) 수와 활동 수준에 큰 영향을 미치기 때문에 해당 자원과 전문 지식수준에 대해 알아야 한다.

프로젝트 관리자는 먼저 작업분할구조에서 각 항목을 작성하는 데 필요한 활동(activities)들을 정의한다. 각 작업분할구조 항목을 달성하기 위해 하나 이상의 활동이 필요할 수 있다. 활동은 산출물의 완료에 기여하고 일정을 계획하고 예산을 책정할 수 있는 고유한 작업 요소이다.

모든 활동이 정의되면 순서대로 배치할 수 있다. 프로젝트 관리자는 다른 활동의 완료에 의존하지 않거나 자원 충돌이 있는 경우 활동이 동시에 수행되도록 주선할 수 있다. 다른 경우에는 일부 활동이 부분적으로 겹칠 수 있다. 순서대로 수행해야 하는 활동(예: 벽을 짓기 전에 기초를 붓는 것)이 그와 같이 배열된다.

활동 자원을 추정하려면 각 활동을 완료하는 데 필요한 노동량과 전문 지식수준을 결정해야 한다. 예를 들어, 이것은 100시간의 전문 인력일 수 있다. 프로젝트 관리자는 이것이 한 사람의 노력일지 또는 두 명 이상의 사람들이 동시에 활동에 참여할 수 있는지 결정할 수 있다. 프로젝트 관리자는 주말 및 공휴일 및 기타 작업 가용성 문제를 고려한다.

다음으로 프로젝트 관리자는 활동 지속 시간을 계산한다. 총 프로젝트 기간은 순차적으로 수행해야 하는 가장 긴 일련의 활동을 수행하는 데 걸리는 시간이다. 이것은 가능한 가장 짧은 프로젝트 기간이며 임계 경로(critical path)라고 한다.

종종, 시간에 대한 제약, 즉 마감일을 맞추기 어려운 문제에 봉착할 수 있다. 이 경우 프로젝트 관리자는 가능한 경우 동시에 수행할 수 있도록 몇 가지 추가 활동을 재배열해야 하거나(빠른 추적이라고 함) 비용에서 가능한 대로 지속 시간을 단축하기 위해 활동에 인적 자원 관점에서 작업자를 추가(충돌)한다. 이러한 변경으로 인해 중요하고 새로운 경로가 단축될 수 있지만, 이 짧은 일정을 달성하기 위해서는 추가 팀원이 필요하거나 비용이 증가할 수 있다.

프로젝트 일정 및 예산은 종종 프로젝트 관리 소프트웨어를 사용하여 관리된다. Microsoft Project가 그 예이다. 이 소프트웨어는 프로젝트 관리자가 지속 시간과 비용을 정확하게 추정하고 활동을 올바른 순서로 배치하며 일부 활동이 겹칠 수 있는지 등을 지정해야 하지만 나머지 프로젝트의 재배열과 같은 다른 많은 프로젝트 관리 활동을 자동화한다. 무언가를 이동하거나 특정 활동에 대한 견적이 갱신되는 일정을 제공해 준다. 최종 일정은 간트(Gantt) 차트로 볼 수 있으며, 시간 경과에 따라 활동이 상호 작용하고 겹치는 방식을 이해하기 쉬운 방법이다. 도표 56은 Microsoft Project에서 생성된 간트 차트의 예를 보여준다.

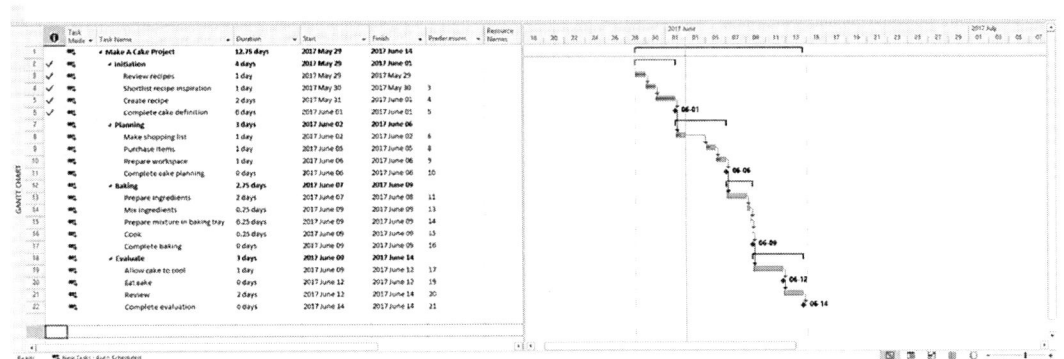

도표 56 프로젝트 일정-간트 차트(Project Schedule -Gantt Chart View)

일정이 승인되면 일정 기준이 된다.

### 🔗 프로젝트 예산(Project budget)

프로젝트 예산은 종종 일정과 동시에 개발되는데, 각 예산은 다른 예산에 영향을 미치기 때문이다. 이는 단기집중(crashing)과 빠른 추적(fast tracking)의 이전 사례에서 입증된 바와 같다. 활동(activity) 수준에서 시작하여 상향식으로 비용이 추정된다. 각 활동에 대한 자재 및 자원의 원가가 추정된 다음 이러한 원가가 집계되어 예산을 결정한다. 일정과 마찬가지로 종종 비용 제약으로 인해 문제가 발생한다. 이 시점에서 프로젝트 관리자는 비용 제약이나 목표 예산으로 시작하여 다시 하향식으로 프로젝트 예산 작업을 한 다음 더 적은 자원을 사용하여 적은 비용으로 동일한 작업을 수행할 수 있는지 여부를 판단할 수 있다. 일정 또는 프로젝트 범위를 사용 가능한 예산에 맞게 조정해야 하는 경우는 특히 그러하다.

프로젝트 관리자의 책임은 실현 가능한 예산과 일정을 수립하는 것이다. 예산이나 일정이 초과한 프로젝트를 인정하면 프로젝트가 시작되기 전에 실패할 수 있다. 프로젝트 관리자는 일정 및 예산 달성에 대한 책임을 지게 되므로 프로젝트 후원자 또는 다른 사람들이 프로젝트가 최상의 계획 추정치보다 적게 수행될 수 있다고 주장하면 이를 철회해야 한다. 범위와 일정 또는 기타 제약 조건을 변경할 수 없는 경우 필요한 추가 자금을 확보하거나 프로젝트 진행을 거부하는 것은 프로젝트 관리자의 책임이다.

일단 프로젝트 예산이 승인되면 그것이 비용의 기초가 된다.

## 🔗 프로젝트 실행(Project execution)

실행 프로세스 그룹의 프로세스는 프로젝트 목표를 달성하는 데 필요한 프로젝트 관리 계획에 정의된 작업을 실행하여 완료하는 데 사용된다.

실행 그룹은 계획보다 프로세스 수는 적지만 실제로는 프로젝트 시간 및 자원의 대부분이 이 프로세스 그룹에서 소비된다. 프로젝트 관리자는 팀 활동을 통합하고 조정하여 프로젝트 작업이 원활하게 진행되도록 한다. 이를 위해 프로젝트 관리자는 큰 그림과 모든 부분이 어떻게 상호 작용하는지를 알아야 한다.

실행은 나중에 분석하기 위해 자료가 수집되는 곳이다. 실행은 프로세스가 수행되는 프로세스에 대한 감사이므로 품질 감사를 수행한다. 품질 감사는 프로세스가 효과적이고 효율적이며 의도한 대로 적용되고 있는지를 보여준다. 노력이나 프로세스에 더 나은 조정이 필요한 경우 프로젝트 관리자는 실행 중에 변경 요청을 제출해야 할 수도 있다.

## 🔗 프로젝트 관찰과 통제(Project monitoring and controlling)

관찰 및 통제 프로세스 그룹의 프로세스는 다음 사항들을 수행한다.

- 프로젝트 진행 상황 및 성과를 추적, 검토 및 통제
- 계획에 필요한 변경 사항 식별
- 필요하고 승인된 변경을 시작
- 결과물이 범위 및 요구사항을 준수하고 고객이 수락할 수 있는지 확인

관찰 및 통제는 다른 그룹과 함께 실행되므로 특별한 프로세스 그룹이다. 프로젝트 관리자는 작업을 검토하고 시작, 계획, 실행 및 종료 중 과정을 수정한다. 프로젝트에 여러 단계가 있는 경우 프로젝트 관리자는 전체 이벤트를 조정하기 위해 여러 단계에 걸쳐 관찰 및 통제를 통합한다.

감독 및 측정을 통해 프로젝트 관리자와 팀은 정기적으로 활동을 계획과 비교하고, 코스 수정 또는 개선의 필요성을 평가하고, 솔루션을 제안하고, 프로젝트의 모든 부분에 관한 결과를 평가하고, 변경을 승인하고, 변경을 수행하며, 변경을 검증할 수 있다. 변경이 잘못 구현되었거나, 전혀 수행

되지 않거나 혹은 효과적이지 않은 경우, 다른 피드백 루프가 이 상황을 감지하여 변경을 올바르게 수행하게끔 한다.

프로세스 감사는 계획 및 실행 초기에 발생하는 프로세스를 검토하여 처음부터 문제가 발생하지 않도록 방지할 수 있어서 특히 중요한 관찰 및 통제 활동이다. 이 시점에서 대부분의 실행이 완료되고 수정에는 재 작업이 필요하므로, 결과물에 대한 검사가 필요는 하지만 효율적이지 못하다. 이후 단계에서 문제를 해결하는 데 훨씬 더 많은 비용과 시간이 소요된다.

다시 말해, 필요한 변경 사항을 바로 진행하는 것보다 그 변경을 초래하는 요소에 영향을 미치는 것에 대부분의 시간을 보내는 것이 가장 좋다. 검사 중에 발견해야 할 문제가 적어지기 때문에 문제가 발생하기 전에 예방 또는 수정 조치를 권장하는 것이 훨씬 비용 효율적이다.

변경이 필요한 경우 프로젝트 관리자는 이러한 변경이 시간, 비용 및 품질과 같은 다른 제약 조건에 미치는 영향을 분석하고 이해관계자 요구를 가능한 정도로 균형을 맞추는 해결책을 권장한다.

프로젝트 관리자는 변경 사항을 신중하게 통제하고 불필요한 변경을 피하는 것이 중요하다. 불필요한 변경으로 무수한 프로젝트가 예산을 초과하여 일정이 늦어지고 때로는 완전히 실패하는 경우가 빈번하다.

## 🔗 차이 분석(Variance analysis)

관찰 및 통제의 주요 활동은 측정이며 차이 분석은 효과적인 측정의 핵심이다. 획득 값 측정(EVM, earned value measurement)은 프로젝트 관리자가 범위, 일정 및 비용 차이를 측정할 수 있는 기법이다. EVM은 3개의 입력 측정을 사용하여 많은 수의 차이 측정 및 비율을 생성한다. 이러한 입력은 PMBOK ®안내서의 용어집에서 인용한 대로 도표 57에 나와 있다.

| | | |
|---|---|---|
| 계획된 값 (PV, planned value) | | 예정된 작업에 할당된 승인된 예산($) |
| 획득 값 (EV, earned value) | | 해당 작업에 대해 승인된 예산($)으로 표현된 수행 작업의 척도 |
| 실제 비용 (AC, actual cost) | | 특정 기간의 활동에 대해 수행된 작업에 대해 실제 발생한 비용($) |

도표 57 획득 값 측정 입력사항(Earned Value Measurement Inputs)

계획된 값(PV)은 프로젝트 관리 계획을 참조하여 결정할 수 있다. 프로젝트 계획 중 특정 시점에 수행해야 하는 작업량을 보여주기 때문이다(기간마다 수행되는 예산 책정은 다를 수 있다). 프로젝트가 각 기간에 수행할 작업량이 동일하면 간단한 계산을 사용하여 PV를 결정할 수 있다. 예를 들어, 1주에 1개씩 총 4개의 동일한 벽을 건설하는 프로젝트가 있다고 가정해 보자. 총 프로젝트 예산 2,000달러이며 총 4주 중 3주 차에 해당하는 PV는 다음과 같이 계산된다.

$$PV = \frac{완료된\ 일정(Schedule\ Completed)}{총일정(Total\ Schedule)} \times 예산(Budget) = \frac{3}{4} \times 2,000달러 = 1,500달러$$

획득 값(EV)에는 실제 완료율의 추정치가 필요하다. 동일한 벽 프로젝트가 예정보다 늦었고 3주 차 말까지 벽이 두 개만 완료된 경우 EV 계산은 다음과 같다.

$$EV = 예산(Budget) \times 실제\ 완료된\ 비율(Actual\ Percent\ Complete) = 2,000달러 \times 50\% = 1,000달러$$

실제 비용(AC)은 프로젝트에서 현재까지 발생한 실제 비용이다. 아래의 계속되는 예에서 3주 말 기준 실제 발생 비용이 1,250달러라고 가정하자.

이러한 입력값을 기반으로 유용한 비율을 계산할 수 있지만 여기서는 두 가지 중요한 차이인 일정 차이(SV, schedule variance)와 비용 차이(CV, cost variance) 그리고 두 개의 관련 지수와 함께 일정 성과 지수(SPI, schedule performance index)에 중점을 둘 것이다. 비용 성과 지수(CPI, cost performance index)의 차이 측정값은 금전적 가치로 표시된다. 음수(-) 값은 예산을 초과했음을 의미하고 양수(+) 값은 예산을 통제하고 있다는 좋은 신호이다.

다음 공식은 일정 차이 및 비용 차이를 계산하는 데 사용된다. 예제는 간단한 벽을 건축하는 프로젝트를 계속 이어간다.

$$일정\ 차이(SV) = EV - PV = 1,000달러 - 1,500달러 = -500달러$$

$$비용\ 차이(CV) = EV - AC = 1,000달러 - 1,250달러 = -250달러$$

이 프로젝트는 일정과 예산을 모두 초과하고 있다. 프로젝트 관리자는 두 가지 유형의 차이가 있고 두 가지 유형이 금액으로 표현되기 때문에 일정 문제가 더 중요하다는 것을 쉽게 알 수 있다. 이러한 차이는 프로젝트 중 어느 시점에서나 계산할 수 있으므로 프로젝트 관리자는 나중에 코스를 수정하기 위해 기다리지 않고 발생하는 즉시 작은 차이 발생 즉시 통제할 수 있다. 코스를 빨리 수정하면 나중에 시도하는 것보다 효과적이고 비용이 적게 든다.

동일한 3개의 입력을 사용하여 비용 및 일정 성과에 대한 지수 값(index values)을 작성할 수도 있다. 지수는 기본적으로 하나의 값을 다른 값으로 나누어 구하는 비율이다. 지수나 비율은 금액의 크기와 관계없이 다른 비율과 비교할 수 있으므로 유용한다. 비율과 마찬가지로 프로젝트가 예산 또는 일정에 따라 얼마나 많은지 쉽게 알 수 있다. 동일한 예를 사용하여 일정 성과 지수와 비용 성과 지수의 두 가지 유형의 지수를 설명한다.

$$일정\ 성과\ 지수(SPI) = \frac{EV}{PV} = \frac{1,000달러}{1,500달러} = 0.67\ 혹은\ 67\%$$

$$비용\ 성과\ 지수(CPI) = \frac{EV}{AC} = \frac{1,000달러}{1,250달러} = 0.8\ 혹은\ 80\%$$

1.0 또는 100% 미만의 SPI 또는 CPI는 프로젝트가 일정 또는 예산이 계획에 벗어났음을 나타낸다. 1.0 또는 100%보다 큰 값은 프로젝트가 일정보다 빠르거나 예산보다 적게 사용했음을 의미한다.

## 🔗 프로젝트 종료(Project closure)

종료에는 모든 프로세스 그룹이 수행하는 모든 활동에 대해 공식적인 마무리 프로세스가 포함된다.

- 제품, 서비스 또는 결과를 고객에게 인계하고 필요에 따라 운영으로 전환할 수 있도록 지원
- 행정적인 작업 완료
- 계약자에 대한 최종 지불 실행
- 조달 계약 마감
- 프로젝트 후원자나 이해관계자에게 최종 보고서 제공
- 개인 및 팀 성과 검토
- 팀원 해산
- 프로젝트에서 "학습한 교훈"을 검토하고 조직 프로세스 자산
- 프로젝트 문서 및 계획 보관

이 모든 것이 완료되면 프로젝트 관리자는 공식적으로 프로젝트가 완료되었음을 나타낸다. 프로젝트가 조기 종료되거나 무기한 지연된 경우일지라도 공식적으로 프로젝트 혹은 단계는 종료된다.

# 참고 문헌

심창섭 역. 수요관리 모범사례. 가람, 2017

심창섭 저. 제조혁신전문가. 가람, 2019

심창섭 저. 제조운영 전략 전문가. 아이하임 컨설팅, 2020

심창섭 저. 공급사슬 위험관리와 개선. 아이하임 컨설팅, 2020

APICS. APICS Dictionary, 16th edition. Chicago, Illinois: APICS, 2019.

Anderson, Mette. "Corporate Social Responsibility in Global Supply Chains." Supply Chain Management: An International Journal, Volume 14, Issue 2, 2009.

Bowersox, Donald J., David J. Closs, and M. Bixby Cooper, and John C. Bowersox. Supply Chain Logistics Management, fourth edition. Boston: McGraw-Hill, 2013.

Chapman, Stephen N., J. R. Tony Arnold, Ann K. Gatewood, and Lloyd M. Clive. Introduction to Materials Management, 8th ed. Boston: Pearson, 2017.

Chopra, Sunil, and Peter Meindl. Supply Chain Management, Planning, and Operations. Upper Saddle River, New Jersey: Prentice-Hall, 2001.

Cohen, Shoshanah, and Joseph Roussel. Strategic Supply Chain Management: The Five Core Disciplines for Top Performance, second edition. New York, New York: Mc-Graw-Hill Education, 2013.

Crandall, Richard E., William R. Crandall, and Charlie C. Chen. Principles of Supply Chain Management, second edition. Boca Raton, Florida: CRC Press, 2015.

Crum, Colleen, and George E. Palmatier. Demand Management Best Practices: Process, Principles, and Collaboration. Boca Raton, Florida: J. Ross Publishing, Inc., 2003.

Elkington, John. Cannibals with Forks: The Triple Bottom Line of 21st Century Business. Stony Creek, Connecticut: New Society Publishers, 1998.

Fisher, Marshall L. "What Is the Right Supply Chain for Your Product?" Harvard Business Review, March-April 1997.

Friedman, Thomas L. The World Is Flat. New York: Picador/Farrar, Straus, and Giroux, 2007.

Gardner, Daniel L. Supply Chain Vector: Methods for Linking Execution of Global Business Models with Financial Performance. Boca Raton, Florida: J.

Ross, 2004.

Global Reporting Initiative. "G4 Sustainability Reporting Guidelines." www.globalreporting.org/

Godsell, Janet. "Fudging the Supply Chain to Hit the Number: Five Common Practices That Sacrifice the Supply Chain and What Financial Analysts Should Ask About Them." Supply Chain Management:An International Journal, Volume 14, Issue 3, 2009.

Hofstede, Geert H. Cultures and Organizations: Software of the Mind, revised second edition. New York: McGraw-Hill, 2005.

Kaplan, Robert S., and David P. Norton. The Balanced Scorecard: Translating Strategy into Action. Boston: Harvard Business School Press, 1996.

Kuglin, Fred A. Customer-Centered Supply Chain Management: A Link-by-Link Guide. New York: AMACOM, 1998.

Lee, Hau L. "Triple-A Supply Chain." Harvard Business Review, October 2004, hbr.org/product/the-triple-a-supply-chain-harvard-business-review/an/R0410F-PDF-ENG.

Ross, David F. Introduction to Supply Chain Management Technologies, second edition. Boca Raton, Florida: CRC Press, 2011.

Schlegel, Gregory L. and Robert J. Trent. Supply Chain Risk Management: An Emerging Discipline. Boca Raton, Florida: CRC Press, 2014.

Simchi-Levi, David, Philip Kaminsky, and Edith Simchi-Levi. Designing and Managing the Supply Chain: Concepts, Strategies, and Case Studies, third edition. Boston: McGraw-Hill Irwin, 2008.

Thompson, Arthur A., Margaret Ann Peteraf, John Gamble, and A.J. Strickland. Crafting and Executing Strategy: Concepts and Readings, 20th edition. New York: McGraw-Hill Education, 2015.

"Towards the Circular Economy: Accelerating the Scale-Up Across Global Supply Chains." World Economic Forum. January, 2014.

Vachani, Sushil. "Socially Responsible Distribution: Distribution Strategies for Reaching the Bottom of the Pyramid." California Management Review, Winter 2008.

Wallace, Thomas F., and Robert A. Stahl. Sales and Operations Planning: The How-to Handbook, third edition. Cincinnati, Ohio: T. F. Wallace and Company, 2007.

Wheelwright, Steven C., and Kim B. Clark. Revolutionizing Product Development: Quantum Leaps in Speed, Efficiency, and Quality. New York: Free Press, 1992.

Wight, Oliver. The Oliver Wight Class A Checklist for Business Excellence, sixth edition. New York: John Wiley and Sons, 2005.

Womack, James P., and Daniel T. Jones. Lean Thinking: Banish Waste and Create Wealth in Your Corporation. New York: Simon and Schuster, 1996.

# 색 인

**공급사슬설계 전문가**
Supply Chain Designer

## [ㄱ]

가격 탄력성(Price elasticity) ······················ 118
가상 사설망(VPN, virtual private network) ··········· 235
가시성(Visibility) ······························· 72
가치 사슬(Value Chain) ···························· 79
가치(Value) ····································· 60
가치제안(Value proposition) ························ 79
가치흐름(Value stream) ···························· 79
가치흐름도(Value stream mapping) ··················· 79
거시 환경(Macro environment) ······················ 64
거시경제학(Macroeconomics) ······················· 110
게이레츠(Keiretsu) ······························· 23
경쟁 분석(Competitive analysis) ···················· 43
경쟁전략(Business strategy) ······················· 10
경제적 부가가치(EVA, economic value added) ······· 164
계획된 값(PV) ·································· 361
고객 서비스(Customer service) ····················· 94
고급계획 및 일정수립(APS) ······················ 258
공급사슬 복원력(Supply chain resilience) ············ 184
공급사슬 설계(Supply chain design) ················ 168
공급사슬 이벤트관리(SCEM) ······················ 261
공급사슬(Supply chain) ·························· 16
공급사슬관리(Supply chain management) ············ 16
공급사슬을 위한 설계(Design for the SC) ·········· 201
광역네트워크(WAN, wide area networks) ············ 235
국제회계표준(IFRS) ···························· 126
근거리네트워크(LAN) ··························· 234
글로벌 전략(Global strategy) ······················ 42
기능성 제품(Functional products) ··················· 56
기존 시스템(Legacy system) ······················ 296
끌기 시스템(Pull system) ························· 53

## [ㄴ]

납기가능 약속(CTP, capable-to-promise) ············ 260
납기약속(ATP, available-to-promise) ··············· 260
네트워크(Network) ······························ 234

능동 태그(Active tag) ·························· 288

## [ㄷ]

다국적 전략(Multicountry strategy) ················· 46
단순화(Simplification) ··························· 208
대량 마케팅(Mass marketing) ······················ 45
대량맞춤(Mass customization) ···················· 216
데이터 마이닝(Data mining) ······················ 309
데이터 정비(Data cleansing) ······················ 306
데이터 조작 언어(Data manipulation language) ····· 234
데이터베이스 관리 시스템(DBMS) ················· 233
동종 최고(Best-of-breed) ························ 255

## [ㅁ]

마케팅 조사(Marketing research) ·················· 139
매몰비용(Sunk cost) ····························· 244
매출원가(COGS, cost of goods sold) ··············· 122
모듈러 시스템(Modular system) ··················· 241
모듈식 설계 전략(Modular design strategy) ·········· 205
모듈화(Modularization) ·························· 205
목표원가 계산(Target costing) ····················· 42
무선 주파수 식별(RFID) ························ 287
물류를 위한 설계(Design for logistics) ·············· 35
미들웨어(Middleware) ··························· 296
미시경제학(Microeconomics) ······················ 116
미지급금(Accounts payable) ······················ 131
밀기 시스템(Push system) ························ 51

## [ㅂ]

반수동 태그(Semipassive tag) ···················· 289
보편성(Universality) ···························· 207
복원력(Resiliency) ····························· 227
부가 가치 네트워크(VAN, value-added network) ·· 302
부가가치(Value added) ··························· 61
브랜딩(Branding) ······························ 161

비용 성과 지수(CPI, cost performance index) ······ 361
비지니스 프로세스 관리(BPM) ················· 298
빅 데이터(Big data) ························· 276

### [ㅅ]

사용 편차(Usage variance) ···················· 123
생산능력(Capacity) ··························· 96
서버(Server) ································ 234
서비스 산업(Service Industry) ·················· 26
서비스 수준(Level of service) ················· 181
서비스를 위한 설계(Design for service) ········ 212
속도(Velocity) ······························· 72
수동 태그(Passive tag) ······················ 289
수명주기 분석(Life cycle analysis) ············ 227
수요 형성(Demand shaping) ·················· 155
수주요인(Order winners) ····················· 151
수직통합(Vertical integration) ················· 21
수평통합(Lateral/horizontal integration) ········· 22
순 운전자본(Net working capital) ············· 131
순이익(Net profit) ·························· 133
시장계획(Market plan) ······················ 140
식스 시그마를 위한 설계(Design for six sigma) ····· 214

### [ㅇ]

엑스트라넷(Extranet) ························ 235
외상매출금/미수금 계정(Accounts receivable) ········ 131
운송관리시스템(TMS) ························ 268
운영연구(OR, operations research) ············ 141
운영체계(O/S, operating system) ·············· 236
원가 차이(Cost variance) ···················· 123
원가회계(Cost accounting) ··················· 121
웹 디렉토리(Web directories) ················ 325
웹 서비스(Web services) ···················· 302
의사결정 지원 시스템(DSS) ·················· 308
의사소통 관리 계획(Communication management) 335
이익율(Profit margin) ······················· 132
이해관계자 관계 관리(Stakeholder relationship) ····· 335
인트라넷(Intranet) ·························· 235
일괄 처리(Batch processing) ················· 286
일정 성과 지수(SPI) ························ 361

### [ㅈ]

자동 식별 시스템(AIS) ······················ 281

작업분할구조(Work breakdown structure) ·············· 355
재고 최적화 소프트웨어(Inventory optimization) ········ 83
재고평가(Inventory valuation) ················· 129
재무상태표(Balance sheet) ··················· 128
재제조를 위한 설계(Design for remanufacture) ····· 224
전략적 계획(Strategic plan) ····················· 9
전사적자원관리(ERP) ························ 250
전자 데이터 교환(EDI) ······················ 300
전자 문서(Electronic documents) ············· 231
전자 비지니스(E-Business) ··················· 314
전자 상거래(E-commerce) ··················· 314
전자제품코드(EPC, electronic product code) ········ 287
정보 시스템 아키텍처(IS architecture) ········· 172
정보 시스템(IS, information system) ··········· 231
정보기술(IT, information technology) ·········· 230
제품 수명주기 관리(PLCM) ·················· 227
제품 차별화(Product differentiation) ······· 43, 218
제품설계(Product design) ···················· 194
조달(Sourcing) ····························· 171
조직 설계(Organizational design) ··············· 88
조직전략(Organizational strategy) ··············· 10
주문 실패요인(Order losers) ·················· 151
주문 자격요인(Order qualifiers) ··············· 151
지속가능성(Sustainability) ···················· 221
지연(Postponement) ···················· 43, 218
진부화(Obsolescence) ······················· 131
집계(Aggregation) ·························· 308

### [ㅊ]

창고관리시스템(WMS) ······················ 265
총마진[이익](Gross margin) ·················· 132

### [ㅋ]

콘텐츠 관리(Content management) 애플리케이션 ·· 327

### [ㅌ]

투자수익율(ROI, Return on Investment) ········· 84
투자자산 수익율(ROA, Return On Asset) ········ 84

### [ㅍ]

파트너십(Partnership) ························ 97
판매시점 정보(POS, point-of-sales information) 291
판매시점(POS, point-of-sales) ················ 291

포괄 손익 계산서(Income statement) ····················· 132
표준 원가회계 시스템(Standard cost accounting) ·· 122
표준원가(Standard costs) ············································ 122
표준화(Standardization) ··············································· 204
표준화된 제품(Standardized product) ······················ 204
품질(Quality) ································································· 213
품질기능전개(QFD, Quality function deployment) 214
품질을 위한 설계(Design for quality) ······················ 213
프로젝트 관리(Project management) ······················· 343
프로젝트 수명주기(Project life cycle) ······················ 348
프로젝트(Project) ························································· 341

### [ㅎ]

한계분석(Marginal analysis) ········································ 120
현금 흐름(Cash flow) ··················································· 134

현금흐름표(Statement of cash flows) ····················· 134
현재 가격(Current price) ············································· 122
협업적 설계(Collaborative design process) ··········· 196
환경을 위한 설계(DFE) ················································ 222
획득 값 측정(EVM, earned value measurement) · 360
획득 값(EV) ··································································· 361
효율성(Efficiency) ························································· 95

### [기타]

3가지 V ··········································································· 71
3주체와 4흐름(Three entities and four flows) ········ 17
4P(The four Ps) ·························································· 155
B2B 상거래(Business-to-Business commerce) ··· 324
B2C 판매(Business-to-Consumer sales) ·············· 324

# Index

**공급사슬설계 전문가**
Supply Chain Designer

### [A]

| | |
|---|---|
| Accounts payable | 131 |
| Accounts receivable | 131 |
| Active tag | 288 |
| Aggregation | 308 |
| AIS(automatic identification technologies) | 281 |
| Alibaba | 322 |
| Amazon | 320 |
| APS(advanced planning and scheduling) | 258 |
| ATP(available-to-promise) | 260 |

### [B]

| | |
|---|---|
| Balance sheet | 128 |
| Batch processing | 287 |
| Best-of-breed | 255 |
| Big data | 276 |
| BPM(business process management) | 298 |
| Branding | 161 |
| Business strategy | 10 |
| Business-to-Business commerce | 324 |
| Business-to-Consumer sales | 324 |

### [C]

| | |
|---|---|
| Capacity | 96 |
| Cash flow | 134 |
| COGS(cost of goods sold) | 122 |
| Collaborative design process | 196 |
| Communication management plan | 335 |
| Competitive analysis | 43 |
| Content management applications | 327 |
| Cost accounting | 121 |
| Cost variance | 123 |
| CTP(capable-to-promise) | 260 |
| Current price | 122 |
| Customer service | 94 |

### [D]

| | |
|---|---|
| Data cleansing | 306 |
| Data manipulation language | 234 |
| Data mining | 309 |
| Data normalization | 307 |
| DBMS(database management system) | 233 |
| Dell | 320 |
| Demand shaping | 155 |
| Design for logistics | 35 |
| Design for quality | 213 |
| Design for remanufacture | 224 |
| Design for service | 212 |
| Design for six sigma | 214 |
| Design for the supply chain | 201 |
| Design for X(DFX) | 203 |
| DFE(design for the environment) | 222 |
| DFM(design for manufacturability) | 210 |
| DFMA(design for manufacturing and assembly) | 209 |
| DSS(decision support system) | 308 |

### [E]

| | |
|---|---|
| E-Business | 314 |
| E-commerce | 314 |
| Earned value | 361 |
| EDI(electronic data interchange) | 300 |
| Efficiency | 95 |
| Electronic documents | 231 |
| EPC(electronic product code) | 288 |
| ERP(enterprise resources planning) | 250 |
| EVA(economic value added) | 164 |
| EVM(earned value measurement) | 360 |
| Extranet | 235 |

### [F]

| | |
|---|---|
| Functional products | 56 |

## [G]
Global strategy ·········································· 42
Gross [profit] margin ······························ 132

## [I]
IFRS ·········································································· 126
Income statement ········································ 132
Information system architecture ············ 172
Intranet ································································ 235
Inventory optimization software ············ 83
Inventory valuation ······································ 129
IS(information system) ······························ 231
ISO 26000 ·························································· 306
IT, information technology ······················ 230

## [K]
Keiretsu ·································································· 23

## [L]
LAN ········································································ 234
Lateral/horizontal integration ·················· 22
Legacy system ················································ 296
Level of service ············································ 181
Life cycle analysis ······································ 227

## [M]
Macro environment ········································ 65
Macroeconomic ·············································· 110
Marginal analysis ·········································· 120
Market plan ······················································ 140
Marketing research ···································· 139
Mass customization ···································· 216
Mass marketing ·············································· 45
Microeconomics ············································ 116
Middleware ······················································ 296
Modular design strategy ·························· 205
Modular system ············································ 241
Modularization ················································ 205
Multicountry strategy ···································· 46

## [N]
Net profit ···························································· 133
Net working capital ···································· 131
Network ······························································ 234

## [O]
O/S(operating system) ······························ 236
Obsolescence ················································ 131
OR(operations research) ·························· 141
Order losers ···················································· 151
Order qualifiers ············································ 151
Order winners ················································ 151
Organizational design ·································· 88
Organizational strategy ································ 10

## [P]
Partnership ·························································· 97
Passive tag ························································ 289
Planned value ················································ 361
PMBOK ································································ 349
POS(point-of-sales) ···································· 291
POS, point-of-sales in formation ·········· 291
Postponement ········································ 43, 218
Price elasticity ·············································· 118
Product design ·············································· 194
product differentiation ···················· 43, 218
Product life cycle management ·········· 227
Profit margin ·················································· 132
Project ································································ 341
Project life cycle ········································ 348
Project management ·································· 343
Pull system ·························································· 53
Push system ······················································ 51

## [Q]
QFD(quality function deployment) ········ 214
Quality ································································ 213

## [R]
RFID(radio frequency identification) ·········· 287
ROA(return on asset) ···································· 84
ROI(return on investment) ·························· 84

## [S]

SaaS(software as a service) ······· 236
SCEM(supply chain event management) ······· 261
Semipassive tag ······· 289
Server ······· 234
Service Industry ······· 26
Simplification ······· 208
SOA(service-oriented architecture) ······· 304
Sourcing ······· 171
Stakeholder relationship management ······· 335
Standard cost accounting system ······· 122
Standard costs ······· 122
Statement of cash flows ······· 134
Strategic plan ······· 9
Sunk cost ······· 244
Supply chain ······· 16
Supply chain design ······· 168
Supply chain management ······· 16
Supply chain resilience ······· 184
Sustainability ······· 221

### [T]

Target costing ······· 42
Three entities and four flows ······· 17
Three Vs ······· 71
TMS(transportation management system) ······· 268

### [U]

Universality ······· 207
Usage variance ······· 123

### [V]

Value ······· 60
Value added ······· 61
Value Chain ······· 79
Value proposition ······· 78
Value stream ······· 79
Value stream mapping ······· 79
VAN(value-added network) ······· 302
Velocity ······· 72
Vertical integration ······· 21
Visibility ······· 72
VPN(virtual private network) ······· 235

### [W]

WAN, wide area networks ······· 235
Web directories ······· 325
Web services ······· 302
WMS(warehouse management system) ······· 265
Work breakdown structure ······· 355

## 저자 소개

심창섭 대표(brian.shim@ihime.co.kr), CPIM, CSCP, CLTD, SCOR-P

현) 아이하임컨설팅㈜ 대표이사
    APICS CPIM, CSCP Master Instructor
    한국 SCM학회 상임이사

전) 명지대 경영대학원 겸임교수
    소프트웨어 그룹 본부장 - 한국 IBM
    한국 지사장 - MRO Software Korea
    대표이사 및 Asia Pacific Consulting Director - Aspentech Korea
    시니어 ERP 및 SCP 컨설턴트 - SAP Korea
    자재과장, 구매과장, Master Scheduler, MRP System Manager - HP Korea

주요관심 분야:
Demand Management, Operation Management, S&OP, ERP, SCM, Global Logistics

---

### 공급사슬설계 전문가 (Supply Chain Designer)

발      행 : 2020년 8월 28일
저      자 : 심 창 섭
출      판 : 아이하임 컨설팅
주      소 : 서울시 마포구 마포대로 68 (마포 아크로타워 508호)
전      화 : 02) 712-2233, 0505-971-3000
팩      스 : 02) 712-2275, 0505-976-3000
홈 페 이 지 : www.ihime.co.kr
E - m a i l : brian.shim@ihime.co.kr
I S B N : 979-11-970030-6-6
정      가 : 25,000

이 책은 저작권법에 보호를 받는 저작물이므로 무단전제와 무단복제를 금지하며 이 책 내용의 전부 또는 일부를 이용하려면 반드시 저작권자의 동의를 받아야 합니다.

이 도서의 국립중앙도서관 출판예정도서목록(CIP)은 서지정보유통지원시스템 홈페이지(http://seoji.nl.go.kr)와 국가자료종합목록 구축시스템(http://kolis-net.nl.go.kr)에서 이용하실 수 있습니다.